基础化学

主　编　陈熠熠　蔡宗平

副主编　李彩霞　王　冲　蔡　婷
　　　　邹　颖　叶志钧　程　根

参　编　宋　丹　曾苋斐　巫培山
　　　　张土秀　郭德音

主　审　李小玉

北京理工大学出版社
BEIJING INSTITUTE OF TECHNOLOGY PRESS

内 容 提 要

本书基于当前职业教育对化学基础知识需求日益增长的现实，旨在通过项目化教学模式，将无机化学与有机化学的核心知识点有机融合，既注重理论体系的系统性，又强调实践操作的实用性，以满足不同专业领域对化学知识广度与深度的需求。力求为培养适应行业需求的复合型人才提供有力支持。本书分为10个项目。项目一至项目七主要介绍无机化学基础知识，包括基础化学基本素养养成、认知元素周期律与物质、探究化学反应速率与化学平衡、探究电解质——电解质溶液和离子平衡、探究原电池工作原理、探究配位化合物的性质、认识元素——主族元素及过渡元素。项目八至项目十主要介绍有机化学基础知识，包括探究烃类物质、探究烃的含氧衍生物、探究烃的其他衍生物。本书应用性和实践性强。

本书可作为高职高专院校和职教本科环境类、水利类、分析检验类、食品类、制药技术类、生物类、化工类、医学类、农林类等相关专业的教材，也可作为相关行业从业者的使用参考书。

图书在版编目（CIP）数据

基础化学 / 陈熠熠，蔡宗平主编. -- 北京 : 北京理工大学出版社，2024.9.
ISBN 978-7-5763-3656-6

Ⅰ.O6

中国国家版本馆CIP数据核字第2024HS8003号

责任编辑：阎少华　　　　　　文案编辑：阎少华
责任校对：周瑞红　　　　　　责任印制：王美丽

出版发行 / 北京理工大学出版社有限责任公司
社　　址 / 北京市丰台区四合庄路6号
邮　　编 / 100070
电　　话 / (010) 68914026（教材售后服务热线）
　　　　　 (010) 63726648（课件资源服务热线）
网　　址 / http://www.bitpress.com.cn
版 印 次 / 2024 年 9 月第 1 版第 1 次印刷
印　　刷 / 河北鑫彩博图印刷有限公司
开　　本 / 787 mm × 1092 mm　1/16
印　　张 / 21
字　　数 / 485 千字
定　　价 / 82.00 元

前　言

随着现代职业教育的不断发展，高等职业教育专业改革和课程改革已深入人心。本书立足于高职高专人才培养目标要求及高职高专学生应具备的知识与能力要求进行编写。本书编写有机地融入党的二十大精神：坚持正确方向，用习近平新时代中国特色社会主义思想铸魂育人；坚持全局站位，紧密对接国家重大发展战略需求；坚持自信自立，加快推进中国自主知识体系构建；坚持守正创新，实现党的二十大精神向教材有机转化；坚持效果导向，推动教材铸魂育人开创新局面。本书根据课程特点，基于二十大精神、"树德立人、德技并修"等育人理念进行了相应改革，在内容组织与安排上具备以下特点。

1. 不再按传统的学科内容进行章节划分，而是以项目为主线，以任务为导向，进行编排。

2. 知识与技能并重。在完成任务的过程中掌握基础知识，同时实现技能的提高。

3. 本书以任务为导向、工作任务为载体进行编写，每个项目由若干个任务组成，每个任务包含任务描述、任务解析、任务实施、实验内容详解、任务评价、知识链接等环节。将技能要求与知识要求统一，突出高职高专教学的应用性和实践性，体现"知其然知其所以然"的教学目标。

4. 充分挖掘该课程素养元素，并将其有机融入各项目中，用以实现润物细无声的育人作用。

5. 每个任务都有相应的考核评价标准，对任务完成过程给出可实际操作的量化考核标准。考核标准对标国家检验员职业技能鉴定及化学实验技术国赛标准，符合"1+X"课证融通式评价体系，体现了高职高专高素质技能型人才的培养目标。

6. 本书配备丰富的数字资源，以二维码形式呈现，顺应了当前"互联网+"新形势的发展需求，学生可自主完成对应项目数字资源的学习，提高了学生的积极性和主动性。

本书由长期在高职院校从事教学工作的教师和一线资深专家合作编写。全书由广东环境保护工程职业学院陈熠熠、蔡宗平担任主编，由广东环境保护工程职业学院李彩霞、王冲、蔡婷、邹颖、叶志钧和中山火炬职业技术学院程根担任副主编，广东环境保护工程职业学院宋丹、广东省佛山生态环境监测站曾芃斐、广东省科学院测试分析研究所（中国广州分析测试中心）巫培山和张土秀，以及广东盈峰科技有限公司郭德音参与编写。具体编写分工为：陈熠熠编写项目一、项目二；蔡婷编写项目三；叶志钧、陈熠熠，程根编写项目四；李彩霞编写项目五；王冲编写项目六；邹颖编写项目七；蔡婷、叶志钧、陈熠熠编写项目八；李彩霞、王冲编写项目九；李彩霞、邹颖、王冲、陈熠熠、蔡宗平、程根编写项目十；蔡宗平、曾芃斐、宋丹、巫培山、张土秀、郭德音对书稿进行审核并提出很多宝贵的意见。全书由中山火炬职业技术学院李小玉主审。

本书在编写过程中，查阅和参考了众多文献资料，在此对参考文献的作者致以诚挚的谢意。

由于编者学术水平有限，书中难免存在疏漏之处，恳请使用本书的各校师生批评指正，以便今后修订和完善。

编　者

目　录

无机化学

有机化学

无机化学

项目一　基础化学基本素养养成

项目导入

实验室安全事故案例

2004 年 11 月 9 日，某实验室实验人员用 1,4-丁炔二醇和氯化亚砜在吡啶存在下制备 4-氯-丁炔-1-醇，反应完成后用乙醚萃取。经水洗干燥后在常压下蒸去乙醚和苯，剩下 500 mL 有机物，用水泵减压蒸馏，蒸出产物。当蒸出 150 mL 产品时，内温急剧上升失去控制，随即发生爆炸。由于通风柜的拉门处于关闭状态，没有造成人员受伤。该反应曾多次重复做过，反应量很小，之前未曾发生事故。

事故原因：据当事人和其课题组组长事后分析，含炔基官能团化合物在加热条件下容易与浓度较高的杂质发生聚合反应，放出大量的热量，导致温度失控引发爆炸。4-氯-丁炔-1-醇是含炔基官能团化合物，可能与反应中产生的杂质在高温下发生聚合反应引发爆炸。

经验教训：当事人佩戴了防护镜和手套，并拉下了防爆橱门，因而该事故未造成人员伤亡。在实验中使用危险药品或产物比较活泼时，在实验前应对该实验过程中可能出现的危险进行预判，并落实防范措施。实验室安全无小事，事事需到位。

学习目标

知识目标

1. 掌握学习基础化学的基本要求。
2. 掌握基础化学实验室的规则和要求。
3. 认识常用实验仪器及其功能。
4. 了解常用玻璃仪器的洗涤和干燥方法。
5. 掌握液体试剂、固体试剂的取用方法。
6. 认识托盘天平、电子秤结构。
7. 认识分析天平的构造。

能力目标

1. 能识别常用实验仪器及其功能。
2. 能洗涤及干燥常用玻璃仪器。
3. 能正确取用液体试剂、固体试剂。
4. 会使用托盘天平、电子秤。
5. 能规范使用分析天平。

素养目标

1. 培养实验室安全意识、环境保护意识、技能意识。

2. 树立规范操作意识、培养实事求是的职业操守。

3. 具备沟通交流能力、团队意识和协作精神。

4. 培养准确、简明地记录实验原始数据的习惯。

任务一　基础化学的基本要求、实验室常用仪器识别及常用玻璃仪器的洗涤、干燥

任务描述

学生第一次进行基础化学实验，对课程要求、实验室安全条例、实验室常用仪器及基本操作都很陌生，需要掌握下列内容：

(1)认识基础化学；

(2)掌握基础化学实验室规则和要求；

(3)能识别、绘制实验室常用仪器，并说出其功能；

(4)能按照玻璃仪器的类别及目的，采用不同方式洗涤常用玻璃仪器；

(5)能按需求选择合适的方式对玻璃仪器进行干燥。

任务解析

完成本次任务需要具备以下知识：

(1)基础化学的学习要求；

(2)实验室常识；

(3)常见仪器的结构、功能作用；

(4)常用玻璃仪器的洗涤方法；

(5)常用玻璃仪器的干燥方法。

任务实施

1. 实验器材

烧杯、试管、试管架、试管夹、毛刷、表面皿、漏斗、吸滤瓶、布氏漏斗、真空泵、水浴锅、电炉、升降台、滴瓶、广口瓶、细口瓶、药匙、铁架台、铁圈、铁夹、量筒、干燥器、容量瓶、移液管、吸量管、酒精灯、托盘天平、电子秤。

2. 实验药品

洗涤剂、去污粉。

3. 组织形式

两人一组，在教师指导下，根据实验步骤完成实验。

4. 注意事项

注意用水、用电安全。

5. 实验步骤

(1)学习基础化学的基本要求及实验室常识。

(2)识别实验室常用仪器，并绘制于实验报告中。

(3)完成常用玻璃仪器的洗涤及干燥。

实验内容详解

一、常用仪器的洗涤

仪器的洗涤是化学实验中的一种基本操作。化学实验室所用仪器以玻璃仪器为主，上面常黏附尘土、油迹或化学物质，仪器洗涤是否符合要求，直接影响实验结果的准确性和可靠性。因此，实验前必须将仪器洗涤干净。仪器用过之后要立即清洗，避免残留物质固化，造成洗涤困难。玻璃仪器的洗涤方法有很多，应根据实验要求、污物的性质和沾污的程度选择洗涤方法。

1. 水洗

直接用水刷洗可以洗去水溶性污物，也可以刷掉附着在仪器表面的灰尘和不溶性物质。在试管、量筒或烧杯中，加入仪器容积 1/3～2/5 的自来水。振摇片刻，再转动仪器，使水淋洗整个器壁后流出，必要时再重复两次。仪器内壁如附有尘土等污物时，可以用试管刷等毛刷刷洗。水倒出后仪器内壁不挂水珠即洗净。

2. 用去污粉或合成洗涤剂洗涤

去污粉是表面活性剂、碳酸氢钠、白土和细沙的混合物，合成洗涤剂也是碱性物质，它们都具有除去油渍的效果。使用去污粉和合成洗涤剂可以洗去有机物和轻度油污。先用水把仪器润湿后，用刷子蘸取少量去污粉或洗涤剂刷洗，洗涤时须对仪器内外壁仔细擦洗，再用水冲洗干净，直到没有洗涤剂或细小的去污粉颗粒为止。另外，洗净的仪器绝不能用布或纸擦拭，否则器壁沾上纤维反而被污染。

3. 用铬酸洗液洗涤

对一些管细、口小，毛刷不能刷洗或用其他洗涤剂无法洗净的仪器，采用铬酸洗液先浸后洗的方法清洗，效果很好。铬酸洗液由浓硫酸和重铬酸钾按一定比例配制而成，具有很强的氧化性，对有机物和油污的去除能力很强。用铬酸洗液清洗时，先用洗液将仪器浸泡一段时间，口小的仪器可先往仪器内加入少量的洗液，然后将仪器倾斜并慢慢转动仪器，让洗液充分浸润仪器内壁，然后将洗液倒出。洗液具有强腐蚀性，使用时千万不能用毛刷蘸取洗液刷洗仪器。如果不慎将洗液洒在衣物、皮肤或桌面上时，应立即用水冲洗。洗液用后，应倒回原瓶中，可反复多次使用。多次使用后，铬酸洗液会变成绿色，这时洗液已不具有强氧化性，不能再继续使用。废的洗液应倒入废液缸中，不能倒入水槽中，以免腐蚀下水道。

4. 用特殊方法洗涤

当器壁上的污物不能用上述方法去除时，可根据附着物的性质，采用适当的药品处理。例如，当器壁上沾有二氧化锰时，要用浓盐酸处理；沾有硫黄时，可用硫化钠处理。

在进行多次洗涤时，使用洗涤液应本着"少量多次"的原则，这样既可节约试剂，又能保证洗涤效果。

用各种方法洗涤后的仪器，必须先用自来水冲洗数遍，使玻璃仪器的内壁留下一层均匀的水膜，清洁透明且内壁不挂水珠，则表示玻璃仪器已洗干净。用自来水洗净后，然后再用洗瓶挤出蒸馏水或去离子水淋洗整个仪器内壁 2～3 遍。

二、仪器的干燥

有些实验要求仪器必须是干燥的，根据不同情况，可采用下列方法干燥仪器。

1. 倒置晾干

对于不急用的仪器，洗净后可倒置在干净的实验柜内或仪器架上晾干。

2. 加热烘干

洗净的仪器可以放在电烘箱内烘干，但放进去之前应尽量把水倒净。放置仪器时，应注意使仪器口朝下（倒置后不稳的仪器应平放）。将温度控制在 105 ℃ 左右烘干。

3. 烤干

一些常用的蒸发皿、试管等器具可直接用火烤干，用火烤试管时，要用试管夹夹住试管，使试管口朝下倾斜在火上烘烤，以免水珠倒流炸裂试管，并不断移动试管使其受热均匀，不见水珠后，去掉火源，将管口朝上让水蒸气挥发出去。

必须指出，在化学实验中，许多情况下并不需要将仪器干燥，如量器、容器等，使用前先用少量溶液润洗 2～3 次，洗去残留水滴即可。

带有刻度的计量容器不能用加热法干燥，否则会影响仪器的精度。

4. 吹干

用压缩空气或吹风机把仪器吹干。

5. 用有机溶剂干燥

一些带有刻度的计量仪器，不能用加热方法干燥，否则会影响仪器的精密度。可用一些易挥发的有机溶剂（如酒精或酒精与丙酮的混合液）加到洗净的仪器中（量要少），将仪器倾斜，转动仪器，使器壁上的水与有机溶剂混合，然后倾出混合液（回收）。少量残留在仪器内的混合液会很快挥发而使仪器干燥。

任务评价

根据以上实验操作、现象记录及现象分析情况，进行任务评价。

序号	评价内容	评价要点	配分	评价标准	扣分	得分
1	实验准备	(1)实验预习； (2)实验台面准备	20	有一项不符合标准扣 10 分，扣完为止		
2	实验操作及记录	(1)仪器是否认对、认全； (2)玻璃仪器洗涤是否规范； (3)玻璃仪器干燥是否规范	60	有一项不符合标准扣 20 分，扣完为止		
3	安全文明操作	(1)实验台面整洁情况； (2)物品摆放； (3)玻璃仪器清洗放置情况； (4)安全操作情况	20	有一项不符合标准扣 5 分，扣完为止		
总分						

一、基础化学课程的主要任务

基础化学课程的主要任务是使学生了解和掌握有关的化学基本知识、基本原理及应用，培养学生分析和解决涉及化学实际问题的能力，为今后的学习和工作奠定基础。

二、基础化学课程的主要内容

基础化学课程的主要内容为物质的结构基础、定量分析基础、化学基本原理与应用、有机化学基础知识。通过本课程的学习，学生需要掌握组成分子的原子核外电子的运动状态；理解化学反应能否发生（反应方向的判断）、能发生的化学反应的反应速率的快慢（化学反应速率）、反应进行的程度（化学平衡）；掌握有机化合物的结构特征、性质及其应用等知识。

爱因斯坦说过："兴趣是最好的老师。"学生只有对学习内容感兴趣，才能激发和强化学习的内在动力，从而调动学习的积极性。培养对本课程的学习兴趣要从对课程的了解、对学习目的的明确开始。在课程学习之前，学生要了解化学是什么、为什么要学化学、如何学习基础化学，以及对学习中会遇到的常见问题有明确的认知。

三、化学

化学是一门在原子、分子水平上研究物质的组成、结构、性质及相互转化的学科。化学是自然科学中的一门基础学科，是促进当代科学技术和人类物质文明飞速发展的基础与动力。

化学是一门古老且又生机勃勃的科学。人类从懂得用火开始就进入文明。燃烧是人类最早利用的化学反应，燃烧不仅改善了人类的饮食条件，而且改善了人类的生活条件，人们利用燃烧反应制作了陶器，冶炼了青铜等金属。古代的炼丹家更是在寻求长生不老之药的过程之中使用了煅烧、蒸馏、升华等化学基本操作。许多使人类生活质量得以提高的技术发明，如造纸、染色、酿造、火药等无一不是化学反应的结果。因此，化学从一开始就和人类的生活密切相关。

在古代，化学是一种表现出经验性、零散性和实用性的技术，而并没有成为一门科学。17 世纪中叶以后，物质变化知识不断积累，同时，数学、物理学等相关学科的发展也促进了化学的发展。18 世纪末，较精密天平的使用使化学从对物质变化的简单定性研究进入定量研究。19 世纪下半叶，物理学的热力学理论被引入化学，从宏观角度解决了化学平衡问题。随着工业化的推进，出现了生产酸、碱、合成氨、染料及其他化合物的工厂，化学工业的发展进一步促进了化学学科的快速发展。化学开始形成了无机化学、分析化学、有机化学和物理化学四大基础分支。

20 世纪以来是化学取得巨大成就的时代，化学的研究对象无论从微观世界到宏观世界，还是从人类社会到宇宙空间都在不断地前进。同时，在化学的理论、研究方法、实验技术及应用等方面都发生了巨大的变化。原来的无机化学、分析化学、有机化学和物理化学四大基础分支已容纳不下化学新的发展，从而衍生出许多新分支，如生物化学，分子生物学、环境化学、材料化学、药物化学、能源化学和地球化学等。化学学科已经成为促进社会、科学发展，以及提高人类生活水平与生活质量的核心基础学科。

四、化学的作用

作为核心基础学科之一的化学，在现在及未来向其他学科的渗透和交融趋势更加深入。化学能帮助人类解决所面临的粮食短缺及食品安全问题。化学能够在研制高效肥料和高效低毒农药，特别是与环境友好的生物肥料和生物农药，以及开发新型农业生产资料等方面发挥巨大作用。化学也在发展新能源和资源的合理开发、高效安全利用中起着关键作用；在研制大规模、大功率的光电转换材料，推广太阳能的开发利用等方面发挥特别的作用。化学也在电子信息材料、生物医用材料、新能源材料、生态环境材料、航空航天材料及复合材料的研究中发挥重大的作用。其在发展量子计算机、生物计算机、分子器件和生物芯片等新技术中都将做出卓越的贡献。化学还在克服疾病和提高人们的生存质量等方面进一步发挥重大的作用，在攻克心脑血管病、肿瘤、糖尿病及艾滋病的进程中，化学将不断提供包括基因疗法在内的新药物。化学研究也将是人们从分子水平了解病理过程，提出预警生物标志物的检测方法。化学研究也将在揭示中药的有效成分、揭示多组分药物的协同作用机理方面发挥巨大作用，从而加速中医药的进一步完善和走向世界。

总之，化学是一门与国民经济各部门、人类生活各方面、科学技术各领域都有密切关系的基础学科。它不仅是化学工作者的必备专业知识，而且是理、工、农、医各相关学科专业人士所必需的专业基础知识。对于石油化工生产技术、应用化工技术、精细化工技术、高分子材料加工技术、工业分析、环境保护与治理技术、药物营销、染整技术、印刷技术、食品分析等专业的学生，学习适量的化学基本原理、必备的化学知识不仅可为专业课学习奠定基础，而且是高级应用型人才所必须具备的科学素养。同时，化学是一门以实验为基础的科学，由实验现象上升到理论，再由理论指导生产实践，以此培养学生提出问题、分析和解决问题的工作能力。丰富多彩的化学变化使化学又成为一门充满活力和创造性的学科。通过基础化学课程的学习，学生不仅可掌握一定的化学学科知识，而且有利于培养创新思维能力和形成辩证唯物主义观点。

五、基础化学的学习方法

基础化学的学习和其他学科知识的学习一样，良好的学习习惯是决定学习效率的关键。预习是重要的学习环节之一。每个项目的思维导图可以辅助学生进行预习。预习也是保证课堂学习效率的前提。课堂讲授是教师个体教学艺术、教学水平的创造与呈现，同样的教学内容会有不同授业解惑的方法。只有课前预习才可以在教师讲授的基础上掌握重点、理解难点。课后总结回顾是掌握知识的重要环节，根据教师的指导对每个项目的内容进行及时总结归纳。每个项目后的思维导图可以辅助学生总结重点内容。做习题时不仅可以和同学讨论，而且可以和教师进行交流，以达到掌握和应用所学知识的目的。定期复习，通过习题来自查巩固所学的主要内容。学习有法，但无定法。学生只有通过自己的学习实践才会探索出适合自己的学习方法，从而掌握更多的化学知识，提升自己的学习能力。

六、原子结构、分子结构微观抽象知识的学习

分子是由原子组成的，原子核外电子的结构是基础，原子核外电子的运动状态和排布规律决定了元素的性质，元素的性质决定了分子结构，分子结构决定了化合物的性质。了解结构的知识会帮助理解和掌握化合物的性质，从而熟悉这些性质在生产、生活中的应用。因此，原子结构、分子结构等微观抽象知识必须学习，学习这些微观抽象知识的方法除要利用和学习其他知识一样的方法外，还要利用书中关联的数字化资源进行学习。本书为帮助学生理解这些抽象难懂的知识，还配套建设了多媒体资源包括微课、视频、动画资源等。

七、基础化学实验的基本要求

1. 基础化学实验的目的

基础化学实验的目的是学习基础化学实验的基本技术，包括溶液的配制、提纯、分离等操作技术，也包括物质的制备技术等。通过实验的观察，学生能够运用所学理论分析和解释实验现象；通过实验技能的训练，学生具备基本动手能力和研究能力；最终，学生具备理论联系实际的作风，实事求是、严肃认真的科学态度与良好的工作习惯。

2. 基础化学实验的学习方法

在学习过程中，学生要做到以下几点：

(1)实验前做好预习，完成预习报告。

(2)实验中规范操作，仔细观察，及时记录。

(3)实验后认真整理，完成实验报告。

3. 实验报告要求

实验报告通常包括 3 个部分，即预习、实验记录及数据整理和结论。

(1)预习部分是实验前应完成的内容，包括实验名称、日期、实验目的、仪器与药品、试剂及物质的物理常数、装置图、实验原理及步骤等。

(2)实验记录是在实验过程中完成的，是实验的原始材料，是指及时、准确、客观地记录下的各种测量数据和实验现象。实验记录应用签字笔写在原始记录本上，不得随意抄袭、拼凑或伪造数据，也不能在实验结束后凭想象填写。

(3)数据整理和结论部分是在实验结束后，根据实验记录进行的相关计算、讨论和总结材料。

4. 化学实验室规则

为了保证实验课的教学质量，防止意外事故发生，学生在做实验时，必须遵守下列规则。

(1)进入实验室前，认真阅读实验室的有关规定及注意事项，预习实验内容，明确实验目的及要掌握的操作技能，了解实验步骤，熟悉实验中各药品的物理性质及安全知识，完成预习报告。

（2）教师讲解实验时，要认真听课，记录相关要点。

（3）实验开始，先按照规范要求安装实验装置，待指导教师检查合格后，方可进行下一步操作。

（4）实验过程中要严格按照操作规程操作。实验中要仔细观察实验现象，如实记录。

（5）实验时，应本着严肃、认真的学习态度，不能大声喧哗、打闹或随处走动；要穿实验服进入实验室；不能在实验室抽烟或吃东西、喝水。

（6）实验中要始终保持桌面和实验室的清洁，所取药品、仪器及时放回原处。

（7）实验结束，应及时拆除装置，将仪器清洗、整理干净，放回原位；将产品按规定统一处理，不得随意扔在水池或垃圾桶中。

（8）值日生应负责整理公用仪器、实验室整体卫生、废液处理及水电安全，经实验室教师检查后，方可离开。

5. 化学实验的安全与环保常识

在化学实验中，会经常接触易燃、易爆、有毒、有腐蚀性的药品，如若使用或处理不当，则后果不堪设想。因此，熟悉有机化学实验的安全与环保常识非常重要。

（1）化学实验的安全常识。化学实验特别要注意防火、防爆、防中毒、防灼伤，为此，应注意以下几点：

1）不能用敞口容器加热和盛放易燃、易挥发的化学试剂。

2）尽量防止或减少易燃物气体的外逸。远离明火，注意通风。

3）使用易燃易爆物品时，应严格按照操作规程操作。

4）控制加料速度和反应温度，避免反应过于猛烈。

5）常压操作时，不能在密闭体系中加热或反应；减压操作时，不能使用平底烧瓶等不耐压容器。

6）一切有毒、有刺激性、有恶臭物质的实验，均应在通风橱中进行。若反应中产生有毒、有腐蚀性的气体，则要安装尾气吸收装置。

7）倾倒试剂、开启易挥发的试剂瓶及加热液体时，不要俯视容器口，以防止流体溅出或气体逸出冲出伤人。

8）使用浓酸、浓碱、溴、铬酸洗液等具有强腐蚀性的试剂时，切勿溅在身上。一旦溅到身上，则应立即用大量水冲洗。

9）高压瓶、电气设备、精密仪器等在使用前必须熟悉使用方法和注意事项，严格按照要求使用。

（2）化学实验的环保常识。

1）废气的处理。若实验中产生的有毒气体较少，需在通风橱中进行；若产生的有毒气体较多，通风橱可以安装尾气吸收装置，通过用尾气吸收装置中的物质与毒气作用，使其转化为无毒的物质后再排放。

2）废液和废渣的处理。实验室应备有废液缸或回收瓶，将废液集中处理后再排放或深埋。有毒的废渣应深埋在指定的地点。

6. 实验室常见小事故的处理

（1）火灾。一旦发生火灾，应首先切断电源，移走易燃物，然后根据起火原因及火势采取适当的灭火方法。

（2）烫伤。轻微的烫伤或烧伤，可用 90％～95％ 的酒精轻拭伤处，然后涂上凡士林；若伤势较重，则用消毒纱布小心包扎后，及时送医院治疗。

（3）化学灼伤。先用大量水冲洗再根据不同的灼伤情况做相应处理。若是强酸灼伤，可擦上碳酸氢钠油膏或凡士林，若溅入眼中时，用大量水冲洗后，再用饱和碳酸氢钠溶液或氨水冲洗，最后用水冲洗；若是强碱灼伤，可用柠檬酸或硼酸饱和溶液冲洗，再擦上凡士林，若溅入眼中，先用硼酸溶液冲洗，再用水清洗。

（4）误食毒物。若有毒物质溅入口中还未下咽，应立即吐出，并用大量水冲洗口腔；若是误食强酸，先饮大量水，然后服用氢氧化铝膏、鸡蛋清，再用牛奶灌注；若误食强碱，也应先饮大量水，然后服用醋等。

（5）吸入毒气。若吸入溴蒸气、氯气等毒气，可吸入少量酒精和乙醚的混合蒸气，以便解毒，同时应到室外呼吸新鲜空气，再送医院。

八、常用玻璃仪器简介

基础化学常用仪器见表 1-1。

表 1-1 基础化学常用仪器

仪器名称	仪器图片	用途	注意事项
烧杯		（1）简单反应容器，其反应物易混合均匀。 （2）配制溶液。 （3）物质的加热溶解	（1）加热前要将烧杯外壁擦干，然后将其放置于石棉网上，使其受热均匀。 （2）反应液体不得超过烧杯容量的 2/3，以免液体外溢
量筒		量筒是实验室中常用的一种量器，主要用玻璃制造，少数（特别是大型的）用透明塑料制造。用途是按体积定量量取液体	量取一定体积液体的量器之一。量筒一般准确度较低。不能用作反应器，绝对不能加热，也不能用于配制溶液或溶液的稀释
移液管		移液管是用来准确移取一定体积溶液的量器。移液管是一种量出式仪器，只能用来测量它所放出溶液的体积	检查移液管的管口和尖嘴有无破损，若有破损，则不能使用
吸量管		吸量管的全称是分度吸量管，又称为刻度移液管。它是带有分度线的量出式玻璃量器，用于移取非固定量的溶液	吸量管就是有刻度的玻璃管，常用来移取小体积溶液，其准确度不如移液管

仪器名称	仪器图片	用途	注意事项
容量瓶		容量瓶是一种细颈梨形平底的容量器，带有磨口玻塞，颈上有标线，表示在所指温度下液体凹液面与容量瓶颈部的标线相切时，溶液体积恰好与瓶上标注的体积相等。容量瓶上标有温度、容量、刻度线	在使用容量瓶之前，要先进行以下两项检查： (1)容量瓶容积与所要求的是否一致。 (2)检查瓶塞是否严密不漏水
锥形瓶		锥形瓶是一种化学实验室常见的玻璃仪器。一般用于滴定实验。为防止滴定液下滴时溅出，造成实验误差，可将瓶子放在磁力搅拌器上搅拌。 锥形瓶可用于普通实验，制取气体或作为反应容器。其锥形结构相对稳定，不易倾倒	(1)注入的液体不超过其容积的1/2，过多易造成喷溅。 (2)加热时使用石棉网(电炉加热除外)。 (3)锥形瓶外部要擦干后再加热。 (4)使用后，用专用洗涤剂清洗干净，进行烘干，保存在干燥容器中。 (5)一般不用来存储液体。 (6)振荡时同向旋转
普通漏斗		漏斗是过滤实验中不可缺少的仪器。过滤时，漏斗中要装入滤纸。滤纸有许多种，根据过滤的不同要求可选用不同的滤纸，教学时可使用普通性滤纸，应根据漏斗的尺寸购买相应尺寸的滤纸	流到漏斗里的液体的液面高度不能超过滤纸高度
分液漏斗		分液漏斗是一种玻璃实验仪器，包括斗体，盖在斗体上口的斗盖。斗体的下口安装一个三通结构的活塞，活塞的两通分别与两下管连接。在初中阶段，分液漏斗的主要作用是控制化学反应的速率。分液漏斗分为球型、梨型和筒型等多种样式，球型分液漏斗的颈较长，多用于制气装置中滴加液体的仪器，梨型分液漏斗的颈比较短，常用做萃取操作的仪器	分液漏斗内加入的液体量不能超过容积的3/4。而且不宜装碱性液体
铁架台、铁圈、烧瓶夹		铁架台由质量较大的底座和固定于铁制底座并垂直于底座的一根铁棍组成。根据不同的实验内容，铁架台常配有能上下移动的铁圈、烧瓶夹、滴定管夹、冷凝管夹等附加器械	注意重心。铁架台自身较重是保证实验过程中仪器稳定的重要因素。但在夹持仪器时，应尽可能使仪器夹持在铁架台的台面上方，使重心落在台面中间，不倒塌，不倾斜。尤其在高位上固定较重仪器(盛反应物多)时更应注意

仪器名称	仪器图片	用途	注意事项
减压过滤装置（布氏漏斗、抽滤瓶、真空泵）		减压过滤操作也就是抽滤，是利用真空泵使抽滤瓶中的压强降低，以达到固液分离目的的操作。其装置由布氏漏斗、抽滤瓶、胶管、真空泵、滤纸等组装而成。真空泵是指利用机械、物理、化学或物理化学的方法对被抽容器进行抽气而获得真空的器件或设备	(1)安装仪器时，漏斗管下端斜面应朝向支管口。但不能靠得太近，以免滤液被抽走；(2)当过滤的溶液具有强酸性、强碱性或强氧化性时，要用玻璃纤维代替滤纸或用玻璃砂漏斗代替布氏漏斗；(3)不宜过滤胶状沉淀或颗粒太小的沉淀；(4)在抽滤过程中，当漏斗里的固体层出现裂纹时，应用玻璃塞之类的东西将其压紧，堵塞裂纹。如不压紧也会降低抽滤效率；(5)停止抽滤时先旋开安全瓶上的旋塞恢复常压，然后关闭真空泵
水浴锅		水浴锅主要用于实验室中蒸馏、干燥、浓缩及温渍化学药品或生物制品，也可用于恒温加热和其他温度试验，是生物、遗传、病毒、水产、环保、医药、卫生、化验室、分析室、教育科研的必备工具	当被加热的物体要求受热均匀，温度不超过100 ℃时，可以用水浴加热。水浴锅通常用铜或铝制作，有多个重叠的圆圈，适用于放置不同规格的器皿。注意不要把水浴锅烧干，也不要把水浴锅作沙盘使用
试剂瓶		试剂瓶盛装试剂的玻璃瓶或塑料瓶，按照颜色、形状与用途等有多种分类方式	大部分试剂瓶不耐热
称量瓶		称量瓶是磨口塞筒形玻璃瓶，用于差减法称量试样的容器。因有磨口塞，可以防止瓶中的试样吸收空气中的水分和 CO_2 等，适用于称量易吸潮的试样	称量瓶的盖子是磨口配套的，不得丢失、弄乱。称量瓶使用前应洗净烘干，不用时应洗净，在磨口处垫一小纸，以方便打开盖子
干燥器		干燥器是防止试剂受潮的玻璃仪器。使用时，底部需装入干燥剂，一般使用变色硅胶	变色硅胶（干燥剂）变色后需要及时更换。变色硅胶外观为蓝色珠状颗粒，具有吸湿后自身颜色由蓝色变红色的特性

仪器名称	仪器图片	用途	注意事项
试管		试管是化学实验室常用的仪器，用作少量试剂的反应容器，在常温或加热时(加热之前应该预热，否则试管容易爆裂)使用	(1)装溶液时不超过试管容量的1/2，加热时不超过试管容量的1/3。 (2)用滴管往试管内滴加液体时应悬空滴加，滴管不得伸入试管口。 (3)受热要均匀，以免暴沸或试管炸裂。 (4)加热后不能骤冷，防止破裂。 (5)加热时要预热，防止试管骤热而爆裂。 (6)加热时要保持试管外壁没有水珠，防止受热不均匀而爆裂。 (7)加热后不能在试管未冷却至室温时就洗涤试管
试管架		试管架是用来放置(有时也可以将试管放置于试管架上，观察某个实验的现象)、晾干试管用的化学实验室的基本实验仪器	试管架中附有相应数目的小木柱和小孔。有小孔的可将试管竖放待用或以便继续观察反应的进行。有柱的可将洗净试管倒放，以便晾干
试管夹		试管夹是夹持试管的仪器	防止腐蚀烧灼，手握长柄，大拇指按在长柄上(注意：大拇指不能按在短柄上)
试管刷		试管刷主要用来清除精加工后孔表面上的微小毛刺，从而提高内孔的光洁程度，一般提高一小级至一大级	(1)要依据工件的情况选用不同材质的试管刷，如抛光金属管槽，可选用钢丝试管刷或铜丝试管刷。 (2)使用时压力不要过大，压力过大会导致两边细线歪曲或过热，导致细线断裂或快速熔化，降低使用寿命
表面皿		表面皿可以用来做一些蒸发液体的工作，也可以让液体的表面积加大，从而加快蒸发。可以做盖子，盖在蒸发皿或烧杯上，防止灰尘落入蒸发皿或烧杯；可以做容器，暂时盛放固体或液体试剂，方便取用；可以做承载器，用来承载 pH 试纸，使滴在试纸上的酸液或碱液不腐蚀实验台	不能像蒸发皿那样加热，加热时需垫上石棉网

仪器名称	仪器图片	用途	注意事项
蒸发皿		蒸发皿的作用是蒸发液体、浓缩溶液或干燥固体物质	（1）能耐高温，加热后不能骤冷，防止破裂。 （2）应使用坩埚钳取放蒸发皿，加热时用三脚架或铁架台固定。 （3）液体量多时可直接加热，量取少量或黏稠液体要垫石棉网或放在泥三角上加热。 （4）加热蒸发皿时要不断地用玻璃棒搅拌，防止液体局部受热四处飞溅。 （5）加热后，需要用坩埚钳移动蒸发皿。不能直接放到实验桌上，应放在石棉网上，以免烫坏实验桌。 （6）大量固体析出后就熄灭酒精灯，用余热蒸干剩下的水分。 （7）加热时，应先用小火预热，再用大火加热。 （8）要使用预热过的坩埚钳取热的蒸发皿。 （9）用蒸发皿盛装液体时，其液体量不能超过其容积的 2/3
石棉网	石棉　金属网	石棉网的作用是将火焰的热量平均分散到容器的每个角落，使其受热均匀	和电炉配套使用
电炉		电炉是加热装置	注意用电安全、避免烫伤
药匙		药匙是用于取用粉末状或小颗粒状的固体试剂的工具	（1）根据试剂用量不同，药匙应选用大小合适的。 （2）不能用药匙取用热药品，也不要接触酸、碱溶液。 （3）药匙取用药品后，应及时用纸把药匙擦干净
研钵		研钵是实验中研碎实验材料的容器，配有钵杆	（1）按被研磨固体的性质和产品的粗细程度选用不同质料的研钵。 （2）进行研磨操作时，研钵应放在不易滑动的物体上，研杵应保持垂直。 （3）研钵不能进行加热，尤其是玛瑙制品，切勿放入电烘箱中干燥。 （4）洗涤玛瑙研钵时，应先用水冲洗，耐酸腐蚀的研钵可用稀盐酸洗涤

任务二　加热方式、方法识别及试剂取用

任务描述

加热及试剂取用是基础化学实验中的常规操作，但刚开始学习基础化学的学生对实验室常用的加热方式及试剂取用方式还未进行系统认知，需要掌握以下技能：

(1)能选择合适的加热方式并准确操作；

(2)能规范取用不同类型试剂。

任务解析

完成本次任务需要具备以下知识：

(1)不同类型的加热方式；

(2)试剂取用方式。

任务实施

1. 实验器材

烧杯、试管、试管架、试管夹、毛刷、表面皿、水浴锅、电炉、升降台、滴瓶、广口瓶、细口瓶、药匙、量筒、酒精灯。

2. 实验药品

洗涤剂、去污粉。

3. 组织形式

两人一组，在教师指导下，根据实验步骤完成实验。

4. 注意事项

注意用水、用电安全。

5. 实验步骤

(1)识别不同的加热方法和方式及相关仪器。

(2)完成固体和液体试剂的取用。

实验内容详解

加热为实验室的常见操作，针对不同类型的试剂，加热方法具有一定的差异。根据实验目的及实验室配备的仪器设备，可选用不同的加热方式。

试剂取用也是实验室的常见操作，需按试剂的不同类型合理取用试剂。

根据以上实验操作、现象记录及现象分析情况，进行任务评价。

序号	评价内容	评价要点	配分	评价标准	扣分	得分
1	实验准备	(1)实验预习； (2)实验台面准备	20	有一项不符合标准扣10分，扣完为止		
2	实验操作及记录	(1)掌握不同类型加热方式和方法的要点； (2)固体试剂取用是否规范； (3)液体试剂取用是否规范	60	有一项不符合标准扣20分，扣完为止		
3	安全文明操作	(1)实验台面整洁情况； (2)物品摆放； (3)玻璃仪器清洗放置情况； (4)安全操作情况	20	有一项不符合标准扣5分，扣完为止		
总分						

知识链接

加热方法、方式识别及试剂取用

一、加热方法

1. 液体加热

当加热液体时，液体不宜超过容器总容量的1/2。加热方式有两种。

(1)直接加热试管中的液体。加热试管中的液体时，一般可直接在火焰上加热。在火焰上加热试管时，应注意以下几点：

1)应该用试管夹夹持试管的中上部。试管应稍微倾斜，管口向上，以免烧坏试管夹。

2)应使液体各部分受热均匀，先加热液体的中上部，再慢慢往下移动，同时不停地上下移动，不要集中加热某一部分，否则将使液体局部骤然受热产生蒸气，液体会被冲出管外。

3)不要将试管口对着他人或自己，以免溶液溅出时把人烫伤。

(2)加热烧杯、烧瓶中的液体。在对烧杯、烧瓶等玻璃仪器中的液体加热时，玻璃仪器必须放在石棉网上，否则烧杯、烧瓶容易因受热不均而破裂。

2. 固体加热

(1)加热试管中的固体。加热试管中的固体时，必须使试管口稍微向下倾斜，以免凝结在试管上的水珠流到灼热的管底，而使试管炸裂。试管可用试管夹夹持加热，有时也可用铁圈固定起来加热。

(2)灼烧。当需要高温加热固体时，可把固体放入坩埚，在泥三角上用煤气灯的氧化焰加热。如需移动，则必须用坩埚钳夹取。坩埚钳用后应平放在石棉网上，使钳的顶端向上，以免沾污。

必须注意：试管、烧杯、烧瓶、瓷蒸发皿等器皿虽然能承受一定的温度，但不能骤冷或骤热。因此，加热前必须将器皿外壁的水擦干，加热后，不能立即与潮湿的物体接触。

二、加热的方式

1. 酒精灯加热

(1)构造：酒精灯一般是由玻璃制成的，由灯壶、灯帽和灯芯构成。酒精灯的正常火焰分为三层：内层为焰心，温度最低；中层为内焰(还原焰)，由于其中酒精蒸气燃烧不完全，所以这部分火焰具有还原性，称为还原焰，温度较高；外层为外焰(氧化焰)，酒精蒸气完全燃烧，温度最高。进行实验时，一般用外焰来加热。

(2)使用方法：酒精易燃，使用时必须注意安全。不用时，必须将灯帽盖上，以免酒精挥发。具体使用方法如下。

1)新购置的酒精灯应首先配置灯芯。灯芯通常是用多股棉纱拧在一起或编织而成的，它插在灯芯瓷套管中。灯芯不宜过短，一般浸入酒精后还要长 4～5 cm。若灯芯不齐或烧焦都应用剪刀修整为平头等长。

2)酒精灯壶内的酒精少于其容积的 1/2 时，应及时添加酒精，但酒精不能装得太满，以不超过灯壶容积的 2/3 为宜。添加酒精时，一定要借助小漏斗，以免将酒精洒出。燃着的酒精灯，若需要添加酒精时，首先必须熄灭火焰，绝不允许在酒精灯燃着时添加酒精，否则容易起火造成事故。

3)新装的灯芯须放入灯壶酒精中浸泡，而且将灯芯不断移动，使每端灯芯都浸透酒精，然后调好长度，才能点燃。因为未浸过酒精的灯芯，一点燃就会烧焦。酒精灯一定要用火柴点燃，绝不允许用燃着的另一酒精灯对点。否则会将酒精洒出，引起火灾。

4)加热时，若无特殊要求，一般用温度最高的火焰(外焰与内焰交界部分)来加热器具。加热的器具与灯焰的距离要合适，过高或过低都不正确。被加热的器具与酒精灯焰的距离可以通过铁圈或垫木块来调节。被加热的器具必须放在支撑物(三脚架或铁圈等)上，或用坩埚钳、试管夹夹持，绝不允许用手拿着仪器加热。

5)加热完毕或因添加酒精要熄灭酒精灯时，只要将灯帽盖上即可使火焰熄灭，然后提起灯帽，待灯口稍冷再盖上灯帽。绝不允许用嘴吹灭酒精灯。

2. 水浴

当被加热物质要求受热均匀且温度不超过 100 ℃时，可把水浴锅中的水煮沸(水浴锅内盛水量不超过其容积的 2/3)，用水蒸气来加热器皿。水浴锅上放置大小不同的铜圈，用于承受不同规格的器皿。实验室常用大烧杯代替水浴锅(水量占烧杯容积的 1/3)。

3. 沙浴

当被加热物质要求受热均匀且要求温度高于 100 ℃时，可用沙浴。沙浴是一个铺有一层均匀细沙的铁盘，被加热器皿放在热沙上。

4. 电炉

电炉可代替灯具用于一般加热，并可借调节输入电压来控制温度的高低，在加热的容器和电炉之间放一块石棉网，以保证受热均匀。

三、试剂的取用和试管操作

取用试剂药品前，应看清标签。取用时，先打开瓶塞，将瓶塞反放在实验台上。如果瓶塞上端不是平顶而是扁平的，可用食指和中指将瓶塞夹住（或放在清洁的表面皿上），绝不能将它横置桌上以免沾污。不能用手接触化学试剂。应根据用量取用试剂，不必多取，这样既能节约药品，又能保证好的实验结果。取完试剂后，一定要把瓶塞盖严，绝不允许将瓶盖张冠李戴。最后把试剂瓶放回原处，以保持实验台整齐干净。

1. 固体试剂的取用

（1）要用清洁干燥的药匙取用。药匙的两端为大小两个匙，取大量固体时用大匙，取少量固体时用小匙（取用的固体要放入小试管时，必须用小匙）。应专匙专用。

（2）注意不要超过指定用量取用试剂，多余的试剂不能倒回原瓶中，可放在指定容器中供他人使用。

（3）要求取用一定质量的固体试剂时，可把固体试剂放在洁净、干燥的表面皿或纸上称量。具有腐蚀性、氧化性或易吸潮的固体试剂应放在密闭的玻璃容器（如称量瓶）中称量。

（4）往试管（特别是湿试管）中加固体试剂时，可用药匙或将取出的药品放在对折的窄纸片上，伸进试管约 2/3 处。加入块状固体时，应将试管倾斜，使其沿管壁慢慢滑下，以免碰破管底。

2. 液体试剂的取用

（1）从滴瓶中取液体试剂时，要用滴瓶中的滴管。滴管上部装有橡皮头，下部为细长的管子。使用时，用无名指和中指夹住滴管颈部，大拇指和食指虚按橡皮头，提起滴管。如果滴管已有试剂，即可滴用；如无试剂，则先使滴管口离开液面，用手指轻压橡皮头赶出空气后，将滴管伸入试剂瓶，放松手指吸入试剂，再提起滴管将试剂滴入试管或烧杯。

使用滴瓶时，必须注意以下几点：

1）将试剂滴入试管中时，提起滴管，将它悬空地放在靠近试管口的上方，然后将试剂滴入试管。禁止将滴管伸入试管，因为滴管的管端很容易碰到试管壁而黏附其他溶液，致使试剂被污染。

2）滴瓶上的滴管只能专用，不能和其他滴瓶上的滴管搞错。因此，使用后，应立即将滴管插回原来的滴瓶中。

3）滴管从滴瓶中取出试剂后，应保持橡皮头在上，不要平放或斜放，以免试剂流入滴管的橡皮头。

（2）从细口瓶中取用液体试剂时，用倾注法。先将瓶塞取下，反放在桌面上，手握住试剂瓶上贴标签的一面，逐渐倾斜瓶子，让试剂沿着洁净的试管壁流入试管或沿着洁净的玻璃棒注入烧杯。取出所需量后，将试剂瓶口在容器上靠一下，再逐渐竖起瓶子，以免使遗留在瓶口的液滴流到瓶的外壁。

（3）在试管里进行某些实验时，取试剂不需要准确用量，可以估计取出液体的量。例如用滴管取用液体时，1 mL 相当于多少滴，5 mL 液体占一个试管容器的几分之几等。

（4）定量取用液体时，用量筒或移液管。量筒用于量取一定体积的液体，可根据需要选用不同容量的量筒。量取液体时，要使视线与量筒内液体的弯月面的最低处保持水平，偏高或偏低都会读不准体积而造成较大的误差。

任务三 托盘天平、电子秤的使用

任务描述

小天同学有试剂需要称量，实验室有托盘天平、电子秤可供使用，小天同学想通过实验练习掌握以下技能：

(1)运用托盘天平规范称取样品；

(2)运用电子秤规范称取样品。

任务解析

完成本次任务需要具备以下知识：

(1)认识托盘天平结构并规范使用；

(2)认识电子秤结构并规范使用。

任务实施

1. 实验器材

托盘天平、电子秤。

2. 实验药品

碳酸钙样品。

3. 组织形式

两人一组，在教师指导下，根据实验步骤完成实验。

4. 注意事项

(1)托盘天平使用注意事项：

1)不能称量热的物品。

2)称量物不能直接放在托盘上，应根据具体情况决定放在已称量的、洁净的表面皿、烧杯或光洁的称量纸上。

3)称量完毕，将砝码放回砝码盒，游码拨到"0"位，并将托盘放在一侧(或用橡皮圈架起)，以免台秤摆动。

4)保持托盘天平的整洁，若沾有药品或其他污物时，应立即清除。

(2)电子秤使用注意事项：

1)严禁雨淋或用水冲洗，若不慎沾水，则用干布擦拭干净，当机器功能不正常时要尽快送修。

2)严禁敲打撞击及重压。

3)勿置放在高温及潮湿环境场所(专用防水防腐秤除外)。电子秤若长期不使用，须将机器擦拭干净，放入干燥剂用塑料袋包好，有使用干电池的应将干电池取出。否则电池生锈，会腐蚀电子秤。

5. 实验步骤

(1)使用托盘天平称取 5 g、2 g、0.6 g、0.2 g 碳酸钙样品。

(2)使用电子秤称取 5 g、2 g、0.6 g、0.2 g 碳酸钙样品。

实验内容详解

托盘天平、电子秤的使用

一、托盘天平的使用

1. 使用前的检查工作

先将游码拨至游码标尺左端"0"处，观察指针摆动情况。如果指针停在刻度盘的中间位置或在刻度盘的中间左右摆动距离接近相等，即表示托盘天平可以使用；如果指针在刻度盘的左右摆动的距离相差很大，则应调节天平托盘下侧的平衡调节螺母，直至指针在刻度盘的中间左右摆动距离接近相等，托盘天平即处于平衡状态，此时指针即能停在刻度盘的中间位置，将此中间位置称为托盘天平的零点。

2. 物品的称量

(1)称量的物品应放在左盘，砝码放在右盘。

(2)砝码用镊子夹取，在 10 g(或 5 g)以下的质量用游码调节，当添加砝码到托盘天平的指针停在刻度盘的中间位置时，托盘天平处于平衡状态。此时，指针所停的位置称为停点，零点与停点相符时(指针在刻度尺左右两边摇摆的距离接近相等时)为止。零点与停点之间允许偏差 1 小格以内。

(3)记下砝码和游码的数值至小数点后一位，即得所称物品的质量。

(4)称固体药品时，应在两盘内各放一张质量相仿的称量纸，然后用药匙将药品放在左盘的纸上(称 NaOH、KOH 等易潮解或有腐蚀性的固体时，应用表面皿)。称液体药品时，要用已称过质量的容器盛放药品，称法同前。

二、电子秤的使用

电子秤是利用物体的重力作用来确定物体质量的测量仪器，也可用来确定与质量相关的其他量大小、参数或特性。

(1)请将电子秤置于稳固平坦的桌面或地面上使用，不要放在有振动或不稳的桌面或台架上。

(2)电源开关位置在电子秤右下方的底部。当电源开启时，请勿将物品置放在秤盘上，使用前先开机预热 2 min 以上(预热时间越长，精密度越高)。如果刚开机质量不是零，稍等一会儿，或重新开机清零。

(3)称过一种物品后，下一次又称不同的物品之前要先将电子秤清零，电子秤将重新计量。

(4)去皮(扣重)是电子秤的基本功能，它的准确用处是把秤台上的帮助称重的容器的质量去掉。将帮助称重的容器放在秤上，之后按"去皮"键，重量值置换成电子秤的零，随后放上的样品质量显示为净重值。

根据以上实验操作、现象记录及现象分析情况，进行任务评价。

序号	评价内容	评价要点	配分	评价标准	扣分	得分
1	实验准备	(1)实验预习； (2)实验台面准备	20	有一项不符合标准扣 10 分，扣完为止		
2	实验操作及记录	(1)规范使用托盘天平称取样品； (2)规范使用电子秤称取样品； (3)称取样品质量准确	60	有一项不符合标准扣 20 分，扣完为止		
3	安全文明操作	(1)实验台面整洁情况； (2)物品摆放； (3)玻璃仪器清洗放置情况； (4)安全操作情况	20	有一项不符合标准扣 5 分，扣完为止		
总分						

知识链接

托盘天平与电子秤

一、托盘天平的构造

托盘天平常用于一般称量(图 1-1)。它能迅速地称量物体的质量，但精确度不高。最大载荷为 200 g 的托盘天平能称准至 0.1 g，最大载荷为 500 g 的托盘天平能称准至 0.5 g。

图 1-1　托盘天平

二、电子秤的构造

电子秤是衡器的一种。衡器是利用胡克定律或力的杠杆平衡原理测定物体质量的工具，按结构原理可分为机械秤、电子秤、机电结合秤三大类。电子秤主要由承重系统（如秤盘、秤体）、传力转换系统（如杠杆传力系统、传感器）和示值系统（如刻度盘、电子显示仪表）3部分组成。其结构如图1-2所示。

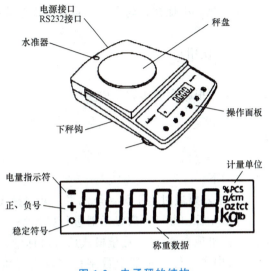

图 1-2　电子秤的结构

任务四　分析天平认知与操作

任务描述

小天同学对分析天平的使用很感兴趣，想通过下列实验内容掌握分析天平的使用：
(1)采用直接称量法称取小烧杯、称量小瓶的质量；
(2)采用固定质量法称取 0.500 0 g 碳酸钠样品，3 份；
(3)采用差减称量法称取 0.500 0 g 碳酸钠样品，3 份。

任务解析

完成本次任务需要具备以下知识：
(1)分析天平的基本结构知识；
(2)分析天平的基本操作规范；
(3)直接称量法基本操作；
(4)固定质量法基本操作；
(5)差减称量法基本操作。

任务实施

1. 实验器材

分析天平、干燥器、称量瓶、小烧杯、药匙、称量纸、纸条或手套。

2. 实验药品

碳酸钠样品（仅供称量练习使用）。

3. 组织形式

一人一组，在教师指导下，根据实验步骤完成实验。

4. 注意事项

注意用水、用电安全。

5. 实验步骤

分析天平使用基本步骤如下。

(1)查看水平仪，如不水平，要通过水平脚调至水平，并清扫天平内部。

(2)接通电源，预热30 min后，方可开启显示器进行操作。

(3)轻按"ON"显示键后，出现0.0000 g称量模式后方可称量。

(4)将称量物轻放在秤盘中央，待显示器上数字稳定且出现质量单位"g"时，即可读数，并记录称量结果。

(5)称量结束后，天平清零，关机，清扫，盖天平罩，填写仪器使用登记表。

实验内容详解

分析天平称量，常用称量方法如下。

1. 直接称量法

检查天平水平、清扫、开机，待天平稳定后，将待称样品放于天平盘中央，待天平稳定后读取其质量，并记录。

2. 固定称量法

取一干净烧杯，放入电子天平，待显示准确质量后，按"TAR"键（清零键）后，直接用牛角匙向烧杯中慢慢加样，至天平屏幕上显示所需质量。

3. 差减称量法

(1)取3个干净小烧杯，编号分别为1、2、3。

(2)检查天平水平、清扫、开机，稳定后，用纸条从干燥器取装有待称量试剂的称量瓶，放于天平盘中央，天平稳定后读取其质量 m_1 g。

(3)用纸条取出称量瓶后，再用一小纸条包住瓶盖，将称量瓶置于烧杯上方打开瓶盖，倾斜称量瓶并用盖轻轻敲击称量瓶，转移适量试剂于小烧杯1中，用瓶盖边回敲称量瓶边慢慢直立称量瓶后盖上瓶盖，并放于天平盘中央，准确称出称量瓶和剩余试剂的质量 m_2 g，以同样方法转移试样0.5 g于小烧杯2和3中。（若实验提供为手套，带好手套拿取称量瓶和瓶盖）

根据以上实验操作、现象记录及现象分析情况，进行任务评价。

序号	评价内容	评价要点	配分	评价标准	扣分	得分
1	实验准备	(1)实验预习； (2)仪器的准备	10	有一项不符合标准扣5分，扣完为止		
2	称量操作	(1)预热、调水平、清扫； (2)开机操作； (3)从干燥器中取样； (4)称量操作； (5)称量或倾样时关闭天平门； (6)敲样动作正确规范； (7)关机、清扫、写使用登记	40	有一项不符合标准扣5分，扣完为止		
3	试样称量范围	(1)在规定量±5%~±10%内每错一个扣3分，扣完为止； (2)称量试样量超过规定量±10%，每错一个扣5分，扣完为止； (3)重复称量，每重称一个扣10分，扣完为止	40	按要求扣分，扣完为止		
4	安全文明操作	(1)实验台面整洁情况； (2)物品摆放； (3)玻璃仪器清洗放置情况； (4)安全操作情况	10	有一项不符合标准扣5分，扣完为止		
	总分					

分析天平的使用

一、工作原理

分析天平是最新研制的一类天平，它利用电子装置完成电磁力补偿的调节，使物质在重力场中实现力的平衡，或通过电磁力矩的调节，使物质在重力场中实现力矩的平衡。分析天平由于称量方便、迅速、读数稳定，已经逐渐进入化学实验室中为教学和科研所用。

分析天平的最基本功能：自动调零，自动校准，自动显示称量结果。

二、分析天平的构造

分析天平的主要构造如图 1-3 所示。

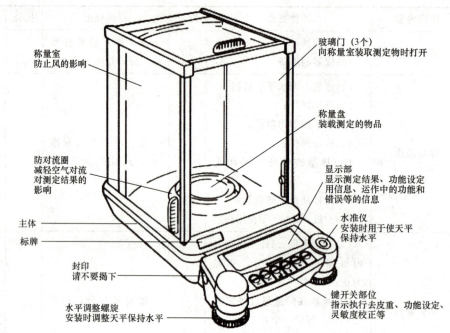

称量室
防止风的影响

玻璃门（3个）
向称量室装取测定物时打开

称量盘
装载测定的物品

防对流圈
减轻空气对流
对测定结果的
影响

显示部
显示测定结果、功能设定
用信息、运作中的功能和
错误等的信息

主体
标牌

水准仪
安装时用于使天平
保持水平

封印
请不要揭下

水平调整螺旋
安装时调整天平保持水平

键开关部位
指示执行去皮重、功能设定、
灵敏度校正等

图 1-3　分析天平的主要构造

三、分析天平的使用方法

微课：分析
天平的使用

1. 水平调节

调整水平调整螺旋，使水平仪内气泡位于水平仪中心(圆环中央)。

2. 清扫

用小毛刷清扫天平内部。

3. 开机

接通电源，轻按"ON/OFF"键，当显示器显示"0.000 0 g"时，电子称量系统自检过程结束。天平长时间断电之后再使用时，接通电源后至少需预热 30 min。打开开关"ON"键，使显示屏亮，并显示称量模式 0.000 0 g。

4. 称量

按"O/T"键，显示为零后，将称量物放入盘中央，并关闭天平侧门，待读数稳定后，该数字即为所称物体的质量。

5. 去皮称量

按"O/T"键清零，将空容器放在盘中央，按"TAR"键显示零，即去皮，将称量物放入空容器中，待读数稳定后，此时天平所示读数即所称物体的质量。

6. 关机

称量完毕，按"ON/OFF"键，关闭显示器，此时天平处于待机状态，若当天不再使用，应拔下电源插头。关机后，对天平内部进行清扫。

7. 连续称量功能

当称量了第一个样品以后，再轻按控制长键，电子显示屏上又重新返回 0.000 g 显示，表示天平准备称量第二个样品。重复操作，即可直接读取第二个样品的质量。如此重复，可以连续称量，累加固体的质量。

【实验室安全事故案例】

某实验室实验人员李某在准备处理一瓶四氢呋喃时，没有仔细核对，误将一瓶硝基甲烷当作四氢呋喃加入氢氧化钠试剂瓶中。约过了 1 min，试剂瓶中冒出白烟。李某立即将通风橱玻璃门拉下，此时瓶口的烟变成黑色泡沫状液体。当李某叫来同事请教解决方法时，爆炸就发生了，玻璃碎片将二人的手臂割伤。

事故原因：当事人在加药品时粗心大意，没有仔细核对所用化学试剂。实验台药品杂乱无序、药品过多也是造成本次事故的重要原因。

经验教训：这是一起典型的误操作事故。实验操作过程中的每个步骤都必须仔细，不能有半点马虎；实验台要保持整洁，不用的试剂瓶要摆放到试剂架上，避免试剂被打翻或误用造成的事故。

【思维导图——知识点归纳】

基本素养
- 基础化学学习要求
- 基础化学实验室规则和要求
- 常用仪器识别
- 常用玻璃仪器
  - 洗涤方法
  - 干燥方法
- 试剂取用
- 样品称量
  - 托盘天平使用
  - 电子秤使用
  - 分析天平使用

练一练

1. 玻璃仪器如何才算清洗干净？

2. 容量瓶是否能用加热法干燥，为什么？

3. 哪些不合理的方式会造成天平测量值的系统误差和偶然误差？针对这些误差，采取什么措施可以提高天平的准确度和精密度？

项目二　认知元素周期律与物质

项目导入

物态变化歌

物质具有三种态，三态都与温度关。
测温要用温度计，一看量程二分度。
由固变气称正向，相反变化叫逆向。
正向逆向均不同，正吸逆放很分明。
一熔二汽三升华，四六凝字五液来。
汽有二式蒸与沸，蒸任沸定位不同。
晶有熔凝非则无，二华均是跳一级。

在常温、常压下，物质通常有气态、液态和固态三种存在状态，我们把物质从一种状态变化到另一种状态的过程，叫作物态变化。物态变化的两种物质之间是可以相互转化的，因此物态变化有6种，分别是熔化、凝固、汽化、液化、升华、凝华。请问：

(1)物质的三态各具有什么特性？

(2)物质的物态发生变化后，物质的种类是否有变化？它的理化性质是否会发生变化？

(3)物质的物态发生变化后，物质内部分子间距如何变化？分子间的作用力如何变化？

(4)气态物质体积大小与哪些参数有关？它们有怎样的关系？

学习目标

知识目标

1. 掌握物质的结构单元及计量。
2. 掌握主族元素性质的递变规律。
3. 了解元素周期表，掌握常见元素符号。
4. 掌握理想气体的状态方程及应用，了解分压及分体积定律。
5. 认识分散系及其分类。
6. 掌握溶液不同浓度的计算方法。
7. 了解胶体的生成、结构、特性等。

能力目标

1. 会设计实验证明同周期、同主族元素性质的递变规律。
2. 能独立配制溶液及完成相关计算。
3. 能完成胶体的鉴别。
4. 对实验现象及数据能规范记录。

5. 提高小组成员间的团队协作能力。

6. 培养动手能力和安全生产的意识。

素养目标

1. 能够进行较好的沟通交流。

2. 有团队合作精神。

3. 有良好的职业道德素养。

4. 可独立或合作学习与工作。

任务一　元素性质的周期性验证

任务描述

小元同学看着教材上的元素周期表产生很多疑问，表中的元素是按何种规律排列在里面的？为什么要如此排列？然后萌发了想法，想通过设计小实验简略验证表中元素的性质规律：

(1)通过实验比较同周期、同主族元素的化学性质；

(2)总结主族元素性质的递变规律。

任务解析

完成本次任务需要具备以下知识：

(1)同周期元素化学性质；

(2)同主族元素化学性质；

(3)主族元素性质的递变规律；

(4)常规实验操作基本技能。

任务实施

1. 实验器材

玻璃管(直径为 1.5 cm)、带玻璃尖嘴导管的橡皮塞、试管、玻璃漏斗、镊子、烧杯、小刀、滤纸、酒精灯。

2. 实验药品

钠、钾、镁条、铝条、蒸馏水、稀盐酸、酚酞、氢氧化钠溶液、0.1 mol/L KBr、氯水、溴水、CCl_4、0.1 mol/L KI。

3. 组织形式

两人一组，在教师指导下，按照实验步骤完成实验。

4. 注意事项

(1)钠、钾与水反应非常剧烈，按要求切下绿豆大小的量即可，不可过多；

(2)注意实验室用水、用火安全。

5. 实验步骤

（1）钠、镁、铝与水反应。用一块带缺口的橡皮片（或一小团卫生纸）塞入玻璃管一端，用镊子夹取如绿豆大小的一粒金属钠投入玻璃管中。玻璃管的另一端装上带有尖嘴玻璃导管的橡皮塞，然后把玻璃管浸入盛有蒸馏水（事先滴入酚酞试液）的烧杯中，3 s后，用燃着的火柴接近导管尖嘴，观察现象。

另取两个试管各注入约 5 mL 的水，取一条镁条，用砂纸擦去表面的氧化物后，放入一个试管中。再取一片铝条，浸入氢氧化钠溶液中以除去表面氧化膜，然后取出，用水洗净，放入另一支试管中。若前面两支试管反应缓慢，可在酒精灯上加热，反应一段时间后再加入 2～3 滴酚酞试液，观察现象。

（2）钾与水的反应。切绿豆大小的一块金属钾，放在装有冷水的烧杯中，迅速用玻璃漏斗盖好。观察现象，并与钠在水中的燃烧实验对比。

（3）氯与溴化钾的反应。向一支试管中加入 6 mL 0.1 mol/L 的 KBr 溶液，再加入 6 滴氯水，振荡，观察现象（为使现象明显，可以加入 1 mL CCl_4，振荡，观察四氯化碳层的颜色）。

（4）氯、溴与碘化钾的反应。向两支试管中分别加入 6 mL 0.1 mol/L 的 KI 溶液，再加入 2 滴淀粉溶液，然后分别加入氯水和溴水，观察溶液的颜色变化。

实验内容详解

1. 钠、镁、铝与水反应

钠与水剧烈反应，点燃导管口气体时有轻微爆鸣声。同时可以看到烧杯中的溶液变红；镁不易与冷水反应，铝与水的反应比镁更弱，但两者加热时，都能与水反应，且生成的溶液为红色。

$$2Na+2H_2O = 2NaOH+H_2\uparrow$$
$$Mg+2H_2O = Mg(OH)_2+H_2\uparrow$$
$$2Al+6H_2O = 2Al(OH)_3+3H_2\uparrow$$

钠、镁、铝的金属性依次减弱。因为从钠到铝，原子的最外层电子数依次递增，元素的原子半径依次递减，原子核对最外层电子的引力逐步增强，原子失去最外层电子的能力逐步减弱，因此，元素的金属性依次减弱。

另外，硅是两性元素，常温下不与水反应，也不能与氢气直接化合，在 1 410 ℃以上时才与氢气化合生成 SiH_4。硅的最高价氧化物对应的水化物 H_2SiO_3 为弱酸；磷的蒸气和氢气可以反应生成 PH_3，但很困难，磷的最高价氧化物对应的水化物 H_3PO_4 为中强酸；硫在加热时能与氢气化合生成 H_2S，硫的最高价氧化物对应的水化物 H_2SO_4 为强酸；氯气与氢气在光照或点燃时能剧烈反应生成 HCl，氯的最高价氧化物对应的水化物 $HClO_4$ 为无机界最强酸。

综上所述可知，同周期主族元素从左到右，金属性逐渐减弱，非金属性逐渐增强。

2. 钾与水的反应

钾与水的反应比钠更剧烈，$2K+2H_2O = 2KOH+H_2\uparrow$，可以使生成的氢气直接燃烧，甚至发生轻微爆炸。

3. 氯与溴化钾的反应

加入氯水后，可以看到，原先无色的溶液变为浅黄色。这是由于单质氯置换出了单质溴。

$$Cl_2 + 2KBr = 2KCl + Br_2$$

4. 氯、溴与碘化钾的反应

可以看到，两支试管中的溶液都变蓝色。这是由于单质氯、溴置换出了单质碘。

$$Cl_2 + 2KI = 2KCl + I_2$$

$$Br_2 + 2KI = 2KBr + I_2$$

综上所述可知，同主族元素从上到下，金属性逐渐增强，非金属性逐渐减弱。

想一想

1. 元素性质递变的原因是什么？

2. 相同物质的量的钠、镁、铝与足量盐酸反应放出氢气的体积比是多少？相同质量的钠、镁、铝与足量盐酸反应放出氢气的体积比是多少？

任务评价

根据以上实验操作、现象记录及现象分析情况，进行任务评价。

序号	评价内容	评价要点	配分	评价标准	扣分	得分
1	实验准备	(1)实验预习； (2)实验台面准备	20	有一项不符合标准扣10分，扣完为止		
2	实验操作及记录	(1)是否按实验步骤规范操作； (2)是否规范记录实验现象； (3)小组分工合作是否合理	60	有一项不符合标准扣20分，扣完为止		
3	安全文明操作	(1)实验台面整洁情况； (2)物品摆放； (3)玻璃仪器清洗放置情况； (4)安全操作情况	20	有一项不符合标准扣5分，扣完为止		
			总分			

知识链接

一、元素周期律

在多电子的原子中，原子核外的电子会因能量差异而分布到不同的电子层上，各电子层最多能容纳 $2n^2$ 个电子，最外层不得超过 8 个电子（氢、氦除外），次外层不得超过 18 个电子。通过大量生产实践和科学实验，科学家发现原子结构和元素性质之间存在着某种联系，我们对比 3～18 号元素的原子结构与元素性质的关系，见表 2-1，进一步说明这一关系。

表 2-1 元素性质随原子序数的变化情况

原子序数	3	4	5	6	7	8	9	10
元素符号	Li	Be	B	C	N	O	F	Ne
每层电子数	2，1	2，2	2，3	2，4	2，5	2，6	2，7	2，8
原子半径/pm	152	111	80	77	74	74	71	154
金属性与非金属性	活泼金属	两性元素	不活泼非金属	非金属	活泼非金属	很活泼非金属	最活泼非金属	稀有气体
最高价氧化物的水化物	LiOH 碱性	$Be(OH)_2$ 两性	H_3BO_3 极弱酸	H_2CO_3 弱酸	HNO_3 强酸			
最高正氧化数及负氧化数	+1	+2	+3	+4 −4	+5 −3	−2	−1	
原子序数	11	12	13	14	15	16	17	18
元素符号	Na	Mg	Al	Si	P	S	Cl	Ar
每层电子数	2，8，1	2，8，2	2，8，3	2，8，4	2，8，5	2，8，6	2，8，7	2，8，8
原子半径/pm	186	160	143	118	110	103	99	188
金属性与非金属性	很活泼金属	活泼金属	两性金属	不活泼非金属	非金属	活泼非金属	很活泼非金属	稀有气体
最高价氧化物的水化物	NaOH 强碱性	$Mg(OH)_2$ 中强碱	$Al(OH)_3$ 两性	H_2SiO_3 弱酸	H_3PO_4 强酸	H_2SO_4 强酸	$HClO_4$ 最强酸	
最高正氧化数及负氧化数	+1	+2	+3	+4 −4	+5 −3	+6 −2	+7 −1	

通过对比，我们发现元素的性质随原子序数的变化呈周期性变化，科学研究证明 18 号以后的元素其性质也随原子序数的变化呈周期性变化。这个规律称为元素周期律，主要包括以下几个方面。

1. 核外电子排布呈周期性变化

从 3 号元素锂到 10 号元素氖，最外层电子从 1 个递增到 8 个电子的稳定结构。从 11 号元素钠到 18 号元素氩，最外层电子也从 1 个递增到 8 个电子的稳定结构。研究发现，每隔一定数目的元素，其原子最外层电子分布会出现重复的现象，即周期性变化。

2. 原子半径呈周期性变化

电子在核外的运动是无界的，因此，所谓的原子半径一般是指通过实验测得的相邻两个原子的原子核之间的距离（核间距），核间距被形象地认为是这两个原子的半径之和。通常根据原子之间成键的类型不同，将原子半径分为 3 种，即共价半径、金属半径和范德华半径，如图 2-1 所示。共价半径是指某一元素的两个原子以共价键结合时，两核间距的一半；金属半径是指金属晶体中相邻的两个原子核间距的半径；范德华半径是指分子晶体中紧邻的两个非键合原子间距的一半。

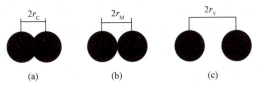

图 2-1 三种半径示意

(a)r_C 共价半径；(b)r_M 金属半径；(c)r_V 范德华半径

由于作用力性质不同，三种原子半径相互间没有可比性。同元素原子的范德华半径大于共价半径。原子半径的变化规律是在元素周期表中从左到右原子半径逐渐减小，从上到下原子半径逐渐增大。

3. 元素性质呈周期性变化

从 3 号元素锂到 10 号元素氖和从 11 号元素钠到 18 号元素氩，都是从活泼金属过渡到活泼非金属，最后以稀有气体结尾。18 号以后，每隔一定数目的元素，也重复着这样的变化。另外，从表 2-1 中还可以看出，最高价氧化物对应水化物的酸碱性、氧化值都呈周期性变化。

二、元素周期表

把电子层数相同的各元素，按原子序数递增的顺序从左到右排成横行；把不同行中外层电子数相同的元素，按电子层递增的顺序由上而下排成纵列，所得到的表格称为元素周期表。由于元素周期表能够准确地预测各种元素的特性及其之间的关系，所以，它在化学等科学范畴中被广泛使用，可以在分析化学行为时进行有效的指导(图 2-2)。

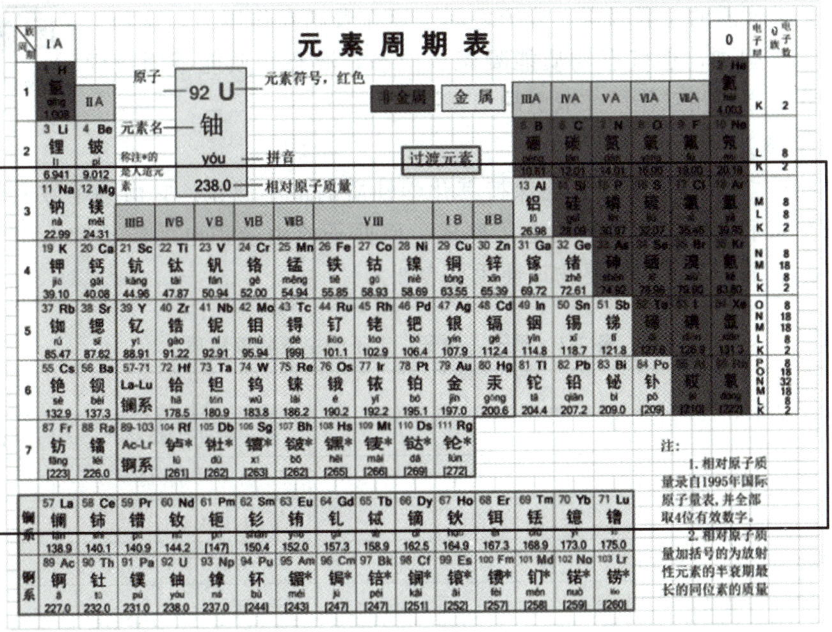

图 2-2 元素周期表

1. 周期

周期表中有 7 个横行，每个横行表示 1 个周期，一共有 7 个周期。第 1 周期只有两种元素，为特短周期；第 2、3 周期各有 8 种元素，为短周期；第 4、5 周期各有 18 种元素，为长周期；第 6 周期有 32 种元素，为特长周期；第 7 周期预测有 32 种元素，现只有 26 种元素，故称为不完全周期。

第 6 周期中，从 57 号元素 La 到 71 号元素 Lu 共 15 种元素，它们的电子层结构和性质十分相似，被称为镧系元素。第 7 周期中，从 89 号元素 Ac 到 103 号元素 Lr。它们的电子层结构和性质十分相似，被称为锕系元素。为使周期表结构紧凑，把它们分成 2 行排在周期表下方。各周期的周期数目与其电子层数目相等。

2. 族

周期表中的纵行，称为族，一共有 18 个纵行，包括 8 个主（A）族和 8 个副（B）族。

(1)主族元素。周期表中共有 8 个主族，表示为 IA～ⅧA。由于同一族中各元素原子核外电子层数从上到下递增，所以同族元素的化学性质具有递变性。ⅧA 族为稀有气体，它们的化学性质很不活泼，过去曾称为零族或惰性气体。

主族序数等于最外层电子数。

(2)副族元素。周期表中共有 8 个副族，即ⅢB～ⅧB～ⅡB，也称过渡元素。同一副族元素的化学性质也具有一定的相似性，但其化学性质递变性不如主族元素明显。

三、物质的结构单元及作用力

组成物质的微观粒子称为结构单元，如原子、分子、离子、电子等微粒或是这些微粒的特定组合。化学上把相邻原子（或离子）间强烈的相互作用称为化学键。这种作用力产生的原因在于原子间的电子运动，是决定物质化学性质的主要因素。分子之间也存在着相互作用力，这种力虽不及化学键强烈，但气态物质能凝聚成液态，液态物质能凝固成固态，正是分子之间相互作用或吸引的结果。

视频：物质的构成

1. 原子与共价键

(1)原子。原子是一种元素能保持其化学性质的最小微粒。它由一个致密的原子核及若干围绕在原子核周围带负电的电子构成。而原子核由带正电的质子和电中性的中子组成。质子、中子、电子的主要物理性质见表 2-2。

表 2-2　质子、中子、电子的主要物理性质

原子的组成		电量/1.6×10^{-19} C	质量	
			绝对质量/kg	相对质量[①]
原子核	质子(p)	+1	$1.672\,6 \times 10^{-2}$	1.007 2
	中子(n)	0	$1.674\,8 \times 10^{-27}$	1.008 6
电子(e^-)		−1	$9.109\,5 \times 10^{-31}$	1/183 7
①以碳 12 原子质量的 1/12 为标准				

当质子数与电子数相同时，这个原子是电中性的，否则，就是带有正电荷或负电荷的离子。

原子核所带电量又称为核电荷数，它取决于核内质子数。元素按原子的核电荷数由小到大排列的序次称为原子序数。因此，对于同一元素的原子来说有下列等式：

原子序数＝核电荷数＝核内质子数＝核外电子数

因为电子的质量很小，原子的质量主要集中在原子核上。把原子核内质子和中子的相对质量取整数相加，就可以得到原子的相对质量，又称为质量数，则

质量数(A)＝质子数(p)＋中子数(n)

核电荷数相同的一类原子总称元素。研究发现，许多元素具有质量数不同的几种原子，这是由于核内中子数不同引起的。具有不同中子数的同一种元素的不同原子互称为同位素。即质子数决定了该原子属于哪一种元素，而中子数确定了该原子是此元素的哪一个同位素。

(2)共价键。共价键是化学键的一种，原子间通过共用电子对所形成的化学键叫作共价键。只以共价键形成的化合物叫作共价化合物。在共价键的形成过程中，因为每个原子所能提供的未成对电子数是一定的，一个原子的一个未成对电子与其他原子的未成对电子配对后，就不能再与其他电子配对，即每个原子能形成的共价键总数是一定的，这就是共价键的饱和性。另外，共价键在形成时有固定的方向，共价键的方向性决定着分子的构型。

2. 离子与离子键

在化学反应中，金属元素原子失去最外层电子，非金属原子得到电子，从而使参加反应的原子或原子团带上电荷，称为离子。带正电荷的叫作阳离子，带负电荷的叫作阴离子。阴、阳离子间相互静电作用力称为离子键，通过离子键形成的化合物叫作离子化合物。例如，钠在氯气中燃烧，生成氯化钠，就是由于钠失去最外层的1个电子变成Na^+，氯最外层得到1个电子变成Cl^-，带正电荷的Na^+与带负电荷的Cl^-相互作用从而生成氯化钠。

3. 分子与分子间作用力

分子是能单独存在、并保持纯物质的化学性质的最小粒子。在化学变化中可以被分成更小的微粒。以水分子为例，将水不断分割下去，直至不破坏水的特性，这时出现的最小单元是由两个氢原子和一个氧原子组成的水分子，它的化学式写作H_2O。水分子可用电解法或其他方法再分为两个氢原子和一个氧原子，但这时它们的特性已和水完全不同了。有的分子只由一个原子构成，称为单原子分子，如氦和氩等分子属此类，这种单原子分子既是原子又是分子。由两个原子构成的分子称双原子分子，例如，氧分子(O_2)由两个氧原子构成，为同核双原子分子；一氧化碳分子(CO)由一个氧原子和一个碳原子构成，为异核双原子分子。由两个以上的原子组成的分子统称多原子分子。分子中的原子数可为几个、十几个、几十个乃至成千上万个。例如，二氧化碳分子(CO_2)由一个碳原子和两个氧原子构成。一个苯分子包含六个碳原子和六个氢原子(C_6H_6)。

分子间有一定的作用力称为分子间作用力，是决定物质物理性质的主要因素，其能量相当于化学键键能的十分之一或几十分之一，且随着分子间距离的增大而迅速减小。分子间作用力包括取向力、诱导力和色散力。

四、物质结构单元的计量

构成物质的微粒(如原子、分子、离子等)都是肉眼看不见的，很难计量其质量和体积。在实际生产实践中，我们可以称量大量微粒的集合体，也就是宏观的物质。如何把宏

观的量与微观的粒子联系起来呢？经过研究，科学家提出了用物质的量作为宏观的量与微观的粒子联系的纽带。

1. 物质的量及其单位

物质的量（符号 n）是国际单位制中 7 个基本物理量之一，其基本单位是摩尔（符号为 mol），物质的量是表示物质所含微粒数（N）（如分子、原子等）与阿伏伽德罗常数（N_A）之比，即

$$n = \frac{N}{N_A}$$

(2-1)

它是把微观粒子与宏观可称量物质联系起来的一种物理量，表示物质所含粒子数目的多少。单位物质的量的物质所包含的结构单元数与 0.012 kg ^{12}C 的原子数目相等。实验测知，1 个 ^{12}C 原子的质量是 $1.992\ 7 \times 10^{-26}$ kg，那么 0.012 kg ^{12}C 的原子数目大约是 6.02×10^{23}，称为阿伏伽德罗常数。也就是说，1 mol 的任何物质所含有的该物质的微粒数为 6.02×10^{23}。注意，1 mol 任何微粒的粒子数为阿伏伽德罗常数，其不因温度、压强等条件的改变而改变。在使用"摩尔"这个单位时，必须同时用化学式表明具体的结构单元，如 1 mol F、0.5 mol CO_2、1.5 mol $Na_2CO_3 \cdot 10H_2O$ 等。

2. 摩尔质量

单位物质的量的物质所具有的质量称为摩尔质量，用符号 M 表示。

$$M = \frac{m}{n}$$

(2-2)

式中 n 的单位为 mol，当物质的质量以克为单位时，摩尔质量的单位为 g/mol，在数值上等于该物质的相对原子质量或相对分子质量。对于某一纯净物来说，它的摩尔质量是固定不变的，而物质的质量则随着物质的量不同而发生变化。例如，1 mol O_2 的质量是 32 g，2 mol O_2 的质量是 64 g，但 O_2 的摩尔质量并不会发生任何变化，还是 32 g/mol。

3. 气体的摩尔体积

体积除以物质的量称为该物质的摩尔体积（V_m），即

$$V_m = \frac{V}{n}$$

(2-3)

式中 n 的单位为 mol，V 的常用单位为 L 或 m^3，气体摩尔体积常用单位，L/mol 或 m^3/mol。对于气体、液体和固体来说，物质的量一定，其体积的大小与状态有关，表 2-3 列出了 1 mol 的不同状态的、不同物质的体积。

表 2-3　1 mol 的不同状态的、不同物质的体积

物质	粒子数	质量/g	密度	体积
Fe	6.02×10^{23}	55.8	7.88 g/cm³(25 ℃)	7.2 cm³
Al	6.02×10^{23}	26.98	2.78 g/cm³(25 ℃)	10 cm³
Pb	6.02×10^{23}	207.2	11.38 g/cm³(25 ℃)	18.3 cm³
H_2O	6.02×10^{23}	18.0	1.0 g/mL(4 ℃)	18.0 mL
H_2SO_4	6.02×10^{23}	98.0	1.83 g/mL(25 ℃)	53.6 mL
H_2	6.02×10^{23}	2.016	0.089 9 g/L(标准状况)	22.4 L

物质	粒子数	质量/g	密度	体积
O_2	6.02×10^{23}	32.00	1.43 g/L(标准状况)	22.4 L
CO_2	6.02×10^{23}	44.01	1.977 g/L(标准状况)	22.4 L

研究证明,决定物质体积大小的因素有构成物质的粒子数目、粒子的大小、粒子之间的距离。

由于 1 mol 任何物质构成它的粒子数目是相同的(也可能为特定组合),都约为 6.02×10^{23} 个,因此在粒子数目相同的情况下,物质体积的大小主要取决于构成物质粒子的大小和粒子之间的距离。当粒子之间距离很小时,物质的体积就主要取决于构成物质的粒子的大小;而当粒子之间距离较大时,物质的体积就主要取决于粒子之间的距离。

在 1 mol 不同的固态或液态物质中,因粒子大小不同,且粒子之间的距离又是非常小的,这就使固态或液态物质体积主要取决于粒子的大小,所以,1 mol 不同的固态物质或液态物质的体积是不相同的。

气体中,因分子间距离约为分子本身直径的 10 倍,气体的体积主要取决于气体的分子之间的距离,而不是分子本身体积的大小。而分子之间的距离与温度和压力有关,一定质量的气体,当压力不变、温度升高时,分子间的距离增大;温度降低时,分子间的距离减小。当温度不变、压力增大时,分子间的距离减小;压力减小时,分子间的距离增大。

当温度和压力一定时,分子间的距离可以看作相等,故 1 mol 气体在相同温度和压力下,体积相等。大量科学实验证明得出一个结论:在标准状况下(简称标况),1 mol 任何气体所占的体积都约为 22.4 L。

五、物质的聚集状态

物质总是以一定的聚集状态存在。在常温、常压下,物质通常有气体、液体和固体三种存在状态,在一定条件下这三种状态可以相互转变。

视频:水的三态

1. 气体

气体的基本特征是分子间距较大,分子间作用力小,各个分子都在无规则的快速运动,无一定的体积和形状,具有扩散性和可压缩性。通常,气体的存在状态接近是因为气体具有许多共同性质,与它们的化学组成无关。气体的存在状态主要取决于四个因素,即体积、压力、温度和物质的量。通常用气体状态方程来反映这四个物理量之间的关系。

(1)理想气体状态方程。理想气体是一种假设的气体模型,它要求气体分子间完全没有作用力,气体分子本身也只是一个几何点,只具有位置而不占有体积。实际使用的气体只有在压力不太高和温度不太低的情况下,分子间的距离很远,气体所占的体积远远超过分子本身的体积,分子间的作用力和分子本身的体积均可忽略时,实际气体的存在状态才接近理想气体,此时,用理想气体的定律进行计算,才不会引起显著的误差。理想气体状态方程的表达式为

$$pV = nRT \tag{2-4}$$

式中　p——气体压力(Pa);

　　　V——气体体积(m^3);

n——气体物质的量(mol)；

T——气体的热力学温度(K)；

R——摩尔气体常数[8.314 (J/mol·K)]，实验证明其是一个与气体种类无关的常数。

(2)气体分压定律。在实际生活和工业生产中所遇到的气体大多为混合气体。空气就是一种混合气体，它含有 O_2、N_2、少量 CO_2 和稀有气体等。如果混合气体的各组分之间不发生化学反应，则在高温、低压下，可将其看作理想气体混合物。

气体具有扩散性。在混合气体中，每一种组分气体总是均匀地充满整个容器，对容器内壁产生压力，并且不受其他组分气体的影响，如同它单独存在于容器中那样。各组分气体占有与混合气体相同体积时所产生的压力叫作分压力(p_i)，简称分压。1801 年，英国科学家约翰·道尔顿(Dalton J)从大量实验中归纳出组分气体的分压与混合气体总压之间的关系：混合气体的总压等于各组分气体的分压之和。这一关系称为道尔顿气体分压定律。例如，混合气体由 A、B、C 三种气体组成，则气体分压定律可表示为

$$p = p_A + p_B + p_C \tag{2-5}$$

式中 p——混合气体总压；

p_A、p_B、p_C——A、B、C 三种气体的分压。

图 2-3 所示为气体分压定律示意，图中的 4 个容器体积相同。图 2-3(a)、(b)、(c)中的砝码向下的压力表示 A、B、C 三种气体单独存在时所产生的压力。图 2-3(d)中的砝码向下的压力表示 A、B、C 混合气体所产生的总压。

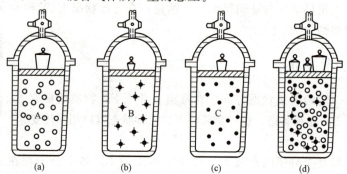

图 2-3　气体分压定律示意

理想气体的定律同样适用于气体混合物。如混合气体中各气体物质的量之和为 $n_总$，温度 T 时混合气体总压为 $p_总$，体积为 V，则

$$p_总 V = n_总 RT$$

如以 n_i 表示混合气体中气体 i 的物质的量，p_i 表示其分压，V 为混合气体体积，温度为 T，则

$$p_i V = n_i RT$$

将两式相除，得

$$p_i / p_总 = n_i / n_总 \tag{2-6a}$$

$$或\ p_i = p_总 \times (n_i / n_总) \tag{2-6b}$$

式中其他符号意义同前。

混合气体中组分气体 i 的分压 p_i 与混合气体总压之比（压力分数）等于混合气体中组分气体 i 的摩尔分数（x_i）；或混合气体中组分气体的分压等于总压乘以组分气体的摩尔分数。这是气体分压定律的又一种表示方式。

【例 2-1】 在 $0.0100 \ m^3$ 容器中含有 $2.50 \times 10^{-3} \ mol \ H_2$、$1.00 \times 10^{-3} \ mol \ He$ 和 $3.00 \times 10^{-4} \ mol \ Ne$，则在 35 ℃时总压为多少？

解： $p(H_2) = \dfrac{n(H_2)RT}{V} = \dfrac{2.50 \times 10^{-3} \times 8.314 \times (273+35)}{0.010 \ 0} = 640(Pa)$

$p(He) = \dfrac{n(He)RT}{V} = \dfrac{1.00 \times 10^{-3} \times 8.314 \times (273+35)}{0.010 \ 0} = 256(Pa)$

$p(Ne) = \dfrac{n(Ne)RT}{V} = \dfrac{3.00 \times 10^{-4} \times 8.314 \times (273+35)}{0.010 \ 0} = 76.8(Pa)$

$p_总 = p(H_2) + p(He) + p(Ne) = 640 + 256 + 76.8 = 972.8(Pa)$

【例 2-2】 用锌与盐酸反应制备氢气：$Zn(s) + 2H^+ = Zn^{2+} + H_2(g)$。如果在 25 ℃时用排水集气法收集氢气，总压为 98.6 kPa（已知 25 ℃时水的饱和蒸气压为 3.17 kPa），体积为 $2.50 \times 10^{-3} \ m^3$。试求：

(1)试样中氢气的分压；

(2)收集到的氢气的质量。

解：(1)用排水法在水面上收集到的气体为被水蒸气饱和了的氢气，试样中水蒸气的分压为 3.17 kPa，根据分压定律，则

$$p_总 = p(H_2) + p(H_2O)$$
$$p(H_2) = p_总 - p(H_2O) = 98.6 - 3.17 = 95.43(kPa)$$

(2)$p(H_2)V = n(H_2)RT = \dfrac{m(H_2)}{M(H_2)}RT$

$m(H_2) = \dfrac{p(H_2)VM(H_2)}{RT} = \dfrac{95.43 \times 10^3 \times 2.50 \times 10^{-3} \times 2.02}{8.314 \times 298} = 0.195(g)$

(3)气体分体积定律。在实际工作中，进行混合气体组分分析时，常采用量取组分气体体积的方法。当组分气体的温度和压力与混合气体相同时，组分气体单独存在时所占有的体积称为分体积。混合气体的总体积等于各组分气体的分体积之和：

$$V_总 = V_A + V_B + V_C + \cdots$$

图 2-4(a)、(b)、(c)分别表示的是 A、B、C 三种组分气体的分体积；图 2-4(d)表示的是混合气体的总体积。

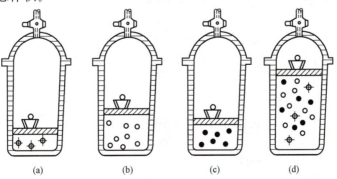

(a)　　　　　(b)　　　　　(c)　　　　　(d)

图 2-4　气体分体积定律示意

例如，在某一温度和压力下，CO 和 CO_2 混合气体的体积为 100 mL。将混合气体通过 NaOH 溶液，其中 CO_2 被吸收，量得剩余的 CO 在同温、同压下的体积为 40 mL，则 CO_2 的分体积为 $100-40=60$(mL)。定义混合气体中组分气体 i 的体积分数为

$$体积分数(\varphi) = \frac{组分气体\ i\ 的分体积(V_i)}{混合气体的总体积(V)}$$

上述混合气体中 CO 的体积分数为 $40/100=0.40$，CO_2 的体积分数为 $60/100=0.60$。

将分体积概念代入理想气体状态方程得

$$p_总 V_i = n_i R T$$

式中　　$p_总$——混合气体总压力；

V_i——组分气体 i 的分体积；

n_i——组分气体 i 物质的量。

式中其他符号意义同前。

用 $p_总 V_总 = n_总 R T$ 除上式，则得

$$V_i / V_总 = n_i / n_总 \tag{2-7}$$

联系式(2-7)与式(2-6a)得

$$p_i / p_总 = V_i / V_总$$

即

$$p_i = p_总 \times (V_i / V_总) \tag{2-8}$$

这说明混合气体中某一组分的体积分数等于其摩尔分数，组分气体分压等于总压乘以该组分气体的体积分数。混合气体的压力分数、体积分数与其摩尔分数均相等。

【例 2-3】 在 27 ℃，101.3 kPa 下，取 1.00 L 混合气体进行分析，各气体的体积分数为 CO 60.0%，H_2 10.0%，其他气体 30.0%。试求混合气体中：

(1)CO 和 H_2 的分压；

(2)CO 和 H_2 的物质的量。

解：(1)根据式(2-8)，有

$$p(CO) = P_总 \times \frac{V(CO)}{V_总} = 101.3 \times 0.600 = 60.8(kPa)$$

$$p(H_2) = p_总 \times \frac{V(H_2)}{V_总} = 101.3 \times 0.100 = 10.1(kPa)$$

$$(2) n(H_2) = \frac{p(H_2)V_总}{RT} = \frac{10.1 \times 10^3 \times 1.00 \times 10^{-3}}{8.314 \times 300}$$

$$= 4.0 \times 10^{-3}(mol)$$

$$n(CO) = \frac{p(CO)V_总}{RT} = \frac{60.8 \times 10^3 \times 1.00 \times 10^{-3}}{8.314 \times 300}$$

$$= 2.4 \times 10^{-2}(mol)$$

$$或\ n(H_2) = \frac{p_总 V(H_2)}{RT} = \frac{101.3 \times 10^3 \times 0.100 \times 10^{-3}}{8.314 \times 300}$$

$$= 4.1 \times 10^{-3}(mol)$$

$$n(\text{CO}) = \frac{p_{\text{总}}V(\text{CO})}{RT} = \frac{101.3 \times 10^3 \times 0.600 \times 10^{-3}}{8.314 \times 300}$$
$$= 2.4 \times 10^{-2}(\text{mol})$$

2. 液体

液体内部分子间的距离比气体小得多，分子间的作用力较强。液体具有流动性，有一定的体积而无一定的形状。与气体相比，液体的可压缩性小得多。

(1) 液体的蒸气压。在液体中分子运动的速度及分子具有的能量各不相同，分子运动的速度有快有慢，大多处于中间状态。液体表面某些运动速度较大的分子所具有的能量足以克服分子间的吸引力而逸出液面，成为气态分子，这一过程叫作蒸发。在一定温度下，蒸发将以恒定的速率进行。液体若处于一敞口容器中，则液态分子不断吸收周围的热量，使蒸发过程不断进行，液体将逐渐减少。若将液体置于密闭容器中，情况就有所不同，一方面，液态分子进行蒸发变成气态分子；另一方面，一些气态分子撞击液体表面会重新返回液体，这个与液体蒸发现象相反的过程叫作凝聚。初始时，由于没有气态分子，凝聚速率为零，随着气态分子逐渐增多，凝聚速度逐渐增大，直到凝聚速度等于蒸发速率，即在单位时间内，脱离液面变成气体的分子数等于返回液面变成液体的分子数，达到蒸发与凝聚的动态平衡：

$$\text{液体} \underset{\text{凝聚}}{\overset{\text{蒸发}}{\rightleftharpoons}} \text{蒸气}$$

此时，在液体上部的蒸气量不再改变，蒸气便具有恒定的压力。在恒定温度下，与液体平衡的蒸气称为饱和蒸气，饱和蒸气的压力就是该温度下的饱和蒸气压，简称蒸气压。

蒸气压是物质的一种特性，常用来表征液态分子在一定温度下蒸发成气态分子的程度。在某温度下，蒸气压大的物质为易挥发物质，蒸气压小的物质为难挥发物质。如25 ℃时，水的蒸气压为3.17 kPa，酒精的蒸气压为5.95 kPa，则酒精比水易挥发。例如，皮肤上擦酒精后，由于酒精迅速蒸发带走热量而使人感到凉爽。

液体的蒸气压随温度的升高而增大。图2-5所示为几种液体物质的蒸气压与温度的关系。

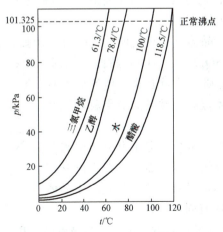

图2-5　液体物质的蒸气压与温度的关系示意

还须指出，只要某物质处于气-液共存状态，该物质蒸气压的大小就与液体的质量及容器的体积无关。

（2）液体的沸点。在敞口容器内加热液体，最初会看到不少细小气泡从液体中逸出，这是由于溶解在液体中的气体温度升高、溶解度减小。当达到一定温度时，整个液体内部都冒出大量气泡，气泡上升至表面，随即破裂而逸出，这种现象叫作沸腾。此时，气泡内部的压力至少应等于液面上的压力，即外界压力（对敞口容器即大气压力），而气泡内部的压力为蒸气压。故液体沸腾的条件是液体的蒸气压等于外界压力，沸腾时的温度叫作该液体的沸点。

换而言之，液体的蒸气压等于外界压力时的温度即液体的沸点。如果此时外界压力为 101.325 kPa，液体的沸点就叫作正常沸点。例如，水的正常沸点为 100 ℃，乙醇的正常沸点为 78.4 ℃。在图 2-5 中，4 条蒸气压曲线与 1 条平行于横坐标的压力为 101.325 kPa 的直线的交点，分别是 4 种物质的正常沸点。

显然，液体的沸点随外界压力的改变而变化。若降低液面上的压力，液体的沸点就会降低。在海拔高的地方大气压力低，水的沸点不到 100 ℃，食品难煮熟。用真空泵将水面上的压力减至 3.2 kPa 时，水在 25 ℃ 就能沸腾。利用这一性质，对于一些在正常沸点下易分解的物质，可在减压下进行蒸馏，以达到分离或提纯的目的。

3. 固体

固体由原子、离子或分子组成。这些粒子排列紧凑，有强烈的作用力（化学键或分子间力），使它们只能在一定的平衡位置上振动。因此，固体具有一定的体积、一定的形状及一定程度的刚性（坚实性）。

（1）升华与凝华。多数固体物质受热时能熔化成液体，但有少数固体物质并不经过液体阶段而直接变成气体，这种现象叫作升华。如放在箱子里的樟脑精，过一段时间后就会变少或消失，箱子里却充满其特殊气味。在寒冷的冬天，冰和雪会因升华而消失。另一方面，一些气体在一定条件下也能直接变成固体，这一过程叫作凝华，晚秋降霜就是凝华过程。与液体一样，固体物质也有饱和蒸气压，并随温度升高而增大。但绝大多数固体的饱和蒸气压很小。利用固体的升华现象可以提纯一些挥发性固体物质（如碘等）。

（2）晶体与非晶体。固体可分为晶体和非晶体（无定形体）两大类，多数固体物质是晶体。与非晶体比较，晶体具有以下特征。

1）有一定的几何外形。晶体具有规则的几何外形。例如，食盐晶体为立方体，明矾[硫酸铝钾，$K_2SO_4 \cdot Al_2(SO_4)_3 \cdot 24H_2O$]晶体为八面体、石英（$SiO_2$）晶体为六角柱体等，如图 2-6 所示。有些物质在外观上并不具备整齐的外形，但经结构分析证明是由微晶体组成的，它们仍属晶体范畴。常见的炭黑就是这类物质。

2）有固定的熔点。每种晶体在一定压力下加热到某一温度（熔点）时，就开始熔化。继续加热，在它没有完全熔化以前温度不会上升（这时外界供给的热量用于晶体从固体转变为液体），故晶体有固定的熔点。

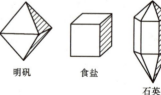

明矾　　食盐

石英

图 2-6　一些晶体的形状

3）各向异性。晶体的某些性质具有方向性，像导电性、传热性、光学性质、力学性质等，在晶体的不同方向表现出明显的差别。例如，石墨晶体是层状结构，在平行各层的方向上其导电性、传热性好，易滑动。又如，云母沿着某一平面的方向很容易裂成薄片。

非晶体与晶体的特性相反，首先，非晶体没有固定的几何外形，又称为无定形体。如玻璃、橡胶、塑料等，它们的外形是随意性的。其次，非晶体没有固定的熔点。如将玻璃加热，它将先变软，然后慢慢地熔化成黏滞性很大的流体。在这一过程中温度是不断上升的，从软化到熔体，有一段温度范围。最后，非晶体没有各向异性的特点。

但是，晶体和非晶体并非不可互相转变。在不同条件下，同一种物质可以形成晶体也可以形成非晶体。例如，二氧化硅能形成石英晶体(水晶)，也能形成非晶体链石及石英玻璃；玻璃在适当条件下，也可以转化成为晶态玻璃。

(3)晶体的类型。根据晶体内部粒子的结合力不同，晶体可分为离子晶体、原子晶体、分子晶体、金属晶体及混合键型晶体。四种基本晶体类型的结构及其性质特征见表2-4。

表 2-4　四种基本晶体类型的结构及其性质特征

晶体类型	离子晶体	原子晶体	分子晶体		金属晶体
结点上的粒子	正、负离子	原子	极性分子	非极性分子	原子、正离子(间隙处有自由电子)
结合力	离子键	共价键	分子间力(有些还有氢键)	分子间力	金属键
熔、沸点	高	很高	低	很低	多变
硬度	硬	很硬	软	很软	多变
力学性能	脆	很脆	弱	很弱	有延展性
导电、导热性	熔融态及其水溶液导电	一般为非导体(半导体导电)	固态、液态不导电，但水溶液导电	非导体	良导体
溶解性	易溶于极性溶剂	不溶性	易溶于极性溶剂	易溶于非极性溶剂	不溶性
实例	$NaCl$，MgO	金刚石，SiO_2，SiC	HCl，NH_3，H_2O	CO_2，I_2，Ar	W，Ag，Cu，Na

任务二　溶液配制——近似浓度溶液的配制及相关计算

任务描述

小溶同学因实验需求，要配制一些近似浓度的溶液，配制的溶液类型各不相同：由已知密度和质量分数高浓度溶液配制低浓度溶液；由固体溶质配制一定浓度溶液；按体积分数配制低浓度溶液。配制过程中遇到如下一些疑问：

(1)配制溶液对应的试剂取用量如何计算？

(2)配制近似浓度溶液如何规范操作？

完成本次任务需要具备以下知识：

(1)高浓度溶液配制低浓度溶液；

(2)固体溶质配制溶液；

(3)按体积分数配制溶液；

(4)常规实验操作基本技能。

任务实施

1. 实验器材

电子秤(0.1 g)、250 mL 细口瓶、250 mL 烧杯、5 mL 量筒、100 mL 量筒、玻璃棒、牛角匙、胶头滴管、表面皿。

2. 实验药品

固体氢氧化钠($NaOH$)、浓盐酸(密度为 1.19 g/cm^3，溶质的质量分数为 37%)、95% 乙醇、蒸馏水。

3. 组织形式

一人一组，在教师指导下，根据实验步骤完成实验。

4. 注意事项

称取 $NaOH$ 操作要快，避免 $NaOH$ 过多吸水和 CO_2。取用强碱性物质注意防护。

5. 实验步骤

(1)配制 250 mL $c(HCl)=0.2$ mol/L 的盐酸溶液。

1)计算所需浓盐酸的体积。根据市售浓盐酸的密度(1.19 g/cm^3)、溶质的质量分(37%)，计算出配制 250 mL $c(HCl)=0.2$ mol/L 的盐酸溶液所需浓盐酸的体积(mL)。

2)量取浓盐酸。用量筒量取所需体积的浓盐酸于 250 mL 烧杯中，烧杯中提前加入少量纯水。

3)配制溶液。向烧杯中加水至 250 mL，用玻璃棒慢慢搅动，使浓盐酸与水混合均匀。

4)贮存溶液。将配制好的溶液转移到细口瓶中，贴好标签备用。

(2)配制 250 mL $c(NaOH)=0.2$ mol/L 的氢氧化钠溶液。

1)计算溶质的质量。计算出配制 250 mL $c(NaOH)=0.2$ mol/L 的氢氧化钠溶液所需氢氧化钠的质量。

2)称量氢氧化钠。用电子秤称量所需质量的 $NaOH$(注意，操作尽量迅速，以免氢氧化钠过多吸水和 CO_2)。

3)配制溶液。将所称得的氢氧化钠小心地倒入烧杯中，先加入适量的水，用玻璃棒搅拌使其溶解，冷却到室温后，继续加水至 250 mL，用玻璃棒搅拌使溶液混合均匀。

4)贮存溶液。将配制好的溶液转移到细口瓶中，贴好标签备用。

(3)配制 250 mL 70% 的乙醇溶液。

1)计算所需 95% 乙醇的体积。根据所配制乙醇的浓度和体积，计算出所需 95% 乙醇的体积(mL)。

2）量取 95％乙醇。用量筒量取所需体积的 95％乙醇于 250 mL 烧杯中。

3）配制溶液。向烧杯中加蒸馏水至 250 mL，用玻璃棒慢慢搅动，使溶液混合均匀。

4）贮存溶液。将配制好的溶液转移到细口瓶中，贴好标签备用。

实验内容详解

（1）配制 250 mL $c(HCl)=0.2$ mol/L 的盐酸溶液应取市售浓盐酸（密度：1.19 g/cm³、溶质的质量分数：37％）的多大体积？

根据稀释定律，溶液稀释前后溶质的物质的量不变，进行计算：

$$c_{浓}=\frac{n}{V}=\frac{\frac{m}{M_{HCl}}}{V}=\frac{\frac{\rho \times V \times 37\%}{M_{HCl}}}{V}=\frac{\rho \times 37\%}{M_{HCl}}=12.06 \text{ mol/L}$$

$$V_{浓}c_{浓}=V_{稀}c_{稀}$$

$$V_{浓}=\frac{V_{稀}c_{稀}}{c_{浓}}=\frac{250 \times 0.2}{12.06} \approx 4 \text{(mL)}$$

（2）配制 250 mL $c(NaOH)=0.2$ mol/L 的氢氧化钠溶液，需要称取氢氧化钠多少克？

按公式计算，得 $m=n \times M=c \times V \times M=0.2 \times 0.050 \times 40=2 \text{(g)}$

（3）配制 250 mL 体积分数为 70％的乙醇溶液，需要取用体积分数为 95％乙醇多大体积？

根据稀释定律，稀释前后溶质的体积不变，进行计算：

$$\varphi_{浓}V_{浓}=\varphi_{稀}V_{稀}$$

$$V_{浓}=\frac{\varphi_{稀}V_{稀}}{\varphi_{浓}}=\frac{70\% \times 250}{95\%} \approx 184 \text{(mL)}$$

任务评价

根据以上实验操作、现象记录及现象分析情况，进行任务评价。

序号	评价内容	评价要点	配分	评价标准	扣分	得分
1	实验准备	（1）实验预习； （2）实验台面准备	20	有一项不符合标准扣 10 分，扣完为止		
2	实验操作及记录	（1）试剂取用量计算是否正确； （2）电子秤使用是否规范； （3）量筒使用是否规范； （4）强酸、强碱性物质取用是否规范； （5）标签书写是否规范； （6）溶液配制操作是否规范	60	有一项不符合标准扣 10 分，扣完为止		
3	安全文明操作	（1）实验台面整洁情况； （2）物品摆放； （3）玻璃仪器清洗放置情况； （4）安全操作情况	20	有一项不符合标准扣 5 分，扣完为止		
总分						

溶 液

一、溶液的基本概念

1. 分散系

混合分散体系(简称分散系)是指由一种(或多种)物质分散在另一种(或多种)物质中所形成的混合物。在分散系中被分散的物质称为分散相(或称为分散质);起容纳分散质的作用的物质称为分散介质(或称为分散剂)。

按分散质粒子的大小分类,分散系通常分为以下三类,见表2-5。

表 2-5 分散系的分类

分散系	溶液	胶体	浊液
粒子组成	单个分子或离子	若干个分子的集合体或单个的大分子	大量分子集合而成的固体小颗粒或小液滴
分散质粒径大小/nm	<1	1~100	>100
外观	均一、透明、稳定	均一、透明、介稳定	不均一、浑浊、不稳定,静置后易沉淀或分层
性质	能透过半透膜、能透过滤纸、没有丁达尔效应	不能透过半透膜、能透过滤纸、有丁达尔效应	不能透过半透膜、不能透过滤纸、颗粒直径接近 100 nm 的浊液、有丁达尔效应
实例	食盐水、碘酒	$Fe(OH)_3$ 胶体	泥浆水、油水、牛奶

(1)溶液是一种物质以分子、原子或离子的状态分散在另一种物质中所构成的均匀而稳定的分散系。它具有高度的稳定性,只要外界条件不发生变化(如温度不改变,溶剂不蒸发等),溶质都不会析出。除液态溶液外,还有气态溶液和固态溶液。如空气是气态溶液,铝合金是固态溶液。

(2)胶体是分散质颗粒大小介于分子离子分散系和粗分散系之间的另一类分散系,将在本项目任务四中专门讨论。

(3)浊液主要包括悬浊液和乳浊液。悬浊液是固体分散质以微小颗粒分散在液体物质中形成的分散系,如浑浊的泥水;乳浊液是液体分散质以微小的液滴分散在另一个液体物质中形成的分散系,如含水的原油、洗面奶等。悬浊液和乳浊液都是浑浊的、不均匀、不透明,放置后分散质和分散剂会发生分离而使分散系遭到破坏。

2. 溶液浓度的表示方法

单位溶液中所含溶质的量叫作该溶液的浓度。溶液浓度的表示方法很多种,常用的如下列所示:

(1)质量浓度。用单位体积溶液中所含溶质 B 的质量来表示的浓度,叫作溶质 B 的质量浓度。用符号 ρ 表示,常用单位是 g/L。

$$\rho = m_B/V \tag{2-9}$$

式中 m_B——溶质 B 的质量(g)；

        V——溶液的体积(L)。

微课：物质的
量浓度

例如，5 g NaCl 溶于水，配制成 1 L 溶液，则其质量浓度为 5 g/L。

(2)质量分数。某物质 B 的质量分数是某物质 B 的质量与溶液的质量之比，用符号 w_B 表示，无量纲也可用百分数表示。

$$w_B = m_B/m \times 100\% \qquad (2\text{-}10)$$

式中 m_B——溶质 B 的质量；

        m——溶液的质量。

(3)物质的量浓度。用单位体积溶液中所含溶质 B 的物质的量来表示的溶液的浓度，叫作溶质 B 的物质的量浓度，用符号 c_B 表示。即

$$c_B = n_B/V \qquad (2\text{-}11)$$

式中 n_B——溶质 B 的物质的量；

        V——溶液的体积。

c_B 的常用单位为 mol/L，有时也用 mol/m^3 表示。

(4)质量摩尔浓度。溶液中溶质 B 的物质的量除以溶剂的质量，称为溶质 B 的质量摩尔浓度，用 b_B 表示：

$$b_B = n_B/m_A \qquad (2\text{-}12)$$

式中 n_B——溶质 B 的物质的量；

        m_A——溶剂的质量。

b_B 的常用单位为 mol/kg，即表示每千克溶剂中溶解的溶质的物质的量。

(5)摩尔分数。混合物中物质 B 的物质的量 n_B 与混合物的总的物质的量 $n_总$ 之比，叫作物质 B 的摩尔分数，用符号 x_B 表示，无量纲。

$$x_B = n_B/n_总 \qquad (2\text{-}13)$$

式中 n_B——溶质 B 的物质的量；

        $n_总$——混合物的总的物质的量。

混合物中各物质的摩尔分数之和等于 1，即

$$\sum x_i = 1 \qquad (2\text{-}14)$$

二、稀溶液的依数性

稀溶液的依数性是指溶液的某些物理性质与溶质粒子数目的多少有关，而与溶质的本性无关的性质(如蒸气压下降、凝固点降低、沸点升高和渗透压的产生)。这是多组分系统中化学势随组分数而表现出来的自身变化规律。溶液的依数性只有在溶液的浓度很稀的时候才有规律，而且溶液越稀，其依数性的规律性越强，因此，被称为稀溶液依数性。

1. 蒸气压降低

从分子运动论的角度分析可知，液体的蒸气压是液体和蒸气建立平衡时的蒸气压力，它与单位时间里由液面蒸发的分子数有关。由于加入少量难挥发的非电解质溶质，必然降低了单位体积溶液内所含可挥发溶剂分子的数目，溶液表面也会被部分难挥发的溶质所占据。因此，单位时间内逸出液面的溶剂分子数相应减少，这样蒸气中含有较少的溶剂分子

(气相)即可与溶液(液相)处于平衡状态，即形成了溶液蒸气压低于纯溶剂蒸气压的状态。同一温下，纯溶剂蒸气压与溶液蒸气压之差称作溶液的蒸气压下降。

实验结果表明，在一定温度时，对于难挥发非电解质的稀溶液，其蒸气压下降值(Δp)与溶质的摩尔分数成正比。

2. 沸点上升

液体的蒸气压随着温度升高而增大，当蒸气压增大到与外界大气压相等时，液体就会沸腾，此时的温度称为该液体的沸点。溶液由于蒸气压低于纯水蒸气压，故在 100 ℃时溶液蒸气压小于外界大气压，要想使溶液的蒸气压达到外界大气压，必须升高温度，因而溶液的沸点高于纯溶剂的沸点。溶液的沸点上升值(ΔT_b)与溶液的质量摩尔浓度 b_B 成正比。

3. 凝固点下降

物质的凝固点是其固态蒸气压等于液态蒸气压时的温度，纯水在 0 ℃时结冰，冰的蒸气压等于水的蒸气压。当难挥发性溶质溶于水形成溶液时，溶液的凝固点就是溶液中溶剂与纯固态溶剂具有相同蒸气压时的温度。因为溶液蒸气压下降，使冰的蒸气压大于溶液蒸气压，冰、液不能共存。冰溶解，故溶液在 0 ℃时不能结冰。当温度继续降低时，由于冰随温度降低蒸气压下降的程度大，溶液蒸气压下降的程度小，在 0 ℃以下的某温度时，它们两者可达到相等。此时即冰、液共存点，也就是此溶液的凝固点。它要比纯溶剂(如水)的凝固点低。溶液的凝固点下降值(ΔT_f)与溶液的质量摩尔浓度 b_B 同样成正比关系。

4. 溶液的渗透压

半透膜具有选择性地允许水或某些小分子透过，而不允许其他分子透过的性质。稀溶液在半透膜表面扩散速率大，浓溶液因为单位体积内溶剂分子数相应减少，溶剂分子在其表面扩散速率小，结果是稀溶液中的水向浓溶液中渗透，使浓溶液体积增大。当渗透作用达到平衡时，即半透膜两边溶液浓度相等时，半透膜两边的静压力差称为渗透压。一定温度时，溶液越浓，产生的渗透压越大。

微课：稀溶液的
依数性—渗透压

任务三　溶液配制——近似浓度溶液配制与精准浓度溶液配制对比

任务描述

小溶同学在实验过程中发现，有些溶液需要精准配制，有些溶液粗略配制就好，有些溶液是由固体试剂配制的，有些是由液体试剂配制的。小溶同学想通过实验掌握以下内容：

(1)由固体试剂(溶质)配制溶液；

(2)由液体试剂(溶质)或浓溶液配制溶液；

(3)近似浓度溶液配制与精准浓度溶液配制差别。

完成本次任务需要具备以下知识：

(1)分析天平基本操作规范；

(2)容量瓶基本操作规范；

(3)移液管、吸量管基本操作规范；

(4)溶液配制基本操作及相关计算。

■ 任务实施

1. 实验器材

100 mL 容量瓶 2 只、250 mL 容量瓶 1 只、100 mL 烧杯 2 只、50 mL 烧杯 1 只、50 mL 量筒、玻璃棒 3 支、5 mL 吸量管 1 支、胶头滴管 3 支、药匙 2 只、托盘天平、分析天平、标签纸、洗瓶。

2. 实验药品

5.000 mol/L NaCl 标准溶液、$NaHCO_3$、Na_2CO_3。

3. 组织形式

一人一组，在教师指导下，根据实验步骤完成实验。

4. 注意事项

(1)使用容量瓶时应注意以下几点：

1)容量瓶的容积是特定的，刻度不连续，所以一种型号的容量瓶只能配制同一体积的溶液。在配制溶液前，先要弄清楚需要配制的溶液的体积，然后选用相同规格的容量瓶。

2)易溶解且不发热的物质可直接用漏斗倒入容量瓶中溶解，其他物质基本不能在容量瓶里进行溶质的溶解，应将溶质在烧杯中溶解后转移到容量瓶。

3)用于洗涤烧杯的溶剂总量不能超过容量瓶的标线。

4)容量瓶不能进行加热。如果溶质在溶解过程中放热，要待溶液冷却后再进行转移；因为一般的容量瓶是在 20 ℃的温度下标定的，若将温度较高或较低的溶液注入容量瓶，容量瓶则会热胀冷缩，所量体积就会不准确，导致所配制的溶液浓度不准确。

5)容量瓶只能用于配制溶液，不能储存溶液，因为溶液可能会对瓶体进行腐蚀，从而使容量瓶的精度受到影响。

6)容量瓶用毕应及时洗涤干净，塞上瓶塞，并在塞子与瓶口之间夹一张纸条，防止瓶塞与瓶口粘连。

(2)使用移液管和吸量管时应注意以下几点：

1)移液管、吸量管使用后，应洗净放在移液管架上。

2)移液管和吸量管在实验中应与溶液一一对应，不应串用以避免沾染。

5. 实验步骤

(1)精确配制 250 mL 0.010 00 mol/L 碳酸钠溶液。

1)计算。已知 $M(Na_2CO_3) = 106$ g/mol，计算所需碳酸钠的质量 m g。

2)称量。在分析天平上称量 m g 碳酸钠固体，并将它倒入小烧杯中。

3)溶解。在盛有碳酸钠固体的小烧杯中加入适量蒸馏水，用玻璃棒搅拌，使其溶解。

4)移液。将溶液沿玻璃棒注入 250 mL 容量瓶中。

5)洗涤。用蒸馏水洗烧杯 2～3 次，并将洗液移入容量瓶中。

6)定容。加水至刻度线 1～2 cm 处，改用胶头滴管滴到溶液弯月面最低点，恰好与容量瓶上的标线相切。

7)摇匀。盖好瓶塞，将瓶倒立，摇荡数次，再倒转过来，如此反复多次，使溶液充分混匀。

8)装瓶、贴标签。

(2)精确配制 100 mL 0.1 000 mol/L NaCl 溶液。

1)计算。根据稀释定律 $C_1V_1 = C_2V_2$，计算配制 100 mL 0.1 mol/L NaCl 溶液所需 5.000 mol/L NaCl 标准溶液的体积 V mL。

2)量取和移液。用吸量管吸取所计算体积 V mL 的 5.000 mol/L NaCl 标准溶液，转移到容量瓶中。

3)定容。加水至刻度线 1～2 cm 处，改用胶头滴管滴到溶液弯月面最低点，恰好与容量瓶上标线相切。

4)摇匀。盖好瓶塞，将瓶倒立，摇荡数次，再倒转过来，如此反复多次，使溶液充分混匀。

5)装瓶、贴标签。

(3)粗略配制 100 mL 0.1 mol/L NaHCO₃ 溶液。

1)计算。计算配制 100 mL 0.1 mol/L NaHCO₃ 溶液所需 NaHCO₃ 的质量 m g。

2)称量。用托盘天平称量 NaHCO₃ m g。

3)配制溶液。用量筒量取 100 mL 蒸馏水，将其中一部分加入盛有 NaHCO₃ 的烧杯中，用玻璃棒搅动使其溶解，然后再将剩余的水加入其中。

4)保存。倒入指定的试剂瓶中，贴好标签，保存备用。

实验内容详解

微课：溶液稀释

一、由固体试剂(溶质)配制溶液

1. 质量分数、质量摩尔浓度溶液的配制

先计算出配制一定浓度溶液所需的固体试剂的质量。用托盘天平称取所需固体的质量，倒入烧杯，再用量筒量取所需体积的蒸馏水也注入烧杯中，搅动，使固体完全溶解，即得所需的溶液。将溶液倒入试剂瓶中，贴上标签，备用。

2. 物质的量浓度溶液的配制

(1)粗略配制。先计算出配制一定体积溶液所需的固体试剂的质量。用托盘天平称取所需要的固体试剂，倒入带有刻度的烧杯中，加入少量的蒸馏水搅动使固体完全溶解后，用蒸馏水稀释至刻度(若无带刻度烧杯，可用量筒量取给定体积的蒸馏水，倒入烧杯中搅动，使其均匀)，即得所需的溶液。将溶液倒入试剂瓶中，贴上标签，备用。

（2）准确配制。先计算出配制给定体积的准确浓度溶液所需固体试剂的用量，并在分析天平上准确称出它的质量，放在干净的烧杯中，加适量蒸馏水使其完全溶解。将溶液转移到一定体积的容量瓶中，用少量蒸馏水洗涤烧杯2～3次，冲洗液也一并移入容量瓶中，再加蒸馏水稀释至标线处，盖上塞子，将溶液摇匀即所配溶液。然后将溶液移入试剂瓶中，贴上标签，备用。

二、由液体试剂（溶质）或浓溶液配制溶液

在配制溶液之前，应计算出所需试剂的用量后再进行配制。具体溶液配制方法如下。

1. 粗略配制

（1）计算配制一定体积物质的量浓度溶液所需液体试剂的体积；

（2）用量筒量取液体试剂；

（3）在烧杯中溶解，并稀释至刻度或直接稀释至刻度。

2. 准确配制

由较浓的准确浓度溶液配制较稀的准确浓度溶液的方法：先计算出配制准确浓度溶液所需已知浓度溶液的用量，然后用移液管或吸量管吸取所需溶液注入给定体积的容量瓶中，再加蒸馏水稀释至标线处，摇匀后，倒入试剂瓶，贴上标签，备用。

▌▌任务评价

根据以上实验操作、现象记录及现象分析情况，进行任务评价。

序号	评价内容	评价要点	配分	评价标准	扣分	得分
1	实验准备	（1）实验预习； （2）仪器的准备	10	有一项不符合标准扣5分，扣完为止		
2	溶液配制	（1）容量瓶洗涤； （2）容量瓶试漏； （3）用橡皮筋扎紧瓶塞； （4）加水稀释； （5）定容	40	有一项不符合标准扣5分，扣完为止		
3	移取溶液	（1）移液管洗涤； （2）移液管润洗； （3）吸溶液（吸空、重吸）	40	有一项不符合标准扣5分，扣完为止		
4	安全文明操作	（1）实验台面整洁情况； （2）物品摆放； （3）玻璃仪器清洗放置情况； （4）安全操作情况	10	有一项不符合标准扣5分，扣完为止		
总分						

容量瓶、移液管及吸量管的使用

一、容量瓶的使用

容量瓶主要用于准确地配制一定摩尔浓度的溶液。它是一种细长颈、梨形的平底玻璃瓶，配有磨口塞。瓶颈上刻有标线，当瓶内液体在所指定温度下达到标线处时，其体积即瓶上所注明的容积数。一种规格的容量瓶只能量取一个量。常用容量瓶有 100 mL、250 mL、500 mL、1 000 mL 等多种规格。仪器图片见表 1-1。

使用容量瓶配制溶液的方法如下。

1. 检漏

使用前检查瓶塞处是否漏水。具体操作方法：在容量瓶内装入半瓶水，塞紧瓶塞，用右手食指顶住瓶塞，另一只手五指托住容量瓶底，将其倒立（瓶口朝下），观察容量瓶是否漏水。若不漏水，则将容量瓶正立且将瓶塞旋转 180°后，再次倒立，检查是否漏水，若两次操作，容量瓶瓶塞周围皆无水漏出，则表明容量瓶不漏水。经检查不漏水的容量瓶才能使用。

2. 洗涤

使用前容量瓶都要洗涤。先用洗液洗，再用自来水冲洗，最后用蒸馏水洗涤干净（直至内壁不挂水珠为洗涤干净）。

3. 固体物质的溶解

把准确称量好的固体溶质放在干净的烧杯中，用少量溶剂溶解。如果放热，要放置使其降温到室温。然后把溶液转移到容量瓶中，转移时要用玻璃棒引流。方法是将玻璃棒一端靠在容量瓶颈内壁上，注意不要让玻璃棒其他部位触及容量瓶瓶口，防止液体流到容量瓶外壁上。

4. 淋洗

为保证溶质能全部转移到容量瓶中，要用溶剂少量多次洗涤烧杯，并把洗涤溶液全部转移到容量瓶里。转移时要用玻璃棒引流。

视频：学生操作　　微课：容量
演示实验—容量　　瓶的使用
瓶的使用

5. 平摇

加水至 2/3 处，平摇。

6. 定容

继续向容量瓶内加入溶剂直到液体液面离标线大约 1 cm 时，应改用滴管小滴滴加，最后使液体的弯月面与标线正好相切。若加水超过刻度线，则需重新配制。

7. 摇匀

盖紧瓶塞，用倒转和摇动的方法使瓶内的液体混合均匀。静置后如果发现液面低于刻度线，这是因为容量瓶内极少量溶液在瓶颈处润湿所损耗，并不影响所配制溶液的浓度，故不要在瓶内添水，否则，将使所配制的溶液浓度降低。

二、移液管和吸量管的使用

移液管是准确移取一定量液体的工具。它是一根细长中间膨大的玻璃管，在管的上端有刻度线。膨大部分标有它的容积和标定时的温度。如需吸取 5.00 mL、10.00 mL、25.00 mL 等整数，则用相应大小的移液管。量取小体积且不是整数的液体时，一般用吸量管。吸量管是带有多刻度的玻璃管，用它可以吸取不同体积的溶液。仪器图片见表 1-1。

使用移液管或吸量管移取溶液的方法如下。

1. 洗涤

使用前移液管和吸量管都要洗涤，直到全内壁不挂水珠为止。方法与洗涤滴定管一样，先用洗液洗，再用自来水冲洗，最后用蒸馏水洗涤干净。

2. 润洗

为保证移取溶液时溶液浓度保持不变，应使用滤纸将管口内外水珠吸去，再用被移溶液润洗三次，置换移液管或吸量管内壁的水分。润洗后的溶液应该弃去。

3. 吸取溶液

吸取溶液时，用右手大拇指和中指拿在管子的刻度上方，插入溶液中，左手用洗耳球将溶液吸入管中（预先捏扁，排除空气）。吸管下端至少伸入液面 1 cm，不要伸入太多，以免管口外壁沾附溶液过多也不要伸入太少，以免液面下降后吸空用洗耳球慢慢吸取溶液，眼睛注意正在上升的液面位置，移液管应随容器中液面下降而降低。当液面上升至标线以上，立即用右手食指按住管口（一般不用大拇指操作，大拇指操作不灵活）。随后右手食指稍稍抬起，让液面缓慢下降到凹液面与刻度正好相切即可。

4. 放出整管溶液

将移液管放入锥形瓶或容量瓶，将锥形瓶或容量瓶略倾斜，管尖靠瓶内壁，移液管垂直。管尖放到瓶底是错误的。松开食指，液体自然沿瓶壁流下，液体全部留出后停留 15 s（移液管上标有"快"，应该不停留），取出移液管。留在管口的液体不要吹出，因为校正时未将这部分体积计算在内（移液管上标有"吹"，应该将留在管口的液体吹出）。使用吸量管放出一定量溶液时，通常是液面由某一刻度下降到另一刻度，两刻度之差就是放出的溶液的体积，注意目光与刻度线平齐。实验中应尽可能使用同一吸量管的同一区段的体积。

学生操作演示实验：
移液管的使用

学生操作演示实验：
吸量管的使用

微课：移液管和
吸量管的使用

任务四 氢氧化铁胶体制备及性质验证

▌▌ 任务描述

小胶同学将饱和氯化铁溶液滴入沸腾的蒸馏水，溶液一开始呈现氯化铁溶液的棕色，随后溶液变成了红褐色，小胶同学查阅资料发现这是生成了胶体溶液，但小胶同学仍心存疑问，疑问如下：

(1)胶体是如何生成的？结构怎样？

(2)与溶液相比，胶体有什么特性？如何验证生成的是胶体溶液？

任务解析

完成本次任务需要具备以下知识：

(1)胶体的生成；

(2)胶体的结构；

(3)胶体的性质；

(4)常规实验操作基本技能。

任务实施

1. 实验器材

铁架台、石棉网、酒精灯、小烧杯、量筒。

2. 实验药品

饱和氯化铁溶液、浑浊污水。

3. 组织形式

两人一组，在教师指导下，根据实验步骤完成实验。

4. 注意事项

保证安全，尽量不损坏仪器，成功制备氢氧化铁胶体。

5. 实验步骤

(1)准备实验(护目镜等)。

(2)组装仪器(由下至上，由左至右)。

(3)量取 25 mL 蒸馏水，倒入小烧杯中。

(4)点燃酒精灯，将蒸馏水加热至沸腾，滴入饱和氯化铁溶液 5～6 滴，继续煮沸至溶液呈红褐色。

(5)熄灭酒精灯，停止加热。

(6)取下小烧杯，观察其与氯化铁外观差异。

(7)试验其丁达尔效应。

(8)在两只烧杯中分别加入相同量的含有悬浮颗粒物的浑浊污水。

(9)向其中的一只烧杯中加入 10 mL 氢氧化铁胶体。

(10)静置，比较两只烧杯中液体的澄清程度。

(11)拆除清洗所有仪器结束实验。

实验内容详解

1. 实验现象

(1)氯化铁溶液呈棕色，氢氧化铁胶体呈红褐色。

(2)制备得到的氢氧化铁胶体具有丁达尔效应。

(3)加入了氢氧化铁的液体颜色深于另一烧杯中液体，但更澄清。

2. 氯化铁的水解反应

$$FeCl_3 + 3H_2O \xrightarrow{\text{加热}} Fe(OH)_3 + 3HCl$$

为什么产生的盐酸与氢氧化铁不反应呢？原因大致有二：一是因为高温反应时，盐酸挥发成气体，不接触无法反应；二是因为氢氧化铁和盐酸反应主要是因为氢氧根负离子和氢正离子结合，但制备的氢氧化铁胶体为带正电的粒子，氢离子也带正电，不反应。

3. 氢氧化铁胶体会出现聚沉现象

因为煮沸时间过长温度高加剧了胶体粒子的热运动，碰撞概率增大，更容易结合成大粒子聚沉。

4. 做净水剂

胶体粒子表面积大，能够吸附更多的悬浮颗粒物，进而沉降。高效多功能新型非氯绿色消毒剂高铁酸钾是含有 FeO_4^{2-} 的一种化合物，其中心原子 Fe 以六价存在，因此，高铁酸钾具有极强的氧化性，可以对水进行氧化、消毒、杀菌处理。因此，高铁酸钾在饮用水的处理过程中，集氧化、吸附、絮凝、沉淀、灭菌、消毒、脱色、除臭八大特点为一体的综合性能，被称为多功能水处理剂。

任务评价

根据以上实验操作、现象记录及现象分析情况，进行任务评价。

序号	评价内容	评价要点	配分	评价标准	扣分	得分
1	实验准备	(1)实验预习； (2)实验台面准备	20	有一项不符合标准扣10分，扣完为止		
2	实验操作及记录	(1)仪器是否认对、认全； (2)实验操作是否规范； (3)实验现象记录是否规范	60	有一项不符合标准扣20分，扣完为止		
3	安全文明操作	(1)实验台面整洁情况； (2)物品摆放； (3)玻璃仪器清洗放置情况； (4)安全操作情况	20	有一项不符合标准扣5分，扣完为止		
总分						

知识链接

胶体溶液

胶体溶液是指一定大小的固体颗粒或高分子化合物分散在分散剂中所形成的溶液。其分散质一般在 1～100 nm，分散剂大多数为水，少数为非水溶剂。固体颗粒以多分子聚集体(胶体颗粒)分散于溶剂中，构成多相不均匀分散体系(疏液胶)，高分子化合物以单分子形式分散于溶剂中，构成单相均匀分散体系(亲液胶)。

一、胶体溶液的制备

胶体按胶粒与分散剂之间的亲和力强弱，可分为亲液胶体和疏液胶体。当分散剂为水时，则称为亲水胶体和疏水胶体。

1. 亲水胶体的制备

亲水胶体通常是由高分子化合物组成的，这些高分子化合物能够溶解或分散于水中，形成均匀的胶体溶液。在亲水胶体的制备过程中，水化作用起着至关重要的作用。水化作用是指水分子与高分子化合物中的亲水基团(如羟基、羧基等)发生相互作用，形成水化层的过程。水化层能够稳定高分子链，防止其相互聚集和沉淀，从而保持胶体溶液的稳定性。

亲水胶体的制备方法多种多样，主要包括物理法、化学法和生物法。

(1)物理法：通过物理手段(如搅拌、超声等)将高分子化合物均匀分散在水中，形成胶体溶液。这种方法适用于那些易于溶解或分散的高分子化合物。

(2)化学法：通过化学反应将高分子物质合成并分散在水中形成胶体。这种方法可以制备出具有特定结构和性能的亲水胶体，但需要严格控制反应条件和反应体系。

(3)生物法：利用微生物或酶催化反应制备亲水胶体。这种方法具有环保、可持续等优点，可用于制备壳聚糖、黄原胶等天然亲水胶体。

2. 疏水胶体(溶胶)的制备

固体分散质高度分散在液态分散剂中形成的胶体，简称溶胶。制备溶胶的方法一般有分散法和凝聚法两种。同时，制备溶胶还必须满足两个条件：一是分散质在分散剂中溶解度很小；二是要有合适的稳定剂。

(1)分散法。分散法是指将粗分散系进一步分散，使其达到胶体分散程度形成溶胶。常见方法如下：

1)机械分散法：多采用胶体磨进行制备。

2)胶溶法：将聚集而成的粗粒子重新分散成溶胶粒子的方法。

3)超声波分散法：采用 20 kHz 以上超声波所产生的能量，使粗粒分散成溶胶。

(2)凝聚法。凝聚法是指使分子或离子状态微粒凝聚成不溶性的微粒从而制备溶胶的方法。

1)物理凝聚法：通过改变分散介质，使溶解的微粒在不良溶剂中析出微晶而制备溶胶。

2)化学凝聚法：借助氧化、还原、水解及复分解等化学反应制备溶胶。

二、胶体的特性

1. 吸附作用

当物质分散成胶体的微粒时，胶体的微粒具有很大的表面积，所以具有较强的吸附能力。不同的胶体微粒吸附不同电荷的离子，胶体微粒的吸附作用具有一定的选择性。一般来说，胶体微粒优先吸附与它组成有关的离子。

2. 布朗运动

布朗运动是指悬浮在液体或气体中的微粒所做的永不停息的无规则运动，因由英国植物学家罗伯特·布朗所发现而得名。做布朗运动的微粒直径一般为 $10^{-5} \sim 10^{-3}$ cm，这些小的微粒处于液体或气体中时，由于分子的热运动，微粒受到来自各个方向分子的碰撞，当受到不平衡的冲撞时而运动，由于这种不平衡的冲撞，微粒的运动不断地改变方向而使微粒出现不规则的运动，如图 2-7 所示。布朗运动的剧烈程度随着流体的温度升高而增加。

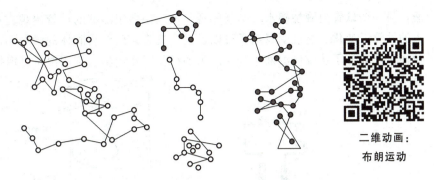

图 2-7　布朗运动

3. 丁达尔现象

1869 年，英国物理学家约翰·丁达尔（John Tyndall，1820—1893）发现当光通过胶体时，从垂直入射光的方向可以观察到一条光的通路，即丁达尔效应。这条光亮的"通路"是由于胶体粒子对光的散射形成的。

丁达尔效应是区分胶体和溶液的一种常用物理方法，如图 2-8 所示。当光束透过微粒直径为 1～100 nm 的胶体时，从垂直于入射光的方向观察，可以看到胶体中出现 1 条光亮的"通路"，这条"通路"的形成是由于溶胶粒子一般不超过 100 nm，小于可见光波长（400～700 nm），从而当可见光透过溶胶时产生丁达尔效应。而对于溶液，由于分子或离子粒径更小，且散射光的强度会随散射粒子体积的减小而明显减弱，从而不会产生丁达尔效应。

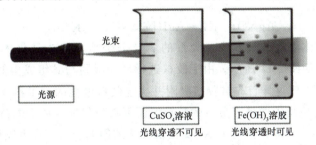

光束

光源

$CuSO_4$溶液
光线穿透不可见

$Fe(OH)_3$溶胶
光线穿透时可见

图 2-8　光束通过溶液和溶胶的不同现象

4. 电泳现象

在电场中，有的胶体颗粒向阳极移动，有的胶体颗粒向阴极移动。这说明胶体颗粒带有负电或正电。在外加电场作用下，分散质颗粒在分散剂中的定向移动称为电泳。

如图 2-9 所示，将 $Fe(OH)_3$ 溶胶放入电泳管中，通电后，可以看到 $Fe(OH)_3$ 胶体粒子向阴极移动。若在电泳管中放入的是 As_2S_3 溶胶，则 As_2S_3 胶粒向阳极移动。溶胶的电泳现象说明胶粒是带电的。这是由于胶体颗粒从介质中选择性地吸附某种离子。吸附阳离子的胶粒带正电，如 $Fe(OH)_3$ 溶胶；吸附阴离子的胶粒带负电，如 As_2S_3 溶胶。

根据胶粒在电场中的移动方向可以判断胶粒所带电荷的符号，利用电泳还可以分离人体血液中的血蛋白、球蛋白等。

5. 渗析

如果把混有食盐的淀粉胶体溶液放进半透膜制成的袋子并悬挂在盛有蒸馏水的烧杯中（图 2-10）。几分钟后，用两个试管各取烧杯中液体少许，往其中一个试管内滴加硝酸银溶液，另一个试管内滴加碘水。结果发现，加入硝酸银溶液的试管出现白色沉淀；而加入碘水的试管无变化。这说明氯离子可以透过半透膜，而淀粉胶体的微粒不能透过半透膜。这种使离子或分子从胶体溶液中分离出来的操作叫作渗析。利用渗析可以提纯胶体。

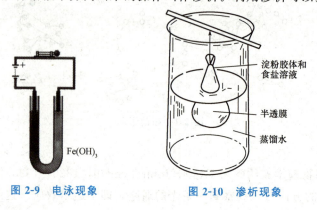

图 2-9　电泳现象　　　　　图 2-10　渗析现象

三、胶体结构

溶胶的许多性质与其内部结构有关，根据大量的实验事实，人们提出了胶体的双电层结构。下面以 AgI 胶体溶液为例说明胶体的结构。

在搅拌下将极稀的 $AgNO_3$ 溶液和 KI 溶液缓慢混合，并使 KI 过量，即可制得 AgI 溶胶。其反应式如下：

$$AgNO_3 + KI = AgI(胶体溶液) + KNO_3$$

在形成 AgI 胶体溶液的过程中，大量的 AgI 分子聚集成为聚集体形成胶体的核心，称为胶核 $(AgI)_m$，如图 2-11 所示。由于胶核选择性的吸附与其组成类似的过量的 I^-，使胶核带上负电荷，像 I^- 这样首先被胶核吸附并决定胶粒电性的离子称为定位离子（也称电位离子）。因吸附定位离子而带有负电的胶核继而可吸附与定位离子电荷相反的离子（反离子，也称补偿离子），一部分反离子 K^+ 受定位离子的静电引力而靠近胶核周围，这部分被吸附的反离子 K^+ 与定位离子 I^- 形成吸附层。胶核 $(AgI)_m$ 与吸附层构成胶体的胶粒，由于胶粒中反离子所带的电荷比定位离子少，因此，此时胶粒带负电。在吸附层外面，还有一部分反离子疏散地分布在胶粒周围，形成一个扩散层。胶粒和扩散层的反离子组成胶团，胶团呈电中性。在上述 AgI 胶体溶液中，胶粒带负电荷，我们称这种胶体溶液为负胶体；反之称为正胶体。

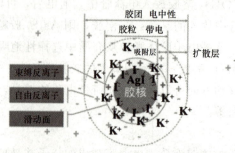

图 2-11　AgI 胶团结构

四、胶体的稳定性和聚沉作用

1. 胶体的稳定性

在粗分散系中，由于分散质的颗粒较大，在重力作用下容易沉降，分散质粒子不断地从分散剂中分离出来。悬浊液和乳浊液是不稳定的体系。而胶体溶液相当稳定，不易发生沉降。

（1）动力学稳定性。胶体粒子处于不停的布朗运动中，阻止了因重力作用而引起的下沉。

（2）胶粒的电性。一般情况下，同一胶体溶液中的胶粒带有同种电荷，因而相互排斥，阻止了它们相互接近，使胶粒很难聚集成较大的粒子而沉降。

（3）水膜的保护作用。由于胶体具有双电层结构，双电层中的定位离子和反离子都是水合离子，使胶粒被水包围，表面形成一层水化膜。水化膜的保护作用也会阻止胶粒间的相互接近，因此，胶体具有一定的稳定性。

2. 胶体的聚沉作用

胶体的稳定性是相对的，有条件的。因为胶粒具有很大的表面积，有聚集成更大颗粒的倾向，使胶粒聚集成较大的颗粒而沉降的过程叫作胶体的聚沉（或称凝聚）作用。促使胶体聚沉的方法很多，如加热、辐射、加入电解质等。

（1）电解质聚沉。电解质使溶胶发生聚沉的原因是电解质解离出的阴、阳离子使溶胶中的离子浓度大大增加，与胶粒电荷相反的离子就会进入吸附层，使胶粒所带的电荷被部分或完全中和，水膜变薄，失去保持稳定的因素。当胶粒运动时产生相互碰撞，从而聚集成较大的颗粒而沉降。

聚沉能力的大小取决于胶粒带相反电荷的电解质离子的电荷，离子所带的电荷越多，聚沉作用越强。自然界里也常发生电解质使胶体聚沉的现象，如江河入海处三角洲的形成。

（2）相互聚沉。电性相反的正、负溶胶相互混合，由于电荷相互中和，促使溶胶聚沉，如不同的墨水混合产生沉淀。

（3）加热聚沉。将溶胶加热会使其聚沉。一方面是由于加热不利于吸附而有利于解吸，降低了胶核对离子的吸附作用，减少胶粒所带的电荷；另一方面加热可以加速胶粒的运动，从而增加了胶粒相互碰撞的机会，同时，降低吸附层中离子的水化程度，使胶粒在碰撞时易聚集成较大的颗粒而聚沉。

五、高分子溶液

分子量大于 10 000 的物质是高分子化合物，高分子化合物通常有天然高分子化合物和人工合成高分子化合物两类。

天然高分子化合物有天然橡胶、动物胶、蛋白质、淀粉等；人工合成高分子化合物有合成橡胶、塑料、合成纤维等。高分子化合物溶于适当溶剂中形成的溶液称为高分子溶液。高分子溶液中分散质颗粒的大小与溶胶粒子相近，表现出溶胶的某些特性，如丁达尔现象、布朗运动、不能透过半透膜等。因此，高分子溶液可以纳入胶体化学的研究范围。但是高分子溶液是分子分散系，又具有真溶液的某些特点，与溶胶有一些不同之处。

（1）高分子溶液和真溶液一样，是单相体系，分散质和分散剂之间无界面，而溶胶是多相体系。

（2）高分子溶液一般不带电荷，溶胶粒子则是带电的，高分子溶液的稳定性是由于它的高度溶剂化，与电荷无关。

（3）高分子溶液与真溶液和溶胶不同，一般具有较大的黏度。

（4）溶胶对电解质的存在较为敏感，而高分子溶液对电解质不十分敏感，只有当加入大量电解质时，才能发生聚沉（盐析）。

在溶胶中加入高分子物质可以使溶胶的稳定性增加。例如，人们常用的墨水是一种胶体，在质量好的墨水中常加入明胶或阿拉伯胶，可增加其稳定性，使其不易聚沉。

在溶胶中，如果高分子的数目大大超过溶胶粒子的数目，就能够起到保护胶体的作用，因此要加入足量的高分子溶液，否则，不仅不能起到保护作用，反而会降低其稳定性，甚至引起聚沉，这种现象叫作敏化作用。因此，控制高分子溶液的用量，对胶体的保护和防止敏化非常重要。

【科学人物——为化学元素排序的艺术家——门捷列夫】

2 000 年前，古希腊哲学家恩培多克勒认为水火土气四种物质元素构成了世界万物，几乎同一时间，中国先民认为金木水火土是最基本的物质形态。

500 多年前，医学家与炼金术师帕拉塞尔苏斯提出三元素理论，认为可以用盐、硫和汞来描述世界上一切物质。

400 多年前，波义耳提出化学元素的概念，标志着近代化学的诞生。

300 多年前，拉瓦锡在其《化学基础论述》中列举了 33 种化学元素，其中光和热也被认为是元素的一种。

200 多年前，约翰·道尔顿创立原子学说，化学元素的概念开始和物质的原子量联系起来。

150 年前，门捷列夫向俄国化学学会递交了元素表的草图（图 2-12），两年后他又对其进行了修正并提出了周期的概念。他以相对原子质量的大小进行横排，把性质相似的元素整理到同一竖排，并揭示了元素性质周期变化的奥秘。这一创举为构成世界的所有化学元素提供了最美妙的家族谱系。自此，所有已发现、未发现的元素不再是浩渺宇宙中偶然邂逅的个体而成为注定相见的兄弟姐妹。

图 2-12　门捷列夫与 1969 年门捷列夫绘制的元素周期表手稿

元素周期表是一件化学世界里简洁而无所不包的艺术品。从门捷列夫创制第一幅元素周期表到现在为止，新元素增加了几十个，除局部的调整外，所有的元素都井然有序地被排列到元素表上的十几个族里，被编上最容易记忆的阿拉伯数字编号，像纪律严明的军队，守护着自然的秩序。元素周期表揭开了化学世界神秘的面纱，为复杂的世界赋予了最为简洁而和谐的表达。

【思维导图——知识点归纳】

基本概念
- 气体
  - 特性：气体分子相距很远，分子间引力很小，各分子都在做无规则的快速运动。具有扩散性和可压缩性
  - 理想气体：假设的气体模型，分子间完全无作用力，分子本身只是一个几何点，只具有位置而不占体积
  - 理想气体状态方程：$pV = nRT$
- 液体
  - 特性：液体分子间距比气体小得多，分子间作用力较强。液体具有流动性，有一定体积而无一定形状
  - 液体的蒸气压：液体的蒸发和凝聚速率相等时，在该温度下的饱和蒸气压，简称蒸气压。它表达了在一定温度下液体蒸发的难易程度
  - 液体的沸点：液体的蒸气压等于外压时的温度。液体的沸点随外压而变化，压力越大沸点就越高。减压蒸馏常用于分离提纯沸点较高的物质
- 固体 特性：固体粒子间排列紧凑，粒子之间的作用力强烈。固体具有一定体积、一定形状及一定程度刚性
- 溶液 定义：溶液是一种物质以分子、原子或离子的状态分散在另一种物质中所构成的均匀而稳定的分散系
- 胶体 定义：胶体溶液是指一定大小的固体颗粒或高分子化合物分散在分散剂中所形成的溶液

基本理论
- 质量守恒定律 定义：反应前后物质总质量相等
- 分压
  - 定义：各组分气体占有与混合气体相同体积时所产生的压力叫作分压力（p_i），简称分压
  - 公式：$p_i = (V_i / V_总) p_总$
- 气体分压定律的两种表示形式
  - 第一种表示形式：混合气体中各组分的气体的分压之和等于该混合气体的总压，可表示为：$p_总 = \sum p_i$
  - 第二种表示形式：混合气体中第 i 种组的分压（p_i）等于总压（$p_总$）乘以第 i 种气体的摩尔分数（x_i），可表示为 $p_i = p_总 \cdot x_i$
- 溶液浓度计算公式

📖 **练一练**

一、填空题

1. 在任何温度、压力下均能服从 $pV = nRT$ 的气体称为 _____。

2. 摩尔气体常数，$R =$ _____ J/(mol·K)。

3. 分体积是指混合气体中任一组分 B 单独存在，且具有与混合气体相同 _____、_____ 条件下所占有的体积。

4. 一种物质以 _____ 或 _____ 状态均匀地分布于另一种物质中，所形成均匀而稳定的系统称为溶液。

5. 在 298 K 下，由相同质量的 CO_2、H_2、N_2、He 组成的混合气体总压为 p，各组分气体分压由大到小的顺序为 _____。

二、选择题

1. 下列叙述正确的是（   ）。

A. 12 g 碳所含的原子数就是阿伏伽德罗常数

B. 阿伏伽德罗常数没有单位

C. "物质的量"指物质的质量

D. 摩尔表示物质的量的单位，每摩尔物质含有阿伏伽德罗常数个微粒

2. 下列说法正确的是（   ）。

A. 1 mol H_2 的质量是 1 g　　　　　　　　B. 1 mol HCl 的质量是 36.5 g/mol

C. Cl_2 的摩尔质量等于它的相对分子质量　　D. 硫酸根离子的摩尔质量是 96 g/mol

3. 下列说法错误的是（   ）。

A. 1 mol 氢　　　　　　　　　　　　　　　B. 1 mol 氧

C. 1 mol 二氧化碳　　　　　　　　　　　　D. 1 mol 水

4. 某气体物质的质量为 6.4 g，含有 6.02×10^{22} 个分子，则该气体的相对分子质量为（   ）。

A. 64　　　　　　　B. 32　　　　　　　C. 96　　　　　　　D. 32

5. 在标准状况下，相同质量的下列气体中体积最大的是（   ）。

A. O_2　　　　　　B. Cl_2　　　　　　C. N_2　　　　　　D. CO_2

6. 在相同条件下，22 g 下列气体中跟 22 g CO_2 的体积相等的是（   ）。

A. N_2O　　　　　　B. N_2　　　　　　C. SO_2　　　　　　D. CO

7. 在 400 kPa 下，由 CH_4、C_2H_6、C_3H_8 组成的气体混合物中，各组分的体积分数依次为 60%、30%、10%，则 CH_4 的分压为（   ）kPa。

A. 120　　　　　　B. 240　　　　　　C. 40　　　　　　D. 133

8. 在下列表示溶液组成的方法中，称为质量摩尔浓度的是（   ）。

A. $w_B = \dfrac{m_B}{m}$　　　　B. $c_B = \dfrac{n_B}{V}$　　　　C. $x_B = \dfrac{n_B}{n}$　　　　D. $b_B = \dfrac{n_B}{m_A}$

9. 下列方程中错误的是( )。

A. $p_总 V_总 = n_总 RT$

B. $p_i V_i = n_i RT$

C. $p_i V_总 = n_i RT$

D. $p_总 V_i = n_总 RT$

三、判断题

1. 理想气体的微观模型是分子间没有相互作用力，分子本身没有体积。 ( )

2. 理想混合气体中任一组分的分压等于该组分的摩尔分数与总压的乘积。 ( )

3. 理想气体的体积分数等于压力分数、等于摩尔分数。 ( )

4. 分压定律、分体积定律不仅适于理想气体混合物，也适于中、高压下的真实气体混合物。 ( )

四、问答题

1. 什么是气体的分压？什么是气体的分体积？什么是气体的分压定律？分压、分体积与摩尔分数分压之间有什么关系？压力分数、体积分数与摩尔分数之间的关系又如何？

2. 在气体状态方程中如何运用分压、分体积概念进行计算。

3. 何谓饱和蒸气压？饱和蒸气压与液体的沸点有什么关系？

4. 晶体有哪些特征？

五、计算题

1. 计算下列各物质的物质的量。

(1) 11 g CO_2;

(2) 56 g CO;

(3) 250 g $BaCl_2$。

2. 成人每天从食物中摄取的几种元素的质量大约为 0.8 g Ca、0.3 g Mg、0.2 g Cu 和 0.01 g Fe，试求四种元素的摩尔比。

3. 在同温、同压下，两个容积相同的玻璃容器中分别盛满 N_2 和 O_2。

(1) 计算容器中 N_2 和 O_2 的物质的量之比和分子数目之比；

(2) 计算容器中 N_2 和 O_2 的质量比。

4. 在 30 ℃时，在一个 10.0 L 的容器中，O_2、N_2 和 CO_2 混合气体的总压为 93.9 kPa。分析结果得 $p(O_2) = 26.7$ kPa，CO_2 的含量为 5.00 g，试求：

(1) 容器中 $p(CO_2)$:

(2) 容器中 $p(N_2)$；

(3) O_2 的摩尔分数。

5. 0 ℃时将同一初压的 4.00 L N_2 和 1.00 L O_2 压缩到一体积为 2.00 L 的真空容器中，混合气体的总压为 255.0 kPa，试求：

(1) 两种气体的初压：

(2) 混合气体中各组分气体的分压；

(3) 各气体的物质的量。

6. 在 25 ℃和 103.9 kPa 下，把 1.308 g 锌与过量稀盐酸作用，可以得到干燥氢气多少升？如果上述氢气在相同条件下于水面上收集，它的体积应为多少升(25 ℃时水的饱和蒸气压为 3.17 kPa)？

7. 水煤气中各组分的体积分数分别为 H_2 50%、CO 38%、N_2 6.0%、CO_2 5.0%、CH_4 1.0%。在 25 ℃、100 kPa 下，计算：

(1)各组分的摩尔分数；

(2)各组分的分压。

8. 1.34 g CaC_2 与 H_2O 发生如下反应：

$$CaC_2(s) + 2H_2O(l) = C_2H_2(g) + Ca(OH)_2(s)$$

产生的 C_2H_2 气体用排水集气法收集体积为 0.471 L。若此时温度为 23 ℃。大气压力为 99.0 kPa，则该反应的产率为多少(已知 23 ℃时水的饱和蒸气压为 2.8 kPa)？

9. 甲烷(CH_4)和丙烷(C_3H_8)的混合气体在温度 T 下置于体积为 V 的容器，测得压力为 32.0 kPa。该气体在过量 O_2 中燃烧所有的 C 都变成 CO_2，使生成的 H_2O 和剩余的 O_2 全部除去后，将 CO_2 收集在体积为 V 的容器内。在相同温度 T 时，压力为 44.8 kPa。计算在原始气体中 C_3H_8 的摩尔分数(假定所有气体均为理想气体)。

10. 计算要配制 5 mol/L 硫酸溶液 500 mL，需要浓度为 98%、密度为 1.84 g/cm^3 的浓硫酸多少毫升？

参考答案

项目三　探究化学反应速率与化学平衡

项目导入

起伏跌宕的合成氨历史

从 19 世纪 40 年代，科学家们就发现了氮元素对农作物生长的重要性；到 20 世纪初英国科学家克鲁克斯提出固氮理论：氮气是地球表面极丰富的物质之一，可将氮气"固定"为可被植物吸收的有用氮化物。为了能够合成氨，历史上很多科学家做出了非常大的努力。例如，法国化学家勒夏特列，他尝试在 600 ℃和 200 大气压力下，使用铁作为催化剂，使用氢气和氮气进行合成氨，但是在实验过程发生了剧烈的爆炸，差点炸死一名实验助手；能斯特是第一个在加压条件下实现氢气和氮气合成氨的人，但是他的主要目的不是合成氨。还有我们最熟悉的合成氨的创始人哈伯，他使用锇作为催化剂，在高温高压下实现了 6% 的氨浓度，冷却之后有液氨产生。但这些科学研究都没有办法实现大规模的工业生产。直到在巴斯夫公司的资助下，由卡尔·博施带领的团队将其成功放大到工业规模，这才有了合成氨大规模的应用。这一成就不仅解决了当时对于固定氮源的迫切需求，还为后续的化学研究和工业应用奠定了基础。

合成氨的工业化生产极大地提高了粮食产量，对全球食品安全产生了积极影响，同时，也为炸药和其他化学品的生产提供了原料。在我国，科学家也对合成氨技术做出了贡献。例如，张大煜是中国催化科学的重要奠基人之一，他在合成氨原料气净化新流程中承担了催化剂攻关任务，成功研制出高效催化剂，为合成氨工业的技术改造做出了重大贡献。

学习目标

知识目标

1. 认识化学反应速率的概念；了解影响化学反应速率的因素（浓度、压强、温度、催化剂、其他）。

2. 认识化学平衡的特点；掌握化学平衡的意义。

3. 了解化学平衡常数与浓度商的概念。

4. 掌握勒夏特列定律。

能力目标

1. 能判断反应条件的变化对化学反应速率带来的影响。

2. 能根据反应式书写化学平衡常数表达式，并进行化学平衡的计算。

3. 能通过 Q 和 $K^{\ominus}$ 的比较判断反应进行的方向。

4. 会利用勒夏特列定律判断平衡移动的方向。

素养目标

1. 理解化学反应速率和平衡的概念，发展科学思维，包括分析、批判性思考和逻辑推理能力。

2. 在实验室中观察和测量化学反应速率，提高实验操作技能和科学探究能力。

3. 认识到化学工业在社会发展中的作用，培养作为化学工作者对社会和环境的责任意识。

任务一　化学反应速率影响因素验证

任务描述

小速同学在学习化学反应速率相关内容，对不同因素对化学反应速率的影响很感兴趣，想通过小实验，验证下列内容：

(1)验证浓度对化学反应速率的影响；

(2)验证温度对化学反应速率的影响；

(3)验证催化剂对化学反应速率的影响。

任务解析

完成本次任务需要具备以下知识：

(1)化学反应速率的影响因素；

(2)水浴锅的使用方法。

任务实施

1. 实验器材

试管、试管架、50 mL 小烧杯 3 只、400 mL 大烧杯、10 mL 量筒 2 只、温度计、秒表、玻璃棒、水浴锅。

2. 实验药品

MnO_2(已灼烧)、$Na_2S_2O_3$(0.2 mol/L、0.05 mol/L)、H_2SO_4(0.2 mol/L)、3% H_2O_2、小纸片、透明胶条、黑色油性笔、火柴、剪刀。

3. 组织形式

两人一组，在教师指导下，根据实验步骤完成实验。

4. 注意事项

催化剂使用注意事项如下：

在 MnO_2 的催化作用下，H_2O_2 的分解反应非常剧烈，故加入试管中的 H_2O_2 不宜过多，否则产生的氧太多、太急，不易控制。催化剂用量要少，试管不可太小，以防止反应过分剧烈而使反应物冲出试管。

由于 H_2O_2 分解时反应剧烈，如果存在有机杂质，可能会引起爆炸，故所用 MnO_2 需要预先加以灼烧以除去其中的有机杂质。H_2O_2 溶液不要太浓，以 3% 为宜，以免发生危险。

5. 实验步骤

(1)浓度对化学反应速率的影响。取三只 50 mL 洁净的小烧杯，编成 1～3 号，用黑色笔在三张小纸片上画出粗细相等的三个"十"字，并用透明胶条把它们分别贴在 1 号、2 号、

3 号小烧杯的外底中央（也可将"十"字直接画在小烧杯的外底上）。

用量筒准确量取 10 mL 0.2 mol/L $Na_2S_2O_3$ 溶液，倒入 1 号小烧杯中，这时从小烧杯口可以清楚地看到"十"字。用另一量筒准确量取 5 mL 0.2 mol/L 硫酸溶液，将量筒中的硫酸溶液迅速倒入盛有 $Na_2S_2O_3$ 溶液的烧杯中，立刻按表计时，并搅拌溶液，到溶液出现浑浊现象并使烧杯底部的"十"字看不见时，停止计时。将记录的时间填入表 3-1 中。

学生操作演示实验：如何正确做好杯底标记

用量筒准确量取 5 mL 0.2 mol/L $Na_2S_2O_3$ 溶液和 5 mL 蒸馏水，倒入 2 号小烧杯中，搅拌均匀。用另一量筒准确量取 5 mL 0.2 mol/L 硫酸溶液，将量筒中的硫酸溶液迅速倒入盛有 $Na_2S_2O_3$ 溶液的烧杯中，立刻按表计时，并搅拌溶液，到溶液出现浑浊现象使烧杯底部的"十"字看不见时，停止计时，记录溶液变浑浊的时间。用同样的方法依次按表 3-1 编号进行实验。

学生操作演示实验：浓度对反应速率的影响

表 3-1　浓度对化学反应速率的影响

实验编号	$Na_2S_2O_3$ 体积/mL	蒸馏水体积/mL	H_2SO_4 体积/mL	溶液变浑浊所需时长/s
1	10	0	5	
2	5	5	5	
3	2.5	7.5	5	

（2）温度对化学反应速率的影响。将实验内容（1）中所用的三只小烧杯洗净，保留编号及黑色"十"字。按表 3-2 规定的数量分别加入 5 mL 0.05 mol/L $Na_2S_2O_3$ 溶液。在室温条件下，向 1 号小烧杯中加入 5 mL 0.2 mol/L 硫酸溶液，并记录时间，到溶液出现的浑浊使烧杯底部的"十"字看不见时，停止计时。再把另两个烧杯分别放入 60 ℃、100 ℃水浴中保持一会儿，然后分别加入 5 mL 0.2 mol/L 硫酸溶液，并开始记录时间，到溶液出现的浑浊使烧杯底部的"十"字看不见时，停止计时。将记录的时间分别填入表 3-2 中。

表 3-2　温度对化学反应速率的影响

编号	$Na_2S_2O_3$ 体积/mL	H_2SO_4 体积/mL	温度/℃	溶液变浑浊所需时长/s
1	5	5	室温	
2	5	5	60	
3	5	5	100	

（3）催化剂对化学反应速率的影响。在试管中加入 3% H_2O_2 溶液 1 mL，观察是否有气泡产生，然后用玻璃棒蘸取少量二氧化锰粉末，放入溶液，观察是否有气泡放出，并检验是否为氧气。

学生操作演示实验：催化剂对反应速率的影响

实验内容详解

一、实验原理

化学反应速率是以单位时间内反应物浓度的减少或生成物浓度的增加来表示的。化学反应速率首先与反应物的本性有关，此外，反应速率还受到外界条件（浓度、温度、催化剂）的影响。

硫代硫酸钠和硫酸在水溶液中发生如下反应：

$$Na_2S_2O_3 + H_2SO_4 = Na_2SO_4 + S\downarrow + SO_2\uparrow + H_2O$$

由于反应生成不溶于水的硫，使溶液出现乳白色浑浊现象。根据出现浑浊现象所需时间的长短，可以判断化学反应进行得快慢。

温度可显著地影响化学反应速率，对于大多数化学反应来说，温度升高，反应速率增大。

催化剂可大大改变化学反应速率，如 H_2O_2 溶液在常温下不易分解放出氧气，而加入催化剂 MnO_2 后 H_2O_2 的分解速率则明显加快。催化作用有均相（或单相）催化和多相催化两种。

二、水浴锅的使用方法及注意事项

1. 使用方法

（1）先将水浴锅固定在平台上，然后安装胶管，注入清水，注意平台需要固定住，避免摇晃，且锅内水量不可低于 1/2，不可使加热管露出水面，以免烧坏，造成漏水、漏电。

（2）接入电源，然后通过旋转按钮调节温度，注意连接水浴锅的插座，必须有可靠的接地。

（3）在恒温状态下，将需要恒温的物品放入水浴锅中即可。

2. 注意事项

（1）注意安全，在使用水浴锅时，要遵循实验室安全操作规范，注意防止热水溅出、触电等意外事故。

（2）根据实验要求，选择合适的温度范围，并使用温度计监测和控制水浴锅的温度。

（3）定期清洁水浴锅，避免水垢和污染物的积累，以保持水浴锅的正常工作和使用寿命。

（4）先加水后通电，严禁干烧。

任务评价

根据以上实验操作、现象记录及现象分析情况，进行任务评价。

序号	评价内容	评价要点	配分	评价标准	扣分	得分
1	实验准备	（1）实验预习； （2）实验仪器、试剂准备	20	有一项不符合标准扣 10 分，扣完为止		
2	实验操作及记录	（1）是否严格按操作步骤做实验； （2）是否规范使用水浴锅； （3）是否规范记录实验数据	60	有一项不符合标准扣 20 分，扣完为止		
3	安全文明操作	（1）实验台面整洁情况； （2）物品摆放； （3）玻璃仪器清洗放置情况； （4）安全操作情况	20	有一项不符合标准扣 5 分，扣完为止		
总分						

化学反应速率

一、化学反应速率的定义

大千世界有非常多的反应，有的反应进行得很快，瞬间就能完成，如火药爆炸、酸碱中和反应等；有的反应进行得很慢，如塑料在自然环境中分解需要数百年时间、铁与氧气和水反应生成铁锈，也是一个缓慢的氧化过程等。但是，就算是同一个化学反应，改变温度、浓度或者使用催化剂，反应速率也不相同。例如，在常温常压下，氢气和氧气反应的速率非常缓慢，但加热到一定的温度立即爆炸反应生成水，因此，研究化学反应速率可以趋利避害，让化学服务人们的生产和生活。

化学反应速率是指在一定条件下，反应物转变为生成物的速率，常用单位时间内反应物浓度的减少或生成物浓度的增加来表示。浓度为物质的量浓度 $c(\text{mol/L})$，时间的单位可用秒（s）、分（min）、小时（h）等表示。反应速率的单位一般是 $\text{mol}/(\text{L}\cdot\text{s})$、$\text{mol}/(\text{L}\cdot\text{min})$、$\text{mol}/(\text{L}\cdot\text{h})$ 等。如果是气体参与的反应，通常也用气体的分压来表示化学反应速率。

$$\bar{v}=\frac{c_2-c_1}{t_2-t_1}=\frac{\Delta c}{\Delta t} \tag{3-1}$$

式中 t_1、t_2——反应的初时刻和终时刻；

c_1、c_2——初时刻和终时刻对应的某物质的浓度；

Δt——反应的时间；

Δc——反应的时间内某物质的浓度变化值；

$\bar{v}$——平均速率，表示在一个时间间隔内反应的某组分的浓度改变量。

【例 3-1】 在给定条件下，合成氨反应如下：

$$N_2+3H_2 \rightleftharpoons 2NH_3$$

N_2、H_2、NH_3 的起始浓度分别为 4.0 mol/L、6.0 mol/L 和 0 mol/L，4 s 末的浓度为 3.6 mol/L、4.8 mol/L 和 0.8 mol/L。该反应的平均速率可以怎么表示？

解： $\bar{v}(N_2)=-\dfrac{\Delta c(N_2)}{\Delta t(N_2)}=-\dfrac{3.6-4.0}{4}=0.1\,[\text{mol}/(\text{L}\cdot\text{s})]$

$\bar{v}(H_2)=-\dfrac{\Delta c(H_2)}{\Delta t(H_2)}=-\dfrac{4.8-6.0}{4}=0.3\,[\text{mol}/(\text{L}\cdot\text{s})]$

$\bar{v}(NH_3)=-\dfrac{\Delta c(NH_3)}{\Delta t(NH_3)}=\dfrac{0.8-0}{4}=0.2\,[\text{mol}/(\text{L}\cdot\text{s})]$

在化学反应中，所有参与化学反应的物质都可以用来表示该化学反应速率，它们之间的化学反应速率比值为反应方程式中相应物质化学式前的计量数比，即 $\bar{v}(N_2):\bar{v}(H_2):\bar{v}(NH_3)=1:3:2$。

【例 3-2】 请根据化学方程式写出参与该化学反应的物质化学反应速率的比值。

(1) $S_2O_8^{2-}+3I^-=2SO_4^{2-}+I_3^-$

(2) $2S_2O_3^{2-}+I_3^-=S_4O_6^{2-}+3I^-$

解： $(1) \overline{v}(S_2O_8^{2-}) : \overline{v}(I^-) : \overline{v}(SO_4^{2-}) : \overline{v}(I_3^-) = 1 : 3 : 2 : 1$

$(2) \overline{v}(S_2O_3^{2-}) : \overline{v}(I_3^-) : \overline{v}(S_4O_6^{2-}) : \overline{v}(I^-) = 2 : 1 : 1 : 3$

与平均速率对应的概念是瞬时速率，即某一个时刻的化学反应速率，是 Δt 趋向于 0 时的速率。测定瞬时速率时，一般是作 c-t 图，通过 t 点作切线，切线斜率即 t 时刻的瞬时速率，如图 3-1 所示。

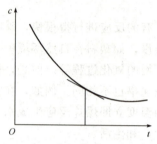

图 3-1 反应浓度与反应时间的变化关系

二、化学反应速率的理论

研究化学反应的机理大致有碰撞理论与过渡态理论两种理论。

1. 碰撞理论

碰撞理论是一种理论框架，它认为化学反应的速率取决于反应物分子之间的有效碰撞次数。有效碰撞是指分子之间不仅必须相互碰撞，而且碰撞必须具有足够的能量和正确的空间取向，以便能够形成活化复合物并导致反应发生（图 3-2）。碰撞理论的要点如下：

二维动画：
碰撞理论

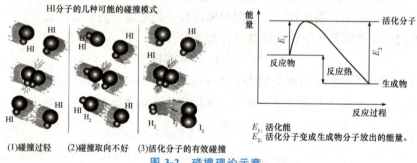

图 3-2 碰撞理论示意

（1）有效碰撞：只有当分子间的碰撞具有足够的能量（活化能）和正确的取向时，才能导致化学反应。

（2）反应速率：反应速率与反应物分子的有效碰撞频率成正比。

（3）分子浓度：反应物的浓度越高，单位体积内分子的数量越多，有效碰撞的机会也就越多，从而反应速率越快。

（4）温度：温度的升高会增加分子的运动速度，从而增加有效碰撞的频率。

2. 过渡态理论

过渡态理论是一种更为详细的理论，它描述了化学反应从反应物到产物的转变过程中，分子结构和能量的变化（图 3-3）。

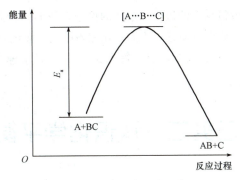

图 3-3　过渡状态理论示意

（1）过渡态：是指反应物转变为产物过程中的瞬时高能状态，这个状态是反应路径上的一个最大能量点。

（2）活化能：过渡态理论中的活化能是指从反应物到过渡态所需的最小能量。

（3）活化复合物：过渡态理论认为，反应物通过形成活化复合物来达到过渡态。

（4）能量障碍：反应物必须克服能量障碍才能形成过渡态，这个障碍是反应速率的决定因素。

（5）分子碰撞：过渡态理论考虑了分子碰撞之外的其他因素，如分子的振动和转动能级，以及分子间的相互作用。

（6）温度效应。温度效应：温度升高会增加分子的能量分布，使更多的分子能够达到活化能，从而增加化学反应速率。

三、影响化学反应速率的因素

影响化学反应速率的因素有很多，首先是反应物本身，浓度、温度、催化剂对反应速率也有一定的影响。

1. 浓度对化学反应速率的影响

从上面的实验中可以发现，$Na_2S_2O_3$ 溶液加入的体积越多，乳白色沉淀出现的时间就越早，即反应物浓度的增大有利于加快反应速率。这样的例子有很多，如物质在纯氧中燃烧比在空气中燃烧更为剧烈。通常，随着反应时间的延长，反应物不断地消耗，浓度减小，反应速率也会随之减小，对于气体反应而言，增大反应物的分压，化学反应速率加快；反之，化学反应速率减小。

这里从碰撞理论来解释浓度对反应速率的影响。化学反应的实质是旧键断裂、新键生成。当几种分子发生碰撞，并且有足够的能量，以及合适的碰撞方向时就有可能发生化学反应生成新的物质，这时的碰撞为有效碰撞。单位时间内有效碰撞的次数越多，化学反应速率就增大。因此，浓度（或者气体的分压力）越大，单位体积内的分子数就越大，有效碰撞的次数越多，会对化学反应速率产生正向影响；反之，浓度（或者气体的分压力）越小，单位体积内的分子数就越小，有效碰撞的次数越少，化学反应速率就会减慢。

2. 温度对化学反应速率的影响

温度是化学反应速率的重要影响因素之一。从前面的实验不难发现，当温度为 60 ℃时，乳白色沉淀出现的时间比温度为 100 ℃时沉淀出现的时间要长。一般来说，温度升高会加速反应的进行，温度降低又会减慢反应的进行。这样的例子在我们的生活中比比皆是。夏天时，食物在室温空气中与在冰箱中腐败变质速度不同；在酿酒或制作面包时，酵母菌的发酵反应在适宜的温度下进行得更快等。实验表明，温度每升高 10 ℃，反应速率增加到原来的 2～4 倍。

任务二　认识化学平衡

任务描述

小平同学在实验室探究化学平衡的现象，他准备了 3 支试管，分别往 3 支试管中加入表 3-3 中试剂，其中①和②试管中溶液用 pH 试纸来测定溶液的 pH 值。李明惊讶地发现，①和②试管溶液颜色相近，均为红色，但是用试纸测出来溶液的 pH 值不同，而③和④试管溶液的颜色分别为橙色和黄色。

表 3-3　探究化学平衡实验

试管编号		①	②	③	④
试剂用量	HCl 溶液(0.1 mol/L)	5 mL	0	0	0
	HAc 溶液(0.1 mol/L)	0	5 mL	5 mL	5 mL
	NaAc 溶液(0.1 mol/L)	0	0	2.5 mL	5 mL
	甲基橙溶液	2 滴	2 滴	2 滴	2 滴

小平同学在实验完成后提出下述疑问：
(1)为什么浓度相同的盐酸溶液和醋酸溶液 pH 值不同？
(2)为什么加入 NaAc 溶液后，溶液的颜色会发生变化？

任务解析

完成本次任务需要具备以下知识：
(1)溶液 pH 值的计算；
(2)强电解质与弱电解质的区别；
(3)酸碱指示剂的变色情况；
(4)基本实验操作技能。

任务实施

1. 实验器材
试管、量筒、滴瓶。

2. 实验药品
HCl 溶液(0.1 mol/L)、HAc 溶液(0.1 mol/L)、NaAc 溶液(0.1 mol/L)、甲基橙溶

液、pH 试纸。

3. 组织形式

两人一组，在教师指导下，根据实验步骤完成实验。

4. 注意事项

(1) 仔细观察实验现象，认真分析现象产生的原因。

(2) 液体药品和固体药品的取用，注意操作规范。

5. 实验步骤

(1) 比较强酸溶液和弱酸溶液 pH 值的差异。准备 2 支试管，一支试管中加入 5 mL HCl 溶液(0.1 mol/L)，另一支试管中加入 5 mL HAc 溶液(0.1 mol/L)，分别滴入 2 滴甲基橙溶液，观察溶液颜色变化。取 2 只洁净干燥的玻璃棒，分别蘸取少量 HCl 溶液(0.1 mol/L)和 HCl 溶液(0.1 mol/L)于广泛 pH 试纸上，观察 pH 试纸颜色的变化，记录 pH 值。

试解释上面的实验结果。

(2) 比较加入不同体积的 NaAc 溶液后，溶液 pH 值的变化。准备 3 支试管，分别加入 5 mL HAc 溶液(0.1 mol/L)和 2 滴甲基橙溶液。然后分别加入 0 mL、2.5 mL、5 mL NaAc 溶液，观察溶液颜色的变化。

实验内容详解

1. 溶液 pH 值的计算

溶液 pH 值是用来衡量溶液酸碱性的一个数值，它是负对数概念，定义为溶液中氢离子浓度的负对数。计算溶液的 pH 值可以通过以下公式进行：

$$pH = -\lg c_{H^+}$$

pH 值越小，溶液的酸性越强，pH 值越大，溶液的碱性越强。一般来说，在室温下，溶液 pH 值小于 7 为酸性、pH 值大于 7 为碱性、pH 值等于 7 为中性。

2. 强电解质与弱电解质

强电解质和弱电解质是根据它们在水溶液中解离程度来区分的电解质类别。强电解质通常是强酸、强碱和大部分的盐。它们在水溶液中完全解离成离子，因此溶液的电导率很高。强电解质的特征包括：完全解离：在水溶液中，强电解质几乎完全转化为离子形式；高电导率：由于溶液中存在大量的自由离子，强电解质溶液的电导率很高；无电离平衡：强电解质的电离过程通常是不可逆的，不存在电离平衡。

弱电解质包括弱酸、弱碱和一些水溶性的盐。它们在水溶液中只部分解离成离子，因此溶液的电导率相对较低。弱电解质的特征包括：部分解离：在水溶液中，弱电解质只有一部分分子电离成离子；低电导率：由于溶液中自由离子较少，弱电解质溶液的电导率相对较低；存在电离平衡：弱电解质的电离过程是可逆的，存在一个电离平衡。

在本次实验中，HCl 溶液属于强电解质，在水溶液中完全电离，电离方程式为

$$HCl = H^+ + Cl^-$$

0.1 mol/L HCl 溶液可以完全电离出 0.1 mol/L H^+，此时计算溶液的 pH 值为 1。HAc 溶液为弱电解质，在水溶液中只能部分电离，0.1 mol/L HAc 溶液只有一小部分能发生电离，溶液中 H^+ 浓度小于 0.1 mol/L，溶液的 pH 值大于 1。

根据以上实验操作、现象记录及现象分析情况，进行任务评价。

序号	评价内容	评价要点	配分	评价标准	扣分	得分
1	实验准备	(1)实验预习； (2)玻璃仪器认领； (3)试剂认领	20	有一项不符合标准扣10分，扣完为止		
2	实验操作及记录	(1)量筒的使用； (2)pH试纸的使用； (3)胶头滴管的使用； (4)反应式的书写； (5)现象描述； (6)现象解释； (7)实验记录表格设计是否合理； (8)表格填写是否规范	60	有一项不符合标准扣6分，扣完为止		
3	安全文明操作	(1)实验台面整洁情况； (2)物品摆放； (3)玻璃仪器清洗放置情况； (4)安全操作情况	20	有一项不符合标准扣5分，扣完为止		
总分						

知识链接

化学平衡及化学平衡常数

微课：化学
平衡及特点

一、化学平衡

在自然界中，人们把反应分成了两类：一种是不可逆反应，即反应能进行到底的反应，此时反应物全部转化为生成物，如氢气和氧气燃烧生成水的反应；另一种是可逆反应，即在同一条件下可同时向正、逆两个方向进行的反应，如 $N_2 + 3H_2 \rightleftharpoons 2NH_3$，这个反应既可以向右进行生成氨气，也可以向左进行生成氮气和氢气。

化学平衡是指在一个封闭的反应体系中，正反应和逆反应进行得相对平衡，以至于反应物和生成物的浓度随时间保持不变的状态。在化学平衡的概念中，正反应是指原料转化为产品的反应，而逆反应是产品转化回原料的反应。用两个相反的箭头"$\rightleftharpoons$"表示可逆反应。

以 $N_2(g) + 3H_2(g) \rightleftharpoons 2NH_3(g)$ 为例，将一定量的 N_2 和 H_2 置于密闭容器内，在一定的温度下进行反应，每隔一段时间取样分析，发现反应物 N_2 和 H_2 的分压不断减小，而生成物 NH_3 的分压不断增大。若保持温度不变，待反应进行到一定时间后，混合气体中各组分的分压不再随时间而改变，维持恒定，此时即达到化学平衡状态。观察这一过程的反应速率，刚开始时，反应物的浓度（或气体分压力）最大，具有最大的正反应速率

（$v_正$），此时反应还没发生，生成物浓度（气体分压）为 0，逆反应速率（$v_逆=0$）。随着反应进行，反应物不断消耗，正反应速率随之减小。另外，生成物浓度或分压不断增大，逆反应速率逐渐增大，至某一时刻，$v_正=v_逆$（不等于 0），即单位时间内因正反应使反应物减少的量等于因逆反应使反应物增加的量。此时宏观上，各种物质的浓度或分压不再改变，达到平衡状态；但实际上，从微观角度上看反应并未停止，正、逆反应仍在进行，只是两者速率相等而已，故化学平衡是一种动态平衡，如图 3-4 所示。化学平衡是有条件的、相对的和可以改变的。平衡位置可以受多种条件的影响，包括浓度、压力、温度等，当条件发生改变时，平衡也会随之变化。

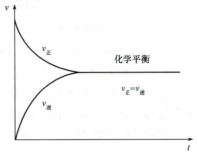

图 3-4　化学平衡状态下正反应和
逆反应的反应速率变化

二、化学平衡常数

1. 化学平衡常数

在研究化学平衡时，经常要考虑到的是反应的进行程度、反应物的转化程度等，这里就要引进一个新的概念——化学平衡常数。化学平衡常数（Equilibrium Constant）通常用 K 表示，是一个用于描述化学平衡状态的物理量。它量化了在特定温度下，可逆反应达到平衡时生成物和反应物浓度之间的关系。

对于一个一般的化学反应：

$$a\text{A}+b\text{B} \rightleftharpoons c\text{C}+d\text{D}$$

式中，A 和 B 是反应物，C 和 D 是生成物，a、b、c 和 d 是它们的化学计量数。在达到化学平衡时，该反应的平衡常数 K 定义为

$$K=\frac{[\text{C}]^c[\text{D}]^d}{[\text{A}]^a[\text{B}]^b} \tag{3-2}$$

式中，[A]、[B]、[C] 和 [D] 分别代表平衡时各物种的浓度，而 a、b、c 和 d 是平衡方程中各物种的化学计量数的指数次方。

化学平衡常数的特点如下：

（1）只与温度有关：对于在特定温度下的反应，K 是一个常数。温度改变时，K 的值会发生变化。

（2）衡量反应的自发性：K 的值可以提供反应自发进行方向的信息。如果 $K \gg 1$，表示生成物占优势，反应倾向于生成更多的生成物；如果 $K \ll 1$，表示反应物占优势，反应倾向于生成更多的反应物。

（3）动态平衡：即使反应达到平衡，正反应和逆反应仍在继续进行，只是它们的速率相同。

（4）与反应速率无关：K 与反应速率无关，它仅描述平衡状态，不涉及达到平衡所需的时间。

二、标准平衡常数

在标准状态下（即标准压力 $p^\ominus$，通常为 101.3 kPa，以及一个参考温度，通常为 298 K）的平衡常数称为标准平衡常数，用 $K^\ominus$ 表示。

对于同一个化学反应：

$$a\,A + b\,B \Longrightarrow c\,C + d\,D$$

书写标准平衡常数的表达式

$$K^{\ominus} = \frac{[[C]/c^{\ominus}]^c \cdot [[D]/c^{\ominus}]^d}{[[A]/c^{\ominus}]^a \cdot [[B]/c^{\ominus}]^b} \text{ 或 } K^{\ominus} = \frac{[p[C]/p^{\ominus}]^c \cdot [p[D]/p^{\ominus}]^d}{[p[A]/p^{\ominus}]^a \cdot [p[B]/p^{\ominus}]^b} \tag{3-3}$$

式中，$K^{\ominus}$ 为标准平衡常数，$c^{\ominus} = 1\ mol/L$，$p^{\ominus} = 100\ kPa$。

比较式(3-2)和式(3-3)，可以得到，化学平衡常数是有单位的，其单位取决于化学计量方程式中生成物和反应物的单位及相应的化学计量数。但在使用时，通常只给出数值，不标出单位。这样在有些情况中会造成误解，而且对于有气体存在的溶液中的反应，实验平衡常数的表达会带来不便，因此，引入标准平衡常数，消除了单位计算带来的麻烦，使化学平衡常数的比较更加直观简单。

三、平衡常数的书写

平衡常数是判定反应进行方向及程度的依据，具有非常重要的意义。在书写平衡常数时，需要注意以下几点：

(1)表达式中各组分的浓度或分压一定为平衡状态下的浓度或分压。

(2)化学平衡的规律不仅适用于气体反应，也适用于纯液体、固体参加的反应及在水溶液中进行的反应。反应中的固体、纯液体的浓度不需要出现在平衡常数表达式中。例如：

$$CaCO_3(s) \Longrightarrow CaO(s) + CO_2(g)$$

标准平衡常数表示为 $K^{\ominus} = p(CO_2)/p^{\ominus}$。

(3)在稀溶液中进行的反应，如有水参加，水的浓度不写入。但非水溶液中的反应，如果有水参加，则水的浓度必须写入。

例如，对于反应 $C_2H_5OH + CH_3COOH \Longrightarrow CH_3COOC_2H_5 + H_2O$，其标准平衡常数表达式为

$$K^{\ominus} = \frac{[[CH_3COOC_2H_5]/c^{\ominus}] \cdot [[H_2O]/c^{\ominus}]}{[[C_2H_5OH]/c^{\ominus}] \cdot [[CH_3COOH]/c^{\ominus}]}$$

对于反应 $Ac^- + H_2O \Longrightarrow HAc + OH^-$，其标准平衡常数的表达式为

$$K^{\ominus} = \frac{[[HAc]/c^{\ominus}] \cdot [[OH^-]/c^{\ominus}]}{[Ac^-]/c^{\ominus}}$$

(4)平衡常数表达式必须与计量方程式相对应，同一化学反应用不同计量方程式表达时，平衡常数的表达式不同，其数值也不同。例如：

$$2NO_2(g) \Longrightarrow 2NO(g) + O_2(g)$$

其标准平衡常数的表达式为

$$K_1^{\ominus} = \frac{[p(NO)/p^{\ominus}]^2 \cdot [p(O_2)/p^{\ominus}]}{[p(NO_2)/p^{\ominus}]^2}$$

如果将反应方程式书写为 $NO_2(g) \Longrightarrow NO(g) + \dfrac{1}{2}O_2(g)$，则标准平衡常数的表达式为

$$K_2^\ominus = \frac{[p(\mathrm{NO})/p^\ominus] \cdot [p(\mathrm{O_2})/p^\ominus]^{\frac{1}{2}}}{[p(\mathrm{NO_2})/p^\ominus]}$$

显然，$K_1^\ominus$ 与 $K_2^\ominus$ 的数值不同，但两者存在以下的关系：

$$K_1^\ominus = (K_2^\ominus)^2$$

请思考，$2\mathrm{NO}(g) + \mathrm{O_2}(g) \Longrightarrow 2\mathrm{NO_2}(g)$，此反应的标准平衡常数与 $K_1^\ominus$ 有什么关系。

【例 3-3】 请写出下列化学平衡中平衡常数 $K^\ominus$ 的表达式。

(1) $\mathrm{CH_4}(g) + 2\mathrm{O_2}(g) \Longrightarrow \mathrm{CO_2}(g) + 2\mathrm{H_2O}(g)$；

(2) $\mathrm{Al_2O_3}(s) + 3\mathrm{H_2}(g) \Longrightarrow 2\mathrm{Al}(s) + 3\mathrm{H_2O}(g)$；

(3) $\mathrm{NO}(g) + 1/2\mathrm{O_2}(g) \Longrightarrow \mathrm{NO_2}(g)$；

(4) $\mathrm{BaCO_3}(s) \Longrightarrow \mathrm{BaO}(s) + \mathrm{CO_2}(g)$。

解： (1) $K^\ominus = \dfrac{\left(\dfrac{p(\mathrm{CO_2})}{p^\ominus}\right) \cdot \left(\dfrac{p(\mathrm{H_2O})}{p^\ominus}\right)^2}{\left(\dfrac{p(\mathrm{CH_4})}{p^\ominus}\right) \cdot \left(\dfrac{p(\mathrm{O_2})}{p^\ominus}\right)^2}$。

(2) $K^\ominus = \dfrac{\left(\dfrac{p(\mathrm{H_2O})}{p^\ominus}\right)^3}{\left(\dfrac{p(\mathrm{H_2})}{p^\ominus}\right)^3}$。

(3) $K^\ominus = \dfrac{\left(\dfrac{p(\mathrm{NO_2})}{p^\ominus}\right)}{\left(\dfrac{p(\mathrm{NO})}{p^\ominus}\right) \cdot \left(\dfrac{p(\mathrm{O_2})}{p^\ominus}\right)^{\frac{1}{2}}}$。

(4) $K^\ominus = \dfrac{p(\mathrm{CO_2})}{p^\ominus}$。

四、平衡常数的意义

1. 判断反应的完成程度

平衡常数可以用来判断反应进行的程度，是一个特征常数。对于同类反应而言，$K^\ominus$ 值越大，反应朝正方向进行的程度就越大，反应就进行得越完全。

2. 判断反应进行的方向

在此要引入反应商的概念，即在一定温度下对于任一可逆反应（包括平衡状态和非平衡状态），将其各物质的浓度或者分压按平衡常数的表达式进行计算，即得到反应商。对于溶液中的反应：

$$a\mathrm{A} + b\mathrm{B} \Longrightarrow c\mathrm{C} + d\mathrm{D}$$

反应商

$$Q = \frac{[c[\mathrm{C}]/c^\ominus]^c \cdot [c[\mathrm{D}]/c^\ominus]^d}{[c[\mathrm{A}]/c^\ominus]^a \cdot [c[\mathrm{B}]/c^\ominus]^b} \tag{3-4}$$

请思考：反应商和标准平衡常数不一样的地方在哪里？

当 $Q < K^\ominus$ 时，说明生成物的浓度小于平衡浓度，反应处于非平衡状态，反应将正向

进行，以得到更多的生成物，此时生成物浓度增加，Q 值增大，直到 $Q=K^\ominus$ 反应达到平衡状态；当 $Q>K^\ominus$ 时，生成物将转化为反应物，即反应逆向进行生成物浓度减小，Q 值减小，直至 Q 值与 $K^\ominus$ 相等，此时反应达到平衡状态。

这就是化学反应进行方向的判断依据。平衡状态是反应最稳定的状态，无论浓度商比 $K^\ominus$ 大还是小，反应进行的方向都是向着平衡状态的方向进行。

3. 计算平衡转化率

在实际工作中，反应的完成程度常用平衡转化率表示。平衡转化率简称为转化率，它是指反应达到平衡时，反应物转化为生成物的百分率，以 α 来表示。

$$\alpha = \frac{\text{反应物已转化的量}}{\text{反应物未转化前的总量}} \times 100\% \tag{3-5}$$

转化率越大，表示反应向右进行的程度越大。通常由平衡常数来计算各物质的转化率。平衡常数和转化率虽然都能表示反应进行的程度。两者的区别在于平衡常数与系统的起始状态无关，只与反应温度有关，转化率除与反应温度有关外还与系统起始状态有关，并须指明是哪种反应物的转化率，反应物不同，转化率的数值往往也不同。

请思考：是否平衡常数越大，平衡转化率也越大？

【例 3-4】 对于反应 $CO(g) + H_2O(g) \rightleftharpoons CO_2(g) + H_2(g)$，若要提高 CO 的转化率，则可以采用（　　）。

A. 增加 CO 的量　　　　　　　　　　　　B. 增加 $H_2O(g)$ 的量

C. 两种方法都可以　　　　　　　　　　　D. 两种方法都不可以

解：答案为 B。

任务三　探究化学平衡的移动

任务描述

李明同学在实验室探究化学平衡的移动，他准备了 1 个小烧杯和 3 支试管，在小烧杯中加入 10 mL 蒸馏水，再滴入 5 滴 0.05 mol/L $FeCl_3$ 溶液、5 滴 0.15 mol/L KSCN 溶液，用玻璃棒搅拌，使其充分混合，将混合均匀的溶液平均注入①、②、③3 支试管中。

（1）向试管①中滴入 5 滴 0.05 mol/L $FeCl_3$ 溶液，向试管②中滴入 5 滴 0.15 mol/L KSCN 溶液，与试管③进行对比，观察并记录实验现象。

（2）继续向上述两支试管中分别加入少量铁粉，观察并记录实验现象。

李明惊奇地发现在第（1）步中，与试管③的原始颜色相比，试管①和试管②的颜色都变深了；在第（2）步中，加入铁粉后，试管①和试管②的颜色都变浅了。

李明同学在实验完成后提出下述疑问：

（1）为什么加入不同的物质，溶液的颜色会发生变化？

（2）还有没有其他因素会影响到反应的进行？

任务解析

完成本次任务需要具备以下知识：

(1)化学平衡的概念；

(2)基本实验操作技能。

任务实施

1. 实验器材

小烧杯、大烧杯、量筒、试管、试管架、玻璃棒、胶头滴管、酒精灯、火柴、两个封装有 NO_2 和 N_2O_4 混合气体的圆底烧瓶。

2. 实验药品

铁粉、0.05 mol/L $FeCl_3$ 溶液、0.15 mol/L KSCN 溶液、热水、冰块、蒸馏水。

3. 组织形式

两人一组，在教师指导下，根据实验步骤完成实验。

4. 注意事项

(1)仔细观察实验现象，认真分析现象产生原因。

(2)液体药品和固体药品的取用，注意操作规范。

5. 实验步骤

(1)探究浓度对化学平衡的影响。

1)在小烧杯中加入 10 mL 蒸馏水，再滴入 5 滴 0.05 mol/L $FeCl_3$ 溶液、5 滴 0.15 mol/L KSCN 溶液，用玻璃棒搅拌，使其充分混合，将混合均匀的溶液平均注入①、②、③3 支试管。

2)向试管①中滴入 5 滴 0.05 mol/L $FeCl_3$ 溶液，向试管②中滴入 5 滴 0.15 mol/L KSCN 溶液，与试管③进行对比，观察并记录实验现象。

3)继续向上述两支试管中分别加入少量铁粉，观察并记录实验现象。

试解释上面的实验结果。

(2)探究温度对化学平衡的影响。取两个封装有 NO_2 和 N_2O_4 混合气体的圆底烧瓶（编号分别为 1 和 2），将它们分别浸在盛有热水、冷水的大烧杯中，比较两个烧瓶里气体的颜色。将两个烧瓶互换位置，稍等片刻，再比较两个烧瓶里气体的颜色。

观察并记录实验现象，试解释上面的实验结果。

实验内容详解

1. 探究浓度对化学平衡的影响

在烧杯中加入 10 mL 蒸馏水，再滴入 5 滴 0.05 mol/L $FeCl_3$ 溶液、5 滴 0.15 mol/L KSCN 溶液后，溶液中出现如下平衡：$Fe^{3+} + 3SCN^- \rightleftharpoons Fe(SCN)_3$，产物为血红色的络合物。

(1)当加入 $FeCl_3$ 溶液或 KSCN 溶液时，都是增加了此平衡的反应物，使平衡正向移动，产物浓度增加，则颜色变深。

(2)当加入铁粉时，$2Fe^{3+} + Fe = 3Fe^{2+}$，$c(Fe^{3+})$ 减小，反应物浓度减小，使平衡逆向

移动，红色变浅

2. 探究温度对化学平衡的影响

化学反应总是伴随着热量的变化，温度使化学平衡正向移动还是逆向移动取决于该反应是吸热反应还是放热反应。在实验中，可以观察到烧瓶置于热水中时，红棕色加深，置于冷水中时，红棕色变浅。平衡方程式为 $2NO_2 \rightleftharpoons N_2O_4$，该反应为放热反应，其他条件不变时，降低温度，平衡正向移动；升高温度，平衡逆向移动。

任务评价

根据以上实验操作、现象记录及现象分析情况，进行任务评价。

序号	评价内容	评价要点	配分	评价标准	扣分	得分
1	实验准备	(1)实验预习； (2)玻璃仪器认领； (3)试剂认领	20	有一项不符合标准扣10分，扣完为止		
2	实验操作及记录	(1)量筒的使用； (2)胶头滴管的使用； (3)反应式的书写； (4)现象描述； (5)现象解释； (6)实验记录表格设计是否合理； (7)表格填写是否规范	60	有一项不符合标准扣9分，扣完为止		
3	安全文明操作	(1)实验台面整洁情况； (2)物品摆放； (3)玻璃仪器清洗放置情况； (4)安全操作情况	20	有一项不符合标准扣5分，扣完为止		
总分						

知识链接

化学平衡的影响因素

化学平衡是一种动态平衡，它是相对的、暂时的、有条件的平衡。一旦外界条件(如浓度、压力和温度等)发生改变时，化学平衡就会被破坏，可逆反应从暂时的平衡变为不平衡，反应物和生成物的浓度发生变化，直到在新条件下建立新的平衡为止。在新的平衡状态下，体系中各物质的浓度与原平衡时各物质的浓度不再相同，这就是发生了化学平衡的移动：由于外在条件的变化，使可逆反应从一种平衡状态向另一种平衡状态转变的过程。

一、浓度对化学平衡的影响

下面以合成氨的反应来讨论浓度对化学平衡的影响。这个反应在一定温度下达到平衡：

$$N_2(g) + 3H_2(g) \rightleftharpoons 2NH_3(g)$$

此时
$$Q = \frac{[c(NH_3)/c^\ominus]^2}{[c(N_2)/c^\ominus] \cdot [c(H_2)/c^\ominus]^3} = K^\ominus（平衡状态）$$

当增加反应物的浓度（N_2 或 H_2 的浓度）时，分母增大，使 Q 值减小，此时 $Q < K^\ominus$，体系不再处于平衡状态，根据反应商依据，反应正向进行，即平衡向右移动，消耗反应物使反应物浓度减小，Q 值增大，直到 $Q = K^\ominus$，反应重新达到平衡状态；当增大生成物的浓度（NH_3 的浓度）时，分子增大，使 Q 值增大，此时 $Q > K^\ominus$，体系不再处于平衡状态，反应需逆向进行，消耗生成物即 NH_3 的浓度，Q 值下降，直到 $Q = K^\ominus$，反应重新达到平衡状态。

浓度对化学平衡的影响可以理解：对于任一可逆反应，其他条件不变时，增加反应物浓度或减小生成物浓度，化学平衡向正反应方向移动，增加生成物的浓度或减小反应物的浓度，化学平衡向逆反应方向移动。

二、压力对化学平衡的影响

压力一般影响有气体参加的反应，但对液态或固态反应的平衡影响很小，因此，在此主要讨论有气体参与的反应。

对于可逆反应 $aA(g) + bB(g) \rightleftharpoons yY(g) + zZ(g)$，在一密闭容器中达到平衡，维持温度恒定，如果将系统的体积缩小至原来的 $1/n$，则压力为原来的 n 倍。这时，各气体的分压力也分别增加至原来的 n 倍，此时反应商为

$$Q = \frac{[n \times p(Y)/p^\ominus]^y \cdot [n \times p(Z)/p^\ominus]^z}{[n \times p(A)/p^\ominus]^a \cdot [n \times p(B)/p^\ominus]^b} = \frac{[p(Y)/p^\ominus]^y \cdot [p(Z)/p^\ominus]^z}{[p(A)/p^\ominus]^a \cdot [p(B)/p^\ominus]^b} \cdot n^{(y+z)-(a+b)}$$

$$= K^\ominus \cdot n^{(y+z)-(a+b)}$$

$$\Delta v = n^{(y+z)-(a+b)}$$

(1)当 $\Delta v > 0$ 时，即生成物分子总数大于反应物分子总数时，$Q > K^\ominus$，平衡向左移动。例如，反应 $N_2O_4(g) \rightleftharpoons 2NO_2(g)$，增大压力，平衡向左移动，$NO_2$ 转化为 N_2O_4，体系颜色变浅。

(2)当 $\Delta v < 0$ 时，即生成物分子总数小于反应物分子总数时，$Q < K^\ominus$，平衡向右移动。例如，反应 $N_2(g) + 3H_2(g) \rightleftharpoons 2NH_3(g)$，增大压力，平衡向右移动，有利于 NH_3 的生成。

(3)当 $\Delta v = 0$ 时，即生成物分子总数等于反应物分子总数时，$Q = K^\ominus$，平衡不发生变化。例如，反应 $CO_2(g) + H_2(g) \rightleftharpoons CO(g) + H_2O(g)$，改变压力对平衡没有影响。

上述讨论可以得出以下结论：

(1)压力变化只对反应前后气体分子总数有变化的反应平衡系统有影响。

(2)在恒温下增大压力，平衡向气体分子总数减少的方向移动；减小压力，平衡向气体分子总数增加的方向移动。

(3)需要指出，在恒温条件下向一平衡系统加入不参与反应的其他气态物质(如稀有气体)：

1)若体积不变，但系统的总压增加，这种情况下无论 $\Delta v < 0$、$\Delta v > 0$ 还是 $\Delta v = 0$，平衡都不移动。因为平衡系统的总压虽然增加，但各物质的分压并无改变，Q 和 $K^{\ominus}$ 仍相等，平衡状态不变。

2)若总压维持不变，则系统体积增大(相当于系统原来的压力减小)，此时若 $\Delta v \neq 0$，则 $Q \neq K^{\ominus}$，平衡将移动。平衡移动情况与前述压力减小引起的平衡变化一样。

三、温度对化学平衡的影响

温度对化学平衡的影响与前两者不同，浓度和压力主要使反应商 Q 值改变而打破原本的化学平衡状态，而温度改变的是标准平衡常数本身，从而导致平衡的移动。

化学反应总是伴随着热量的变化，若正反应放热，则逆反应必是吸热。当可逆反应在某一温度下达平衡后，如果升高温度，正、逆反应速率都会增加，但是增加的程度不同。继续升高温度时，吸热反应速度增加得快；放热反应速度增加得慢，总结果是平衡向吸热反应方向移动。反之，降低温度，平衡向放热反应方向移动。

对于反应

$$2NO_2(g) \Longleftrightarrow N_2O_4(g) + Heat$$

此反应为放热反应，且 NO_2 是红棕色，N_2O_4 是无色。当反应在一定温度下达到平衡状态时，此时 NO_2 和 N_2O_4 浓度呈现动态平衡状态。如果我们对体系进行升温，可以发现颜色变深，即反应发生了逆向移动；反之，如果对体系进行降温，发现颜色变浅，反应正向移动。

四、催化剂对化学平衡的影响

催化剂只影响化学反应速率，它既能加快正反应进行的速率，也能加快逆反应进行的速率，并且正、逆反应速率加快的程度是一样的，它可以缩短达到平衡的时间，但是不会使化学平衡发生移动。

亨利·勒夏特列
与勒夏特列原理

【科学人物：催化科学的先驱者——张大煜】

张大煜是我国著名物理化学家、催化科学的先驱者之一，同时也是中国科学院大连化学物理研究所(以下简称大连化物所)的创始人之一。张大煜的一生充满坎坷与抉择。时代的动荡、家境的贫寒、创业的艰辛从未动摇他"工业兴国""科技救国"的伟大理想。他创办工厂、建设研究所、招贤纳才，坚定不移地前行源自他从不曾改变的爱国情怀。他对我国科研事业的发展做出了卓越贡献，为大连化物所的发展铸就了坚实根基。

在前面提到的合成氨历史中，张大煜在 1964 年承担了合成氨原料气净化新流程 3 个催化剂攻关任务，并担任组长。他利用自己在催化科学领域的深厚积累，带领团队进行科研攻关。经过不到一年的努力，成功研制出了 3 个高效催化剂。这些催化剂在工业上迅速得到推广应用，显著提升了合成氨的生产效率。1966 年 6 月，石家庄化肥厂合成氨厂采用新流程和新研制的催化剂投产成功，这标志着中国合成氨工业技术水平的飞跃，从 20 世纪 40 年代的水平提高到 60 年代的水平。

从最初的大连大学科学研究所，到大连化物所，几次更名的背后，都关系到国家建设中若干重大科研问题，也总会出现张大煜的身影。他根据国际前沿学科的发展趋势，及时调整研究所的研究方向和学科布局，科学制订出更高的发展目标，并带动了催化和色谱两门学科的发展，填补了当时中国化学研究的空白。

【思维导图——知识点归纳】

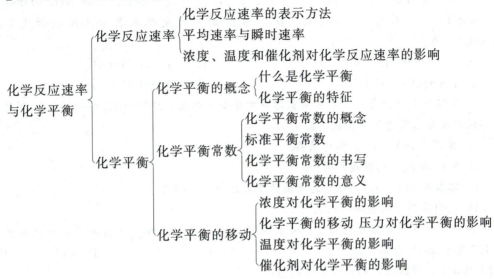

练一练

一、填空题

1. 设反应 $C+CO_2 \Longrightarrow 2CO$（正反应吸热）反应速率为 v_1，$N_2+3H_2 \Longrightarrow 2NH_3$（正反应放热），反应速率为 v_2。对于上述反应，当温度升高时，v_1、v_2 的变化情况为 _____。

2. 将 NO、CO、N_2 和 CO_2 四种气体置于一容器内，发生如下反应：

$$NO(g)+CO(g) \Longrightarrow \frac{1}{2}N_2(g)+CO_2(g)$$

反应达到平衡后，如按下列各项改变条件，则其他条件不变的情况下，所指项目将有何变化？

(1)增大容器体积，$n(CO_2)$ _____，$K^{\ominus}$ _____，$p(NO)$ _____。

(2)加入惰性气体（总压不变），$n(N_2)$ _____。

(3)加入氮气，$n(CO_2)$ _____，$n(NO)$ _____。

(4)加入催化剂，$n(N_2)$ _____。

3. 可逆反应 $O_2(g)+2H_2(g) \Longrightarrow 2H_2O(g)$，在某温度下标准平衡常数为 $K_1^{\ominus}$，若将反应式改写成为 $2O_2(g)+4H_2(g) \Longrightarrow 2H_2O(g)$，则其标准平衡常数 $K_2^{\ominus}$ 为 _____（用 $K_1^{\ominus}$）表示。

4. 可逆反应 $X(g) \Longrightarrow Y(g)+Z(g)$，$\Delta H<0$，为了有利于 Z 的生成，应采用的反应条件是 _____。

5. 请写出反应 $S(s)+O_2(g) \Longrightarrow 2SO_2(g)$ 的标准平衡常数表达式 $K^{\ominus}$ _____。

二、选择题

1. 在一密闭容器内发生氨分解反应：$2NH_3 \rightleftharpoons N_2 + 3H_2$。已知 NH_3 起始浓度是 2.6 mol/L，4 s 末为 1.0 mol/L，若用 NH_3 的浓度变化来表示此反应的速率，则 $v(NH_3)$ 应为（　　）。

A. 0.04 mol/(L·s) 　　　　　　　　B. 0.4 mol/(L·s)

C. 1.6 mol/(L·s) 　　　　　　　　D. 0.8 mol/(L·s)

2. 在温度不变的条件下，密闭容器中发生如下反应：$2SO_2 + O_2 \rightleftharpoons 2SO_3$，下列叙述能够说明反应已经达到平衡状态的是（　　）。

A. 容器中 SO_2、O_2、SO_3 共存

B. SO_2 与 SO_3 的浓度相等

C. 容器中 SO_2、O_2、SO_3 的物质的量之比为 2∶1∶2

D. 反应容器中压强不随时间变化

3. 一定温度下，浓度均为 1 mol/L 的 A_2 和 B_2 两种气体，在密闭容器内反应生成气体 C，反应达平衡后，测得：$c(A_2) = 0.58$ mol/L，$c(B_2) = 0.16$ mol/L，$c(C) = 0.84$ mol/L，则该反应的正确表达式为（　　）。

A. $2A_2 + B_2 \rightleftharpoons 2A_2B$ 　　　　　B. $A_2 + B_2 \rightleftharpoons 2AB$

C. $A_2 + B_2 \rightleftharpoons A_2B_2$ 　　　　　D. $A_2 + 2B_2 \rightleftharpoons 2AB_2$

4. 正逆反应的标准平衡常数之间的关系是（　　）。

A. $K_正^\ominus = K_逆^\ominus$ 　　　　　　　　B. $K_正^\ominus \times K_逆^\ominus = 1$

C. 没有关系 　　　　　　　　　D. $K_正^\ominus$ 增大，$K_逆^\ominus$ 也增大

5. 对于某反应，在一定温度下的转化率为 33.9%，若加入催化剂，则该反应的转化率为（　　）。

A. 大于 33.9% 　　　　　　　　B. 小于 33.9%

C. 不变 　　　　　　　　　　　D. 无法判断

6. 下列反应的平衡常数可以用 $K^\ominus = 1/p'(H_2)$ 表示的是（　　）。

A. $H_2(g) + S(g) \rightleftharpoons H_2S(g)$ 　　　　B. $H_2(g) + S(s) \rightleftharpoons H_2S(g)$

C. $H_2(g) + S(s) \rightleftharpoons H_2S(l)$ 　　　　D. $H_2(l) + S(s) \rightleftharpoons H_2S(l)$

7. 对于反应 $CO(g) + H_2O(g) \rightleftharpoons CO_2(g) + H_2(g)$，若要提高 CO 的转化率则可以采用（　　）。

A. 增加 CO 的量 　　　　　　　B. 增加 $H_2O(g)$ 的量

C. 两种方法都可以 　　　　　　D. 两种方法都不可以

8. 下列改变能使任何反应达到平衡时的产物增加的是（　　）。

A. 升高温度 　　　　　　　　　B. 增加起始反应物浓度

C. 加入催化剂 　　　　　　　　D. 增加压力

9. 反应 $NO(g) + CO(g) \rightleftharpoons \dfrac{1}{2}N_2(g) + CO_2(g)$，$\Delta_r H_m^\ominus = -427$ kJ/mol，下列条件有利于使 NO 和 CO 取得较高的转化率的是（　　）。

A. 低温、高压 　　　　　　　　B. 高温、高压

C. 低温、低压   D. 高温、低压

10. 已知有下列反应的标准平衡常数：

$H_2(g) + S(s) \rightleftharpoons H_2S(g)$ $K_1^{\ominus}$

$S(s) + O_2(g) \rightleftharpoons SO_2(g)$ $K_2^{\ominus}$

则反应 $H_2(g) + SO_2(g) \rightleftharpoons O_2(g) + H_2S(g)$ 的标准平衡常数为（   ）。

A. $K_1^{\ominus} + K_2^{\ominus}$ B. $K_1^{\ominus} - K_2^{\ominus}$

C. $K_1^{\ominus} \cdot K_2^{\ominus}$ D. $K_1^{\ominus} / K_2^{\ominus}$

三、判断题

1. 对于一个正向为放热的反应来说，若升高温度，则正向反应速率必然增加，而逆向反应速率必然减小。   （   ）

2. 催化剂在缩短反应到达平衡的时间也能改变平衡状态。   （   ）

3. 反应 $NO(g) + CO(g) \rightleftharpoons \frac{1}{2}N_2(g) + CO_2(g)$，达到平衡时，各反应物和生成物的分压一定相等。   （   ）

4. 反应 $CaCO_3(s) \rightleftharpoons CaO(s) + CO_2(g)$，在一定条件下达到平衡后，若增加碳酸钙的质量，则平衡向正反应方向移动。   （   ）

5. 可使任何反应达到平衡时增加产率的措施是增加反应物浓度。   （   ）

四、问答题

1. 欲使下列平衡向正反应方向移动可采取哪些措施？并考虑其对 $K^{\ominus}$ 有何影响。

(1) $CO_2(g) + C(s) \rightleftharpoons 2CO(g) - Heat$

(2) $CO_2(g) + H_2(g) \rightleftharpoons CO(g) + H_2O(g) - Heat$

(3) $N_2(g) + 3H_2(g) \rightleftharpoons 2NH_3(g) + Heat$

(4) $CaCO_3(s) \rightleftharpoons CaO(s) + CO_2(g) - Heat$

2. 请简述化学平衡的特征。

五、计算题

1. 反应 $CH_3COOH + C_2H_5OH \rightleftharpoons CH_3COOC_2H_5 + H_2O$，在室温下达到平衡，平衡时的 $K^{\ominus} = 4$。若起始时乙酸和乙醇的浓度相等，平衡时乙酸乙酯的浓度是 0.4 mol/L，求平衡时乙醇的浓度。

2. SO_2 转化为 SO_3 的反应为 $2SO_2(g) + O_2(g) \rightleftharpoons 2SO_3(g)$。在 630 ℃和 101.3 kPa 下，将 1.000 mol SO_2 和 1.000 mol O_2 的混合物缓慢通过 V_2O_5，达平衡后测得剩余的 O_2 为 0.615 mol。试求在该温度下反应的平衡常数 $K^{\ominus}$。

3. 已知反应 $CaCO_3(s) \rightleftharpoons CaO(s) + CO_2(g)$ 在 700 ℃时 $K^{\ominus} = 2.92 \times 10^{-2}$，在 900 ℃时 $K^{\ominus} = 1.05$。问：上述反应是吸热反应还是放热反应？在 700 ℃和 900 ℃时，CO_2 的分压分别为多少？

参考答案

项目四　探究电解质——
电解质溶液和离子平衡

项目导入

生活小常识——碳酸饮料与健康

碳酸饮料大多颜色艳丽、口感清爽，碳酸饮料最大的特点是饮料中含有"碳酸气"，因而赋予饮料特殊的风味，以及不可替代的夏季消暑解渴功能。但是碳酸饮料不含维生素，也不含矿物质，其主要成分为糖、色素、香料及碳酸水等，除热量外，营养成分很少。碳酸饮料在一定程度上会影响人们的健康，主要的表现如下：

1. 对骨骼的影响，磷酸导致骨质疏松

碳酸饮料的成分大部分含有磷酸，这种磷酸会潜移默化地影响骨骼，常喝碳酸饮料，骨骼健康就会受到威胁。因为人体对各种元素都是有要求的，大量磷酸的摄入会影响钙的吸收，引起钙、磷比例失调。一旦钙缺失，对于处在生长过程中的少年儿童身体发育损害非常大。缺钙无疑意味着骨骼发育缓慢、骨质疏松。有资料显示，经常大量喝碳酸饮料的青少年发生骨折的危险是其他青少年的 3 倍。

有研究显示，长期大量饮用碳酸饮料，特别是奶及奶制品摄入不足，非常容易引发骨质疏松。这主要是由于大部分碳酸饮料都含有磷酸。大量磷酸的摄入会影响钙的吸收，引起钙、磷比例失调，从而影响骨骼和牙齿。由于孕妇在怀孕期间容易缺钙，所以也应该尽量少喝碳酸饮料。

2. 对人体免疫力的影响

营养学家认为，健康的人体血液应该呈碱性，而且目前饮料中添加碳酸、乳酸、柠檬酸等酸性物质较多，又由于近年来人们摄入的肉、鱼、禽等动物性食物比重越来越大，许多人的血液呈酸性，如再摄入较多的酸性物质，使血液长期处于酸性状态，不利于血液循环，人容易疲劳，免疫力下降，各种致病的微生物乘虚而入，人容易感染各种疾病。

3. 对消化功能的影响

碳酸饮料喝得太多对人的肠胃是没有好处的，而且会影响消化。因为大量的二氧化碳在抑制饮料中细菌的同时，对人体内的有益菌也会产生抑制作用，所以消化系统就会受到破坏。特别是年轻人，一下子喝得太多，释放出的二氧化碳很容易引起腹胀，影响食欲，甚至造成肠胃功能紊乱。

4. 对牙齿的影响

英国科学家发现，碳酸饮料是腐蚀青少年牙齿的重要原因之一。研究报告称，常喝碳酸饮料会令 12 岁青少年齿质腐损的概率增加 59%，令 14 岁青少年齿质腐损的概率增加

220％。如果每天喝 4 杯以上的碳酸饮料，这两个年龄段孩子齿质腐损的可能性将分别增加 252％和 513％。在接受调查的 1 000 名青少年中，12 岁孩子饮用碳酸饮料的比例为 76％，14 岁孩子为 92％。而在所有年龄段的被调查者中，有 40％的人每天喝 3 杯以上的碳酸饮料。

学习目标

知识目标

1. 理解强电解质、弱电解质的概念。
2. 掌握水的解离平衡及溶液 pH 值的计算。
3. 掌握一元弱酸、弱碱的解离平衡及有关计算，了解多元弱酸的解离平衡。
4. 掌握同离子效应的概念和应用。
5. 了解沉淀—溶解平衡的有关规律。
6. 掌握溶度积规则及有关计算。
7. 理解沉淀生成、分步沉淀和沉淀的溶解规律。

能力目标

1. 会表示溶液的酸碱性。
2. 能应用水的解离平衡和水的离子积常数。
3. 会计算一元弱酸、一元弱碱、缓冲溶液及某些盐溶液的 pH 值。
4. 能应用同离子效应解释化学反应规律。
5. 会进行溶度积和溶解度之间的换算。
6. 能运用溶度积规则判断沉淀的生成或溶解。

素养目标

1. 能够进行较好的沟通交流。
2. 有团队合作精神。
3. 有良好的职业道德素养。
4. 可独立或合作学习与工作。

任务一　同离子效应验证

任务描述

李明同学在学习弱电解质的相关知识时，感觉仅看书有点无法理解同离子效应，于是想通过实验探索下列问题：

(1)什么是同离子效应？

(2)同离子效应对弱电解质电离平衡有何种影响？

完成本次任务需要具备以下知识：

(1)掌握电离平衡；

(2)掌握同离子效应；

(3)基本实验操作技能。

任务实施

1. 实验器材

量筒(100 mL)、烧杯(250 mL)、试管、电子秤(带称量纸)、药匙、玻璃棒、一次性塑料滴管、精密 pH 试纸若干。

2. 实验药品

醋酸、醋酸钠、十二水磷酸氢二钠、0.1 mol/L 盐酸、0.5 g/L 甲基橙、10 g/L 的酚酞。

3. 组织形式

两人一组，在教师指导下根据实验步骤完成实验。

4. 注意事项

(1)仔细观察实验现象，认真分析现象产生原因。

(2)试剂取用，注意规范操作。

5. 实验步骤

(1)醋酸＋甲基橙的颜色变化现象。

1)配制 0.1 mol/L 的醋酸溶液。在通风橱里，用电子秤称取约 0.6 g(0.01 mol)醋酸，放置于干净、干燥的烧杯中，然后用量筒量取 100 mL 的纯水加入烧杯中，用玻璃棒搅拌至混合均匀，写好标签待用。

2)配制 0.1 mol/L 的醋酸钠溶液。用电子秤称取约 0.82 g(0.01 mol)醋酸钠，放置于干净、干燥的烧杯中，然后用量筒量取 100 mL 的纯水加入烧杯，用玻璃棒搅拌至固体完全溶解，写好标签待用。

3)取一支试管，加入 8～10 mL 醋酸溶液，再滴加 2～3 滴甲基橙溶液，观察此时溶液颜色。然后用塑料滴管吸取 0.1 mol/L 的醋酸钠溶液，缓慢滴加入上述醋酸溶液，边滴边观察溶液颜色的变化。

(2)磷酸氢二钠＋酚酞的颜色变化现象。

1)配制 0.1 mol/L 的磷酸氢二钠溶液。用电子秤称取约 13.825 g(0.1 mol)十二水磷酸氢二钠($Na_2HPO_4 \cdot 12H_2O$)，放置于干净、干燥的烧杯中，然后加入 100 mL 的纯水，用玻璃棒搅拌至固体完全溶解，贴好标签待用。

2)取一支试管，加入 8～10 mL 磷酸氢二钠溶液，再滴加 2～3 滴酚酞溶液，观察此时溶液颜色。然后用塑料滴管吸取 0.1 mol/L 的盐酸溶液，缓慢滴加入上述磷酸氢二钠溶液，边滴边观察溶液颜色的变化。

两种含有相同离子的盐(或酸、碱)溶于水时，它们的溶解度都会降低，这种现象叫作同离子效应。在酸碱平衡和沉淀溶解平衡中都存在同离子效应。如醋酸在溶液中存在电离平衡：

$$HAc \rightleftharpoons H^+ + Ac^- \tag{4-1}$$

向醋酸溶液中滴加甲基橙溶液时，溶液会显示红色。当向醋酸溶液中加入醋酸钠时，式(4-1)中的电离平衡会向左移动，这导致溶液中 H^+ 的减少，酸性减弱。此时溶液的红色会减弱，甚至消失。

同样地，磷酸氢二钠中存在电离平衡：

$$Na_2HPO_4 \rightleftharpoons 2Na^+ + HPO_4^{2-} \tag{4-2}$$

$$H_2O \rightleftharpoons H^+ + OH^- \tag{4-3}$$

$$HPO_4^{2-} + H^+ \rightleftharpoons H_2PO_4^- \tag{4-4}$$

由磷酸氢二钠的电离平衡可以看出，磷酸氢二钠溶液呈现碱性，因此，向磷酸氢二钠溶液中加入 2～3 滴酚酞溶液时，溶液呈现粉红色。当向磷酸氢二钠中加入盐酸时，式(4-3)中的电离平衡会向左移动，这导致溶液中 OH^- 的减少，碱性减弱。此时，溶液的红色会减弱，甚至消失。

■ 任务评价

根据以上实验操作、现象记录及现象分析情况，进行任务评价。

序号	评价内容	评价要点	配分	评价标准	扣分	得分
1	实验准备	(1)实验预习； (2)玻璃仪器认领； (3)试剂认领	20	有一项不符合标准扣 10 分，扣完为止		
2	实验操作及记录	(1)电子秤的使用； (2)胶头滴管的使用； (3)试剂取用是否规范； (4)实验现象记录是否规范； (5)实验是否按步骤操作； (6)表格填写是否规范	60	有一项不符合标准扣 10 分，扣完为止		
3	安全文明操作	(1)实验台面整洁情况； (2)物品摆放； (3)玻璃仪器清洗放置情况； (4)安全操作情况	20	有一项不符合标准扣 5 分，扣完为止		
总分						

电解质溶液和离子平衡

一、电解质溶液

按物质在溶解或熔融状态下能否导电，物质分为电解质和非电解质。在溶解或熔融状态下，能够导电的化合物叫作电解质；而在溶解和熔融状态下，不能够导电的化合物叫作非电解质。

在水溶液中能够全部解离成离子、导电能力强的电解质称为强电解质，通常它们是具有强极性键或典型离子键的化合物，如强酸（HCl、HNO_3 等）、强碱（NaOH、KOH 等）和大多数盐类（KCl、Na_2SO_4 等）。在水溶液中只一部分解离、导电能力弱的电解质称为弱电解质，它们是一些弱极性键化合物，如醋酸（HAc）、氢氰酸（HCN）、氨水（$NH_3 \cdot H_2O$）等。强电解质与弱电解质的区分不是由物质的溶解度决定的，而是取决于物质溶解部分的解离情况。

电解质的强弱与溶解度大小无关，有的盐类（如 $BaSO_4$）在水溶液中难溶解，但溶于水的那部分能完全解离，也是强电解质。而醋酸绝大部分可溶于水中，但它只能部分解离，是弱电解质。因此，不要把物质的溶解度大小与电解质的强弱相混淆。

二维动画：强电解质的解离过程

二维动画：酸碱中和的微观过程

二、弱电解质的解离

1. 水的解离平衡及其离子积

水是一种极弱的电解质（有微弱的导电性），绝大部分以水分子的形式存在，仅能解离出极少量的 H^+ 和 OH^-。水的解离平衡可表示为

$$H_2O \Longleftrightarrow H^+ + OH^-$$

其标准平衡常数：

$$K^\ominus = \frac{[c(H^+)/c^\ominus][c(OH^-)/c^\ominus]}{c(H_2O)/c^\ominus} = \frac{c'(H^+) \cdot c'(OH^-)}{c'(H_2O)}$$

需指出，式中 c' 为系统中物种的浓度 c 与标准浓度 $c^\ominus$ 的比值，即 $c'(A) = c(A)/c^\ominus$，由于 $c^\ominus = 1$ mol/L，故 c 和 c' 数值完全相同，只是量纲不同，c 的单位为 mol/L，c' 为量纲 1 的量，或者说 c' 只是一个数值。因此 $K^\ominus$ 也是量纲为 1 的量。以后关于其他平衡常数的表示将经常使用这类表示方法。请注意 c' 和 c 的异同。

$$c'(H^+) \cdot c'(OH^-) = K^\ominus \cdot c'(H_2O) = K_w^\ominus$$

$K_w^\ominus$ 叫作水的离子积常数。它表明在一定温度下，水的解离达到平衡状态时，水中

的 $c'(H^+)$ 和 $c'(OH^-)$ 浓度的乘积为一常数。此关系式也适用于任何水溶液体系。

水的离子积常数和其他平衡常数一样，与浓度无关，与温度有关。因为水的解离过程是吸热的（$\Delta H = 5.84 \text{ kJ/mol}$），所以当温度升高时，$c'(H^+)$、$c'(OH^-)$ 的乘积增大，$K_w^\ominus$ 值也增大（表 4-1）。

在 25 ℃ 时，$K_w^\ominus = 1.00 \times 10^{-14}$，1 L 水中仅有 1.00×10^{-7} mol 的水发生了解离。

表 4-1　不同温度下水的离子积常数

$t/$ ℃	0	10	20	25	40	50	90	100
$K_w^\ominus/10^{-14}$	0.113 8	0.291 7	0.680 8	1.009	2.917	5.470	38.02	54.95

2. 一元弱酸、弱碱的解离平衡

弱酸、弱碱在溶液中部分解离，在已解离的离子和未解离的分子之间存在着解离平衡。以 HA 表示一元弱酸，解离平衡式为

$$HA \rightleftharpoons H^+ + A^-$$

弱酸的标准解离平衡常数用 $K_a^\ominus$ 表示：

$$K_a^\ominus = \frac{[c(H^+)/c^\ominus][c(A^-)/c^\ominus]}{c(HA)/c^\ominus} = \frac{c'(H^+) \cdot c'(A^-)}{c'(HA)}$$

以 BOH 表示一元弱碱，解离平衡式为

$$BOH \rightleftharpoons B^+ + OH^-$$

弱碱的标准解离平衡常数用 $K_b^\ominus$ 表示：

$$K_b^\ominus = \frac{[c(B^+)/c^\ominus][c(OH^-)/c^\ominus]}{c(BOH)/c^\ominus} = \frac{c'(B^+) \cdot c'(OH^-)}{c'(BOH)}$$

$K_a^\ominus$ 和 $K_b^\ominus$ 分别表示弱酸、弱碱的标准解离平衡常数。对于具体的酸或碱的标准解离平衡常数，则 $K^\ominus$ 的后面注明酸或碱的分子式或化学式，如 $K^\ominus(HAc)$、$K^\ominus(NH_3 \cdot H_2O)$ 和 $K^\ominus[Mg(OH)_2]$ 分别表示醋酸、氨水和 $Mg(OH)_2$ 的标准解离平衡常数。与其他平衡常数一样，标准解离平衡常数与温度有关，与浓度无关。

标准解离平衡常数的大小表示弱电解质的解离程度，$K^\ominus$ 值越大，解离程度就越大，该弱电解质相对就较强。如 25 ℃ 时醋酸的标准解离平衡常数为 1.75×10^{-5}，次氯酸的标准解离平衡常数为 2.8×10^{-8}。可见在相同浓度下，醋酸的酸性比次氯酸强。通常把 $K^\ominus$ 为 $10^{-3} \sim 10^{-2}$ 的称为中强电解质；$K^\ominus < 10^{-4}$ 的称为弱电解质；$K^\ominus < 10^{-7}$ 的称为极弱电解质。

3. 多元弱酸的解离平衡

多元弱酸在水中的解离是分步进行的。

例如，氢硫酸是二元弱酸，分以下两步解离。

第一步解离：$H_2S \rightleftharpoons H^+ + HS^-$。

$$K_{a1}^\ominus(H_2S) = \frac{c'(H^+) \cdot c'(HS^-)}{c'(H_2S)} = 1.32 \times 10^{-7}$$

第二步解离：$HS^- \rightleftharpoons H^+ + S^{2-}$。

$$K_{a2}^\ominus(H_2S) = \frac{c'(H^+) \cdot c'(S^{2-})}{c'(HS^-)} = 7.10 \times 10^{-15}$$

磷酸是三元弱酸，分以下三步解离。

微课：弱酸的离解
平衡和 PH 值的计算

第一步解离：$H_3PO_4 \rightleftharpoons H^+ + H_2PO_4^-$。

$$K_{a1}^{\ominus}(H_3PO_4) = \frac{c'(H^+) \cdot c'(H_2PO_4^-)}{c'(H_3PO_4)} = 7.1 \times 10^{-3}$$

第二步解离：$H_2PO_4^- \rightleftharpoons H^+ + HPO_4^{2-}$。

$$K_{a2}^{\ominus}(H_3PO_4) = \frac{c'(H^+) \cdot c'(HPO_4^{2-})}{c'(H_2PO_4^-)} = 6.3 \times 10^{-8}$$

第三步解离：$HPO_4^{2-} \rightleftharpoons H^+ + PO_4^{3-}$。

$$K_{a3}^{\ominus}(H_3PO_4) = \frac{c'(H^+) \cdot c'(PO_4^{3-})}{c'(HPO_4^{2-})} = 4.2 \times 10^{-13}$$

从所列数据中可以看出，分步标准解离平衡常数 $K_{a1}^{\ominus} \gg K_{a2}^{\ominus} \gg K_{a3}^{\ominus}$。这是由于第二步解离需从带有一个负电荷的离子中再解离出一个阳离子 H^+，显然比中性分子困难。此外，由第一步解离出的 H^+ 将抑制第二步的解离。同理，第三步解离比第二步更困难。由于各级标准解离平衡常数相差甚大（达好几个数量级），故在计算多元弱酸溶液中的 H^+ 浓度时，只需考虑第一步解离即可。对多元弱酸或弱碱的相对强弱进行比较时，只需比较它们的第一级标准解离平衡常数即可，与一元弱酸或一元弱碱相似。

4. 解离度

对于弱电解质，还可以用解离度（α）表示其解离的程度：

$$\alpha = \frac{\text{已解离的弱电解质浓度}}{\text{弱电解质的起始浓度}} \times 100\%$$

在温度、浓度相同的条件下，解离度大，表示该弱电解质相对较强。解离度与标准解离平衡常数不同，它与溶液的浓度有关。故在表示解离度时必须指出酸或碱的浓度。

解离度、标准解离平衡常数和浓度之间有一定的关系。以一元弱酸 HA 为例，设浓度为 c，解离度为 α，推导如下：

$$HA \rightleftharpoons H^+ + A^-$$

起始浓度　　　c　　　　0　　　0

平衡浓度　　$c(1-\alpha)$　　$c\alpha$　　$c\alpha$

代入标准解离平衡常数表达式中

$$K_a^{\ominus} = \frac{c'(H^+) \cdot c'(A^-)}{c'(HA)} = \frac{c'\alpha \cdot c'\alpha}{c'(1-\alpha)} = \frac{c'\alpha^2}{1-\alpha}$$

当 $c'K_a^{\ominus} \geqslant 20K_w^{\ominus}$，$c'/K_a^{\ominus} \geqslant 500$ 时，可认为 $1-\alpha \approx 1$，此时电解质很弱，解离度很小，近似计算时，得到以下简式：

$$K_a^{\ominus} = c'\alpha^2$$

$$\alpha = \sqrt{K_a^{\ominus}/c'}$$

$$c'(H^+) = c'\alpha = \sqrt{K_a^{\ominus}c'}$$

同样对于一元弱碱溶液，可得

$$K_b^{\ominus} = c'\alpha^2$$

$$\alpha = \sqrt{K_b^{\ominus}/c'}$$

$$c'(OH^-) = \sqrt{K_b^{\ominus}c'}$$

可见当浓度越稀时，解离度就越大，该关系称为稀释定律。但 $c(H^+)$ 或 $c(OH^-)$ 并不因浓度稀释、解离度增加而增大。

三、弱酸、弱碱溶液的 pH

1. 水溶液的酸碱性

水溶液的酸碱性与 H^+、OH^- 浓度有关：

$$c(H^+) = c(OH^-) = 10^{-7} \text{ mol/L} \qquad \text{溶液为中性}$$

$$c(H^+) > c(OH^-)，c(H^+) > 10^{-7} \text{ mol/L} \qquad \text{溶液为酸性}$$

$$c(H^+) < c(OH^-)，c(H^+) < 10^{-7} \text{ mol/L} \qquad \text{溶液为碱性}$$

1909 年，索伦森提出用 pH 表示水溶液的酸度。pH 是溶液中 $c'(H^+)$ 的负对数：

$$pH = -\lg c'(H^+)$$

溶液的酸碱性与 pH 的关系为

酸性溶液 $\qquad\qquad c(H^+) > 10^{-7}，pH < 7$

中性溶液 $\qquad\qquad c(H^+) = 10^{-7}，pH = 7$

碱性溶液 $\qquad\qquad c(H^+) < 10^{-7}，pH > 7$

可见，pH 值越小，溶液的酸性就越强；反之，pH 值越大，溶液的碱性就越强。同样，也可以用 pOH 表示溶液的酸碱度，定义为

$$pOH = -\lg c'(OH^-)$$

常温下，在水溶液中：

$$c'(H^+) \cdot c'(OH^-) = K_w^\ominus$$

在等式两边分别取负对数

$$-\lg[c'(H^+) \cdot c'(OH^-)] = -\lg K_w^\ominus$$

$$-\lg c'(H^+) - \lg c'(OH^-) = -\lg K_w^\ominus$$

$$pH + pOH = pK_w^\ominus$$

因为 25 ℃时，$K_w^\ominus = 10^{-14}$，所以 pH + pOH = 14。

通常情况下 pH 为 0~14。如果 pH 值超出该范围，采用物质的量浓度表示更为方便。

【例 4-1】 计算 0.05 mol/L HCl 溶液的 pH 和 pOH。

解： 盐酸为强酸，在溶液中全部解离，则：

$$HCl = H^+ + Cl^-$$

$$c(H^+) \leqslant 0.05 \text{ mol/L}$$

$$pH = -\lg c'(H^+) = -\lg 0.05 = 1.3$$

$$pOH = pK_w^\ominus - pH = 14 - 1.3 = 12.7$$

2. 一元弱酸、弱碱溶液 pH 值计算

【例 4-2】 已知 25 ℃时，$K(HAc) = 1.75 \times 10^{-5}$，计算该温度下，0.1 mol/L 的 HAc 溶液中 H^+ 和 Ac^- 的浓度及溶液的 pH 值，并计算该浓度下 HAc 的解离度。

解： HAc 为弱电解质，解离平衡式为

$$HAc \rightleftharpoons H^+ + Ac^-$$

起始浓度(mol/L) $\qquad$ 0.1 $\qquad$ 0 $\qquad$ 0

平衡浓度(mol/L) $\qquad$ 0.1−x $\quad$ x $\quad$ x

$$K_a^\ominus = \frac{c'(H^+) \cdot c'(Ac^-)}{c'(HAc)} = \frac{x \cdot x}{0.10-x}$$

$$1.75 \times 10^{-5} = x^2/(0.10-x)$$

$c'K_a^\ominus \geqslant 20K_w^\ominus$，$c'/K_a^\ominus \geqslant 500$，可近似地认为 $0.10-x \approx 0.10$，则

$$x = \sqrt{1.75 \times 10^{-5} \times 0.10} = 1.3 \times 10^{-3}$$

$$c(H^+) = c(Ac^-) = 1.3 \times 10^{-3} \text{ mol/L}$$

$$pH = -\lg c'(H^+) = -\lg(1.3 \times 10^{-3}) = 2.89$$

$$\alpha = (1.3 \times 10^{-3}/0.10) \times 100\% = 1.3\%$$

从此列可以看出，当弱酸溶液被稀释时，它的解离度虽然增大，但 H^+ 的浓度反而减小。因此，不能错误地认为随着解离度的增大，溶液的 H^+ 浓度必然增加（表 4-2）。

表 4-2 不同浓度时 HAc 的 α 与 $c(H^+)$（25 ℃）

$c(HAc)/(mol \cdot L^{-1})$	0.20	0.10	0.01	0.005	0.001
$\alpha/\%$	0.93	1.3	4.2	5.8	12
$c(H^+)/(mol \cdot L^{-1})$	1.86×10^{-3}	1.2×10^{-3}	4.2×10^{-4}	2.9×10^{-4}	1.2×10^{-4}

【例 4-3】 已知 25 ℃时，$K^\ominus(NH_3 \cdot H_2O) = 1.8 \times 10^{-5}$，计算该温度下 0.5mol/L 的 $NH_3 \cdot H_2O$ 溶液的 H^+、OH^-、解离度及 pH 值。

解：$NH_3 \cdot H_2O$ 为弱电解质，解离平衡式为

$$NH_3 \cdot H_2O \Longleftrightarrow NH_4^+ + OH^-$$

$$K_b^\ominus = \frac{c'(NH_4^+) \cdot c'(OH^-)}{c'(NH_3 \cdot H_2O)} = 1.8 \times 10^{-5}$$

因为 $c'K_b^\ominus > 20K_w$，$c'/K_b^\ominus > 500$，可采用近似公式计算：

$$c'(OH) = \sqrt{K_b^\ominus \cdot c'} = \sqrt{1.8 \times 10^5 \times 0.5} = 3.0 \times 10^{-3}$$

$$c'(H^+) = \frac{K_w^\ominus}{c'(OH^-)} = \frac{1.0 \times 10^{-14}}{3.0 \times 10^{-3}} = 3.33 \times 10^{-12}$$

$$pH = -\lg c'(H^+) = -\lg(3.33 \times 10^{-12}) = 11.48$$

$$\alpha = \frac{c'(OH^-)}{c'} = (3.0 \times 10^{-3}/0.5) \times 100\% = 0.60\%$$

3. 多元弱酸的 pH 值计算

【例 4-4】 室温下 H_2S 饱和溶液的浓度为 0.10 mol/L，求 H^+ 和 S^{2-} 的浓度。

解：已知 H_2S 的 $K_{a1}^\ominus \gg K_{a2}^\ominus$，求 $c(H^+)$ 时可按一元酸处理。

$$（H_2S \text{ 的 } K_{a1}^\ominus = 1.32 \times 10^{-7}, \quad K_{a2}^\ominus = 7.10 \times 10^{-15}）$$

第一步解离：　　　　　　　　$H_2S \Longleftrightarrow H^+ + HS^-$

平衡浓度(mol/L)　　　　　$0.10-x$　x　　x

因为 $c'K_{a1}^\ominus > 20K_w^\ominus$，$c'/K_{a1}^\ominus > 500$，所以近似认为 $0.10-x \approx 0.10$

$$K_{a1}^\ominus = \frac{c'(H^+) \cdot c'(HS^-)}{c'(H_2S)} = \frac{x^2}{0.10} = 1.32 \times 10^{-7}$$

$$x = \sqrt{1.32 \times 10^{-7} \times 0.10} = 1.15 \times 10^{-4}$$

$$c(H^+) \approx c(HS^-) = 1.15 \times 10^{-4} \ mol/L$$

溶液中 S^{2-} 是由第二步解离产生的，根据第二步解离平衡：

$$HS^- \rightleftharpoons H^+ + S^{2-}$$

$$K_{a2}^{\ominus}(H_2S) = \frac{c'(H^+) \cdot c'(S^{2-})}{c'(HS^-)} = 7.10 \times 10^{-15}$$

$$c'(S^{2-}) = K_{a2}^{\ominus}(H_2S) \times c'(HS^-)/c'(H^+)$$

因为 $c'(HS^-) \approx c'(H^+)$，所以 $c'(S^{2-}) = K_{a2}^{\ominus}(H_2S) = 7.10 \times 10^{-15}$

$$c(S^{2-}) = 7.10 \times 10^{-15} \ mol/L$$

可见，二元弱酸的酸根离子浓度数值近似等于 K_{a2}，它远小于溶液中的 H^+ 浓度。若需用较高浓度的酸根，则应由其盐提供。

四、酸碱指示剂

测定溶液 pH 值的方法很多，常用的有酸碱指示剂、pH 试纸及 pH 计(酸度计)。

酸碱指示剂多是一些有机染料，它们属于有机弱酸或弱碱。随着溶液 pH 值的改变，酸碱指示剂本身结构发生变化而引起颜色改变。每一种指示剂都有一定的变色范围(图 4-1)。

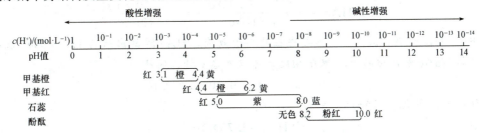

图 4-1 溶液酸碱性及酸碱指示剂变色范围

由图 4-1 可见，甲基橙和甲基红的变色范围在酸性溶液；酚酞的变色范围在碱性溶液；石蕊的变色范围则接近中性。利用这一特性可以指示溶液的 pH 值范围。例如，甲基橙在溶液中呈红色，说明该溶液 pH<3.1；呈黄色，说明 pH>4.4；呈橙色，说明 pH 值为 3.1~4.4。如果采用复合指示剂(两种或多种指示剂)，则指示的 pH 值范围可以更窄、更精确。

pH 试纸是利用复合指示剂制成的，将试纸用多种酸碱指示剂的混合溶液浸透后经晾干制成。它对不同 pH 值的溶液能显示不同的颜色(称色阶)，据此可以迅速地判断溶液的酸碱性。常用的 pH 试纸有广范 pH 试纸和精密 pH 试纸。前者的 pH 值范围为 1~14 或 0~10，可以识别的 pH 差值约为 1；后者的 pH 值范围较窄，可以判别 0.2 或 0.3 的 pH 差值。此外，还有用于酸性、中性或碱性溶液中的专用 pH 试纸。

pH 计是通过电学系统用数码管直接显示溶液 pH 值的电子仪器，由于其快速、准确现已广泛用于科研和生产。

五、同离子效应

根据化学平衡移动原理，本节讨论离子浓度对解离平衡的影响，说明同离子效应及缓冲溶液的组成和缓冲作用的原理。

一定温度下弱酸如 HAc 在溶液中存在以下解离平衡：

$$HAc \Longrightarrow H^+ + Ac^-$$

若在此平衡系统中加入 NaAc，由于它是易溶强电解质，在溶液中溶解度大且能全部解离，因此，溶液中的 Ac^- 浓度大为增加，使 HAc 的解离平衡向左移动。结果，H^+ 浓度减小，HAc 的解离度降低；如果在 HAc 溶液中加入强酸 HCl，则 H^+ 浓度增加，平衡也向左移动。此时，Ac^- 浓度减小，HAc 的解离度也降低。同样，在弱碱溶液中加入含有相同离子的易溶强电解质（盐类或强碱）时，也会使弱碱的解离平衡向左移动，降低弱碱的解离度。这种在弱电解质的溶液中加入含有相同离子的易溶强电解质，使弱电解质解离度降低的现象叫作同离子效应。

【例 4-5】 向 1.0 L、浓度为 0.10 mol/L 的 HAc 溶液中加入固体 NaAc 0.10 mol/L（假定溶液体积不变），则此时溶液中的 H^+ 浓度为多少？HAc 的解离度为多少？将结果与例 4-2 比较，可得出什么结论？

解：已知 NaAc 在溶液中全部解离，由 NaAc 解离所提供的 Ac^- 浓度为 0.10 mol/L，设此时由 HAc 解离出来的 Ac^- 浓度为 x mol/L，则

$$HAc \Longrightarrow H^+ + Ac^-$$

平衡浓度(mol/L) $0.10-x$ x $0.10+x$

$$K_a^\ominus(HAc) = \frac{c'(H^+) \cdot c'(Ac^-)}{c'(HAc)} = \frac{x(0.10+x)}{0.10-x}$$

由于 HAc 的 $K_a^\ominus$ 值很小，加之存在同离子效应，HAc 解离出来的 H^+ 和 Ac^- 浓度很小，且与 NaAc 解离出的 Ac^- 浓度相比，可以忽略不计，因此

$$0.10+x \approx 0.10, \quad 0.10-x \approx 0.10$$

代入上式得 $K_a^\ominus(HAc) = x = 1.75 \times 10^{-5}$

则 $c'(H^+) = 1.75 \times 10^{-5}$

$$\alpha = [c(H^+)/c(HAc)] \times 100\% = (1.75 \times 10^{-5}/0.10) \times 100\% = 0.017\ 5\%$$

与例 4-2 中的解离度 1.3% 相比，降低为原来的 1/74。

任务二 缓冲溶液的配制

任务描述

李明同学很好奇怎样的组成能形成缓冲溶液，于是想通过实验探索下列问题：
(1)什么是缓冲溶液？
(2)缓冲溶液该如何配制？

任务解析

完成本次任务需要具备以下知识：
(1)缓冲溶液的组成；
(2)缓冲溶液的配制方法；

(3)基本实验操作技能。

任务实施

1. 实验器材

电子天平(称量纸若干)、药匙、烧杯(100 mL)、试剂瓶、容量瓶(100 mL)、量筒(100 mL)、玻璃棒1根、一次性塑料滴管、精密 pH 试纸若干。

2. 实验药品

二水磷酸二氢钠($NaH_2PO_4 \cdot 2H_2O$)、十二水磷酸氢二钠($Na_2HPO_4 \cdot 12H_2O$)、0.1 mol/L 盐酸、0.1 mol/L 氢氧化钠。

3. 组织形式

两人一组,在教师指导下,根据实验步骤完成实验。

4. 注意事项

(1)仔细观察实验现象,认真分析现象产生原因。

(2)试剂取用,注意规范操作。

5. 实验步骤

(1)用天平分别称取二水磷酸二氢钠($NaH_2PO_4 \cdot 2H_2O$)2.135 g(0.02 mol),十二水磷酸氢二钠($Na_2HPO_4 \cdot 12H_2O$)2.769 g(0.02 mol),放置于干净、干燥的烧杯中,再加入 80～90 mL 的纯水,用玻璃棒搅拌至固体完全溶解。

(2)撕取一小片 pH 试纸,放置在实验桌面上,用玻璃棒蘸取一滴溶液,滴在 pH 试纸上,观察 pH 试纸的颜色变化,然后与 pH 比色卡对比。

(3)若 pH 试纸的颜色与比色卡上的"7"的颜色一致,则表明此时溶液的 pH 值约为 7,只需将烧杯中的溶液倒入容量瓶,再加入纯水定容至 100 mL;若 pH 试纸的颜色与比色卡上的"7"的颜色不一致,则:

1)与"<7"的颜色接近,那么需要向烧杯中滴加少量 0.1 mol/L 氢氧化钠,再重复第(2)步,直到颜色与"7"的颜色接近为止,然后将烧杯中的溶液倒入容量瓶,再加入纯水定容至 100 mL;

2)与">7"的颜色接近,那么需要向烧杯中滴加少量 0.1 mol/L 盐酸,再重复第(2)步,直到颜色与"7"的颜色接近为止,然后将烧杯中的溶液倒入容量瓶,再加入纯水定容至 100 mL。将定容好的磷酸盐缓冲液转移至试剂瓶中。

(4)配制好上述溶液后,贴好标签,放置备用。

实验内容详解

能够抵抗少量外加强酸、强碱或稍加稀释而保持其 pH 值基本不变的溶液称为缓冲溶液。缓冲溶液一般由共轭酸碱对组成,其中共轭酸为抗碱成分,共轭碱为抗酸成分。由于缓冲溶液中存在大量的抗酸、抗碱成分,所以能维持溶液 pH 值的相对稳定。常见的缓冲体系如下:

(1)弱酸和它的盐(共轭碱),如 HAc—NaAc。

(2)弱碱和它的盐(共轭酸),如 $NH_3 \cdot H_2O$—NH_4Cl。

(3)多元弱酸的酸式盐及其对应的次级盐(如 $NaH_2PO_4-Na_2HPO_4$)的水溶液组成。

只要知道缓冲对的 pH 值和要配制的缓冲液的 pH 值(及要求的缓冲液总浓度),就能按公式计算所需的共轭酸碱对的用量。

任务评价

根据以上实验操作、现象记录及现象分析情况,进行任务评价。

序号	评价内容	评价要点	配分	评价标准	扣分	得分
1	实验准备	(1)实验预习; (2)玻璃仪器认领; (3)试剂认领	20	有一项不符合标准扣 7 分,扣完为止		
2	实验操作及记录	(1)实验是否按步骤操作; (2)试剂取用是否规范; (3)实验现象记录是否规范; (4)表格填写是否规范	60	有一项不符合标准扣 15 分,扣完为止		
3	安全文明操作	(1)实验台面整洁情况; (2)物品摆放; (3)玻璃仪器清洗放置情况; (4)安全操作情况	20	有一项不符合标准扣 5 分,扣完为止		
总分						

知识链接

缓冲溶液

微课:缓冲溶液及
其作用原理

一、缓冲溶液

许多化学反应(包括生物化学反应)需要在一定的 pH 值范围内进行,然而某些反应有 H^+ 或 OH^- 的生成或消耗,溶液的 pH 值会随反应的进行而发生变化,从而影响反应的正常进行。在这种情况下,就要借助缓冲溶液来稳定溶液的 pH 值,以维持反应的正常进行。

为了说明缓冲作用,首先参看下列几组数据(表 4-3):

表 4-3　溶液中各组分的缓冲作用

序号	纯水或纯水溶液	加入 1 mL 1 mol/L 的 HCl 溶液	加入 1 mL 1 mol/L 的 NaOH 溶液
1	10 L 纯水	pH 值从 7.0 变为 3.0,改变 4 个单位	pH 值从 7.0 变为 11,改变 4 个单位
2	10 L 溶液中含有 0.1 mol HAc 和 0.1 mol NaAc	pH 值从 4.76 变为 4.75,改变 0.01 个单位	pH 值从 4.76 变为 4.77,改变 0.01 个单位
3	10 L 溶液中含有 0.1 mol NH_3 和 0.1 mol NH_4Cl	pH 值从 9.26 变为 9.25,改变 0.01 个单位	pH 值从 9.26 变为 9.27,改变 0.01 个单位

以上数据说明，在纯水中加入少量的酸或碱，其 pH 值发生显著变化；而由 HAc 和 NaAc 或 NH$_3$ 和 NH$_4$Cl 组成的混合溶液，当加入少量纯水或加入少量的酸或碱时，其 pH 值改变很小。这种能保持 pH 值相对稳定的溶液成为缓冲溶液，这种作用称为缓冲作用。缓冲溶液通常由弱酸及其盐（其共轭碱）或弱碱及其盐（其共轭酸）所组成。

现以 HAc－NaAc 混合溶液为例说明缓冲作用的原理。在 HAc－NaAc 混合溶液中存在以下解离过程：

$$HAc \Longrightarrow H^+ + Ac^-$$

$$NaAc = Na^+ + Ac^-$$

由于 NaAc 完全解离，所以，溶液中存在着大量的 Ac$^-$。弱酸 HAc 只有较少部分解离，加上由 NaAc 离出的大量 Ac$^-$ 产生的同离子效应，使 HAc 的解离度变得更小，因此，溶液中除大量的 Ac$^-$ 外，还存在大量的 HAc 分子。这种在溶液中同时存在大量弱酸分子及该弱酸酸根离子（或大量弱碱分子及该弱碱的阳离子），就是缓冲溶液组成上的特征。缓冲溶液中的弱酸及其盐（或弱碱及其盐）称为缓冲对。

当向此混合溶液中加入少量强酸时，溶液中大量的 Ac$^-$ 将与加入的 H$^+$ 结合而生成难解离的 HAc 分子，以致溶液的 H$^+$ 浓度几乎不变。换句话说，Ac$^-$ 起了抗酸的作用。当加入少量强碱时，由于溶液中的 H$^+$ 将与 OH$^-$ 结合并生成 H$_2$O，使 HAc 的解离平衡向右移动，继续解离出的 H$^+$ 仍与 OH$^-$ 结合，致使溶液中的 H$^+$ 浓度也几乎不变，因而 HAc 分子在这里起了抗碱的作用。由此可见，缓冲溶液同时具有抵抗外来少量酸或碱的作用，其抗酸、抗碱作用是由缓冲对的不同部分来担负的。

二、缓冲溶液 pH 值的计算

设缓冲溶液由一元弱酸 HA 和相应的盐（其共轭碱）MA 组成，一元弱酸的浓度为 c(酸)，盐的浓度为 c(盐)，其 pH 值的计算通式为

$$pH = pK_a^{\ominus} - \lg \frac{c(酸)}{c(盐)}$$

同样，一元弱碱及其盐组成的缓冲溶液 pOH 的通式为

$$pOH = pK_b^{\ominus} - \lg \frac{c(碱)}{c(盐)}$$

【例 4-6】 0.10 L 0.10 mol/L 的 HAc 溶液中含有 0.02 mol 的 NaAc，求该缓冲溶液的 pH 值。已知 $K_a^{\ominus}$(HAc) $= 1.75 \times 10^{-5}$。

解：此为一元弱酸 HAc 及其盐 NaAc 组成的缓冲溶液，其中

$$n(盐) = 0.02 \text{ mol}, \quad c(盐) = 0.02/0.10 = 0.20 \text{ (mol/L)}$$

$$pH = pK_a^{\ominus} - \lg \frac{c(酸)}{c(盐)} = -\lg(1.75 \times 10^{-5}) - \lg(0.10/0.20) = 5.06$$

除弱酸－弱碱盐的混合溶液可作为缓冲溶液外，某些正盐和它的酸式盐（如 NaHCO$_3$－Na$_2$CO$_3$）、多元酸和它的酸式盐（如 H$_2$CO$_3$－NaHCO$_3$），或者同一种多元酸的两种酸式盐，如 KH$_2$PO$_4$－K$_2$HPO$_4$ 等，也可以组成缓冲溶液，这里不再详述。

缓冲溶液的特点如下：

(1)缓冲溶液本身的 pH 值主要取决于弱酸或弱碱的标准解离平衡常数 $K_a^{\ominus}$ 或 $K_b^{\ominus}$。必须

依据对缓冲溶液的 pH 值要求来选择缓冲对，使 $pK_a^\ominus$（或 $pK_b^\ominus$）值尽量接近其 pH 值（或 pOH）。

（2）缓冲溶液 pH 值的控制主要体现在 $\lg[c(酸)/c(盐)]$ 或 $\lg[c(碱)/c(盐)]$ 这一项。通过对 $c(酸)/c(盐)$ [或 $c(碱)/c(盐)$] 的值的调整，使缓冲溶液的 pH 值达到与要求控制的 pH 值相同。当加入少量酸或碱时，$c(酸)/c(盐)$ [或 $c(碱)/c(盐)$] 的值改变不大，故溶液 pH 值变化也就不大。

（3）缓冲溶液的缓冲能力主要与弱酸 $c(酸)/c(盐)$ [或弱碱 $c(碱)/c(盐)$] 及其盐的浓度有关。弱酸（或弱碱）及其盐的浓度越大，外加酸、碱后，改变越小，pH 值变化也就越小。此外，缓冲能力还与 $c(酸)/c(盐)$ [或 $c(碱)/c(盐)$] 的值有关，在其值接近 1 时缓冲能力最大。通常缓冲溶液中 $c(酸)/c(盐)$ [或 $c(碱)/c(盐)$] 的值为 $0.1\sim10$，其值过小或过大，都将大大降低缓冲能力。需要指出，缓冲作用或能力是有一定限度的，只有外加酸、碱的量与缓冲对的量相比较小时，溶液才有缓冲作用，否则将会使缓冲溶液受到破坏并失去缓冲能力。

（4）各种缓冲溶液只能在一定范围内（$pK_a^\ominus\pm1$）发挥缓冲作用，如 $HAc-NaAc$ 缓冲溶液的缓冲范围一般为 pH＝4.76 ± 1，故在选用缓冲溶液时应注意其缓冲范围。

（5）将缓冲溶液适当稀释时，由于 $c(酸)/c(盐)$ [或 $c(碱)/c(盐)$] 的值不变，故溶液的 pH 值不变。

任务三　缓冲性能验证

任务描述

验证缓冲溶液的缓冲作用。
（1）缓冲溶液抗稀释能力验证；
（2）缓冲溶液抗酸能力验证；
（3）缓冲溶液抗碱能力验证。

任务解析

完成本次任务需要具备以下知识：
（1）缓冲溶液的组成；
（2）缓冲作用基本原理。

任务实施

1. 实验器材
7 支 25 mL 试管、试管架、10 mL 吸量管 1 支、5 mL 吸量管 1 支、玻璃棒。

2. 实验药品
药品：0.1 mol/L 的溶液：磷酸氢二钠、磷酸二氢钠、盐酸溶液、氢氧化钠溶液。

指示剂：甲基橙、酚酞、pH 试纸。

3. 组织形式

两人一组，在教师指导下，根据实验步骤完成实验。

4. 注意事项

注意用水、用电安全。

学生操作演示

实验：缓冲溶液

5. 实验步骤

(1)缓冲溶液的配制。取洁净的试管 3 支，标上 1、2、3 号，放在试管架上。然后用 10 mL 吸量管按表 4-4 中的量，分别吸取 0.1 mol/L 磷酸氢二钠和磷酸二氢钠溶液放入试管。用 pH 试纸测定所配制缓冲溶液的 pH 值，同时，计算所配制缓冲溶液的 pH 值，并计入表中。2 号缓冲溶液按 1∶1 体积比配制 50 mL 备用。

表 4-4　缓冲溶液的配制

试剂	1 号缓冲溶液	2 号缓冲溶液	3 号缓冲溶液
Na_2HPO_4	8.0 mL	8.0 mL	2.0 mL
NaH_2PO_4	2.0 mL	8.0 mL	8.0 mL
pH 值(pH 试纸测定值)			
pH 值(计算值)			

(2)缓冲溶液的稀释。按表 4-5 所列的顺序，做如下实验。把观察到的现象记入表中，并解释产生现象的原因。

表 4-5　缓冲溶液的稀释

试管号	缓冲溶液	蒸馏水	甲基橙	指示剂加入后颜色
1		4.0 mL	2 滴	
2	自制缓冲溶液[①]4.0 mL		2 滴	
3	自制缓冲溶液[①]2.0 mL	2.0 mL	2 滴	
4	自制缓冲溶液[①]1.0 mL	3.0 mL	2 滴	
注：①为表 4-4 中配制的 2 号缓冲溶液				

(3)缓冲溶液抗酸。按表 4-6 所列的顺序，做如下实验。把观察到的现象记入表中，并解释产生现象的原因。

表 4-6　缓冲溶液抗酸

试管号	缓冲溶液	蒸馏水	0.1 mol/L 盐酸	甲基橙	指示剂加入后颜色
1	自制缓冲溶液[①]4.0 mL	4.0 mL	0 mL	2 滴	
2	自制缓冲溶液[①]4.0 mL	3.0 mL	1.0 mL	2 滴	
3	自制缓冲溶液[①]4.0 mL	2.0 mL	2.0 mL	2 滴	
4	自制缓冲溶液[①]4.0 mL	1.0 mL	3.0 mL	2 滴	
5	自制缓冲溶液[①]4.0 mL	0 mL	4.0 mL	2 滴	
注：①为表 4-4 中配制的 2 号缓冲溶液					

（4）缓冲溶液抗碱。按表 4-7 所列的顺序，做如下实验。把观察到的现象记入表中，并解释产生现象的原因。

表 4-7　缓冲溶液抗碱

试管号	缓冲溶液	蒸馏水	0.1 mol/L 氢氧化钠	酚酞	指示剂加入后颜色
1	自制缓冲溶液①4.0 mL	4.0 mL	0 mL	2 滴	
2	自制缓冲溶液①4.0 mL	3.0 mL	1.0 mL	2 滴	
3	自制缓冲溶液①4.0 mL	2.0 mL	2.0 mL	2 滴	
4	自制缓冲溶液①4.0 mL	1.0 mL	3.0 mL	2 滴	
5	自制缓冲溶液①4.0 mL	0 mL	4.0 mL	2 滴	

注：①为表 4-4 中配制的 2 号缓冲溶液

实验内容详解

缓冲溶液具有抵抗外来少量酸、碱或稀释的干扰，而保持其本身 pH 值基本不变的能力。缓冲溶液由共轭酸碱对组成。其中，共轭酸是抗碱成分，共轭碱是抗酸成分，缓冲溶液的 pH 值计算公式为

$$pH = pK_a^{\ominus} - \lg \frac{c(酸)}{c(盐)} \text{或} pOH = pK_b^{\ominus} - \lg \frac{c(碱)}{c(盐)}$$

配制一定 pH 值的缓冲溶液的原则：选择合适的缓冲系，使缓冲系共轭酸的 $pK_a^{\ominus}$ 尽可能与所配缓冲溶液的 pH 值相等或接近，以保证缓冲系在总浓度一定时，具有较大的缓冲能力；配制缓冲溶液要有适当的总浓度，一般情况下，缓冲溶液的总浓度宜选为 $0.05 \sim 0.2$ mol/L。

缓冲溶液 pH 值除主要取决于 $pK_a^{\ominus}$（或 $pK_b^{\ominus}$）外，还与盐和酸（或碱）的浓度比值有关，若配制缓冲溶液所用的盐和酸（或碱）的原始浓度相同均为 C，酸（或碱）的体积为 $V_a(V_b)$，盐的体积为 V_s，总体积为 V，混合后酸（或碱）的浓度为 $\dfrac{CV_a}{V}\left(\dfrac{CV_b}{V}\right)$，盐的浓度为 $\dfrac{CV_s}{V}$，则 $\dfrac{C_s}{C_a} = \dfrac{CV_s/V}{CV_a/V} = \dfrac{V_s}{V_a}$ 或 $\dfrac{C_a}{C_s} = \dfrac{V_a}{V_s}$。

所以，缓冲溶液 pH 值可写为

$$pH = pK_a^{\ominus} - \lg \frac{V_{酸}}{V_{盐}} \text{或} pOH = pK_b^{\ominus} - \lg \frac{V_{碱}}{V_{盐}}$$

配制缓冲溶液时，只需按照计算值量取盐和酸（或碱）的体积，混合后即可得到一定 pH 值的缓冲溶液。

缓冲容量是衡量缓冲溶液的缓冲能力大小的尺度。为了获得最大的缓冲容量，应控制 C_s/C_a（或 C_s/C_b）=1，盐和酸（或碱）的浓度大的，缓冲容量也大。

根据以上实验操作、现象记录及现象分析情况，进行任务评价。

序号	评价内容	评价要点	配分	评价标准	扣分	得分
1	实验准备	(1)实验预习； (2)实验仪器、试剂准备	20	有一项不符合标准扣10分，扣完为止		
2	吸量管的使用	(1)吸量管洗涤； (2)吸量管润洗； (3)吸溶液； (4)调刻线； (5)放溶液	40	有一项不符合标准扣8分，扣完为止		
3	实验操作及记录	(1)实验是否严格按步骤操作； (2)实验数据记录是否规范	20	有一项不符合标准扣10分，扣完为止		
4	安全文明操作	(1)实验台面整洁情况； (2)物品摆放； (3)玻璃仪器清洗放置情况； (4)安全操作情况	20	有一项不符合标准扣5分，扣完为止		
总分						

■ 知识链接

缓冲溶液的作用

1. 缓冲溶液

缓冲溶液指的是由弱酸及其盐、弱碱及其盐组成的混合溶液。它能在一定程度上抵消、减轻外加强酸或强碱对溶液酸碱度的影响，从而保持溶液的pH值相对稳定。

在生化研究工作中，常常需要使用缓冲溶液来维持实验体系的酸碱度。研究工作的溶液体系pH值的变化往往直接影响研究工作的成效。如"提取酶"实验体系的pH值变动或大幅度变动，酶活性就会下降甚至完全丧失。因此，配制缓冲溶液是一个不可或缺的关键步骤。

缓冲溶液是无机化学及分析化学中的重要概念，缓冲溶液是指具有能够维持pH值相对稳定性能的溶液。pH值在一定的范围内不因稀释或外加少量的酸或碱而发生显著的变化，缓冲溶液依据共轭酸碱对及其物质的量不同而具有不同的pH值和缓冲容量。

2. 认识作用

在分析测试中，络合滴定和分光光度法等许多反应里都要求溶液的pH值保持在一个范围内，以保证指示剂的变色和显色剂的显色等，这些条件都是通过加入一定量的缓冲溶液达成的，所以，缓冲溶液是分析测试中经常需要的一种试剂。

采用电位滴定法测定外加酸或碱对不同配比同一种缓冲溶液的滴定曲线，不仅有助于理解缓溶液及缓冲容量的概念，而且对分析测试中正确选缓冲溶液的配制方法及用量具有指导意义。采用电位滴定法测定缓冲溶液的滴定曲线，选择了常见的氨水－氯化铵缓冲溶液，分别按照不同的配比得到 4 种缓冲溶液，实验测定了强酸、强碱对缓冲溶液的滴定曲线，滴定结果直观清晰，对理解缓冲容量的概念及实践中缓冲溶液的选择有积极的意义。

人体的正常生理环境的维持离不开缓冲溶液，学习缓冲溶液的知识有利于人们深入认识人体复杂化学反应的机制。缓冲溶液维持着人体正常的血液 pH 值范围。其中，碳酸－碳酸氢钠是血浆中最主要的缓冲对，此对缓冲机制与肺的呼吸功能及肾的排泄和重吸收功能密切相关。正常人体代谢产生的二氧化碳进入血液后与水结合成碳酸，碳酸与血浆中的碳酸氢根离子组成共轭酸碱对，所以缓冲溶液在医学检验中有着重要的意义。

任务四　盐的水解现象鉴定

任务描述

在实验过程中，小盐同学惊奇地发现有些盐溶于水后呈中性，有些呈酸性，有些呈碱性。小盐同学很好奇同样都是盐，为什么会呈现各种不同的酸碱性呢？于是想通过实验探索下列问题：

(1)盐水解的过程是怎样的？

(2)盐溶于水后为什么呈不同的酸碱性？

任务解析

完成本次任务需要具备以下知识：

(1)盐的水解；

(2)基本实验操作技能。

任务实施

1. 实验器材

量筒(100 mL)、烧杯(250 mL)、电子天平(带称量纸)、药匙、玻璃棒、试管夹、酒精灯、打火机、一次性塑料滴管、精密 pH 试纸若干。

2. 实验药品

醋酸钠、硝酸铁、酚酞(10 g/L)、盐酸(0.1 mol/L)。

3. 组织形式

两人一组，在教师指导下，根据实验步骤完成实验。

4. 注意事项

(1)仔细观察实验现象，认真分析现象产生原因。

(2)试剂取用，应注意规范操作。

5. 实验步骤

(1)醋酸钠水解实验。

1)取 0.1 mol/L 的醋酸钠溶液 100 mL，放置于烧杯中，滴加 2～3 滴酚酞溶液，观察此时溶液的颜色。

2)取一支试管，加入 8～10 mL 醋酸钠溶液，向上述溶液中缓慢滴加盐酸溶液，观察溶液颜色的变化。

3)取一个酒精灯，点燃后为上述试管中的醋酸钠溶液加热，边加热边观察溶液的颜色变化。

(2)硝酸铁的水解实验。

1)配制 0.1 mol/L 的硝酸铁溶液。用天平称取 2.42 g(0.01 mol)硝酸铁，放置于干净、干燥的烧杯中，然后加入 100 mL 的纯水，用玻璃棒搅拌至固体完全溶解，写好标签待用。

2)取一支试管，加入 8～10 mL 硝酸铁溶液，观察其颜色。然后向上述溶液中缓慢滴加 0.1 mol/L 的盐酸溶液，边滴加边观察溶液颜色变化。

3)取一个酒精灯，点燃后给试管中硝酸铁溶液加热，边加热边观察溶液的颜色变化。

实验内容详解

在溶液中，强碱弱酸盐、强酸弱碱盐或弱酸弱碱盐解离出来的离子与水解离出来的 H^+ 与 OH^- 生成弱电解质的过程叫作盐类水解。如醋酸钠溶液中就存在如下解离平衡：

$$NaAc \Longrightarrow Na^+ + Ac^- \tag{4-5}$$

$$H_2O \Longrightarrow H^+ + OH^- \tag{4-6}$$

$$Ac^- + H^+ \Longrightarrow HAc \tag{4-7}$$

由醋酸钠的解离平衡可以看出，醋酸钠溶液呈现碱性，因此向醋酸钠溶液中加入 2～3 滴酚酞溶液时，溶液呈现粉红色。当向醋酸钠中加入 HCl 时，式(4-6)中的解离平衡会向左移动，这导致溶液中 OH^- 的减少，碱性减弱。此时溶液的红色会减弱，甚至消失。若给醋酸钠溶液加热，HCl 会挥发。另外，随着温度升高，式(4-6)的解离向右进行，这导致溶液中 OH^- 的增加，碱性增强。此时溶液恢复红色，甚至更深。同样，硝酸铁溶液中存在解离平衡：

$$Fe(NO_3)_3 \Longrightarrow Fe^{3+} + 3NO_3^- \tag{4-8}$$

$$H_2O \Longrightarrow H^+ + OH^- \tag{4-9}$$

$$Fe^{3+} + 3OH^- \Longrightarrow Fe(OH)_3 \downarrow (黄色) \tag{4-10}$$

由硝酸铁的解离平衡可以看出，硝酸铁溶液呈现黄色[$Fe(OH)_3$ 呈现的颜色]。当向硝酸铁中加入 HCl 时，式(4-9)中的解离平衡会向左移动，这导致溶液中 OH^- 的减少，$Fe(OH)_3$ 的量减少，此时溶液的黄色会减弱，甚至消失。若给硝酸铁溶液加热，HCl 会挥发，另外随着温度升高，式(4-9)的解离向右进行，这导致溶液中 OH^- 的增加，$Fe(OH)_3$ 的量增加，此时溶液恢复黄色，甚至更深。

根据以上实验操作、现象记录及现象分析情况，进行任务评价。

序号	评价内容	评价要点	配分	评价标准	扣分	得分
1	实验准备	(1)实验预习； (2)玻璃仪器认领； (3)试剂认领	20	有一项不符合标准扣 7 分，扣完为止		
2	实验操作及记录	(1)实验是否按步骤操作； (2)试剂取用是否规范； (3)实验现象记录是否规范； (4)表格填写是否规范	60	有一项不符合标准扣 15 分，扣完为止		
3	安全文明操作	(1)实验台面整洁情况； (2)物品摆放情况； (3)玻璃仪器清洗放置情况； (4)安全操作情况	20	有一项不符合标准扣 5 分，扣完为止		
总分						

知识链接

盐类水解

某些盐溶于水后会呈现出酸性或碱性，但其本身组成中并不一定含 H^+ 或 OH^-。造成盐溶液具有酸、碱性的原因是盐类的阴离子或阳离子和水所解离出来的 H^+ 或 OH^- 结合并生成了弱酸或弱碱，使水的解离平衡发生移动，导致溶液中 H^+ 和 OH^- 浓度不相等，而表现出酸、碱性。这种作用称为盐的水解作用。实际上水解反应是中和反应的逆反应。

一、盐的水解、水解常数和水解度

1. 弱酸强碱盐的水解

$NaAc$、KCN、$NaClO$ 等属于弱酸强碱盐。下面以 $NaAc$ 为例说明这类盐的水解。$NaAc$ 在水溶液中的 Ac^- 和由水所解离出来的 H^+ 结合，生成弱酸 HAc。由于 H^+ 浓度的减少，使水的解离平衡向右移动

$$NaAc = Na^+ + Ac^-$$
$$+$$
$$H_2O \rightleftharpoons OH^- + H^+$$
$$\Downarrow$$
$$HAc$$

当同时建立起 H_2O 和 HAc 的解离平衡时，溶液中 $c(OH^-) > c(H^+)$，即 pH>7，因此，溶液呈碱性。

Ac^- 的水解方程式为

$$Ac^- + H_2O \rightleftharpoons HAc + OH^-$$

弱酸强碱盐的水解，实质上是阴离子（酸根离子）发生水解。水解平衡的标准平衡常数称为水解常数 $K_h^\ominus$，其表达式为

$$K_h^\ominus = \frac{c'(HAc) \cdot c'(OH^-)}{c'(Ac^-)}$$

上述水解反应，实际上是下列两个反应的加和：

(1) $H_2O \rightleftharpoons H^+ + OH^-$；$K_1^\ominus = c'(H^+) \cdot c'(OH^-) = K_w^\ominus$；

(2) $Ac^- + H^+ \rightleftharpoons HAc$；$K_2^\ominus = c'(HAc)/[c'(Ac^-) \cdot c'(H^+)] = 1/K_a^\ominus$。

由式(1)＋式(2)得水解方程式：

$$Ac^- + H_2O \rightleftharpoons HAc + OH^-$$

$K_h^\ominus$ 可由平衡规则求得：

$$K_h^\ominus = K_1^\ominus \cdot K_2^\ominus = K_w^\ominus/K_a^\ominus$$

可见，组成盐的酸越弱（$K_a^\ominus$ 越小），水解常数就越大，相应盐的水解程度也就越大。盐的水解程度也可以用水解度 h 来表示：

$$h = \frac{已水解盐的浓度}{盐的起始浓度} \times 100\%$$

水解度 h、水解常数 $K_h^\ominus$ 和盐浓度 c 之间有一定关系，仍以 NaAc 为例：

$$Ac^- + H_2O \rightleftharpoons HAc + OH^-$$

起始浓度 $\qquad\qquad c \qquad\qquad 0 \quad 0$

平衡浓度 $\qquad\quad c(1-h) \qquad\qquad ch \quad ch$

$$K_h^\ominus = \frac{c'(HAc) \cdot c'(OH^-)}{c'(Ac^-)} = (c'h \cdot c'h)/[c'(1-h)]$$

若 $K_h^\ominus$ 较小，$1-h \approx 1$，则

$$K_h^\ominus = c'h^2$$

$$h = \sqrt{K_h^\ominus/c'} = \sqrt{K_w^\ominus/(K_a^\ominus \cdot c')}$$

可见水解度除与组成盐的弱酸强弱（K_a）有关外，还与盐浓度有关。同一种盐，浓度越小，其水解程度就越大。

2. 强酸弱碱盐的水解

以 NH_4Cl 为例，它在溶液中的 NH_4^+ 与水解离出的 OH^- 结合并生成弱碱氨水，使水的解离平衡向右移动：

$$NH_4Cl = NH_4^+ + Cl^-$$
$$+$$
$$H_2O \rightleftharpoons OH^- + H^+$$
$$\Downarrow$$
$$NH_3 \cdot H_2O$$

当溶液中水和氨水的两个解离平衡同时建立时，溶液中 $c(H^+) > c(OH^-)$，即 pH $<$ 7，溶液呈酸性。

NH_4^+ 的水解方程式为

$$NH_4^+ + H_2O \Longrightarrow NH_3 \cdot H_2O + H^+$$

强酸弱碱盐的水解实质上是其阳离子发生水解，与弱酸强碱盐同样处理，得到强酸弱碱盐的水解常数及水解度：

$$K_h^\ominus = K_w^\ominus / K_b^\ominus \tag{4-11}$$

$$h = \sqrt{K_w^\ominus / (K_b^\ominus \cdot c')} \tag{4-12}$$

属于这类盐的有 NH_4NO_3、$Al_2(SO_4)_3$、$FeCl_3$ 等。从式(4-11)、式(4-12)看出组成盐的碱越弱，即 $K_b^\ominus$ 越小，该盐水解常数 $K_h^\ominus$、水解度 h 就越大。同一种盐，浓度越小，水解度就越大。

3. 弱酸弱碱盐的水解

弱酸弱碱盐溶于水，它的阳离子和阴离子都发生水解，以 NH_4Ac 为例：

$$
\begin{array}{ccc}
NH_4Ac \Longrightarrow NH_4^+ & + & Ac^- \\
+ & & + \\
H_2O \Longrightarrow OH^- & + & H^+ \\
\Big\Updownarrow & & \Big\Updownarrow \\
NH_3 \cdot H_2O & & HAc
\end{array}
$$

NH_4Ac 解离出的 NH_4^+ 与水解离出的 OH^- 结合生成弱碱 $NH_3 \cdot H_2O$，而 Ac^- 与水解离出的 H^+ 结合成弱酸 HAc。由于 H^+ 和 OH^- 都在减少，水的解离平衡更向右移，可见弱酸弱碱盐的水解程度较弱酸强碱盐或弱碱强酸盐要大。

NH_4Ac 的水解方程式为

$$NH_4^+ + Ac^- + H_2O \Longrightarrow NH_3 \cdot H_2O + HAc$$

与上面同样处理，可以得到弱酸弱碱盐的水解常数：

$$K_h^\ominus = \frac{K_w^\ominus}{K_a^\ominus K_b^\ominus}$$

由此可见，弱酸弱碱盐水溶液的酸、碱性取决于生成的弱酸、弱碱的相对强弱。如果弱酸、弱碱的解离常数 $K_a^\ominus$ 与 $K_b^\ominus$ 近似相等，则溶液近于中性，NH_4Ac 溶液即属于此例。如果 $K_a^\ominus > K_b^\ominus$，溶液呈酸性，如 $HCOONH_4$；如果 $K_a^\ominus < K_b^\ominus$，溶液呈碱性，如 NH_4Cl。

4. 强酸强碱盐

强酸强碱盐中的阳离子、阴离子都不能与水解出的 H^+ 或 OH^- 结合成弱电解质，水的解离平衡未被破坏，故溶液呈中性，即强酸强碱盐在溶液中不发生水解。

5. 多元弱酸盐和多元弱碱盐的计算

同多元弱酸或弱碱分步解离一样，多元弱酸盐和多元弱碱盐也是分步水解的。以二元弱酸盐 Na_2CO_3 为例。

第一步水解：$CO_3^{2-} + H_2O \Longrightarrow HCO_3^- + OH^-$ ；$K_{h1}^\ominus = K_w^\ominus / K_{a2}^\ominus$

第二步水解：$HCO_3^- + H_2O \Longrightarrow H_2CO_3 + OH^-$ ；$K_{h2}^\ominus = K_w^\ominus / K_{a1}^\ominus$

其中，$K_{a1}^{\ominus}$、$K_{a2}^{\ominus}$ 分别为二元弱酸 H_2CO_3 的解离常数。由于 $K_{a2}^{\ominus} \ll K_{a1}^{\ominus}$，因此 $K_{h1}^{\ominus} \gg K_{h2}^{\ominus}$。可见多元弱酸盐的水解也以第一步水解为主，在计算溶液酸碱性时，可按一元弱酸盐处理，溶液呈碱性。

6. 影响水解平衡的因素

影响水解平衡的因素有以下几个方面：

(1)盐的本性。盐类水解时所产生的弱酸或弱碱的解离常数越小，水解程度就越大。若水解产物为沉淀，则其溶解度越小，水解程度也就越大。

(2)浓度。从水解的通式 $h = \sqrt{K_w^{\ominus} / [K^{\ominus} \cdot c'(盐)]}$ 可以看出，对于同一种盐（$K^{\ominus}$ 相同），其浓度越小，水解程度就越大。换句话说，将溶液进行稀释，会促进盐的水解。

(3)温度。酸碱中和反应是发热反应，盐的水解是中和反应的逆过程，因此是吸热反应。根据平衡移动原理，温度升高会促进盐的水解。

(4)酸碱度。盐类水解通常会引起水中 H^+ 或 OH^- 浓度的变化。根据平衡移动原理，调节溶液的酸碱度，能促进或抑制盐的水解。

任务五　粗食盐样品提纯

任务描述

对粗食盐样品进行提纯。
(1)去除样品中不溶性杂质；
(2)去除样品中可溶性杂质。

任务解析

完成本次任务需要具备以下知识：
(1)了解不同盐的理化性质；
(2)普通漏斗操作；
(3)抽滤操作；
(4)浓缩结晶操作。

学生操作演示实验：
普通漏斗的使用

学生操作演示实验：
抽滤装置的使用

任务实施

1. 实验器材

托盘天平、250 mL 烧杯(4 个)、100 mL 量筒、5 mL 量筒、漏斗、玻璃棒(3 支)、铁架台、铁圈、石棉网、蒸发皿(平底)、电炉、布氏漏斗、真空泵、滤纸、表面皿、烘箱、棉手套。

2. 实验药品

粗食盐颗粒 5 g(含泥沙和 Mg^{2+}、SO_4^{2-}、Ca^{2+} 离子)、纯水、20% $BaCl_2$、1 mol/L NaOH、

20% Na_2CO_3、2 mol/L HCl。

3. 组织形式

两人一组，在教师指导下，根据实验步骤完成实验。

4. 注意事项

(1)要完全溶解粗食盐。

(2)转移样品时对玻璃棒和烧杯用水冲洗时，一定要少用蒸馏水。

(3)在加热之前，一定要先加盐酸使溶液的pH<7，而不用其他酸。

(4)在蒸发过程中要用玻璃棒搅拌蒸发液，防止局部受热。

(5)在干燥时不可以将溶液蒸干，取下未冷却蒸发皿时，应将它放在石棉网上，注意抽滤装置的正确使用方法。

(6)过滤要注意"一贴""二低""三靠"。"一贴"是指滤纸紧贴漏斗的内壁，中间不留有气泡。"二低"是指滤纸的边缘应低于漏斗口；漏斗里液体要低于滤纸的边缘。"三靠"是指倾倒液体的烧杯尖口要靠紧玻璃棒；玻璃棒的末端要轻轻地靠在三层滤纸的一边；漏斗下端的管口靠紧烧杯的内壁(图 4-2)。

图 4-2　过滤示意图

5. 实验步骤

(1)在托盘天平上称取 5 g 粗食盐于 250 mL 烧杯中，加入 20 mL 水。加热溶解。趁热用普通漏斗过滤，以除去泥土等不溶性杂质。

(2)将滤液加热煮沸后，加入 1 mL 10% $BaCl_2$，继续加热使 $BaSO_4$ 沉淀颗粒长大。趁热用普通漏斗过滤，于滤液中滴加 $BaCl_2$ 溶液。若无 $BaSO_4$ 沉淀生成，则表明 $BaCl_2$ 加入量已够，否则，将滤液倒回原液，再加少许 $BaCl_2$ 溶液，重复上述操作。

(3)在滤液中加入 1 mL 1 mol/L NaOH 和 2 mL 10% Na_2CO_3，加热煮沸。待生成的沉淀下沉后，趁热用普通漏斗过滤。于滤液中滴加 Na_2CO_3 溶液，若无沉淀生成，则说明 NaOH、Na_2CO_3 的加入量已够，否则，再加少许 NaOH 和 Na_2CO_3 溶液，重复操作。

(4)在滤液中滴加 1 mol/L HCl，调整 pH≈5。

(5)将溶液移于蒸发皿中，微火蒸发浓缩至稠粥状，趁热用吸滤方法，将结晶尽量吸干。

(6)将 NaCl 结晶移于蒸发皿中，放在烘箱中烘干。

(7)称量产品，计算产率。

$$产率 = \frac{产品质量}{粗食盐质量} \times 100\%$$

实验内容详解

一、除杂的基本原则

(1)不可引进新的杂质。

(2)尽量减少被提纯物的损失。

(3)使用试剂除杂时，反应后的产物与被提纯物易于分离。

(4)实验方案简单合理。

粗食盐中含有不溶性和可溶性的杂质(如泥沙和 K^+、Mg^{2+}、SO_4^{2-}、Ca^{2+} 离子等)。不溶性的杂质可用溶解、过滤的方法除去；可溶性的杂质通过向粗食盐的溶液中加入能与杂质离子作用的盐类，使生成沉淀后过滤以除去。采用的方法是在粗食盐的溶液中加入稍过量的 $BaCl_2$ 溶液，可将 SO_4^{2-} 转化为难溶的 $BaSO_4$ 沉淀：

$$Ba^{2+} + SO_4^{2-} = BaSO_4 \downarrow$$

将溶液过滤可除去 $BaSO_4$ 沉淀。在其滤液中再加入 $NaOH$ 和 Na_2CO_3 溶液，发生下列反应：

$$Mg^{2+} + 2OH^- = Mg(OH)_2 \downarrow$$
$$Ca^{2+} + CO_3^{2-} = CaCO_3 \downarrow$$
$$Ba^{2+} + CO_3^{2-} = BaCO_3 \downarrow$$

食盐中的杂质离子及沉淀 SO_4^{2-} 时加入的过量 Ba^{2+} 离子，相应地转化为上述沉淀，可通过过滤的方法加以除去；少量的可溶性杂质 K^+ 在蒸发、浓缩、结晶过程中，由于 KCl 与 $NaCl$ 在相同温度条件下的溶解度的不同，KCl 仍留在母液中，不会与 $NaCl$ 一同结晶出来。

二、存在问题

(1)杂质离子没有除干净。

(2)转移样品时不慎引入杂质。

(3)用水洗涤玻璃棒和烧杯时用量过多，使蒸发时间较长。

(4)pH 值没有调好，使 CO_3^{2-} 未被除干净。

(5)蒸发过程中，溶液因局部受热而飞溅出来。

(6)冷却时没有使晶体充分析出。

(7)用水洗涤产品，造成产品损失。

任务评价

根据以上实验操作、现象记录及现象分析情况，进行任务评价。

序号	评价内容	评价要点	配分	评价标准	扣分	得分
1	实验准备	(1)实验预习； (2)实验仪器、试剂准备	10	有一项不符合标准扣5分，扣完为止		
2	过滤操作	(1)"一贴"； (2)"二低"； (3)"三靠"； (4)滤纸不能破损	25	有一项不符合标准扣8分，扣完为止		
3	抽滤操作	(1)装置连接正确； (2)气密性； (3)溶液应从抽滤瓶上口倒出； (4)关机时，先拔掉橡皮管，再关开关，以防止倒吸	25	有一项不符合标准扣5分，扣完为止		
4	实验操作及记录	(1)实验是否严格按步骤操作； (2)实验数据记录是否规范； (3)团队分工是否合理	30	有一项不符合标准扣5分，扣完为止		
5	安全文明操作	(1)实验台面整洁情况； (2)物品摆放情况； (3)玻璃仪器清洗放置情况； (4)安全操作情况	10	有一项不符合标准扣5分，扣完为止		
总分						

知识链接

抽滤装置

抽滤也称减压过滤操作，是利用真空泵使抽滤瓶中的压强降低，以达到固液分离目的的操作。其装置需要布氏漏斗和抽滤瓶(图4-3)、胶管、真空泵、滤纸等组装而成。

图4-3　布氏漏斗和抽滤瓶

微课：真空抽滤
装置的使用

一、循环水式真空泵

循环水式真空泵(图4-4)采用射流技术产生负压，以循环水作为工作流体，是新型的真空抽气泵。它的优点是使用方便，节约用水。面板上有开关、指示灯、真空度指示表，真空吸头Ⅰ、Ⅱ(可供两套过滤装置使用)。后板上有进出水的下口、上口，循环冷凝水的进水、出水。使用前，先打开台面加水，或将进水管与水龙头连接，加水至进水管上口的下沿，真空吸头处装上橡皮管。将橡皮管连接到吸滤瓶支管上，打开开关，指示灯亮，真空泵开始工作。过滤结束时，先缓缓拔掉吸滤瓶上的橡皮管，再关开关，以防止倒吸。

图 4-4　循环水式真空泵

二、抽滤操作

(1)安装仪器，漏斗管下端的斜面朝向抽气嘴。但不可靠得太近，以免使滤液从抽气嘴抽走。检查布氏漏斗与抽滤瓶之间连接是否紧密，真空泵连接口是否漏气。

(2)修剪滤纸，使其略小于布氏漏斗，但要把所有的孔都覆盖住，并滴加蒸馏水使滤纸与布氏漏斗连接紧密。

(3)用玻璃棒引流，将固液混合物转移到滤纸上。

(4)打开真空泵开关，开始抽滤。

(5)若固体需要洗涤时，可将少量溶剂洒到固体上，静置片刻，再将其抽干。

(6)过滤完之后，先抽掉抽滤瓶接管，后关真空泵。

(7)从漏斗中取出固体时，应将漏斗从抽滤瓶上取下，先用左手握漏斗管，倒转，再用右手"拍击"左手，使固体连同滤纸一起落入洁净的纸片或表面皿上。揭去滤纸，再对固体做干燥处理。

三、抽滤注意事项

(1)溶液应从抽滤瓶上口倒出。

(2)停止抽滤时先旋开安全瓶上的旋塞恢复常压，然后关闭真空泵。

(3)当过滤的溶液具有强酸性、强碱性或强氧化性时，要用玻璃纤维代替滤纸或用玻璃砂漏斗代替布氏漏斗。

(4)不宜过滤胶状沉淀或颗粒太小的沉淀。洗涤沉淀：关小水龙头，浸没沉淀，让水慢慢流下。

任务六　沉淀生成与溶解

任务描述

小沉同学通过学习发现，当改变溶液环境时，沉淀会发生溶解或生成更多沉淀，于是想通过实验验证下列问题：

(1)沉淀如何生成？

(2)沉淀如何溶解？

完成本次任务需要具备以下知识：

(1)沉淀溶解平衡相关知识；

(2)基本实验操作技能。

■■ 任务实施

1. 实验器材

电子天平、烧杯(100 mL)、量筒(100 mL)、试管、玻璃棒 1 根、一次性塑料滴管。

2. 实验药品

氯化钠、硝酸银、氨水、氯化镁、盐酸。

3. 组织形式

两人一组，在教师指导下，根据实验步骤完成实验。

4. 注意事项

(1)仔细观察实验现象，认真分析现象产生原因。

(2)试剂取用，应注意规范操作。

5. 实验步骤

(1)氯化钠＋硝酸银沉淀实验。

1)配制 0.1 mol/L 的氯化钠溶液。用电子天平称取 0.585 g(0.01 mol)氯化钠，放置于干净、干燥的烧杯中，然后加入 100 mL 的纯水，用玻璃棒搅拌至固体完全溶解，写好标签待用。

2)配制 0.1 mol/L 的硝酸银溶液。用电子天平称取 1.7 g(0.01 mol)硝酸银，放置于干净、干燥的烧杯中，然后加入 100 mL 的纯水，用玻璃棒搅拌至固体完全溶解，写好标签待用。

3)取一支试管，加入 8～10 mL 氯化钠溶液，然后加入 4～5 滴硝酸银溶液，振荡混合，观察溶液中沉淀生成情况。

4)继续向上述沉淀溶液中缓慢滴加氨水，边加边振荡，观察沉淀是否溶解。

(2)氯化镁＋氨水沉淀实验。

1)配制 0.1 mol/L 的氯化镁溶液。用电子天平称取 0.95 g(0.01 mol)氯化镁，放置于干净、干燥的烧杯中，然后加入 100 mL 的纯水，用玻璃棒搅拌至固体完全溶解，写好标签待用。

2)取一支试管，加入 8～10 mL 氯化镁溶液，然后向其中缓慢滴加氨水，边滴加边振荡混合，观察溶液中沉淀生成情况。

3)向上述沉淀溶液中缓慢滴加盐酸，边加边振荡，观察沉淀是否溶解。

■■ 实验内容详解

在某一难溶电解质的饱和溶液中，各离子相对浓度[①]幂的乘积为一个常数，这个常数

---

① 相对浓度 c'＝系统中某物种的 c/标准溶液 $c^{\ominus}$，$c^{\ominus}$＝1 mol/L。

称为标准溶度积常数，简称溶度积，用 $K_{sp}^{\ominus}$ 表示。另外，在某一难溶电解质的溶液中，任意浓度下，各离子相对浓度幂的乘积称为离子积，用 Q 表示。

根据溶度积规则，如果 $Q < K_{sp}^{\ominus}$，为不饱和溶液，无沉淀生成；如果 $Q = K_{sp}^{\ominus}$，为饱和溶液，处于沉淀－溶解动态平衡状态；如果 $Q > K_{sp}^{\ominus}$，为过饱和溶液，有沉淀析出，直至饱和。

任务评价

根据以上实验操作、现象记录及现象分析情况，进行任务评价。

序号	评价内容	评价要点	配分	评价标准	扣分	得分
1	实验准备	(1)实验预习； (2)玻璃仪器认领； (3)试剂认领	20	有一项不符合标准扣10分，扣完为止		
2	实验操作及记录	(1)实验是否按步骤操作； (2)试剂取用是否规范； (3)实验现象记录是否规范； (4)表格填写是否规范	60	有一项不符合标准扣15分，扣完为止		
3	安全文明操作	(1)实验台面整洁情况； (2)物品摆放情况； (3)玻璃仪器清洗放置情况； (4)安全操作情况	20	有一项不符合标准扣5分，扣完为止		
总分						

知识链接

沉淀－溶解平衡

根据溶解度的大小，电解质大体上可分为易溶电解质和难溶电解质，但它们之间并没有明显的界线。一般将溶解度小于 $0.01 \text{ g}/(100 \text{ g } H_2O)$ 的电解质称为难溶电解质。在含有难溶电解质固体的饱和溶液中存在着固体电解质与由它溶解所生成的离子之间的平衡，这是涉及固相与液相离子两相间的平衡，称为多相离子平衡。下面以平衡原理为基础，讨论难溶电解质的沉淀－溶解之间的平衡及其应用。

一、沉淀－溶解平衡和溶度积

氯化银虽是难溶物，如将它的晶体放入水中，或多或少仍有所溶解。这是由于晶体表面的 Ag^+ 及 Cl^- 在水分子的作用下，逐渐离开晶体表面进入水中，成为自由运动的水合离子，此过程称为溶解。与此同时，进入水中的 Ag^+ 和 Cl^- 在不断地运动过程中会碰到固体表面，受到表面离子的吸引，重新回到固体表面，此过程称为结晶(或沉淀)。当溶解和结晶的速率相等时，建立起平衡，即沉淀－溶解平衡，此时的溶液为饱和溶液。沉淀－溶解平衡是一种动态平衡，即固体在不断溶解，沉淀也在不断生成。固体氯化银和氯化银饱和溶液之间的平衡可表示为

$$AgCl(s) \underset{沉淀}{\overset{溶解}{\rightleftharpoons}} Ag^+ + Cl^-$$

显然，这是一种多相离子平衡。与化学平衡一样，固体物质的浓度不列入平衡常数表达式中。其标准平衡常数为

$$K_{sp}^{\ominus}(AgCl) = c'(Ag^+) \cdot c'(Cl^-)$$

二维动画：沉淀溶解平衡

$K_{sp}^{\ominus}$ 称为难溶电解质的标准溶度积常数，简称溶度积。它反映了物质的溶解能力。$K_{sp}^{\ominus}$ 越大，表示难溶解电解质在水中溶解能力越强，反之，则越弱。

现用通式来表示难溶电解质的溶度积常数：

$$A_m B_n(s) \Longleftrightarrow m A^{n+} + n B^{m-}$$

$$K_{sp}^{\ominus} = [c'(A^{n+})]^m \cdot [c'(B^{m-})]^n$$

式中 m、n——沉淀－溶解方程式中 A、B 的化学计量数。

例如：

$$Ag_2CrO_4(s) \Longleftrightarrow 2Ag^+ + CrO_4^{2-}$$

$$K_{sp}^{\ominus}(Ag_2CrO_4) = [c'(Ag^+)]^2 \cdot c'(CrO_4^{2-})$$

标准溶度积常数可用实验方法测定，25 ℃下一些常见难溶电解质的标准溶度积常数见本书附录六。和其他平衡常数一样，$K_{sp}^{\ominus}$ 也受温度的影响，但影响不太大，通常可采用常温下测得的数据。

溶度积常数仅适用于难溶电解质的饱和溶液，对中等或易溶的电解质不适用。

二、溶解度与溶度积的相互换算

溶解度和溶度积都能表示难溶电解质的溶解能力。因此，它们之间可以进行相互换算。换算时应注意溶度积中所采用的浓度单位为 mol/L，而溶解度常以 0.01 g/(100 g H_2O) 表示。由于难溶电解质饱和溶液中溶质的量很少，所以，溶液的浓度很小，难溶电解质饱和溶液的密度近似等于纯水的密度（1 g/cm³），这样可使计算简化。

微课：溶度积及溶度积常数的书写

微课：溶解度

【例 4-7】 已知 25 ℃时 AgCl 的溶解度为 1.92×10^{-3} g/L，试求该温度下 AgCl 的溶度积。

解：首先需将溶解度单位由 g/L 换算成 mol/L。

已知 AgCl 的摩尔质量为 143.4 g/mol，设 AgCl 溶解度为 x mol/L，则

$$x = 1.92 \times 10^{-3} \div 143.4 = 1.34 \times 10^{-5}$$

AgCl 饱和溶液的沉淀－溶解平衡如下：

$$AgCl(s) \Longleftrightarrow Ag^+ + Cl^-$$

平衡浓度（mol/L） x x

$$K_{sp}^{\ominus}(AgCl) = c'(Ag^+) \cdot c'(Cl^-) = x^2 = (1.34 \times 10^{-5})^2 = 1.8 \times 10^{-10}$$

【例 4-8】 已知室温下 Ag_2CrO_4 的溶度积为 1.1×10^{-12}，试求 Ag_2CrO_4 在水中的溶解度（以 mol/L 表示）。

解：设 Ag_2CrO_4 的溶解度为 x mol/L，且溶解的部分全部解离，因此

$$Ag_2CrO_4(s) \Longrightarrow 2Ag^+ + CrO_4^{2-}$$

平衡浓度(mol/L) $\qquad\qquad\qquad 2x \qquad\quad x$

$$K_{sp}^{\ominus}(Ag_2CrO_4) = [c'(Ag^+)]^2 \cdot c'(CrO_4^{2-}) = (2x)^2 x = 4x^3$$

$$x = \sqrt[3]{K_{sp}^{\ominus}/4} = \sqrt[3]{1.1 \times 10^{-12}/4} = 6.5 \times 10^{-5}$$

Ag_2CrO_4 的溶解度为 6.5×10^{-5} mol/L。

【例 4-9】 已知室温下 $Mn(OH)_2$ 的溶解度为 3.6×10^{-5} mol/L，求室温时 $Mn(OH)_2$ 的溶度积。

解：溶解的 $Mn(OH)_2$ 全部解离，解离产生的 $c(OH^-)$ 是 $c(Mn^{2+})$ 的 2 倍，因此

$$c(Mn^{2+}) = 3.6 \times 10^{-5} \text{ mol/L}$$

$$c(OH^-) = 7.2 \times 10^{-5} \text{ mol/L}$$

$$K_{sp}^{\ominus}[Mn(OH)_2] = c'(Mn^{2+}) \cdot [c'(OH^-)]^2 = 3.6 \times 10^{-5} \times (7.2 \times 10^{-5})^2 = 1.9 \times 10^{-13}$$

不同类型难溶电解质的溶解度和溶度积列于表 4-8。

表 4-8　几种难溶电解质的溶度积与溶解度(298 K)

电解质类型	难溶物	溶解度 $S/(\text{mol} \cdot L^{-1})$	$K_{sp}^{\ominus}$	溶度积表达式
AB	AgCl	1.34×10^{-5}	1.8×10^{-10}	$K_{sp}^{\ominus} = c'(Ag^+) \cdot c'(Cl^-)$
AB	AgBr	7.1×10^{-7}	5.0×10^{-13}	$K_{sp}^{\ominus} = c'(Ag^+) \cdot c'(Br^-)$
A_2B	Ag_2CrO_4	6.5×10^{-5}	1.1×10^{-12}	$K_{sp}^{\ominus} = [c'(Ag^+)]^2 \cdot c'(CrO_4^{2-})$
AB_2	$Mn(OH)_2$	3.6×10^{-5}	1.9×10^{-13}	$K_{sp}^{\ominus} = c'(Mn^{2+}) \cdot [c'(OH^-)]^2$

从表 4-8 中的数据可以看出，对于相同类型的电解质，溶度积大的溶解度也大。因此，通过溶度积数据可以直接比较溶解度的大小。对于不同类型的电解质，如 AgCl 与 Ag_2CrO_4，前者溶度积大而溶解度反而小，因此不能通过溶度积的数据直接比较它们溶解度的大小。

三、溶度积规则及其应用

1. 溶度积规则

应用化学平衡移动原理可以判断沉淀－溶解反应进行的方向。下面以 $CaCO_3$ 为例予以说明。在一定温度下，把过量的 $CaCO_3$ 固体放入纯水，溶解达到平衡时，在 $CaCO_3$ 的饱和溶液中：

$$CaCO_3 \Longrightarrow Ca^{2+} + CO_3^{2-}$$

$$c(Ca^{2+}) = c(CO_3^{2-})$$

$$c'(Ca^{2+}) \cdot c'(CO_3^{2-}) = K_{sp}^{\ominus}(CaCO_3)$$

(1)在上述平衡系统中，如果再加入 Ca^{2+} 或 CO_3^{2-}，此时，

$$c'(Ca^{2+}) \cdot c'(CO_3^{2-}) > K_{sp}^{\ominus}(CaCO_3)$$

沉淀－溶解平衡被破坏，平衡向生成 $CaCO_3$ 的方向移动，故有 $CaCO_3$ 析出。与此同时，溶液中 CO_3^{2-} 或 Ca^{2+} 浓度不断减少，直至 $c'(Ca^{2+}) \cdot c'(CO_3^{2-}) = K_{sp}^{\ominus}(CaCO_3)$ 时，沉淀不再析出，在新的条件下重新建立起平衡，注意此时 $c(Ca^{2+}) \neq c(CO_3^{2-})$：

$$CaCO_3 \Longrightarrow Ca^{2+} + CO_3^{2-}$$

$$\xleftarrow{\text{平衡移动的方向}}$$

(2)在上述平衡系统中，设法降低 Ca^{2+} 或 CO_3^{2-} 的浓度，或者使两者都降低，使

$$c'(Ca^{2+}) \cdot c'(CO_3^{2-}) < K_{sp}^{\ominus}(CaCO_3)$$

平衡向溶解方向移动。如在平衡系统中加入 HCl，则 H^+ 与 CO_3^{2-} 结合生成 H_2CO_3，H_2CO_3 立即分解为 H_2O 和 CO_2，从而大大降低了 CO_3^{2-} 的浓度，致使 $CaCO_3$ 逐渐溶解，并重新建立起平衡，此时 $c(Ca^{2+}) \neq c(CO_3^{2-})$。

$$CaCO_3 \Longleftrightarrow Ca^{2+} + CO_3^{2-}$$
$$\xrightarrow{\quad\quad\quad\quad\quad}$$
平衡移动的方向

根据上述的沉淀与溶解情况，可以归纳出沉淀的生成和溶解规律。将溶液中阳离子和阴离子的相对浓度代入 $K_{sp}^{\ominus}$ 表达式，得到的乘积称为离子积，用 Q 表示。把 Q 和 $K_{sp}^{\ominus}$ 相比较，有以下三种情况：

1）$Q > K_{sp}^{\ominus}$，溶液呈过饱和状态，有沉淀从溶液中析出，直到溶液呈饱和状态。

2）$Q < K_{sp}^{\ominus}$，溶液为不饱和状态，无沉淀析出。若系统中原来有沉淀，则沉淀开始溶解，直到溶液饱和。

3）$Q = K_{sp}^{\ominus}$，溶液为饱和状态，沉淀和溶解处于动态平衡。

上述即溶度积规则，利用此规则，可以判断体系是否有沉淀生成或体系中是否有沉淀溶解。

2. 生成沉淀的条件和沉淀的完全程度

(1)产生沉淀的条件。根据溶度积规则，在难溶电解质溶液中生成沉淀的条件是离子积大于溶度积。

【例 4-10】 根据溶度积规则，判断将 0.020 mol/L 的 $CaCl_2$ 溶液与等体积同浓度的 Na_2CO_3 溶液混合，是否有沉淀生成，$K_{sp}^{\ominus}(CaCO_3) = 2.8 \times 10^{-9}$。

解：两种溶液等体积混合后，体积增大一倍，浓度各自减小至原来的 $1/2$。

$$c(Ca^{2+}) = 0.020/2 = 0.010(\text{mol/L})$$
$$c(CO_3^{2-}) = 0.020/2 = 0.010(\text{mol/L})$$

$CaCO_3$ 的沉淀－溶解平衡为

$$CaCO_3 \Longleftrightarrow Ca^{2+} + CO_3^{2-}$$
$$Q = c'(Ca^{2+}) \cdot c'(CO_3^{2-}) = 0.010 \times 0.010 = 1.0 \times 10^{-4}$$

因为 $K_{sp}^{\ominus}(CaCO_3) = 2.8 \times 10^{-9}$，则 $Q > K_{sp}^{\ominus}$，故有 $CaCO_3$ 沉淀生成。

(2)沉淀的完全程度。当用沉淀反应制备产品或分离杂质时，沉淀完全与否是人们最关心的问题。严格地说，由于溶液中沉淀－溶解平衡总是存在的，一定温度下 $K_{sp}^{\ominus}$ 为常数，故溶液中没有哪一种离子的浓度会等于零。换句话说，没有一种沉淀反应是绝对完全的。通常认为残留在溶液中的离子浓度小于 $1 \times 10^{-5} \text{ mol/L}$ 时，沉淀就达完全，即该离子被认为已经除尽。

3. 同离子效应

在已达沉淀－溶解平衡的系统中，加入含有相同离子的易溶强电解质而使沉淀的溶解度降低的效应，叫作沉淀－溶解平衡中的同离子效应。

例如，$AgCl$ 在盐酸溶液中，由于受到氯离子的同离子效应影响，在 1.0 mol/L 的盐酸中 $AgCl$ 的溶解度降为 $1.8 \times 10^{-10} \text{ mol/L}$，$AgCl$ 在纯水中的溶解度为 $1.3 \times 10^{-5} \text{ mol/L}$。在易溶电解质的沉淀－溶解系统中，同离子效应也起作用。例如，在饱和 $NaCl$ 溶液中通入 HCl 气体，也能析出 $NaCl$ 晶体，并因与杂质分离较好得到纯净的产品。

从同离子效应的角度看，加入沉淀剂越多，可使被沉淀的离子沉淀得越完全。但需要指出，过多的沉淀剂反而会使溶解度变大，盐效应就是造成这种现象的原因之一。

4. 盐效应

实验证明，当含有其他易溶强电解质（无共同离子）时，难溶电解质的溶解度比在纯水中的要大。如 $BaSO_4$ 和 $AgCl$ 在 KNO_3 溶液中的溶解度都大于在纯水中的溶解度，而且 KNO_3 的浓度越大，其溶解度就越大。这种由于加入易溶强电解质而使难溶电解质溶解度增大的效应称为盐效应。产生盐效应的原因是易溶强电解质的存在，使溶液中阴离子和阳离子的浓度大大增加，离子间的相互吸引和相互牵制的作用加强，妨碍了离子的自由运动，使离子的有效浓度减小，因而沉淀速率变慢。这就破坏了原来的沉淀－溶解平衡，使平衡向溶解方向移动。当建立起新的平衡时，溶解度必然有所增加。

不难理解，在沉淀操作中利用同离子效应的同时也存在盐效应。故应注意所加沉淀剂不要过量太多，否则由于盐效应反而会使溶解度增大。表4-9列出了 $PbSO_4$ 在 Na_2SO_4 溶液中的溶解度。

表 4-9　$PbSO_4$ 在 Na_2SO_4 溶液中的溶解度

$c(Na_2SO_4)/(mol \cdot L^{-1})$	0.00	0.01	0.02	0.04	0.10	0.20
$c(PbSO_4)/(mol \cdot L^{-1})$	1.5×10^{-4}	1.6×10^{-5}	1.4×10^{-5}	1.3×10^{-5}	1.6×10^{-5}	2.3×10^{-5}

开始时，同离子效应起主导作用，随着 Na_2SO_4 溶液浓度的增加，$PbSO_4$ 的溶解度降低；但当 Na_2SO_4 溶液的浓度超过 0.04 mol/L 时，$PbSO_4$ 的溶解度又随着 Na_2SO_4 溶液浓度的增加而增大，这时盐效应起主导作用。因此，为了使沉淀完全，加入沉淀剂的量一般以过量20%～50%为宜。

任务七　分步沉淀与沉淀转化

任务描述

小沉同学通过学习发现，可以通过改变溶液条件使混合离子溶液实现分步沉淀也可以通过加入试剂使沉淀发生转化，于是想通过实验验证下列问题：

(1)分步沉淀是如何实现的？

(2)先被沉淀的离子有何特点？

(3)沉淀被转化有何条件？

任务解析

完成本次任务需要具备以下知识：

(1)沉淀－溶解平衡相关知识；

(2)基本实验操作技能；

(3)分步沉淀相关知识。

任务实施

1. 实验器材

电子天平、烧杯(100 mL)、量筒(100 mL)、试管、玻璃棒1根、一次性塑料滴管、精细 pH 试纸若干。

2. 实验药品

氯化钠、铬酸钾、硝酸银、氯化钙、硫酸钠、碳酸钠、盐酸。

3. 组织形式

两人一组,在教师指导下,根据实验步骤完成实验。

4. 注意事项

(1)仔细观察实验现象,认真分析现象产生的原因。

(2)试剂取用,应注意规范操作。

5. 实验步骤

(1)$AgCl$ 和 $AgCrO_4$ 分步沉淀实验。

1)配制 0.1 mol/L 的氯化钠溶液。用电子天平称取 0.585 g(0.01 mol)氯化钠,放置于干净、干燥的烧杯中,然后加入 100 mL 的纯水,用玻璃棒搅拌至固体完全溶解,写好标签待用。

2)配制 0.1 mol/L 的硝酸银溶液。用电子天平称取 1.7 g(0.01 mol)硝酸银,放置于干净、干燥的烧杯中,然后加入 100 mL 的纯水,用玻璃棒搅拌至固体完全溶解,写好标签待用。

3)配制 50 g/L 的铬酸钾溶液。用电子天平称取 5 g 铬酸钾,放置于干净、干燥的烧杯中,然后加入 100 mL 的纯水,用玻璃棒搅拌至固体完全溶解,写好标签待用。

4)取一支试管,加入 8～10 mL 氯化钠溶液,然后向其中滴加 3～4 滴铬酸钾溶液。

5)向上述溶液中缓慢滴加硝酸银溶液,边滴加边振荡混合,观察溶液中沉淀生成情况,以及颜色变化。

(2)$CaSO_4$ 和 $CaCO_3$ 沉淀转化实验。

1)配制 0.1 mol/L 的氯化钙溶液。用电子天平称取 1.11 g(0.01 mol)氯化钙,放置于干净、干燥的烧杯中,然后加入 100 mL 的纯水,用玻璃棒搅拌至固体完全溶解,写好标签待用。

2)配制 0.1 mol/L 的硫酸钠溶液。用电子天平称取 1.42 g(0.01 mol)硫酸钠,放置于干净、干燥的烧杯中,然后加入 100 mL 的纯水,用玻璃棒搅拌至固体完全溶解,写好标签待用。

3)配制 0.1 mol/L 的碳酸钙溶液。用电子天平称取 1.06 g(0.01 mol)碳酸钙,放置于干净、干燥的烧杯中,然后加入 100 mL 的纯水,用玻璃棒搅拌至固体完全溶解,写好标签待用。(注意:使用前,用精密 pH 试纸测量 pH 值,要保证溶液呈碱性)

4)取一支试管,加入 8～10 mL 氯化钙溶液,然后向其中滴加 5～7 滴硫酸钠溶液,观察溶液中沉淀的生成情况。待沉淀完成后,先用塑料滴管去除上清液,再向沉淀缓慢滴加盐酸溶液,边滴加边振荡,观察沉淀是否溶解。

5)另取一支试管,加入 8～10 mL 氯化钙溶液,然后向其中滴加 5～7 滴硫酸钠溶液,观察溶液中沉淀的生成情况。向沉淀溶液中加入 10 mL 碳酸钠溶液,反应 10 min 后,先用塑料滴管去除上清液,再向沉淀中加入盐酸溶液,边滴加边振荡,观察沉淀是否溶解。

某溶液中同时存在几种离子，向此溶液中加入一种沉淀剂，并且该沉淀剂可与溶液中多种离子反应生成难溶电解质，但由于生成的各难溶电解质的溶度积不同，沉淀析出的先后次序也不同，此现象称为分步沉淀。

沉淀的转化是指由一种难溶电解质转化为另一种难溶电解质的过程，其实质是沉淀－溶解平衡的移动。一般是由溶解度大的沉淀向溶解度小的沉淀转化。

任务评价

根据以上实验操作、现象记录及现象分析情况，进行任务评价。

序号	评价内容	评价要点	配分	评价标准	扣分	得分
1	实验准备	(1)实验预习； (2)玻璃仪器认领； (3)试剂认领	20	有一项不符合标准扣 10 分，扣完为止		
2	实验操作及记录	(1)实验是否按步骤操作； (2)试剂取用是否规范； (3)实验现象记录是否规范； (4)表格填写是否规范	60	有一项不符合标准扣 15 分，扣完为止		
3	安全文明操作	(1)实验台面整洁情况； (2)物品摆放情况； (3)玻璃仪器清洗放置情况； (4)安全操作情况	20	有一项不符合标准扣 5 分，扣完为止		
总分						

知识链接

分步沉淀与沉淀转化

一、分步沉淀

以上讨论的是溶液中只有一种能生成沉淀的离子。实际上溶液中往往含有多种离子，随着沉淀剂的加入，各种沉淀会相继生成，这种现象称为分步沉淀。运用溶度积规则可以判断沉淀生成的次序，以及使混合离子达到分离。

【例 4-11】 工业上分析水中 Cl^- 的含量，常用 $AgNO_3$ 做滴定剂。在水样中逐滴加入 $AgNO_3$ 时，有白色 $AgCl$ 沉淀析出。继续滴加 $AgNO_3$，当开始出现砖红色 Ag_2CrO_4 沉淀时，即为滴定的终点。

(1)试解释为什么 $AgCl$ 比 Ag_2CrO_4 先沉淀。

(2)假定开始时水样中 $c(Cl^-)=7.1\times10^{-3}$ mol/L，$c(CrO_4^{2-})=5.0\times10^{-3}$ mol/L，当 Ag_2CrO_4 开始沉淀时，水样中的 Cl^- 是否已沉淀完全。

解：(1)欲使 $AgCl$ 或 Ag_2CrO_4 沉淀生成，溶液中离子积应大于溶度积。设生成 $AgCl$ 和 Ag_2CrO_4 沉淀所需的最低 Ag^+ 的浓度分别为 $c_1(Ag^+)$ 和 $c_2(Ag^+)$，$AgCl$ 和 Ag_2CrO_4 沉淀－溶解平衡式为

$$AgCl(s) \Longleftrightarrow Ag^+ + Cl^-; \quad K_{sp}^{\ominus}(AgCl) = 1.8 \times 10^{-10} \tag{1}$$

$$Ag_2CrO_4(s) \Longleftrightarrow 2Ag^+ + CrO_4^{2-}; \quad K_{sp}^{\ominus}(Ag_2CrO_4) = 1.1 \times 10^{-12} \tag{2}$$

$$c_1'(Ag^+) = K_{sp}^{\ominus}(AgCl)/c'(Cl^-) = 1.8 \times 10^{-10}/(7.1 \times 10^{-3}) = 2.5 \times 10^{-8}$$

$$c_1(Ag^+) = 2.5 \times 10^{-8} \text{ mol/L}$$

$$c_2'(Ag^+) = \sqrt{K_{sp}^{\ominus}(Ag_2CrO_4)/c'(CrO_4^{2-})} = \sqrt{1.1 \times 10^{-12}/(5.0 \times 10^{-3})} = 1.5 \times 10^{-5}$$

$$c_2(Ag^+) = 1.5 \times 10^{-5} \text{ mol/L}$$

从计算得知，沉淀 Cl^- 所需 Ag^+ 最低浓度比沉淀 CrO_4^{2-} 小得多，故加入 $AgNO_3$ 时，$AgCl$ 应先沉淀。随着 Ag^+ 的不断加入，溶液中 Cl^- 的浓度逐渐减小，Ag^+ 的浓度逐渐增大。当达到 1.5×10^{-5} mol/L 时，Ag^+ 与 CrO_4^{2-} 的离子积达到了 Ag_2CrO_4 的 $K_{sp}^{\ominus}$，随即析出砖红色 Ag_2CrO_4 沉淀。

(2)当 Ag_2CrO_4 开始析出时，溶液中 Cl^- 浓度为

$$c_1'(Cl^-) = K_{sp}^{\ominus}(AgCl)/c'(Ag^+) = 1.8 \times 10^{-10}/(1.5 \times 10^{-5}) = 1.2 \times 10^{-5}$$

$$c(Cl^-) = 1.2 \times 10^{-5} \text{ mol/L}$$

Cl^- 浓度接近 10^{-5} mol/L，故 Ag_2CrO_4 开始析出时，可认为溶液中 Cl^- 已沉淀完全。

从例 4-11 可以看出：当一种试剂能沉淀溶液中几种离子时，生成沉淀所需试剂离子浓度最小者首先沉淀。也就是说，离子积首先达到其溶度积的难溶物先沉淀，这就是分步沉淀的基本原理。如果各离子沉淀所需试剂离子的浓度相差较大，借助分步沉淀就能达到分离的目的。

在化工生产中，利用控制溶液 pH 值的方法对金属氢氧化物进行分离，就是分步沉淀原理的重要应用。

二、沉淀的溶解

根据溶度积规则，要使沉淀溶解，需要降低该难溶电解质饱和溶液中离子的浓度，离子积小于溶度积，即 $Q < K_{sp}^{\ominus}$，为了达到这个目的，有以下几种途径。

1. 转化成弱电解质

(1)生成弱酸。一些难溶的弱酸盐，如碳酸盐、醋酸盐、硫化物能与强酸作用生成相应的弱酸，降低平衡系统中弱酸根离子的浓度，致使 $Q < K_{sp}^{\ominus}$。例如，FeS 溶于盐酸的反应可表示如下：

$$FeS(s) \Longleftrightarrow Fe^{2+} + S^{2-}$$
$$+$$
$$2HCl \rightarrow 2Cl^- + 2H^+$$
$$\Updownarrow$$
$$H_2S$$

H^+ 与 S^{2-} 结合生成 H_2S 为弱酸，又易于挥发，有利于 S^{2-} 浓度的降低，结果使 FeS 溶解。$CaCO_3$ 溶于 HCl 也是由于生成了易分解的弱酸 H_2CO_3。实验室中常利用这两个反应制取 H_2S 和 CO_2：

$$FeS + 2HCl \rightarrow FeCl_2 + H_2S\uparrow$$

$$CaCO_3 + 2HCl \rightarrow CaCl_2 + H_2O + CO_2\uparrow$$

(2)生成弱碱。$Mg(OH)_2$ 能溶于铵盐是由于生成了难解离的弱碱,降低了 OH^- 的浓度,使平衡向左移动:

$$Mg(OH)_2(s) \Longleftrightarrow Mg^{2+} + 2OH^-$$
$$+$$
$$2NH_4Cl \rightarrow 2Cl^- + 2NH_4^+$$
$$\Big\Updownarrow$$
$$2NH_3 \cdot H_2O$$

即

$$Mg(OH)_2(s) + 2NH_4Cl \rightarrow MgCl_2 + 2NH_3 \cdot H_2O$$

(3)生成水。一些难溶金属氢氧化物和酸作用,因生成水而溶解。例如,$Mg(OH)_2$ 溶于盐酸:

$$Mg(OH)_2(s) \Longleftrightarrow Mg^{2+} + 2OH^-$$
$$+$$
$$2HCl \rightarrow 2Cl^- + 2H^+$$
$$\Big\Updownarrow$$
$$2H_2O$$

即

$$Mg(OH)_2(s) + 2HCl \rightarrow MgCl_2 + 2H_2O$$

2. 发生氧化还原反应

上面提到的 CuS 不能溶于盐酸,但能溶于硝酸。因为 HNO_3 能将 S^{2-} 氧化成单质 S,S^{2-} 的浓度降得更低,使 $Q < K_{sp}^{\ominus}$。溶解反应式为

$$3CuS + 8HNO_3 \rightarrow 3Cu(NO_3)_2 + 3S\downarrow + 2NO\uparrow + 4H_2O$$

同理,Ag_2S 也能用硝酸溶解。

3. 生成难解离的配离子

当简单离子生成配子后,由于配子具有一定稳定性,使解离出来的简单离子的浓度远低于原来的浓度,从而达到 $Q < K_{sp}^{\ominus}$ 的目的。如 AgBr 不溶于水,也不溶于强酸和强碱,却能溶于硫代硫酸钠溶液。这是由于 Ag^+ 与 $S_2O_3^{2-}$ 结合,生成了稳定的配离子 $[Ag(S_2O_3)_2]^{3-}$,从而大大降低了 Ag^+ 的浓度:

$$AgBr + 2S_2O_3^{2-} \rightarrow [Ag(S_2O_3)_2]^{3-} + Br^-$$

该反应广泛应用于照相技术中。

4. 转化为另一种沉淀再行溶解

某些难溶盐(如 $BaSO_4$、$CaSO_4$)用上述方法都不能溶解,这时可以采用沉淀转化的方法。以 $CaSO_4$ 转化为 $CaCO_3$ 为例,在 $CaSO_4$ 饱和溶液中加入 Na_2CO_3,反应式为

$$CaSO_4 \Longleftrightarrow Ca^{2+} + SO_4^{2-}$$
$$+$$
$$Na_2CO_3 \rightarrow CO_3^{2-} + 2Na^+$$
$$\Big\Updownarrow$$
$$CaCO_3\downarrow$$

pH 值标度的由来

【思维导图——知识点归纳】

```
                    ┌─ 强电解质和弱电解质
                    │  解离度、解离平衡常数的计算
            解离平衡 ┤  弱酸、弱碱 pH 值的计算
                    │  酸碱指示剂
                    └─ 同离子效应
酸碱平衡 ┤              ┌─ 缓冲溶液组成
                    │  缓冲溶液作用原理
            缓冲溶液 ┤  缓冲溶液 pH 值的计算
                    │  盐类水解过程
                    │  盐类水解
                    └─ 水解平衡影响因素

                    ┌─ 基本概念 ┤ 溶度积
                    │           └ 溶度积与溶解度的换算
                    │              ┌─ 沉淀的生成
                    │              │  沉淀生成完全的判断
沉淀－溶解平衡 ┤ 溶度积规则 ┤ 同离子效应
                    │              │  盐效应
                    │              └─ 沉淀溶解
                    │           ┌─ 沉淀先后判断
                    └─ 分步沉淀 ┤
                                └─ 能否分步沉淀判断
```

练一练

一、选 择 题

1. 按酸碱质子理论，在水溶液中既可做酸也可做碱的物质是（　　　）。

A. Cl^-　　　　　　　B. NH_4^+　　　　　　　C. HCO_3^-　　　　　　　D. H_3O^+

2. 下列物质中属于难溶强电解质的是（　　　）。

A. NaCl　　　　　　B. $CaCO_3$　　　　　　C. Cu　　　　　　D. CO

3. 下列叙述正确的是（　　　）。

A. 酸性越强，溶液的 pH 值越大

B. 中性溶液的 pH＝7

C. 若 pH＝1，则表示溶液中的 $[H^+]$＝1.0 mol/L

D. 若 $[OH^-]$＞10^{-7} mol/L，则溶液显酸性

4. pH＝2 的溶液酸度是 pH＝6 的溶液酸度的（　　　）倍。

A. 4　　　　　　　　B. 12　　　　　　　C. 4 000　　　　　D. 10 000

5. 在碱性溶液中，下列叙述正确的是（　　　）。

A. 只有 OH^- 存在　　B. pH≤7　　　　C. $[H^+]$＜$[OH^-]$　　D. $[H^+]$＞10^{-7} mol/L

6. 下列离子中，碱性最强的是(　　)。

A. NH_4^+　　　　　　B. CN^-　　　　　　C. Ac^-　　　　　　D. NO_2^-

7. 在缓冲溶液中加入少量酸或碱后，水的 pH 值(　　)。

A. 增大　　　　　　　　　　　　B. 减小

C. 基本不发生变化　　　　　　　　D. 无法判断

8. 对于反应 $Ag^+ + Cl^- = AgCl$，加入适量过量的 Cl^- 可以使 Ag^+ 离子沉淀更完全，这是利用下列效应中的(　　)。

A. 盐效应　　　　B. 酸效应　　　　C. 配位效应　　　　D. 同离子效应

9. CaF_2 溶度积表达式是(　　)。

A. $K_{sp}^{\ominus}(CaF_2) = c'(Ca^{2+}) \cdot [c'(F^-)]^2$　　B. $K_{sp}^{\ominus}(CaF_2) = [c'(Ca^{2+})]^2 \cdot c(F^-)$

C. $K_{sp}^{\ominus}(CaF_2) = c'(Ca^{2+}) \cdot [c'(F^-)]^{-2}$　　D. $K_{sp}^{\ominus}(CaF_2) = c'(Ca^{2+}) \cdot c(F^-)$

10. 25 ℃时 AgBr 的溶解度为 7.1×10^{-7} mol/L，则 AgBr 的溶度积为(　　)。

A. 5.0×10^{-13}　　B. 3.6×10^{-19}　　C. 7.1×10^{-7}　　D. 8.4×10^{-4}

二、填空题

1. 已知 $[HAc] = 1.75 \times 10^{-5}$，0.02 mol/L HAc 溶液的解离度为＿＿＿＿。

2. 已知醋酸溶液的浓度为 0.12 mol/L，解离度为 4.19%，则 H^+ 的浓度为＿＿＿＿。

3. 已知氨水的浓度为 0.03 mol/L，其标准解离平衡常数为 1.8×10^{-5}，则 OH^- 的浓度为＿＿＿＿。

4. 沉淀溶解的条件是 Q＿＿＿＿$K_{sp}^{\ominus}$；沉淀生成的条件是 Q＿＿＿＿$K_{sp}^{\ominus}$（填">""<"或"="）。

5. 能抵抗外加的少量酸或碱而保持溶液 pH 值基本不变的溶液称为＿＿＿＿。

6. 已知 AgCl、AgBr、AgI 的平衡常数分别为 1.6×10^{-10}、4.1×10^{-13}、1.5×10^{-16}，在浓度均为 0.02 mol/L 的 Cl^-、Br^-、I^- 三种离子的混合溶液中，若向混合溶液中逐滴加入 $AgNO_3$ 溶液，首先沉淀析出的是＿＿＿＿，最后沉淀析出的是＿＿＿＿。

三、判断题

1. 对于弱电解质溶液，浓度越小，解离度越大，离子浓度越小。　　　　　(　　)

2. 硝酸溶液的浓度为醋酸溶液浓度的两倍，则硝酸中 H^+ 浓度也是醋酸的两倍。

　　　　　　　　　　　　　　　　　　　　　　　　　　　　　　　(　　)

3. H_2CO_3 和 CO_3^{2-} 为共轭酸碱对关系。　　　　　　　　　　(　　)

4. 使酚酞显红色的溶液一定是碱性的。　　　　　　　　　　　　　(　　)

5. 离子被沉淀完全的标志为其浓度等于 1.0×10^{-5} mol/L。　　　　(　　)

6. 当难溶电解质的离子积等于其溶度积时，该溶液出现沉淀。　　　　(　　)

7. $BaSO_4$ 在 0.5mol/L $NaSO_4$ 溶液中的溶解度要小于在纯水中的溶解度。　(　　)

8. NaAc 水溶液的 pH 值为中性。　　　　　　　　　　　　　　　(　　)

9. 将弱酸稀释时，解离度增大，因此 H^+ 浓度也增大。　　　　　(　　)

四、计算题

1. 计算下列 H^+ 溶液的 pH 值。

(1) 1.0×10^{-5} mol/L；

(2) 7.5×10^{-7} mol/L；

(3) 8.7×10^{-11} mol/L。

2. 计算下列 pOH 溶液的 H^+ 浓度。

(1) 10.25；

(2) 2.38；

(3) 7.80。

3. 计算 pH＝1.00 与 pH＝3.00 的 HCl 溶液等体积混合后溶液的 pH。

4. 现有 0.1 mol/L HAc 溶液，已知：HAc 的 $K_a^{\ominus}＝1.8 \times 10^{-5}$，计算溶液中 $[H^+]$、$[OH^-]$、pH 值以及 HAc 的解离度 α。

5. 通过计算，判断下列溶液是否可以生成沉淀？

已知：$K_{sp}^{\ominus}[AgCl]＝1.8 \times 10^{-10}$。

(1)向 1 L 的 1.5×10^{-6} mol/L 的 $AgNO_3$ 中加入等体积 1.5×10^{-5} mol/L 的 NaCl 溶液；

(2)向 1 L 的 1.5×10^{-4} mol/L 的 $AgNO_3$ 中加入等体积 1.5×10^{-4} mol/L 的 NaCl 溶液。

6. 向 1.0×10^{-3} mol/L 的 K_2CrO_4 溶液中滴加 $AgNO_3$ 溶液，求：

(1)开始有 Ag_2CrO_4 沉淀生成时的 Ag^+ 浓度。

(2)CrO_4^{2-} 沉淀完全时，Ag^+ 浓度为多少？（已知：$K_{sp}^{\ominus}[Ag_2CrO_4]＝2.0 \times 10^{-12}$）

参考答案

项目五　探究原电池工作原理

项目导入

原电池的发明及工作原理

原电池的发明历史可追溯到 18 世纪末期，当时意大利生物学家伽伐尼正在进行著名的青蛙实验，当用金属手术刀接触蛙腿时，发现蛙腿会抽搐。大名鼎鼎的伏特认为这是金属与蛙腿组织液（电解质溶液）之间产生的电流刺激造成的。1800 年，伏特据此设计出了被称为伏打电堆的装置，锌为负极，银为正极，用盐水做电解质溶液。1836 年，丹尼尔发明了世界上第一个实用电池，并应用于早期铁路信号灯。

原电池反应属于放热反应，一般是氧化还原反应，但区别于一般的氧化还原反应的是，电子转移不是通过氧化剂和还原剂之间的有效碰撞完成的，而是还原剂在负极上失电子发生氧化反应，电子通过外电路输送到正极上，氧化剂在正极上得电子发生还原反应，从而完成还原剂和氧化剂之间电子的转移。两极之间溶液中离子的定向移动和外部导线中电子的定向移动构成了闭合回路，使两个电极反应不断进行，发生有序的电子转移过程，产生电流，实现化学能向电能的转化（图 5-1）。

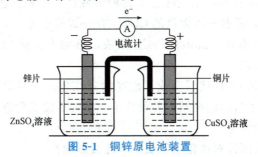

图 5-1　铜锌原电池装置

从能量转化角度看，原电池是将化学能转化为电能的装置；从化学反应角度看，原电池的原理是氧化还原反应中的还原剂失去的电子经外接导线传递给氧化剂，使氧化还原反应分别在两个电极上进行。

学习目标

知识目标

1. 理解氧化数、氧化与还原、氧化剂与还原剂等概念，掌握氧化还原方程式的配平方法。

2. 了解原电池的组成和表示方法。

3. 了解电极电势的概念，掌握能斯特方程式及影响因素。

4. 掌握电极电势的应用，了解元素电势图及应用。

能力目标

1. 会用氧化数法和离子电子法配平氧化还原方程式。

2. 能利用能斯特方程式进行有关计算。

3. 会利用电极电势值比较氧化剂和还原剂的相对强弱、判断氧化还原反应的方向及进行程度。

4. 会利用元素电势图判断歧化反应的发生。

素养目标

1. 通过氧化还原反应概念的演变，培养用发展的眼光、科学的态度、勇于探索的品质学习化学。

2. 通过交流、讨论、活动、探究氧化还原反应，加强合作学习；感受在互相启发中不断进步的学习乐趣。

3. 通过氧化还原反应有关概念的学习，初步形成对立统一的辩证唯物主义的观点，形成勇于创新的习惯、培养创新能力。

任务一　认识氧化与还原

任务描述

李明在实验室做反应实验，他先准备了几种溶液：一瓶是无色的 KI 溶液，另一瓶是淡棕黄色的 $FeCl_3$ 溶液，还有一瓶无色的 CCl_4。在一试管中加入 3～4 滴 0.1 mol/L KI 溶液稀释至 1 mL，加入 2 滴 0.1 mol/L $FeCl_3$ 溶液，再加入 3 滴 CCl_4，充分振荡，观察萃取后 CCl_4 液层的颜色变化。

李明发现原本无色的 CCl_4 液层变成了漂亮的紫红色。李明根据实验现象，认真分析现象产生的原因，提出了自己的疑问，并设计了一系列后续实验进行探究，疑问如下：

(1)什么是氧化还原反应？

(2)浓度、介质的酸碱性对氧化还原反应有什么影响？

任务解析

完成本次任务需要具备以下知识：

(1)氧化过程与还原过程；

(2)氧化剂和还原剂；

(3)氧化还原反应；

(4)氧化还原电对；

(5)氧化还原反应的影响因素；

(6)基本实验操作技能。

任务实施

1. 实验器材

试管、烧杯(50 mL)、玻璃棒、洗瓶。

2. 实验药品

酸：H_2SO_4(3 mol/L)、HCl(2 mol/L)、HAc(6 mol/L)。

碱：NaOH(6 mol/L)、$NH_3 \cdot H_2O$(浓)。

盐：KI(0.1 mol/L)、KBr(0.1 mol/L)、$FeCl_3$(0.1 mol/L)、$FeSO_4$(0.1 mol/L)、$KMnO_4$(0.1 mol/L)、Na_2SO_4(0.5 mol/L)、$ZnSO_4$(0.1 mol/L)、$CuSO_4$(0.1 mol/L)。

其他：CCl_4、I_2 水、Br_2 水、H_2O_2(3%)、KI—淀粉试纸、酚酞溶液。

3. 组织形式

两人一组，在教师指导下根据实验步骤完成实验。

4. 注意事项

(1)仔细观察实验现象，认真分析现象产生原因。

(2)液体药品和固体药品的取用，注意操作规范。

5. 实验步骤

(1)氧化还原反应的关系。

1)卤素离子的还原性。在一试管中加入 3～4 滴 0.1 mol/L KI 溶液稀释至 1 mL，加入 2 滴 0.1 mol/L $FeCl_3$ 溶液，再加入 3 滴 CCl_4，充分振荡，观察取后 CCl_4 层的颜色变化(I_2 溶于 CCl_4 中显紫红色，Br_2 溶于 CCl_4 中显棕黄色)，写出相应反应式。用 KBr 溶液代替 KI 溶液，进行上述实验。解释现象。

2)卤素的氧化性。分别用 I_2 水和 Br_2 水同 0.1 mol/L $FeSO_4$ 溶液反应，加入 CCl_4 后，观察 CCl_4 层颜色的变化。根据以上实验结果，写出有关反应式，并比较 I_2/I^-、Fe^{3+}/Fe^{2+}、Br_2/Br^- 三个电对的电极电势的大小。

(2)中间价态物质的氧化还原性。

1)H_2O_2 的氧化性。在一试管中加入 1 mL 0.1 mol/L KI 溶液，并加入几滴 3 mol/L H_2SO_4 酸化，然后加入少量3% H_2O_2 溶液和几滴 CCl_4，充分振荡，仔细观察现象，写出反应式。

2)H_2O_2 的还原性。在一试管中加入 2 滴 0.1 mol/L $KMnO_4$ 溶液，并加入几滴 3 mol/L H_2SO_4 酸化，然后加入少量 3% H_2O_2 溶液，振荡，仔细观察现象，写出反应式。

(3)酸度对氧化还原速率的影响。在两支试管中各加入 0.5 mL 0.1 mol/L KBr 溶液，再分别加入 0.5 mL 0.1 mol/L H_2SO_4 和 6 mol/L HAc 溶液。然后，向该两支试管中各加入 2 滴 0.1 mol/L $KMnO_4$ 溶液，观察并比较它们紫色溶液褪色的快慢，并写出反应式。

(4)酸度对氧化还原反应的影响。向盛有少许 MnO_2 固体的试管中滴加 1 mL 2 mol/L HCl，观察有无反应发生。用浓 HCl 代替 2 mol/LHCl，重做以上实验，观察现象，并用湿润 KI 淀粉试纸检验生成的气体。写出有关反应式，并加以解释。

实验内容详解

1. 氧化还原反应

有电子转移(得失或偏移)的反应称为氧化还原反应。在氧化还原反应中电子转移(得失或偏移)与化合价升降的关系如图 5-2、图 5-3 所示。

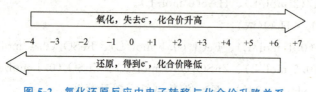

图 5-2　氧化还原反应中电子转移与化合价升降关系

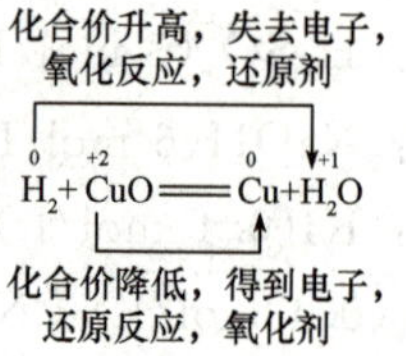

图 5-3　氧化还原反应

2. 氧化剂和还原剂

氧化剂和还原剂作为反应物共同参加氧化还原反应。在反应中，电子从还原剂转移到氧化剂，即氧化剂是得到电子(或电子对偏向)的物质，在反应时所含元素的化合价降低，具有氧化性，反应时本身被还原。还原剂是失去电子(或电子对偏离)的物质，在反应时所含元素的化合价升高。还原剂具有还原性，反应时本身被氧化。

任务评价

根据以上实验操作、现象记录及现象分析情况，进行任务评价。

序号	评价内容	评价要点	配分	评价标准	扣分	得分
1	实验准备	(1)实验预习； (2)玻璃仪器认领； (3)试剂认领	20	有一项不符合标准扣 7 分，扣完为止		
2	实验操作及记录	(1)试管的使用； (2)胶头滴管的使用； (3)反应式的书写； (4)现象描述； (5)现象解释； (6)实验记录表格设计是否合理； (7)表格填写是否规范	60	有一项不符合标准扣 10 分，扣完为止		
3	安全文明操作	(1)实验台面整洁情况； (2)物品摆放情况； (3)玻璃仪器清洗放置情况； (4)安全操作情况	20	有一项不符合标准扣 5 分，扣完为止		
总分						

氧化与还原

氧化还原反应是普遍存在且很重要的一类化学反应，如金属的制备和精炼，动植物体内的代谢过程、土壤中某些元素存在形态的转化及许多化工生产等都涉及氧化还原反应。

一、氧化还原反应

氧化还原反应的特征是反应前后反应物之间发生了电子的转移。失去电子的变化称为氧化，失去电子的反应称为氧化反应；得到电子的变化称为还原，得到电子的反应称为还原反应。一种物质失去电子，必然有另一种物质得到电子，凡是有电子转移（电子得失或共用电子对偏移）的化学反应称为氧化还原反应。金属钠和氯气的反应如图 5-4 所示。

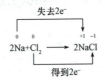

图 5-4 金属钠和氯气的反应

二维动画：
氧化与还原

上述反应中，Na 失去电子，发生氧化反应，Cl 得到电子发生还原反应，氧化反应和还原反应总是同时发生的，且 Na 失去的电子总数和 Cl 得到的电子总数相等。

在氧化还原反应中失去电子的反应物是还原剂，得到电子的反应物是氧化剂。上例中 Na 是还原剂，因为 Na 失去的电子能使 Cl 还原，自己本身被氧化；Cl_2 是氧化剂，因为 Cl 得到的电子能使 Na 氧化，自己本身被还原。

在上述离子化合物的反应中，反应物之间电子的转移是很明显的。但在仅有共价化合物参与的反应中，反应物间没有电子的转移，而是发生了电子对的偏移。例如，H_2 和 Cl_2 的反应：

$$H_2 + Cl_2 = 2HCl$$

由于 Cl 的电负性大于 H，所以，HCl 分子中的共用电子对靠近 Cl 原子，偏离 H 原子。尽管 Cl 和 H 都没有获得或失去电子，却有一定程度的电子对偏移。共用电子对偏离的反应物是还原剂，共用电子对靠近的反应物是氧化剂，因此，上述反应中 H_2 是还原剂，Cl_2 是氧化剂。综上所述，在化学反应中，原子间电子的转移（得失或偏移）是氧化还原反应的实质。

二、氧化数

为了方便地判断氧化还原反应，进行氧化还原反应方程式的配平，无机化学中引入了氧化数（又称氧化值）的概念。

1. 氧化数的定义

1970 年，国际纯粹与应用化学联合会（IUPAC）确定，氧化数是某元素一个原子的荷电数，这个荷电数可以通过假设把每个成键中的电子指定给电负性较大的原子而求得。例如，在 NaCl 中，Cl 的电负性比 Na 的电负性大，因此 Cl 的氧化数为 -1，Na 的氧化数为 $+1$。又如 H_2O 中，O 的电负性较大，成键电子偏近电负性较大的氧元素。因此，O 的氧化数为 -2，H 的氧化数为 $+1$。

2. 氧化数的确定规则

单质中元素的氧化数等于零，如 H_2、Na、Cl_2 等单质中，元素的氧化数都为零。氢在化合物中的氧化数一般为 $+1$，但在活泼金属的氢化物中（如 NaH 等），氢的氧化数为 -1。氟化合物中氟的氧化数皆为 -1。氧在化合物中的氧化数一般为 -2，但在过氧化物（如 H_2O_2、Na_2O_2 等）中，氧的氧化数为 -1；在超氧化物（如 KO_2）中氧化数为 $-1/2$；在氧的氟化物（如 O_2F_2、OF_2）中，氧化数分别为 $+1$ 和 $+2$。在化合物中，所有元素的氧化数的代数和等于零。单原子离子的氧化数等于它所带的电荷数，如 Zn^{2+}、Cl^- 中锌和氯的氧化数分别为 $+2$ 和 -1。在多原子离子中，所有元素氧化数的代数和等于该离子所带的电荷数，如 SO_4^{2-} 中硫和氧的氧化数分别为 $+6$ 和 -2。根据上述规则，可以计算出物质中的任一元素的氧化数。

【例 5-1】 试确定下列指定元素的氧化数。

(1)MnO_4^- 中 Mn 的氧化数；

(2)$Cr_2O_7^{2-}$ 中 Cr 的氧化数；

(3)Fe_3O_4 中 Fe 的氧化数。

解：(1)已知 O 的氧化数为 -2，设 Mn 的氧化数为 x，则 $x+4\times(-2)=-1$，$x=+7$，即 MnO_4^- 中 Mn 的氧化数为 $+7$。

(2)已知 O 的氧化数为 -2，设 Cr 的氧化数为 x，则 $2x+7\times(-2)=-2$，$x=+6$，即 $Cr_2O_7^{2-}$ 中 Cr 的氧化数为 $+6$。

(3)已知 O 的氧化数为 -2，设 Fe 的氧化数为 x，则 $3x+4\times(-2)=0$，$x=+8/3$ 即 Fe_3O_4 中 Fe 的氧化数为 $+8/3$。

【例 5-2】 试求 CO、CO_2、CH_4、C_2H_5OH 中 C 元素的氧化数。

解：设 CO、CO_2、CH_4、C_2H_5OH 中 C 元素的氧化数分别为 x_1、x_2、x_3、x_4，

CO：$x_1+(-2)=0$，$x_1=+2$

CO_2：$x_2+2\times(-2)=0$，$x_2=+4$

CH_4：$x_3+4\times(+1)=0$，$x_3=-4$

C_2H_5OH：$2x_4+6\times(+1)+(-2)=0$，$x_4=-2$

即 CO、CO_2、CH_4、C_2H_5OH 中 C 元素的氧化数分别为 $+2$、$+4$、-4 和 -2。

可见，对于共价化合物，其氧化数和化合价的概念是不同的。氧化数是人为规定的概念，是按照一定规则指定的物质分子中元素形式的电荷数，它可以是正数、负数或零，也可以是分数。而化合价是共价化合物的共价数（化合价是某一个原子能结合几个其他元素原子的能力），只能是整数。

根据氧化数的概念，可给氧化还原反应下一个更确切的定义：凡反应前后元素的氧化数发生变化的反应称为氧化还原反应，元素氧化数的变化是由原子间电子的转移（得失或偏移）引起的。其中，元素氧化数升高的过程是氧化反应，元素氧化数降低的过程是还原反应。反应中氧化数升高（电子失去或偏离）的反应物称为还原剂，氧化数降低（电子得到或偏向）的反应物称为氧化剂。

金属锌和硫酸铜溶液的反应为

$$\text{失去}e^-，\text{氧化数升高，氧化反应}$$

$$\overset{0}{Zn}+\overset{+2}{Cu}SO_4 \rightleftharpoons \overset{0}{Cu}+\overset{+2}{Zn}SO_4$$

$$\text{得到}e^-，\text{氧化数降低，还原反应}$$

上述反应中，Zn 原子失去电子，氧化数升高，发生了氧化反应，因此，金属 Zn 是还原剂；Cu^{2+} 得到电子，氧化数降低，发生了还原反应，$CuSO_4$ 是氧化剂，此反应是氧化还原反应。

在氧化还原反应中，一种元素的氧化数升高时，必有另一种元素的氧化数降低，即氧化反应和还原反应总是同时发生的，而且元素氧化数升高的总数一定等于元素氧化数降低的总数。因此，氧化剂和还原剂总是互相依存的。

三、氧化还原反应的分类

在大多数氧化还原反应中，氧化剂和还原剂是不同的物质，氧化数的变化发生于不同物质的不同元素的反应为一般氧化还原反应。

例如，铜锌原电池的电池反应：

$$Cu^{2+}+Zn \rightleftharpoons Cu+Zn^{2+}$$

元素氧化数的变化发生在同一物质的不同元素的反应称为自身氧化还原反应。这类反应的氧化剂和还原剂是同一物质。如 $KClO_3$ 的受热分解反应：

$$2KClO_3 = 2KCl+3O_2\uparrow$$

$KClO_3$ 既是氧化剂，又是还原剂。

元素氧化数的变化发生在同一物质的同一元素之间的反应称为歧化反应。例如，氯气和水的反应：

$$Cl_2+H_2O = HCl+HClO$$

反应前后，Cl 元素的氧化数既有升高又有降低，氧化剂和还原剂都是 Cl_2。

四、氧化还原电对

在氧化还原反应中，氧化反应和还原反应是同时进行的，所以，典型的氧化还原反应可由一个氧化反应和一个还原反应组成。例如，氧化还原反应：

$$Cu^{2+}+Zn \rightleftharpoons Cu+Zn^{2+}$$

上述反应是由金属 Zn 失去 2 个电子变为 Zn^{2+} 的氧化反应和 Cu^{2+} 得到 2 个电子变成金属 Cu 的还原反应组成，可分别表示为

$$Zn-2e^- \rightleftharpoons Zn^{2+} \qquad \text{氧化反应}$$
$$Cu^{2+}+2e^- \rightleftharpoons Cu \qquad \text{还原反应}$$

上述的氧化反应和还原反应称为氧化还原反应的半反应。把这两个反应合并消去电子即总的氧化还原反应。

在半反应中，同一种元素的不同氧化态物质构成一个氧化还原电对(简称电对)，如上述反应中的两个电对分别是锌电对(Zn^{2+} 和 Zn 组成)和铜电对(Cu^{2+} 和 Cu 组成)。在氧化还原电对中，氧化数较高的物质称氧化态(或氧化型)物质，氧化数较低的物质称还原态

（还原型）物质。例如，锌电对中 Zn^{2+} 是氧化态，Zn 是还原态；铜电对中 Cu^{2+} 是氧化态，Cu 是还原态。

在书写电对时，氧化态物质写在左侧，还原态物质写在右侧，中间用"/"隔开。锌电对和铜电对，可分别表示为 Zn^{2+}/Zn、Cu^{2+}/Cu。

氧化还原半反应的一般表示形式：氧化态$+ne^-\rightleftharpoons$还原态

每一个氧化还原电对都对应于一个氧化还原半反应，例如：

$$Br_2/Br^-：Br_2+2e^-\rightleftharpoons 2Br^-$$

$$Cl_2/Cl^-：Cl_2+2e^-\rightleftharpoons 2Cl^-$$

$$MnO_4^-/Mn^{2+}：MnO_4^-+8H^++5e^-\rightleftharpoons Mn^{2+}+4H_2O$$

由上述氧化还原半反应可以看出，电对中氧化态物质得到电子，被还原，在反应中做氧化剂；还原态物质失去电子，被氧化，在反应中做还原剂。氧化态物质的氧化能力与还原态物质的还原能力的强弱关系与共轭酸碱对强弱关系相似，即氧化态物质的氧化能力越强，对应还原态物质的还原能力就越弱；反之，氧化态物质的氧化能力越弱，对应还原态物质的还原能力就越强。例如，在 MnO_4^-/Mn^{2+} 电对中，MnO_4^- 的氧化能力很强，是强氧化剂，而 Mn^{2+} 的还原能力很弱，是弱还原剂。又如，在 Zn^{2+}/Zn 电对中，Zn 是强还原剂，Zn^{2+} 是弱氧化剂。

同一物质在不同的电对中可表现出不同的性质。例如，在 MnO_4^-/Mn^{2+} 电对中，Mn^{2+} 为还原态，在反应中做还原剂；而在 Mn^{2+}/Mn 电对中，Mn^{2+} 为氧化态，在反应中做氧化剂。又如，在 Cl_2/Cl^- 电对中，Cl_2 是氧化态，而在 ClO^-/Cl_2 电对中，Cl_2 是还原态。这说明物质的氧化还原能力的大小是相对的。物质与强氧化剂作用时，表现出还原性，而与强还原剂作用时，则表现出氧化性。如 H_2O_2 与 $KMnO_4$ 作用时表现出还原性，其反应为

$$2MnO_4^-+5H_2O_2+6H^+\rightleftharpoons 2Mn^{2+}+5O_2\uparrow+8H_2O$$

当 H_2O_2 与 KI 作用时，表现出氧化性，其反应为

$$H_2O_2+2I^-+2H^+\rightleftharpoons 2H_2O+I_2$$

五、常见的氧化剂和还原剂

1. 常见的氧化剂

常见的氧化剂一般是活泼的非金属单质和一些具有较高氧化数的化合物。因其元素的氧化数有降低（得到电子）的趋势，容易被还原，故做氧化剂。

（1）活泼的非金属单质，如 O_2、F_2、Cl_2、I_2 等；

（2）元素处于较高氧化数的含氧化合物，如 $KMnO_4$、$KClO_3$、$K_2Cr_2O_7$、浓硫酸和硝酸等；具有较高氧化态的金属离子及其配合物，如 Fe^{3+}、Ce^{4+} 等。

2. 常见的还原剂

常见的还原剂一般是活泼的金属和低氧化数的化合物，因其元素的氧化数有升高（失去电子）的趋势，容易被氧化，故做还原剂。

（1）活泼的金属单质，如 Fe、Zn、Al 等；

（2）元素处于较低氧化数的化合物，如 H_2S、CO 等；

（3）非金属单质，如 C、H_2 等。

处于中间氧化态的物质既可做氧化剂又可做还原剂，如 H_2O_2、H_2SO_3、Fe^{2+} 等。

六、氧化还原反应方程式的配平

氧化还原反应比较复杂，参加反应的物质较多，各物质的化学计量数也较大，反应产物也因介质、反应条件的不同而不同。例如，溶液中的酸度、温度、浓度等都会影响反应产物，因此很难用一般的观察法配平氧化还原反应方程式。

常用的氧化还原反应方程式的配平方法有两种：氧化数法和离子－电子法（又称半反应法）。

1. 氧化数法

(1)氧化数法配平反应方程式的原则。

1)元素原子的氧化数升高的总数等于元素原子的氧化数降低的总数。

2)反应方程式两边各种元素原子的总数相等。

(2)氧化还原方程式的配平步骤。

1)根据实验事实确定氧化还原产物，写出基本反应方程式。

$$S + HNO_3 \rightarrow SO_2 + NO + H_2O$$

2)确定被氧化元素原子氧化数的升高值和被还原元素原子氧化数的降低值。

3)根据最小公倍数原则，使氧化数升高值和降低值相等，在相应的化学式前乘以适当的系数。

4)用观察法配平其他元素的原子个数。

$$3S + 4HNO_3 \rightarrow 3SO_2 + 4NO + 2H_2O$$

5)检查并核对各元素的原子个数，将箭号改成等号。

$$3S + 4HNO_3 = 3SO_2 + 4NO + 2H_2O$$

【例 5-3】 配平高锰酸钾与盐酸的反应方程式。

解： 按步骤 1)：$KMnO_4 + HCl \rightarrow MnCl_2 + KCl + Cl_2 + H_2O$

按步骤 2)：

按步骤 3)：

按步骤4）：$2KMnO_4 + 16HCl \rightarrow 2MnCl_2 + 2KCl + 5Cl_2 + 8H_2O$

按步骤5）：$2KMnO_4 + 16HCl = 2MnCl_2 + 2KCl + 5Cl_2 + 8H_2O$

用氧化数法配平氧化还原反应方程式的优点是简便、快速，既适用于水溶液中的氧化还原反应，也适用于非水体系的氧化还原反应。

2. 离子-电子法（半反应法）

(1)离子-电子法配平反应方程式的原则。

1)还原剂失去电子的总数等于氧化剂获得电子的总数。

2)反应方程式两边各种元素原子的总数相等，方程式两边离子电荷总数也相等。

(2)氧化还原方程式的配平步骤。

【例5-4】 配平酸性溶液中的反应为

$$KMnO_4 + K_2SO_3 \rightarrow K_2SO_4 + MnSO_4$$

解：1)写出主要反应物和产物的离子方程式。

$$MnO_4^- + SO_3^{2-} + H^+ \rightarrow Mn^{2+} + SO_4^{2-} + H_2O$$

2)将上述离子方程式改写成两个氧化还原半反应式中的电对，一个表示氧化剂被还原，另一个表示还原剂被氧化。

还原半反应：$MnO_4^- \rightarrow Mn^{2+}$

氧化半反应：$SO_3^{2-} \rightarrow SO_4^{2-}$

3)分别配平上述两个半反应式，使半反应式两边的原子总数和电荷总数相等。在还原半反应中，MnO_4^- 被还原为 Mn^{2+} 时，要减少4个O原子，在酸性介质中可加入8个 H^+ 结合生成4个 H_2O，即 $MnO_4^- + 8H^+ \rightarrow Mn^{2+} + 4H_2O$

上式中左边的净电荷数为+7，右边的净电荷数为+2，所以需要在左边加上5个电子（1个电子带一个负电荷），使两边的电荷总数相等，即

$$MnO_4^- + 8H^+ + 5e^- \rightarrow Mn^{2+} + 4H_2O \tag{5-1}$$

在氧化半反应中，SO_3^{2-} 被氧化为 SO_4^{2-} 时，要增加1个O原子，在酸性介质中可由 H_2O 提供，同时可生成2个 H^+，即

$$SO_3^{2-} + H_2O \rightarrow SO_4^{2-} + 2H^+$$

上式中左边的净电荷数为-2，右边的净电荷数为0，所以，需要在右边加上2个电子，即

$$SO_3^{2-} + H_2O \rightarrow SO_4^{2-} + 2H^+ + 2e^- \tag{5-2}$$

(3)根据还原剂失去电子的总数等于氧化剂获得电子的总数的原则，两个半反应式各乘以适当的系数，使其得失电子数相等。

式(5-1)×2：$\quad 2MnO_4^- + 16H^+ + 10e^- \rightarrow 2Mn^{2+} + 8H_2O$

式(5-2)×5：$\quad 5SO_3^{2-} + 5H_2O \rightarrow 5SO_4^{2-} + 10H^+ + 10e^-$

(4)将上述两个半反应相加，合并成一个配平的离子方程式。

$$2MnO_4^- + 16H^+ + 5SO_3^{2-} + 5H_2O = 2Mn^{2+} + 8H_2O + 5SO_4^{2-} + 10H^+$$

经整理可得

$$2MnO_4^- + 5SO_3^{2-} + 6H^+ = 2Mn^{2+} + 5SO_4^{2-} + 3H_2O$$

核对等式两边各元素原子个数和电荷数是否相等。

(5)将离子反应式改写成化学反应方程式。根据题目要求，将离子方程式改写为分子

（或化学式）方程式。加入不参与反应的阳离子或阴离子，引入的酸根离子以不引入其他杂质、不参与氧化还原反应为原则。

$$2KMnO_4 + 5K_2SO_3 + 3H_2SO_4 = 2MnSO_4 + 6K_2SO_4 + 3H_2O$$

在配平半反应方程式时，如果反应式两边所含的氧原子数目不等，可以根据介质的酸碱性，分别在半反应式中加 H^+、OH^- 或 H_2O 使反应式两边的氧原子数目相等，其经验规则见表 5-1。

表 5-1　不同介质条件下配平氧原子的经验规则

介质条件	比较方程式两边氧原子数	配平时左边应加入物质	生成物
酸性	左边 O 多	H^+	H_2O
	左边 O 少	H_2O	H^+
碱性	左边 O 多	H_2O	OH^-
	左边 O 少	OH^-	H_2O
中性	左边 O 多	H_2O	OH^-
	左边 O 少	H_2O	H^+

从表 5-1 中可看到：在酸性溶液中，反应前后都不能出现 OH^-；在碱性溶液中，反应前后都不能出现 H^+；在中性溶液中，反应物中既不能出现 H^+ 也不能出现 OH^-，生成物中无限制。

上述两种配平氧化还原方程式的方法各有特点。氧化数法不仅适用于水溶液中进行的反应，也适用于非水溶液中和高温下进行的反应。离子—电子法则更能反映电解质溶液中氧化还原反应的本质，对于配平水溶液中进行的氧化还原反应、有复杂化合物及有机物参加的反应比较方便，但不适用于非水溶液和高温固相反应方程式的配平。

【科学人物："中国锂电之父"——陈立泉院士】

陈立泉 1940 年 3 月 29 日出生于四川省南充市，固体离子学和能源材料专家，中国工程院院士，中国科学院物理研究所研究员，北京星恒电源股份有限公司技术总监、博士生导师。

陈立泉院士于 1964 年从中国科学技术大学物理系毕业，进入中国科学院物理研究所工作；1976 年至 1978 年在西德马克斯·普朗克科学促进学会固体所进修；1980 年在中国科学院物理研究所成立了我国第一个固体离子学实验室；1987 年担任"863"计划"七五"储能材料（聚合物锂电池）项目总负责人；1999 年牵头成立了北京星恒电源股份有限公司；2001 年当选为中国工程院院士。

陈立泉院士在中国率先开展锂电池及相关材料研究。在中国国内首先研制成功锂离子电池。解决了锂离子电池规模化生产的科学技术与工程问题，实现了锂离子电池的产业化。他首次发现 70K 超导迹象，研制出液氮温区超导体并首次公布了材料成分。他还开展了全固态锂电池、锂硫电池、锂空气电池、室温钠离子电池、固体氧化物燃料电池中的物理化学过程和相关材料的设计、合成、表征、物理、电化学性能及其应用研究，为开发下一代动力电池和储能电池奠定了基础。

陈立泉院士对锂离子电池研究和产业化，以及对液氮温区高温超导材料的发现都做出了重要贡献。他不仅开拓了我国固体离子学研究的新领域，还为我国的锂电池产业的发展培养了一大批科研人才。陈立泉院士是我国固态离子学的创始人之一，在国际固态离子学及可持续能源领域享有很高的声誉。

任务二　原电池电动势测定

任务描述

李明同学在实验室按原电池结构示意图自制了铜锌原电池。当按结构图连接好原电池导线，形成回路后，李明惊讶地发现，导线中连接的电流计指针发生了偏转，说明自制原电池成功，原电池中电流产生。李明同时提出下述疑问：

(1)是否能用酸度计测定原电池的电动势？

(2)半电池中溶液离子浓度的改变对原电池电动势有何种影响？

任务解析

完成本次任务需要具备以下知识：

(1)原电池结构基础知识；

(2)电极电势、原电池电动势及相关计算；

(3)原电池如何将化学能转化为电能；

(4)基本实验操作技能。

任务实施

1. 实验器材

DI830 数字式万用表、盐桥、锌板、铜板。

2. 实验药品

酸：H_2SO_4(3 mol/L)、HCl(2 mol/L)、HAc(6 mol/L)。

碱：NaOH(6 mol/L)、$NH_3 \cdot H_2O$(浓)。

盐：KI(0.1 mol/L)、KBr(0.1 mol/L)、$FeCl_3$(0.1 mol/L)、$FeSO_4$(0.1 mol/L)、$KMnO_4$(0.1 mol/L)、Na_2SO_4(0.5 mol/L)、$ZnSO_4$(0.1 mol/L)、$CuSO_4$(0.1 mol/L)。

其他：CCl_4、I_2 水、Br_2 水、H_2O_2(3%)、KI－淀粉试纸、酚酞溶液。

3. 组织形式

两人一组，在教师指导下根据实验步骤完成实验。

4. 注意事项

(1)仔细观察实验现象，认真分析现象产生原因。

(2)液体药品和固体药品的取用，注意操作规范。

(1)原电池电动势的测定。

1)电极的准备：用砂纸将锌板和铜板上的杂质磨去，用自来水、去离子水依次清洗，用滤纸擦干备用。

2)取 2 只 50 mL 烧杯，分别倒入约 30 mL 0.1 mol/L $ZnSO_4$ 溶液和 0.1 mol/L $CuSO_4$ 溶液，然后在 $ZnSO_4$ 溶液中插入锌板，在 $CuSO_4$ 溶液中插入铜板，用一个盐桥将它们连接起来，组成原电池(图 5-5)。通过导线将铜电极接入万用表的正极，把锌电极连接负极，测定电动势。

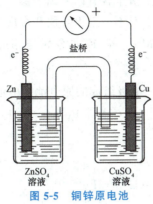

图 5-5　铜锌原电池

3)取下盛有 $CuSO_4$ 溶液的烧杯，在其中滴加浓氨水，搅拌，至生成的沉淀完全溶解形成了深蓝色的溶液：

$$2Cu^{2+}+SO_4^{2-}+2NH_3 \cdot H_2O = Cu_2(OH)_2SO_4 \downarrow +2NH_4^+$$
$$Cu_2(OH)_2SO_4+8NH_3 \cdot H_2O = 2[Cu(NH_3)_4]^{2+}+2OH^-+SO_4^{2-}+8H_2O$$

再与锌电极组成原电池，并测量其电动势，其值有何变化？

4)在 $ZnSO_4$ 溶液中滴加浓氨水至生成的沉淀完全溶解：

$$Zn^{2+}+2NH_3 \cdot H_2O = Zn(OH)_2+2NH_4^+$$
$$Zn(OH)_2+4NH_3 \cdot H_2O = [Zn(NH_3)_4]^{2+}+2OH^-+4H_2O$$

试解释上面的实验结果。

(2)电解。在点滴板的两个小凹穴中分别装入少量 0.5 mol/L Na_2SO_4 溶液，将实验步骤 1 组成的原电池的两个电极的铜导线插入一个小凹穴的溶液中(两电极不能相碰)。加入 1 滴酚酞溶液，几分钟后，洗净擦干，再插入另一个小凹穴的溶液，滴入几滴浓氨水，几分钟后再观察现象。

实验内容详解

(1)原电池的组成及工作原理。在图 5-5 所示的铜锌原电池中，串联在 Cu 板和 Zn 板间的检流计指针向一方偏转，说明导线有电流通过。从指针偏转的方向，可以判断电流是从 Cu 极流向 Zn 极(电子从 Zn 极流向 Cu 极)，因此，Zn 极是负极，失去电子；Cu 极是正极，得到电子。

锌电极(负极)：$Zn \rightleftharpoons Zn^{2+}+2e^-$

铜电极(正极)：$Cu^{2+}+2e^- \rightleftharpoons Cu$

合并两个半反应，即可得到电池反应：$Cu^{2+} + Zn \rightleftharpoons Cu + Zn^{2+}$

在上述装置中，化学能变成了电能，这种使化学能直接转变为电能的装置叫作原电池，Cu 片和 Zn 片又称为原电池的电极。

(2) 原电池符号。原电池由两个半电池组成，可用符号（－）电极｜电解质溶液｜电极（＋）表示。例如，上述铜锌原电池可表示为：（－）$Zn \mid ZnSO_4(c_1) \parallel CuSO_4(c_2) \mid Cu$（＋）。其中，"｜"表示半电池中两相之间的界面，"‖"表示盐桥，c_1、c_2 分别表示 $ZnSO_4$ 和 $CuSO_4$ 的浓度。习惯上把负极写在左边，正极写在右边。对于有气体参加的反应，还需要注明气体的分压。若溶液中含有两种离子参与的电极反应，可用逗号将它们分开。若使用惰性电极也要注明。电对不一定由金属和金属离子组成，同一金属不同氧化态的离子（如 Fe^{3+}/Fe^{2+}、MnO_4^-/Mn^{2+} 等）或非金属与相应的离子（如 H^+/H_2、Cl_2/Cl^-、O_2/OH^- 等）都可组成电对。

例如，以氢电极和 Fe^{3+}/Fe^{2+} 电极组成的原电池，电池符号为

$$（-）Pt, H_2(p) \mid H^+(c_1) \parallel Fe^{3+}(c_2), Fe^{2+}(c_3) \mid Pt（+）$$

负极反应：$H_2 \rightleftharpoons 2H^+ + 2e^-$

正极反应：$Fe^{3+} + e^- \rightleftharpoons Fe^{2+}$

原电池反应：$H_2 + 2Fe^{3+} \rightleftharpoons 2H^+ + 2Fe^{2+}$

任务评价

根据以上实验操作、现象记录及现象分析情况，进行任务评价。

序号	评价内容	评价要点	配分	评价标准	扣分	得分
1	实验准备	(1) 实验预习； (2) 玻璃仪器认领； (3) 试剂认领	20	有一项不符合标准扣 10 分，扣完为止		
2	实验操作及记录	(1) 电极准备； (2) 原电池组装； (3) 电解装置组装； (4) 胶头滴管的使用； (5) 反应式的书写； (6) 现象描述； (7) 现象解释； (8) 实验记录表格设计是否合理； (9) 表格填写是否规范	60	有一项不符合标准扣 8 分，扣完为止		
3	安全文明操作	(1) 实验台面整洁情况； (2) 物品摆放情况； (3) 玻璃仪器清洗放置情况； (4) 安全操作情况	20	有一项不符合标准扣 5 分，扣完为止		
总分						

原电池及相关计算

一、原电池

不同物质在水溶液中的氧化、还原能力是不同的，为了能定量地度量水溶液中各种氧化剂和还原剂的相对强弱，判断在实验条件下氧化还原反应自发进行的可能性及进行的程度，有必要学习有关原电池和电极电势的知识。

1. 原电池的组成与工作原理

将金属 Zn 片放入 $CuSO_4$ 溶液，可看到 Zn 片逐渐溶解，随着蓝色的 $CuSO_4$ 溶液的颜色逐渐变浅，在 Zn 片上不断析出紫红色的 Cu。此现象表明：Zn 给出电子被氧化为 Zn^{2+} 而溶解，Cu^{2+} 获得电子被还原为 Cu 而析出。Zn 和 $CuSO_4$ 之间发生了氧化还原反应，其反应离子方程式可表示为

$$Zn + Cu^{2+} \Longrightarrow Zn^{2+} + Cu$$

由于 Zn 片与 $CuSO_4$ 溶液直接接触，随着反应的进行，温度升高，说明反应过程中化学能转变成热能，但我们无法直接观察到金属和溶液接界处的电子转移，观察不到电流的产生。

如果 Zn 片与 $CuSO_4$ 溶液不直接接触，而是在一定的装置中进行，则可将化学能转变为电能，获得电流。在一个盛有 $ZnSO_4$ 溶液的烧杯中插入锌片，在另一个盛有 $CuSO_4$ 溶液的烧杯中插入铜片，将两个烧杯的溶液用一个充满电解质溶液的盐桥（由饱和 KCl 的琼脂冻胶装入 U 形玻璃管中而成）连接起来，用金属导线将两金属片及安培计串联组成如图 5-6 所示的装置。观察电流计指针和锌片、铜片的变化。

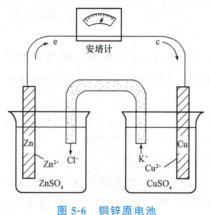

图 5-6 铜锌原电池

微课：原电池及
其工作原理

实验现象及分析如下：

(1) 安培计指针发生偏转，说明导线中有电流通过。从电流计指针偏转的方向可知，电子是从锌片经导线流向铜片（电流方向与电子流向相反），因此，锌片是负极，铜片是正极。

(2) 锌片不断溶解，而铜不断沉积在铜片上。说明锌片失去电子成为 Zn^{2+}，进入溶

液，锌片上发生了氧化反应；而 $CuSO_4$ 溶液中的 Cu^{2+} 在铜片上得到电子，析出金属 Cu，铜片上发生了还原反应。

（3）若取出盐桥，电流计指针回至零点，放入盐桥，电流计指针偏转，说明盐桥起构成通路的作用。若没有盐桥，则 $ZnSO_4$ 溶液会因为 Zn 溶解为 Zn^{2+} 而带上正电荷，$CuSO_4$ 溶液会因为 Cu^{2+} 变为 Cu 使溶液中 SO_4^{2-} 过多而带上负电荷，溶液不能保持中性，从而影响放电的继续进行，不再有电流通过。由于盐桥的存在，盐桥中的 Cl^- 流到 $ZnSO_4$ 溶液中，中和反应中产生的 Zn^{2+} 所带的正电荷，盐桥中 K^+ 流到 $CuSO_4$ 溶液中，补充由于 Cu^{2+} 还原为 Cu 原子而减少的正电荷，使两个烧杯中的溶液始终呈中性，反应得以持续进行。

上述装置中，反应物 Zn 和 $CuSO_4$ 溶液虽然分开了，但反应中的电子通过导线由 Zn 转移给了 Cu^{2+}，电子形成了定向运动，从而产生了电流，使化学能转变成电能。这种借助于氧化还原反应，将化学能转变为电能的装置叫作原电池。

2. 原电池的电极反应及电池反应

每种原电池都是由两个"半电池"组成。例如，$Cu-Zn$ 原电池就是由 Zn 和 $ZnSO_4$ 溶液、Cu 和 $CuSO_4$ 溶液所构成的两个"半电池"组成，每个半电池对应一个氧化还原电对，$Cu-Zn$ 原电池中的电对分别是 Zn^{2+}/Zn 和 Cu^{2+}/Cu。在半电池中有一固态物质作为导体，称为电极。

半电池发生的反应称为半电池反应（或电极反应）。在原电池中，电子流出的电极为负极（如锌片），负极发生氧化反应；电子流入的电极为正极（如铜片），正极发生还原反应。两个半电池反应构成了原电池的总反应，也称电池反应。例如，$Cu-Zn$ 原电池中发生了如下反应：

$$负极（锌片）：Zn-2e^- \Longrightarrow Zn^{2+} \quad 氧化反应$$

$$正极（铜片）：Cu^{2+}+2e^- \Longrightarrow Cu \quad 还原反应$$

$$电池反应：Zn+Cu^{2+} \Longrightarrow Zn^{2+}+Cu \quad 氧化还原反应$$

3. 原电池的表示方法

为了书写的方便，电化学中常用特定方式表示原电池。例如，铜锌原电池可表示为

$$(-)Zn(s) \mid ZnSO_4(c_1) \parallel CuSO_4(c_2) \mid Cu(s)(+)$$

书写电池符号的规则如下：

（1）写出正极和负极符号，负极（一）写在左边，正极（＋）写在右边。

（2）用"｜"表示物质间的两相界面，如 $Zn(s) \mid ZnSO_4(c_1)$。

（3）用"‖"表示盐桥，盐桥左右分别为原电池的负极、正极。

（4）用"c"表示电解质溶液的浓度，若为气体要注明其分压 p。

（5）无固体电极的电对（如 Fe^{3+}/Fe^{2+}、O_2/OH^- 等），可采用惰性电极（不参加电极反应，仅起导电作用。常用的惰性电极是铂和石墨）。惰性电极在电池符号中要表示出来。

【例 5-5】 将氧化还原反应 $2MnO_4^-+10Cl^-+16H^+ = 2Mn^{2+}+5Cl_2+8H_2O$ 设计成原电池，并写出其原电池符号。

解：氧化反应：$2Cl^- \Longrightarrow Cl_2+2e^-$

还原反应：$MnO_4^-+8H^++5e^- \Longrightarrow Mn^{2+}+4H_2O$

在原电池中负极发生氧化反应，正极发生还原反应，因此，Cl_2/Cl^- 电对构成原电池

的负极，MnO_4^-/Mn^{2+} 电对构成原电池的正极。所以，原电池符号为

$$(-)Pt \mid Cl_2(p) \mid Cl^-(c_1) \parallel H^+(c_2), Mn^{2+}(c_3), MnO_4^-(c_4) \mid Pt(+)$$

4. 电极的类型

根据电极组成的不同，常见的电极可分为以下四类。

(1)金属－金属离子电极。金属－金属离子电极由金属插入其相应离子的溶液组成，如 Cu^{2+}/Cu 电极。

电极反应：$Cu^{2+}+2e^- \rightleftharpoons Cu$

电极符号：$Cu(s) \mid Cu^{2+}(c)$

(2)气体－离子电极。气体－离子电极由气体与其饱和的离子溶液及惰性电极材料组成，如氯电极。

电极反应：$Cl_2+2e^- \rightleftharpoons 2Cl^-$

电极符号：$Pt \mid Cl_2(p) \mid Cl^-(c)$

(3)氧化还原电极。氧化还原电极由同一元素、不同氧化数对应的物质、介质及惰性电极组成，如电对 $Cr_2O_7^{2-}/Cr^{3+}$ 对应的电极。

电极反应：$Cr_2O_7^{2-}+14H^++6e^- \rightleftharpoons 2Cr^{3+}+7H_2O$

电极符号：$Pt \mid Cr_2O_7^{2-}(c_1), Cr^{3+}(c_2), H^+(c_3)$

(4)金属－金属难溶盐电极(又称固体电极)。这类电极是将金属表面涂上该金属的难溶盐(或氧化物)，再插入该金属难溶盐的阴离子溶液中构成的，如银－氯化银电极。

电极反应：$AgCl+e^- \rightleftharpoons Ag+Cl^-$

电极符号：$Ag(s), AgCl(s) \mid Cl^-(c)$

原电池的出现不仅使化学能转变成电能成为现实，同时证明了氧化还原反应中有电子的转移。原电池把电现象与化学反应联系起来，使人们利用电学探讨化学反应成为可能，从而形成了化学的一个重要分支——电化学。从理论上讲，任何一个自发的氧化还原反应都可以构成原电池。但对于一些比较复杂的氧化还原反应，实际上很难，所以真正实用的化学电池并不是很多。

二、电极电势

1. 电极电势的产生

在 $Cu-Zn$ 原电池中，发生了电子的定向流动，说明两极的电势是不相等的，即正、负极间存在着电势差，这种电势差称为原电池的电动势。为什么两个电极的电势不等，电极电势又是怎样产生的呢？这与金属及其盐溶液之间的相互作用有关。

金属晶体中包括金属原子、金属阳离子和在晶格中流动的自由电子。当把金属插入其相应的盐溶液中时，溶液中同时发生两个相反的过程：一方面，因热运动和受极性水分子的作用，金属表面的原子脱离金属表面进入溶液成为水合离子，并把电子留在金属表面上，这一过程称为溶解。这时金属片上由于有过剩的电子而带负电荷。金属越活泼，溶液中金属离子的浓度越小，溶解程度就越大。另一方面，溶液中的金属离子也与金属表面自由电子结合成中性原子而沉积在金属表面上，这时金属片上由于自由电子数的减少而带正电荷。金属越不活泼，溶液中金属离子的浓度越大，沉积程度就越大。在

一定条件下，当金属在溶液中的溶解速率和沉积速率相等时，在金属表面附近的溶液将会建立以下平衡：

$$M \rightleftharpoons M^{n+}(aq) + ne^-$$

若金属溶解的速率大于金属离子沉积的速率，则达到平衡时，金属表面因积累了过剩的电子而带负电荷，溶液中则因有过剩的金属正离子而带正电荷。因为静电引力，过剩的金属正离子聚集在金属表面附近的溶液中，从而形成了双电层，如图5-7(a)所示。相反，若金属溶解的速率小于金属离子沉积的速率，则达到平衡时，金属表面因积累了过剩的金属正离子而带正电荷，溶液中则因有过剩的负离子而带负电荷，溶液中过剩的负离子聚集在金属表面附近的溶液中，从而形成了另一种双电层，如图5-7(b)所示。

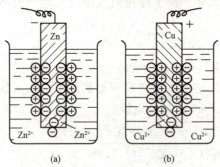

图5-7　双电层结构示意

(a)正离子聚集；(b)负离子聚集

由于双电层的形成，在金属及其盐溶液之间便存在一个电势差，这个电势差称为金属的电极电势(或平衡电势)。电极电势用符号 φ 表示，单位为V(伏)。如锌电极的电极电势用 $\varphi(Zn^{2+}/Zn)$ 表示，铜电极的电极电势用 $\varphi(Cu^{2+}/Cu)$ 表示。电极电势的大小主要取决于电极的本性。另外，其还与溶液中金属离子的浓度及温度有关。金属越活泼，溶液中金属离子浓度越小，电极电势就越低；金属越不活泼，溶液中金属离子浓度越大，电极电势就越高。

2. 原电池的电动势

把两个不同的电极组成原电池，由于两个电极的电势不同，存在着电势差。我们把两个电极之间的电极电势之差称为原电池的电动势，即正极的电极电势与负极的电极电势之差就是原电池的电动势，用 E 表示：

$$E = \varphi_{(+)} - \varphi_{(-)} \tag{5-3}$$

3. 标准电极电势

根据式(5-3)可知，原电池的电动势可由它的两个电极的电极电势之差求得。由于目前无法由实验测定单个电极的绝对电势 φ，但可以用电位计测定电池的电动势 E。因此，为了比较各个电极电势的大小，我们可以选择一个电极作为参比电极，并规定它的电极电势为零。将该电极与待测电极组成原电池，通过测出该电池的电动势，从而可求出待测电极的电极电势的相值。

1953年，国际纯粹与应用化学联合会(IUPAC)建议采用标准氢电极(SHE)作为参比电极。

(1)标准氢电极：将表面镀上一层多孔铂黑(细粉状的铂)的铂片浸入氢离子浓度为

1.0 mol/L 的酸溶液中(如 HCl)。在 298.15 K 条件下不断通入压力为 100 kPa 的纯净氢气，使铂黑吸附氢气达到饱和，这样的氢电极即为标准氢电极(图 5-8)。规定标准氢电极的电极电势为零。标准氢电极的电极反应为

$$2H^+ + 2e^- \rightleftharpoons H_2$$

则标准氢电极的电极电势可表示为 $\varphi^\ominus(H^+/H_2) = 0.00$ V。

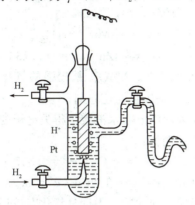

图 5-8　标准氢电极

(2)标准电极电势是指在标准状态下，将该电极与标准氢电极组成原电池测得的电极电势，用 $\varphi^\ominus$ 表示。标准状态是指温度为 298.15 K，物质皆为纯净物，组成电极的有关物质的浓度(实际应为活度)均为 1.0 mol/L，气体的压力为 100 kPa 时的状态。

通过实验测定某电极标准电极电势的方法：用标准氢电极与待测标准电极组成原电池，测定该电池的标准电动势。由于标准氢电极电势为零，所以测得的标准电池电动势在数值上就等于待测电极的标准电极电势。例如，将标准氢电极与标准锌电极组成原电池，测得标准电池电动势为 0.763 V。从电位计指针偏转的方向可知，电子是由锌电极流向氢电极。所以，锌电极为负极，氢电极为正极。电池符号表示为

(－)Zn(s)│Zn^{2+}(1.0 mol/L)‖H$^+$(1.0 mol/L)│H$_2$(100 kPa)│Pt(＋)

根据原电池电动势的计算公式有 $E^\ominus = \varphi^\ominus(H^+/H_2) - \varphi^\ominus(Zn^{2+}/Zn) = 0.763$ V

因为 $\varphi^\ominus(H^+/H_2) = 0.00$ V

所以 $0.00 - \varphi^\ominus(Zn^{2+}/Zn) = 0.763$ V

所以 $\varphi^\ominus(Zn^{2+}/Zn) = -0.763$ V

同理可测得铜电极的标准电极电势为 $\varphi^\ominus(Cu^{2+}/Cu) = 0.337$ V。

从测定的数据来看，Zn^{2+}/Zn 电对的电极电势为负，而 Cu^{2+}/Cu 电对的电极电势为正。负号表示该电极的标准电极电势低于氢电极的标准电极电势，也表明 Zn 失去电子的能力大于 H_2，或者 Zn^{2+} 得到电子成为 Zn 的能力小于 H^+；正号表示其标准电极电势高于氢电极的标准电极电势，也表明 Cu 失去电子的能力小于 H_2，或说 Cu^{2+} 得到电子的能力大于 H^+。

按这种方法，可以得出各个电极的标准电极电势的数值(参见附录五标准电极电势表)。它们是按照电极电势的代数值递增的顺序排列而成的。使用标准电极电势表时，应注意以下几个问题：

1)表中采用的是还原电势，电极反应均写成还原反应形式，即

$$M^{n+}(aq) + ne^- \Longleftrightarrow M$$

用电对"氧化态/还原态"表示电极的组成，如电对 Mn^{2+}/Mn。

2)$\varphi^\ominus$ 值的大小，反映物质的氧化还原能力的强弱。$\varphi^\ominus$ 值越大，表示该电对的氧化态物质获得电子的能力越强，是较强的氧化剂，而其对应的还原态物质则越难失去电子，是较弱的还原剂。反之，$\varphi^\ominus$ 值越小，表示该电对的还原态物质失去电子的能力越强，是较强的还原剂，其氧化态物质是较弱的氧化剂。例如：

$$MnO_4^- + 8H^+ + 5e^- \Longleftrightarrow Mn^{2+} + 4H_2O \quad \varphi^\ominus = 1.51 \ V$$
$$Zn^{2+} + 2e^- \Longleftrightarrow Zn \quad \varphi^\ominus = -0.763 \ V$$

从它们的标准电极电势大小可知，MnO_4^- 是较强的氧化剂，Mn^{2+} 是较弱的还原剂；相反，Zn^{2+} 是较弱的氧化剂，Zn 是较强的还原剂。

3)标准电极电势的大小仅表示物质在水溶液中得失电子的能力，与得失电子的多少无关，即与半反应中的系数无关。例如：

$$Cu^{2+} + 2e^- \Longleftrightarrow Cu \quad \varphi^\ominus = 0.337 \ V$$
$$1/2Cu^{2+} + e^- \Longleftrightarrow 1/2Cu \quad \varphi^\ominus = 0.337 \ V$$

4)标准电极电势与电极反应方向无关。无论是氧化态被还原，还是还原态被氧化，其电极电势值不变。

$$2H^+ + 2e^- \Longleftrightarrow H_2 \quad \varphi^\ominus(H^+/H_2) = 0.00 \ V$$
$$H_2 - 2e^- \Longleftrightarrow 2H^+ \quad \varphi^\ominus(H^+/H_2) = 0.00 \ V$$

5)氧化还原反应与介质的酸碱性有关，电对的 $\varphi^\ominus$ 值也与介质条件有关。因此，查标准电极电势表时应注意溶液的酸碱性。

6)$\varphi^\ominus$ 值是在标准状态下的水溶液中测定的，对非水溶液、高温下固相及液相反应不适用。

根据标准电极电势表，可以计算由任意两个标准电极组成的电池的电动势。电极电势小的为负极，电极电势大的为正极。例如铜-锌原电池，如果溶液中各离子的浓度均为 $1.0 \ mol/L$，查表可得，$298.15 \ K$ 时，$\varphi^\ominus(Zn^{2+}/Zn) = -0.763 \ V$，$\varphi^\ominus(Cu^{2+}/Cu) = 0.337 \ V$，所以该电池的电动势为

$$E^\ominus = \varphi^\ominus_{(+)} - \varphi^\ominus_{(-)}$$
$$E^\ominus = \varphi^\ominus(Cu^{2+}/Cu) - \varphi^\ominus(Zn^{2+}/Zn) = 0.337 - (-0.763) = 1.10(V)$$

从理论上说，用上述方法可以测定各种电对的标准电极电势，但是由于标准氢电极的使用条件十分严格，既不能用在含有氧化剂的溶液中，也不能用在含汞或砷的溶液中，而且制作也比较麻烦。因此，在实际应用中常采用饱和甘汞电极(SCE)作为参比电极。饱和甘汞电极不仅使用方便而且性质稳定。甘汞电极的电极反应为

$$Hg_2Cl_2 + 2e^- \Longleftrightarrow 2Hg + 2Cl^- \ ; \ \varphi^\ominus = 0.268 \ V$$

饱和甘汞电极的电极电势 φ 为 $0.2415 \ V$。

标准电极电势是在标准状态下测定的，但是绝大多数的氧化还原反应是在非标准状态下进行的。当电极处于非标准状态时，其电极电势值的大小除由电对本身的性质决定外，还受温度、溶液中离子的浓度、气体的分压和溶液的酸度等因素的影响。

4. 非标准电极电势

(1)能斯特方程。如何确定非标准状态下的电极电势值呢？德国科学家能斯特

(Nernst)从理论上推导出电极电势与反应温度、反应物的浓度(或压力)、溶液的酸度之间的定量关系式,称为能斯特方程式。对于任意给定的电极反应:

$$a \text{ 氧化态} + ne^- \Longrightarrow b \text{ 还原态}$$

能斯特方程式为

$$\varphi = \varphi^{\ominus} + \frac{RT}{nF} \ln \frac{[\text{氧化态}]^a}{[\text{还原态}]^b} \tag{5-4}$$

式中　φ——非标准态下电极的电极电势(V);

$\varphi^{\ominus}$——电极的标准电极电势(V);

R——气体热力学常数,8.314 J/(mol·K);

T——反应的热力学温度(K);

F——法拉第常数,96 485 C/mol;

n——电极反应中转移的电子数;

a、b——氧化态和还原态物质的计量系数;

[氧化态]、[还原态]——氧化态和还原态的浓度(活度)。

一般情况下,不考虑离子强度的影响,离子的活度可近似地以浓度代替。

将有关常数代入式(5-4),并取常用对数,则在 298.15 K 时,能斯特方程式可表示为

$$\varphi = \varphi^{\ominus} + \frac{0.059\ 2}{n} \lg \frac{[\text{氧化态}]^a}{[\text{还原态}]^b} \tag{5-5}$$

(2)使用能斯特方程应注意的问题。

1)温度不同,方程式中的系数不同。如 298.15 K 时为 0.059 2;而 291.15 K 时为 0.058 2。

2)气体的浓度用其相对分压表示;固体、纯液体和水的浓度为常数,做 1 处理。

3)物质的浓度用物质的量浓度表示。例如:

$$Fe^{2+} + 2e^- \Longrightarrow Fe$$

$$\varphi(Fe^{2+}/Fe) = \varphi^{\ominus}(Fe^{2+}/Fe) + \frac{0.059\ 2}{2} \lg[Fe^{2+}]$$

$$Cl_2 + 2e^- \Longrightarrow 2Cl^-$$

$$\varphi(Cl_2/Cl^-) = \varphi^{\ominus}(Cl_2/Cl^-) + \frac{0.059\ 2}{2} \lg \frac{p(Cl_2)}{[Cl^-]^2}$$

4)在电极反应中,除氧化态物质和还原态物质外,还含有 H^+ 或 OH^- 时,其浓度也应包含在能斯特方程式中。例如:

$$Cr_2O_7^{2-} + 14H^+ + 6e^- \Longrightarrow 2Cr^{3+} + 7H_2O$$

$$\varphi(Cr_2O_7^{2-}/Cr^{3+}) = \varphi^{\ominus}(Cr_2O_7^{2-}/Cr^{3+}) + \frac{0.059\ 2}{6} \lg \frac{[Cr_2O_7^{2-}][H^+]^{14}}{[Cr^{3+}]^2}$$

(3)浓度对电极电势的影响。从能斯特方程式可知,当电对中氧化型物质或还原型物质的浓度发生变化时,都会使电极电位改变,利用能斯特方程式可以计算电对在各种浓度下的电极电势,这在实际应用中非常重要。

【例 5-6】 已知 $\varphi^{\ominus}(Zn^{2+}/Zn) = -0.763$ V,求 298.15 K 时金属锌放入 0.1 mol/L 的 Zn^{2+} 溶液中的电极电势。

解： 已知电极反应：$Zn^{2+} + 2e^- \rightleftharpoons Zn$。

因还原态 Zn 为纯固体，浓度为常数，做 1 处理。代入能斯特方程式得

$$\varphi(Zn^{2+}/Zn) = \varphi^\ominus(Zn^{2+}/Zn) + \frac{0.0592}{2}\lg\frac{[Zn^{2+}]}{1}$$

$$\varphi(Zn^{2+}/Zn) = -0.763 + \frac{0.0592}{2}\lg0.1 = -0.763 + \frac{0.0592}{2} \times (-1)$$

$$= -0.763 - 0.0296 = -0.7926(V)$$

可见，氧化态物质的浓度越大或还原态物质的浓度越小，它的电极电势越大，氧化态获得电子的倾向越大；反之，氧化态物质的浓度越小或还原态物质的浓度越大，它的电极电势越小，还原态失去电子的倾向越大。应用化学平衡移动原理，也可得到同样的结论。

（4）酸度对电极电势的影响。对于有 H^+ 或 OH^- 参加的反应，溶液酸度的改变也会使电极电势发生变化，有时会成为决定电极电势大小的主要因素。

【例 5-7】 设 $c(MnO_4^-) = c(Mn^{2+}) = 1.0$ mol/L，计算电对 MnO_4^-/Mn^{2+} 分别在 $[H^+] = 0.10$ mol/L 时的酸性介质溶液和中性介质溶液中（$[H^+] = 1.0 \times 10^{-7}$ mol/L）的电极电势。已知：

$$\varphi^\ominus(MnO_4^-/Mn^{2+}) = +1.51 \text{ V}$$

解： 电极反应：$MnO_4^- + 8H^+ + 5e^- \rightleftharpoons Mn^{2+} + 4H_2O$

$$\varphi(MnO_4^-/Mn^{2+}) = \varphi^\ominus(MnO_4^-/Mn^{2+}) + \frac{0.0592}{5}\lg\frac{[MnO_4^-][H^+]^8}{[Mn^{2+}]}$$

在 $[H^+] = 0.10$ mol/L 时的酸性介质溶液中：

$$\varphi(MnO_4^-/Mn^{2+}) = 1.51 + \frac{0.0592}{5}\lg\frac{1.0 \times 0.1^8}{1.0} \approx 1.415(V)$$

在中性介质溶液中，$[H^+] = 1.0 \times 10^{-7}$ mol/L，则

$$\varphi(MnO_4^-/Mn^{2+}) = 1.51 + \frac{0.0592}{5}\lg\frac{1.0 \times (1.0 \times 10^{-7})^8}{1.0} \approx 0.847(V)$$

由此可见，介质的酸碱性对氧化还原电对的电极电势影响较大，当溶液从酸性到中性时，电极电势从 1.415 V 降到 0.847 V，使 $KMnO_4$ 的氧化能力减弱。可见，$KMnO_4$、$K_2Cr_2O_7$ 等大多数含氧酸盐，其氧化能力受溶液酸度的影响非常大，溶液酸度越高，其氧化能力就越强。

三、电极电势的应用

标准电极电势是电化学中的重要数据，利用标准电极电势数据可以判断氧化还原反应发生的可能性、氧化还原反应进行的方向及程度，对于学习氧化还原反应是十分有用的。

1. 判断原电池的正、负极，计算原电池的电动势

在原电池中，正极发生还原反应，负极发生氧化反应。因此，电极电势较大的一极为正极，电极电势较小的一极为负极。正极的电极电势减去负极的电极电势，即原电池的电动势。

【例 5-8】 判断下述两电极组成的原电池的正、负极，并计算此电池在 298.15 K 时的电动势：

(1)$Cu(s)\mid Cu^{2+}(0.10\ mol/L)$；

(2)$Ag(s)\mid Ag^+(0.10\ mol/L)$。

解： 查表知 $Cu^{2+}+2e^- \Longleftrightarrow Cu$　$\varphi^{\ominus}(Cu^{2+}/Cu)=0.337\ V$

$Ag^++e^- \Longleftrightarrow Ag$　$\varphi^{\ominus}(Ag^+/Ag)=0.799\ V$

根据能斯特方程式可写出

$$\varphi(Cu^{2+}/Cu)=\varphi^{\ominus}(Cu^{2+}/Cu)+\frac{0.059\ 2}{2}lg[Cu^{2+}]$$

$$=0.337+\frac{0.059\ 2}{2}lg0.1=0.307(V)$$

$$\varphi(Ag^+/Ag)=\varphi^{\ominus}(Ag^+/Ag)+0.059\ 2\ lg[Ag^+]$$

$$=0.799+0.059\ 2lg0.1$$

$$=0.740(V)$$

根据计算结果可知，银电极为正极，铜电极为负极。该电池的符号为

$$(-)Cu(s)\mid Cu^{2+}(0.10\ mol/L)\parallel Ag^+(0.10\ mol/L)\mid Ag(s)(+)$$

原电池电动势为：$E=\varphi(Ag^+/Ag)-\varphi(Cu^{2+}/Cu)=0.740-0.307=0.433(V)$

2. 比较氧化剂、还原剂的相对强弱

氧化剂的氧化能力和还原剂的还原能力的相对大小可以由电极电势 φ 值表现出来。电极电势 φ 值越小，电对中还原态物质的还原能力越强，而对应的氧化态物质的氧化能力越弱；反之，电极电势 φ 值越大，电对中氧化态物质的氧化能力越强，而对应的还原态物质的还原能力越弱。通常条件下电极电势 φ 值与标准电极电势值相差不大，所以一般用标准电极电势 $\varphi^{\ominus}$ 值来判断氧化剂或还原剂的相对强弱。例如：

$$Cu^{2+}+2e^- \Longleftrightarrow Cu \quad \varphi^{\ominus}(Cu^{2+}/Cu)=+0.337\ V$$

$$I_2+2e^- \Longleftrightarrow 2I^- \quad \varphi^{\ominus}(I_2/I^-)=+0.535\ V$$

$$Fe^{3+}+e^- \Longleftrightarrow Fe^{2+} \quad \varphi^{\ominus}(Fe^{3+}/Fe^{2+})=+0.771\ V$$

从它们的标准电极电势可以看出 Fe^{3+} 是最强的氧化剂，Cu 是最强的还原剂。

各氧化态氧化能力的顺序：$Fe^{3+}>I_2>Cu^{2+}$。

各还原态还原能力的顺序：$Cu>I^->Fe^{2+}$。

实验室常用的强氧化剂其电对的 φ 值一般大于 1.0 V，如 $KMnO_4$、$K_2Cr_2O_7$、HNO_3、H_2O_2 等；常用的强还原剂电对的 φ 值一般小于 0.0 V，如 Fe、Zn、Sn^{2+} 等。化工生产中采用的氧化剂和还原剂更要综合考虑性能、成本、安全、来源等因素。

3. 判断氧化还原反应进行的方向

氧化还原反应进行的方向与反应物的性质、浓度、介质的酸度和温度等多种因素有关。当外界条件一定时，反应的方向只取决于氧化剂和还原剂的本性。

氧化还原反应的方向可以表示为

强氧化剂 1＋强还原剂 2＝弱还原剂 1＋弱氧化剂 2

氧化还原反应总是由较强的氧化剂(标准电极电势 $\varphi^{\ominus}$ 值较大者)与较强的还原剂(标准电极电势 $\varphi^{\ominus}$ 值较小者)相互作用，向着生成较弱还原剂和较弱氧化剂的方向进行。因此，

在标准电极电势表中，氧化还原反应发生的方向，是右上方的还原态物质与左下方的氧化态物质作用。可以通俗地总结成"对角线方向相互反应"。

利用原电池的电动势可以判断氧化还原反应进行的方向。

在标准状态下：

(1)如果原电池的标准电动势 $E^{\ominus}>0$，则电池反应能自发正向进行；

(2)如果原电池的标准电动势 $E^{\ominus}<0$，则电池反应能自发逆向进行；

(3)如果反应是在非标准状态下，则需用能斯特方程计算出 E 来判断。

因此，要判断一个氧化还原反应的方向，只要将此反应组成原电池，使反应物中的氧化剂电对作正极，还原剂电对作负极，再比较两个电极电势值的大小即可。其具体步骤如下：

(1)根据氧化数的变化确定反应方程式中的氧化剂和还原剂；

(2)分别查出氧化剂和还原剂电对的标准电极电势；

(3)以反应方程式中氧化剂的电对作正极，还原剂的电对作负极，求出电池标准状态的电动势：

$$E^{\ominus}=\varphi_{(+)}^{\ominus}-\varphi_{(-)}^{\ominus}$$

(1)若 $E^{\ominus}>0$，即 $\varphi_{(+)}^{\ominus}>\varphi_{(-)}^{\ominus}$，则反应自发正向(向右)进行；

(2)若 $E^{\ominus}=0$，即 $\varphi_{(+)}^{\ominus}=\varphi_{(-)}^{\ominus}$，则反应处于平衡状态；

(3)若 $E^{\ominus}<0$，即 $\varphi_{(+)}^{\ominus}<\varphi_{(-)}^{\ominus}$，则反应自发逆向(向左)进行。

【例 5-9】 判断反应 $Cl_2+2Fe^{2+}\Longleftrightarrow 2Fe^{3+}+2Cl^-$ 在标准状态下进行的方向。

解：查标准电极电势表可知

$$Fe^{3+}+e^-\Longleftrightarrow Fe^{2+}\quad \varphi^{\ominus}(Fe^{3+}/Fe^{2+})=+0.771\ V$$

$$Cl_2+2e^-\Longleftrightarrow 2Cl^-\quad \varphi^{\ominus}(Cl_2/Cl^-)=+1.36\ V$$

由反应式可知：Cl_2 是氧化剂(正极)，Fe^{2+} 是还原剂(负极)。故上述电池的标准电动势为

$$E^{\ominus}=\varphi_{(+)}^{\ominus}-\varphi_{(-)}^{\ominus}=1.36-0.771=0.589(V)>0$$

所以在标准状态下，上述反应自发向右进行。

【例 5-10】 试判断反应 $MnO_2+4HCl\Longleftrightarrow MnCl_2+Cl_2\uparrow+2H_2O$

(1)在 25 ℃时的标准状态下能否向右进行？

(2)实验室中为什么能用 $MnO_2(s)$ 与浓 HCl 反应制取 $Cl_2(g)$？

解：(1)查标准电极电势表可知

$$MnO_2+4H^++2e^-\Longleftrightarrow Mn^{2+}+2H_2O$$

$$\varphi^{\ominus}(MnO_2/Mn^{2+})=+1.224\ V$$

$$Cl_2+2e^-\Longleftrightarrow 2Cl^-\quad \varphi^{\ominus}(Cl_2/Cl^-)=+1.36\ V$$

根据化学反应方程式可判断，MnO_2 是氧化剂(正极)，Cl_2 是还原剂(负极)。

所以

$$E^{\ominus}=\varphi_{(+)}^{\ominus}-\varphi_{(-)}^{\ominus}=1.224-1.36=-0.136(V)<0$$

所以在标准状态下，上述氧化还原反应不能自发向右进行，而是自发向左进行。

(2)在实验室中制取 $Cl_2(g)$ 时，用的是浓 HCl(12 mol/L)。假定 $c(Mn^{2+})=1.0\ mol/L$，$p(Cl_2)=101.325\ kPa$。根据能斯特方程式可分别计算上述两个电对的电极电势，在浓

HCl 中，$c(H^+)=12 \text{ mol/L}$，$c(Cl^-)=12 \text{ mol/L}$，则当 $c(HCl)=12 \text{ mol/L}$ 时，$c(H^+)=12 \text{ mol/L}$。

$$\varphi(MnO_2/Mn^{2+})=\varphi^{\ominus}(MnO_2/Mn^{2+})+\frac{0.0592}{2}\lg\frac{[H^+]^4}{[Mn^{2+}]}$$

$$=1.224+\frac{0.0592}{2}\lg\frac{12^4}{1}$$

$$=1.35(V)$$

$$\varphi(Cl_2/Cl^-)=\varphi^{\ominus}(Cl_2/Cl^-)+\frac{0.0592}{2}\lg\frac{p(Cl_2)}{[Cl^-]^2}$$

$$=1.36+\frac{0.0592}{2}\lg\frac{101.325/101.325}{12^2}$$

$$=1.29(V)$$

$$E=\varphi_{(+)}-\varphi_{(-)}=1.35-1.29=0.06(V)>0$$

所以反应自发向右进行，因此，MnO_2 可与浓 HCl 反应制取 Cl_2。

从例 5-10 可以看出，离子浓度的改变有时能够导致反应方向的改变。通常，溶液浓度或气体分压的变化对电极电势影响不大，若两个电对的标准电极电势相差较大（大于 0.2 V），一般可以用标准电极电势来判断氧化还原反应进行的方向；但是，若两个电对的标准电极电势相差较小（小于 0.2 V），离子浓度或气体分压的变化有可能导致氧化还原反应方向的改变，此时不能直接用 $E^{\ominus}$ 来判断，而必须用 E 来判断。

4. 判断氧化还原反应发生的次序

一般条件下，当一种氧化剂遇到几种还原剂时，它首先与最强的还原剂反应。同样，当一种还原剂遇到几种氧化剂时，它首先与最强的氧化剂反应，即标准电极电势 $\varphi^{\ominus}$ 值最大的电对中的氧化态物质与标准电极电势 $\varphi^{\ominus}$ 值最小的电对的还原态物质首先发生反应。

【例 5-11】 当向含有 Br^- 和 I^- 的某溶液中通入氯气时，哪种离子首先被氯气氧化？

解： 查表可知

$$\varphi^{\ominus}(Cl_2/Cl^-)=+1.36 \text{ V}$$

$$\varphi^{\ominus}(Br_2/Br^-)=+1.07 \text{ V}$$

$$\varphi^{\ominus}(I_2/I^-)=+0.535 \text{ V}$$

根据它们的标准电极电势值可知：Cl_2 是最强的氧化剂，I^- 是最强的还原剂。所以，Cl_2 首先与 I^- 发生反应。

5. 选择合适的氧化剂和还原剂

在生产实际和科学实验中，经常需要对混合体系中某一组分进行选择性氧化或还原，而体系中其他组分不发生氧化还原反应，这时选择合适的氧化剂或还原剂显得尤为重要。

【例 5-12】 有一含有 Br^- 和 I^- 的混合液，选择一种氧化剂只氧化 I^- 而不氧化 Br^-，问：应选择 $FeCl_3$ 还是 $KMnO_4$？

解： 查标准电极电势表可知

$$\varphi^{\ominus}(Br_2/Br^-)=+1.07 \text{ V}, \quad \varphi^{\ominus}(I_2/I^-)=+0.535 \text{ V}$$

$$\varphi^{\ominus}(Fe^{3+}/Fe^{2+}) = +0.771 \text{ V}, \quad \varphi^{\ominus}(MnO_4^-/Mn^{2+}) = +1.51 \text{ V}$$

因为 $\varphi^{\ominus}(MnO_4^-/Mn^{2+}) > \varphi^{\ominus}(Br_2/Br^-)$，同时 $\varphi^{\ominus}(MnO_4^-/Mn^{2+}) > \varphi^{\ominus}(I_2/I^-)$，所以 $KMnO_4$ 既能氧化 Br^- 也能氧化 I^-，故 $KMnO_4$ 不能使用；

而 $\varphi^{\ominus}(Br_2/Br^-) > \varphi^{\ominus}(Fe^{3+}/Fe^{2+}) > \varphi^{\ominus}(I_2/I^-)$，$FeCl_3$ 可以氧化 I^- 但不能氧化 Br^-，故应选用 $FeCl_3$ 作氧化剂。

从理论上讲，标准电极电势在 $0.54 \sim 1.07$ V 的氧化剂都可使用。

6. 氧化还原反应进行的程度

氧化还原反应属于可逆反应，当反应达到平衡时，可用平衡常数定量地说明反应进行的程度。对于一般氧化还原反应，平衡常数的表达式为

$$\lg K = \frac{n \times [\varphi^{\ominus}_{(+)} - \varphi^{\ominus}_{(-)}]}{0.0592}$$

或

$$\lg K = \frac{n \times E^{\ominus}}{0.0592}$$

式中 n——氧化还原反应中电子转移的数目。

由公式可知，在一定温度下，氧化还原反应的平衡常数与标准状态下的原电池的电动势及转移的电子数目有关，当原电池的电动势越大，电子转移的数目越多时，则平衡常数 K 就越大，反应进行得越完全。可见，平衡常数只是与氧化剂和还原剂本身的性质有关，而与反应物的浓度无关。

【例 5-13】 计算在 298.15 K 时反应 $Cr_2O_7^{2-} + 6I^- + 14H^+ \rightleftharpoons 2Cr^{3+} + 3I_2 + 7H_2O$ 的平衡常数。

解： 查标准电极电势表知 $Cr_2O_7^{2-} + 14H^+ + 6e^- \rightleftharpoons 2Cr^{3+} + 7H_2O$

$\varphi^{\ominus}(Cr_2O_7^{2-}/Cr^{3+}) = +1.33$ V

$I_2 + 2e^- \rightleftharpoons 2I^- \quad \varphi^{\ominus}(I_2/I^-) = +0.535$ V

根据反应方程式可知，$\varphi^{\ominus}(Cr_2O_7^{2-}/Cr^{3+})$ 为正极，$\varphi^{\ominus}(I_2/I^-)$ 为负极，

$$\lg K = \frac{6 \times [\varphi^{\ominus}_{(+)} - \varphi^{\ominus}_{(-)}]}{0.0592} = \frac{6 \times (1.33 - 0.535)}{0.0592} = 80.57$$

$K = 10^{80.87}$

此反应的平衡常数很大，说明该氧化还原反应进行得很完全。

7. 元素电势图及其应用

(1) 元素电势图。有的元素具有多种氧化数，不同氧化数的物质间可以构成不同的氧化还原电对，并有相应的标准电极电势。例如，铜元素有 0、+1、+2 三种氧化数，可组成以下的几对电对：

$Cu^{2+} + 2e^- \rightleftharpoons Cu \quad \varphi^{\ominus}(Cu^{2+}/Cu) = +0.337$ V

$Cu^{2+} + e^- \rightleftharpoons Cu^+ \quad \varphi^{\ominus}(Cu^{2+}/Cu^+) = +0.159$ V

$Cu^+ + e^- \rightleftharpoons Cu \quad \varphi^{\ominus}(Cu^+/Cu) = +0.52$ V

为了表示同一元素、不同氧化数物质氧化还原能力，以及它们之间的相互关系，拉铁摩尔(Latimer)提出，将同一元素、不同氧化数物质按氧化数从高到低的顺序排列，相邻两种物质(代表一个电对)之间用直线连接，并在直线上标出该电对的标准电极电势值，这种表示元素各种氧化数物质之间标准电极电势变化的关系图，称为元素标准电极电势图，

简称元素电势图。例如：在标准态下，铜元素在碱性介质中的标准电极电势图为

$$Cu^{2+} \underline{\quad 0.159\ V \quad} Cu^+ \underline{\quad 0.52\ V \quad} Cu$$
$$0.337\ V$$

元素电势图的最左端是价态最高的氧化型物质，最右端是价态最低的还原型物质，如 Cu^{2+} 和 Cu。中间的物质相对于左端的物质是还原型，相对于右端的物质是氧化型，如 Cu^+ 对于 Cu^{2+} 是还原型，而对于 Cu 是氧化型。

(2)元素电势图的应用。元素电势图可用来判断某一氧化态的元素是否可以发生歧化反应。

当某一种元素处于中间氧化数时，它向较高氧化数的物质转化的同时又可以向较低氧化数的物质转化，这种反应称为歧化反应。

如将某元素不同氧化数的三种物质 A、B、C 组成电对，按其氧化数由高到低排列，组成元素电势图。

$$A \underline{\quad \varphi_{左}^{\theta} \quad} B \underline{\quad \varphi_{右}^{\theta} \quad} C$$
$$\xrightarrow{\quad\quad\quad\quad\quad}$$
$$\text{氧化数降低}$$

假设 B 能发生歧化反应，由物质 B 转化为氧化数较低的物质 C，是获得电子的还原过程，是电池的正极；由 B 转化为氧化数较高的物质 A，是失去电子的氧化过程，是电池的负极。所以

$$E^{\ominus} = \varphi_{右}^{\ominus} - \varphi_{左}^{\ominus} > 0$$

即

$$\varphi_{右}^{\ominus} > \varphi_{左}^{\ominus}$$

假设 B 不能发生歧化反应，同理：

$$E^{\ominus} = \varphi_{右}^{\ominus} - \varphi_{左}^{\ominus} < 0$$

即

$$\varphi_{右}^{\ominus} < \varphi_{左}^{\ominus}$$

根据以上原则，从铜的元素电势图可以判断，$\varphi_{右}^{\ominus} > \varphi_{左}^{\ominus}$，在碱性溶液中 Cu^+ 不能稳定存在，它将发生以下歧化反应：

$$2Cu^+ \Longrightarrow Cu^{2+} + Cu$$

又如，铁元素的电势图：

$$Fe^{3+} \underline{\quad 0.771\ V \quad} Fe^{2+} \underline{\quad -0.440\ V \quad} Fe$$
$$-0.036\ 3\ V$$

因为 $\varphi_{右}^{\ominus} < \varphi_{左}^{\ominus}$，所以 Fe^{2+} 不能发生歧化反应，但 Fe^{3+} 能与 Fe 发生反歧化反应生成 Fe^{2+}。

由上述两例分析可得出歧化反应的一般规律：

在元素电势图中：

若 $\varphi_{右}^{\ominus} > \varphi_{左}^{\ominus}$，物质 B 将自发地发生歧化反应，生成物质 A 和 C；

若 $\varphi_{右}^{\ominus} < \varphi_{左}^{\ominus}$，当溶液中有 A 和 C 存在时，将自发地发生反歧化反应，生成物质 B。

伏打电池

【思维导图——知识点归纳】

原
电
池
和
电
动
势
{
  基本概念 {
    氧化还原反应的概念
    氧化数及氧化还原电对
    氧化还原反应的分类
    氧化还原方程式配平
}

  氧化还原反应 {
    原电池 {
      原电池组成及工作原理
      电极反应及电池反应
      原电池表示方法
      电极类型
    }
    电极电势 {
      电极电势的产生
      标准电极电势
      非标准电极电势——能斯特（Nernst）方程
    }
    电极电势的应用 {
      判断原电池正负极、计算电动势
      比较氧化还原性能相对强弱
      判断氧化还原反应方向及程度
      元素电势图
    }
  }
}

练一练

一、填空题

1. 在氧化还原反应中，获得电子的物质是_____剂，自身被_____；失去电子的物质是_____剂，自身被_____。

2. 原电池的正极发生_____反应，负极发生_____反应，原电池电流由_____极流向_____极。

3. $Cu-Fe$ 原电池的电池符号是_____，其正极半反应式为_____，负极半反应式为_____，原电池反应式为_____。

4. 在氧化还原反应中，氧化剂是 $\varphi^{\ominus}$ 值_____的电对中的_____型物种，还原剂是 $\varphi^{\ominus}$ 值_____的电对中的_____型物种。

5. 下列各物种 Cd^{2+}、Cd、Al^{3+}、Zn、Cl_2、Fe^{2+}、Sn、MnO_4^- 中（酸性溶液），能做氧化剂的物质有_____，氧化性最强的物质是_____，还原性最强的物质是_____。

6. 反应 $2KI+H_2SO_4+H_2O_2 \rightleftharpoons I_2+2H_2O+K_2SO_4$ 在标准状态下向_____方向进行，已知 $\varphi^{\ominus}(I_2/I^-)=0.535$ V，$\varphi^{\ominus}(H_2O_2/H_2O)=1.77$ V。

7. 从铁、镍、铜、银四种金属及其盐溶液 $[c(M^+)=1 \text{ mol/L}]$ 中选出两种，组成一个具有最大电动势的原电池，该电池的符号为_____。

8. 在 $H_2SO_4+3H_2S \rightleftharpoons 4H_2O+4S\downarrow$ 反应中，被氧化与被还原元素的质量比为_____。

二、选择题

1. 下列物质不能做还原剂的是(　　)。

A. H_2S　　　　　　　　　　　　　B. Fe^{2+}

C. Fe^{3+}　　　　　　　　　　　　D. SO_2

2. 下列反应中,电极电势最大的电对为(　　)。

$$2FeCl_3 + Cu \rightarrow 2FeCl_2 + CuCl_2$$

$$2Fe^{3+} + Fe \rightarrow 3Fe^{2+}$$

$$2KMnO_4 + 10FeSO_4 + 8H_2SO_4 \rightarrow 2MnSO_4 + 5Fe_2(SO_4)_3 + K_2SO_4 + 8H_2O$$

A. Fe^{3+}/Fe^{2+}　　　　　　　　　B. Cu^{2+}/Cu

C. MnO_4^-/Mn^{2+}　　　　　　　　D. Fe^{2+}/Fe

3. 在 H_3PO_4 中,P 的氧化值是(　　)。

A. -3　　　　　　　　　　　　　　B. $+1$

C. $+3$　　　　　　　　　　　　　　D. $+5$

4. 利用标准电极电势表判断氧化还原反应进行的方向,下列说法正确的是(　　)。

A. 氧化型物种与还原型物种起反应

B. $\varphi^\ominus$ 较大电对的氧化型物种与 $\varphi^\ominus$ 较小电对的还原型物种起反应

C. 氧化性强的物质与氧化性弱的物质起反应

D. 还原性强的物质与还原性弱的物质起反应

5. 下列各半反应中,发生还原过程的是(　　)。

A. $Fe \rightarrow Fe^{2+}$　　　　　　　　　B. $Co^{3+} \rightarrow Co^{2+}$

C. $NO \rightarrow NO_3^-$　　　　　　　　　D. $H_2O_2 \rightarrow O_2$

6. 对于电对 Zn^{2+}/Zn,增加 Zn^{2+} 的浓度,其标准电极电势的值将(　　)。

A. 增大　　　　　　　　　　　　　　B. 减小

C. 不变　　　　　　　　　　　　　　D. 无法判断

7. 下列常见的氧化剂中,如果使 $c(H^+)$ 增加,氧化剂的氧化能力增强的是(　　)。

A. Cl_2　　　　　　　　　　　　　　B. $Cr_2O_7^{2-}$

C. Sn^{4+}　　　　　　　　　　　　　D. Fe^{3+}

8. 在一个氧化还原反应中,若两电对的电极电势值差很大,则可判断(　　)。

A. 该反应的反应速率很大　　　　　　B. 该反应的反应趋势很大

C. 该反应是可逆反应　　　　　　　　D. 该反应能剧烈地进行

三、判断题

1. 用盐桥连接两只盛有等物质的量 $CuSO_4$ 溶液的烧杯。两只烧杯中 $CuSO_4$ 溶液的浓度分别为 1.00 mol/L 和 0.010 0 mol/L,插入两支电极,则在 25 ℃时两电极之间的电压为 0。(　　)

2. 已知 $\varphi^\ominus(I_2/I^-) = 0.535$ V,$\varphi^\ominus(Sn^{4+}/Sn^{2+}) = 0.154$ V,反应:$2KI + SnCl_4 \Longleftrightarrow I_2 + SnCl_2 + 2KCl$ 在标准状态下向左进行。(　　)

3. 对于氧化还原反应，氧化剂获得电子后，氧化值升高，还原剂失去电子后，氧化值降低。　　　　　　　　　　　　　　　　　　　　　　　　　　（　　）

4. 已知 $\varphi^{\ominus}(Zn^{2+}/Zn) = -0.763\ V$，则电极反应 $2Zn^{2+} + 4e^{-} \Longrightarrow 2Zn$ 的 $\varphi^{\ominus} = -1.526\ V$。　　　　　　　　　　　　　　　　　　　　　　　　　　　　　（　　）

5. 某物种的电极电势越高(代数值越大)，则其氧化态的氧化能力就越强，其还原态的还原能力就越弱。　　　　　　　　　　　　　　　　　　　　　　　　（　　）

6. 已知 $\varphi^{\ominus}(H_3AsO_4/H_3AsO_3) = 0.560\ V$，$\varphi^{\ominus}(I_2/I^-) = 0.535\ V$，因此，反应 $H_3AsO_4 + 2I^- + 2H^+ \Longrightarrow H_3AsO_3 + I_2 + H_2O$ 只能正向进行，逆反应不可能发生。（　　）

7. 已知 $\varphi^{\ominus}(MnO_2/Mn^{2+}) = 1.224\ V$，$\varphi^{\ominus}(Cl_2/Cl^-) = 1.36\ V$，因此，不能用 MnO_2 与 HCl 反应来制备 Cl_2。　　　　　　　　　　　　　　　　　　（　　）

8. 欲将溶液中的 $FeCl_2$ 氧化为 $FeCl_3$，而又不引进杂质，应选用 O_2 做氧化剂。
　　　　　　　　　　　　　　　　　　　　　　　　　　　　　　　　　　　（　　）

四、简答题

1. 利用标准电极电势值(酸性介质中)，比较下列物种氧化性的相对强弱。

$$MnO_4^-,\ HNO_3,\ Fe^{3+},\ I_2$$

下列物种还原性的相对强弱又如何？

$$Sn^{2+},\ Al,\ H_2O_2,\ Ce^{3+}$$

2. 解释下列现象。

(1)单质 Fe 可以与 $CuCl_2$ 反应，而 Cu 又能与 $FeCl_3$ 反应，是否矛盾？

(2)Ag 活动性顺序位于 H_2 之后，但它可以从氢碘酸中置换出氢气。

(3)分别用硝酸钠和稀硫酸氧化 Fe^{2+}，均无法进行，但两者的混合溶液可以氧化 Fe^{2+}。

(4)久置于空气中的氢硫酸溶液会变浑浊。

3. 为什么过量 HNO_3 与 Fe 反应得到的产物为 Fe^{3+}，而过量的 HCl 与 Fe 反应只能得到 Fe^{2+}？

4. 亚铁盐(如 $FeCl_2 \cdot 4H_2O$、$FeSO_4 \cdot 7H_2O$)常由金属铁与盐酸或硫酸直接反应制备，制备中有以下几个关键：

(1)制备过程中需保持金属铁过量；

(2)全部操作过程中应保持一定酸度；

(3)产品应在低温下迅速干燥。

试用已学过的理论予以解释。

5. 用离子－电子法配平下列氧化还原反应方程式。

(1)$Cr_2O_7^{2-} + SO_3^{2-} + H^+ \rightarrow Cr^{3+} + SO_4^{2-}$；

(2)$H_2S + I_2 \rightarrow I^- + S$；

(3)$ClO_3^- + S^{2-} \rightarrow Cl^- + S + OH^-$；

(4)$KMnO_4 + FeSO_4 + H_2SO_4 \rightarrow MnSO_4 + Fe_2(SO_4)_3 + K_2SO_4 + H_2O$；

(5)$KI + KIO_3 + H_2SO_4 \rightarrow I_2 + K_2SO_4$。

6. 标准状态下，在下列各组物种中，哪种是较强的氧化剂？说明理由。

(1)PbO_2 或 Sn^{4+}；

(2)I_2 或 Ag；

(3)Cl_2 或 Br_2；

(4)HNO_2 或 H_2SO_3。

7. 标准状态下，下列各组物种内，哪种是较强的还原剂？说明理由。

(1)F^- 或 Cu；

(2)H_2 或 I^-；

(3)Fe^{2+} 或 Ni；

(4)Pb^{2+} 或 Sn^{2+}。

8. 下列电对中，离子浓度的变化对电极电势有何影响？单质的氧化还原能力如何改变？

(1)$Fe^{2+}+2e^- \rightleftharpoons Fe$；

(2)$I_2+2e^- \rightleftharpoons 2I^-$。

9. 溶液的 pH 值增加，对下列电对的电极电势有何影响？使各物种的氧化还原能力如何改变？

(1)MnO_4^-/Mn^{2+}；

(2)NO_3^-/HNO_2。

五、计算题

1. 把镁片和铁片分别放入浓度均为 1 mol/L 的镁盐和亚铁盐的溶液中，并组成一个原电池。写出原电池的电池符号，指出正极和负极，写出正、负极的电极反应及电池反应，并指出哪种金属会溶解。

2. 根据标准电极电势 $\varphi^\ominus$，判断下列反应自发进行的方向。

(1)$Cd+Zn^{2+} \rightleftharpoons Cd^{2+}+Zn$；

(2) $Sn^{2+}+2Ag^+ \rightleftharpoons Sn^{4+}+2Ag$；

(3) $H_2SO_3+2H_2S \rightleftharpoons 3S+3H_2O$；

(4)$2MnO_4^-+3Mn^{2+}+2H_2O \rightleftharpoons 5MnO_2+4H^+$；

(5)$3Fe(NO_3)_2+4HNO_3 \rightleftharpoons 3Fe(NO_3)_3+NO+2H_2O$。

3. 计算下列半反应的电极电势。

(1)$Sn^{2+}(0.010 \text{ mol/L})+2e^- \rightarrow Sn$；

(2)$Ag^+(0.25 \text{ mol/L})+e^- \rightarrow Ag$。

4. 次氯酸在酸性溶液中的氧化性比在中性溶液中强，计算当溶液 pH＝1.00 和 pH＝7.00 时，电对 $HClO/Cl^-$ 的电极电势，假设 $c(HClO)$ 和 $c(Cl^-)$ 都等于 1.0 mol/L。

已知：$\varphi^\ominus(HClO/Cl^-)=1.49$ V。

5. 若 $c(Cr_2O_7^{2-})=c(Cr^{3+})=1.0$ mol/L，$p(Cl_2)=100$ kPa，下列情况下能否利用反应 $K_2Cr_2O_7+14HCl \rightarrow 2CrCl_3+3Cl_2+2KCl+7H_2O$ 来制备氯气？

已知：$\varphi^\ominus(Cr_2O_7^{2-}/Cr^{3+})=1.33$ V，$\varphi^\ominus(Cl_2/Cl^-)=1.36$ V。

6. 在一个半电池中，一根铂丝浸入一含有 0.85 mol/L Fe^{3+} 和 0.010 mol/L Fe^{2+} 溶液中，另一个半电池的金属 Cd 浸入 0.50 mol/L Cd^{2+} 溶液中。试答：

(1)当电池产生电流时，何者是正极，何者是负极？

(2)写出电池反应。

(3)计算该电池反应的平衡常数。

7. 铊的元素电势图如下：

$$Tl^{3+} \xrightarrow{1.25\ V} Tl^{+} \xrightarrow{-0.34\ V} Tl$$
$$\underset{0.72\ V}{\underbrace{\qquad\qquad\qquad}}$$

(1)写出由电对 Tl^{3+}/Tl^{+} 和 Tl^{+}/Tl 组成的原电池的电池符号及电池反应；

(2)计算该原电池的标准电动势 $E^{\ominus}$；

(3)求此电池反应的平衡常数。

参考答案

项目六 探究配位化合物的性质

项目导入

配位化合物的发现

最早记载的配合物之一是 18 世纪初用作颜料的普鲁士蓝，是一个名叫迪斯巴赫的画家在柏林尝试制作一种颜料时意外产生的。1798 年，法国化学家塔萨厄尔首次合成了氨合氯化钴（$CoCl_3 \cdot 6NH_3$），他注意到这种物质在空气中干燥后变成了美丽的红色晶体。当时他可能没有意识到他发现了一个配位化合物，但这个发现为后来配位化合物理论的发展奠定了基础。

根据经典的化合价理论，两个独立存在而且都稳定的分子化合物 $CoCl_3$ 和 NH_3 不应该能够按一定的比例相互结合生成更为稳定的"复杂化合物"，那么这两个稳定的分子化合物是以什么力量结合在一起的呢？

学习目标

知识目标

1. 掌握配位化合物的定义、组成和命名。

2. 掌握配位平衡的移动和稳定常数的计算。

3. 知道螯合物的概念。

能力目标

1. 会对配位化合物进行命名。

2. 会计算稳定常数，并根据稳定常数判断配位化合物的稳定性。

3. 具有一定的动手能力。

素养目标

1. 通过配位化合物的发现和组成的探索，培养用发展的眼光、科学的态度、勇于探索的品质学习化学。

2. 通过交流、探索、分析配位平衡的移动，增强团队协作能力，掌握一定的沟通技巧。

任务一　认识配位化合物

小白在实验室做实验，他准备了 $CuSO_4 \cdot 5H_2O(s)$、2 mol/L 的氨水溶液和 95％乙醇溶液。他将 $CuSO_4 \cdot 5H_2O(s)$ 加蒸馏水溶解，逐滴加入氨水溶液，发现蓝色出现又消失，再继续加入乙醇，发现又出现了漂亮的蓝色物质。

小白根据实验现象，认真分析现象产生原因，提出了自己的疑问，并设计了一系列后续实验进行探究，疑问如下：

(1)出现的漂亮蓝色物质的组成是什么？

(2)配位键是以什么作用力结合的？

(3)产生的漂亮蓝色物质怎么命名？

任务解析

完成本次任务需要具备以下知识：

(1)配位化合物的组成；

(2)配位化合物的命名；

(3)配位化合物的分类；

(4)基本实验操作技能。

任务实施

1. 实验器材

试管、烧杯(50 mL)、玻璃棒、胶头滴管、过滤装置、滤纸。

2. 实验药品

$CuSO_4 \cdot 5H_2O(s)$、2 mol/L 氨水、95％乙醇。

3. 组织形式

每三个学生为一实验小组，在教师指导下根据实验步骤自行完成实验。

4. 注意事项

(1)仔细观察实验现象，认真分析现象产生原因。

(2)液体药品和固体药品的取用，注意操作规范。

(3)在性质实验中，一般来说，生成沉淀的步骤、沉淀量要少，即刚观察到沉淀生成就可以；使沉淀溶解的步骤，加入试液越少越好，即使沉淀恰好溶解为宜。因此，溶液必须逐滴加入，且边滴边摇。

5. 实验步骤

(1)在试管中加入 0.5 g $CuSO_4 \cdot 5H_2O$ 固体，加少许蒸馏水搅拌溶解。

(2)逐滴加入 2 mol/L 的氨水溶液，观察现象。

(3)滴加氨水至沉淀溶解而形成深蓝色溶液。

(4)加入 2 mL 乙醇，振荡试管，观察现象。

(5)静置 2 min，过滤，分出晶体。

(6)在滤纸上逐滴加入 2 mol/L 的 $NH_3 \cdot H_2O$ 溶液，观察现象。

实验内容详解

(1)在试管中加入 0.5 g 的 $CuSO_4 \cdot 5H_2O$ 固体，加入少量蒸馏水，用搅拌棒轻轻搅拌直至固体完全溶解形成蓝色透明溶液。这是因为 Cu^{2+} 游离出来。

(2)逐滴向试管中加入 2 mol/L 的氨水溶液。随着氨水的加入，会观察到溶液中开始出现浅蓝色沉淀碱式硫酸铜 $Cu_2(OH)_2SO_4$。

$$2Cu^{2+} + SO_4^{2-} + 2NH_3 \cdot H_2O = Cu_2(OH)_2SO_4 \downarrow + 2NH_4^+$$

(3)继续缓慢滴加氨水至沉淀刚好溶解，此时溶液呈深蓝色，形成稳定的深蓝色 $[Cu(NH_3)_4]^{2+}$ 络离子溶液。

$$Cu_2(OH)_2SO_4 + 8NH_3 \cdot H_2O = 2[Cu(NH_3)_4]^{2+} + SO_4^{2-} + 2OH^- + 8H_2O$$

(4)向深蓝色溶液中加入 2 mL 乙醇，振荡试管混合均匀。$[Cu(NH_3)_4]SO_4$ 在乙醇中的溶解度远小于在水中的溶解度，因此，加入乙醇后，会有蓝色的晶体析出。

(5)使用过滤装置和滤纸进行过滤，分离出形成的晶体。在滤纸上方逐滴加入 2 mol/L 的氨水溶液，观察晶体不会重新溶解或发生其他变化。这是由于在晶体形成过程中，Cu^{2+} 已经被四个 NH_3 完全配位，达到了饱和状态，无法再与更多的 NH_3 发生配位反应。

任务评价

根据以上实验操作、现象记录及现象分析情况，进行任务评价。

序号	评价内容	评价要点	配分	评价标准	扣分	得分
1	实验准备	(1)实验预习； (2)玻璃仪器认领； (3)试剂认领	20	有一项不符合标准扣 10 分，扣完为止		
2	实验操作及记录	(1)试管的使用； (2)胶头滴管的使用； (3)反应式的书写； (4)现象描述； (5)现象解释； (6)实验记录表格设计是否合理； (7)表格填写是否规范	60	有一项不符合标准扣 10 分，扣完为止		
3	安全文明操作	(1)实验台面整洁情况； (2)物品摆放情况； (3)玻璃仪器清洗放置情况； (4)安全操作情况	20	有一项不符合标准扣 5 分，扣完为止		
		总分				

配位化合物

配位化合物简称配合物。1980 年中国化学会公布的《无机化学命名原则》，为配位化合物定义是："配位化合物是由可以给出孤对电子或多个不定域电子的一定数目的离子或分子(称为配体)和具有接受孤对电子或多个不定域电子的空位的原子或离子(统称中心原子) 按一定的组成和空间构型所形成的化合物。"

结合以上规定，可以将定义加以简化：配合物是由中心形成体(金属阳离子或中性原子)与一定数目的配位体(阴离子或中性分子)，通过配位键结合，并按一定组成和空间构型形成的复杂化合物，又称为配离子或配分子。含有配离子的化合物及中性配位分子统称为配合物。

二维动画：配位键

微课：配位化合物及其结构组成

一、配合物的组成

配合物的组成一般分为内界和外界两部分：由中心离子和配位体结合而成的一个相对稳定的整体组成配合物的内界，常用方括号括起来，不在内界的其他离子构成外界。内界也称配离子，是配合物的特征部分，内界组分很稳定，一般不解离。例如，$[CO(NH_3)_6]Cl_3$ 配合物在水溶液中，外界 Cl^- 可解离出来，内界组分 $[CO(NH_3)_6]^{3+}$ 是稳定的整体。由于配合物是电中性的，因此，内界与外界离子所带电荷数量相同，符号相反。有些配合物的内界不带电荷，本身就是一个中性化合物，如 $Ni(CO)_4$、$[PtCl_2(NH_3)_2][COCl_3(NH_3)_3]$ 等没有外界。

1. 中心离子(或原子)

中心离子(或原子)，也称为配合物的形成体。在配合物中，能接受孤对电子的离子或原子统称为中心离子(或原子)。中心离子(或原子)具有空轨道，以接受孤对电子。作为配合物的核心部分，中心离子(或原子)一般多为带正电的阳离子或金属原子，以及高氧化值的非金属元素，其中以过渡金属离子居多，如 $[Ag(NH_3)_2]^+$ 中的 Ag^+、$[Cu(NH_3)_4]^{2+}$ 中的 Cu^{2+}、$K_4[PtCl_6]$ 中的 Pt^{2+}、$Fe(CO)_5$ 中的 Fe 原子、$[SiF_6]^{2-}$ 中的 $Si(IV)$。

2. 配位体

在配合物中，与中心离子(或原子)结合的阴离子或中性分子称为配位体，简称配体。配位体为提供孤对电子的离子或分子，如 $[CO(NH_3)_4]^{2+}$ 中的 NH_3。常见的配体为 OH^-、X^-(卤素离子)等离子，以及 NH_3、H_2O、CO、$H_2NCH_2CH_2NH_2$ (en) 等分子。在配体中提供孤对电子与形成体直接相连形成配位键的原子称为配位原子，如配体 NH_3 中的 N。

常见的配位原子主要是周期表中电负性较大的非金属原子，如 X（卤素）、N、O、S、C、P 等原子。

按配体中所含配位原子数目的不同，可将配体分为单齿配体和多齿配体。一个配体中只含有一个配位原子称为单齿配体，如 NH_3、OH^-、X^-、CN^-、SCN^-、CO 等，其配位原子分别为 N、O、X、C、S 和 O。在这些配位原子中，有的虽有一对以上的孤对电子（如 O），但每一个原子只能与形成体形成一个配位键。一个配体中含有两个及两个以上配位原子称为多齿配体。例如，乙二胺（en）、乙二胺四乙酸（EDTA）分别为二齿和六齿配体，其结构如图 6-1 所示。

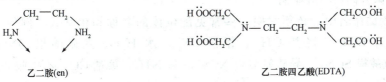

乙二胺(en)   乙二胺四乙酸(EDTA)

图 6-1　乙二胺（en）、乙二胺四乙酸（EDTA）的结构

3. 配位数

在配位化学中，配位数也是一个核心概念。它是指中心离子（或原子）与配体形成配位键的数目。如 $[Cu(NH_3)_4]^{2+}$ 中，Cu^{2+} 的配位数为 4，$[Cr(H_2O)_4Cl_2]^+$ 中 Cr^{3+} 的配位数为 6。配合物中，中心离子（或原子）的配位数可以从 1 到 12，目前已知形成体的配位数有 2、4、6、8，其中最常见的配位数为 2、4 和 6。由单齿配体形成的配合物，中心离子（或原子）的配位数等于配体的数目；对于多齿配体，每个分子能通过多个提供孤对电子原子与中心金属离子配位，那么，配体的数目不等于中心离子（或原子）的配位数。例如，$[Cu(en)_2]^{2+}$ 中的乙二胺（en）是双齿配体，即每 1 个 en 有 2 个 N 原子与中心离子 Cu^{2+} 配位，因此，Cu^{2+} 的配位数是 4 而不是 2。

中心离子（原子）的配位数的多少与中心离子（或原子）、配体的半径、电荷有关，也与配体的浓度、形成配合物的温度等因素有关。但对某一中心离子（或原子）来说，常有一特征配位数。表 6-1 列出了一些中心离子的特征配位数和几何构型。

表 6-1　一些中心离子的特征配位数和几何构型

中心离子	特征配位数	几何构型	实例
Cu^+，Ag^+，Au^+	2	直线形	$[Ag(NH_3)_2]^+$
Cu^{2+}，Ni^{2+}，Pd^{2+}，Pt^{2+}	4	平面正方形	$[Pt(NH_3)_4]^{2+}$
Zn^{2+}，Cd^{2+}，Hg^{2+}，Al^{3+}	4	正四面体形	$[Zn(NH_3)_4]^{2+}$
Cr^{3+}，Co^{3+}，Fe^{3+}，Pt^{4+}	6	正八面体形	$[Co(NH_3)_6]^{3+}$

4. 配离子的电荷

配离子的电荷为中心离子（或原子）与配位体总电荷的代数和。例如：$[CO(NH_3)_4]^{2+}$ 中，由于配位体是中性分子，所以配离子的电荷为 +2。$K_3[Fe(CN)_6]$ 中配离子的电荷数可根据 Fe^{3+} 和 6 个 CN^- 电荷的代数和判定为 -3，也可根据配合物的外界离子（3 个 K^+）电荷数判定 $[Fe(CN)_6]^{3-}$ 的电荷数为 -3。

二、配合物的命名

1. 配合物命名的原则

配合物的命名遵循无机化合物命名的一般原则：在内外界之间先阴离子，后阳离子。

若配位单元为配阳离子，阴离子为简单离子，则在内外界之间加"化"字；若配位离子为配阴离子，或配位单元为配阳离子而阴离子为复杂的酸根，则在内外界之间加"酸"字，如$[Co(NH_3)_6]Cl_3$ 三氯化六氨合钴（Ⅱ）、$[Cu(NH_3)_4]SO_4$ 硫酸四氨合铜（Ⅱ）、$Cu_2[SiF_6]$六氟合硅（Ⅳ）酸亚铜。

在配合物的命名中，必须掌握一些常见配位体的名称和化学式。例如，氟 F^-、氯 Cl^-、溴 Br^-、碘 I^-、羟基 OH^-、氰根 CN^-、水 H_2O、亚硝酸根 ONO^-、硫酸根 SO_4^{2-}、硫氰酸根 SCN^-、异硫氰酸根 NCS^-、氨 NH_3、羰基 CO、乙二胺 en、乙二胺四乙酸 EDTA 等。

2. 命名的次序规则

内界的命名次序：配位体数—配位体名称—合—中心离子（中心离子氧化数）。在配位单元中，配体名称列在中心离子之前。配体个数用倍数词头二、三、四……数字表示。不同配体名称之间用中圆点"·"分开，在最后一个配体名称之后加"合"字，后接中心离子并后加括号()，用罗马数字表示其氧化态。

配体的命名次序：先无机配体，后有机配体；先负离子，后中性分子。若配体均为负离子或均为中性分子（同类配体）时，则按配位原子元素符号的英文字母顺序排列（表 6-2）。

表 6-2　配位化合物命名

无机化合物		配位化合物	
分子式	名称	分子式	名称
H_2SO_4	硫酸	$H_2[PtCl_6]$	六氯合铂（Ⅳ）酸
NaOH	氢氧化钠	$[Cu(NH_3)_4](OH)_2$	氢氧化四氨合铜（Ⅱ）
KBr	溴化钾	$[Ag(NH_3)_2]Br$	溴化二氨合银（Ⅰ）
		$[Cr(NH_3)_4(H_2O)_2]Cl_3$	氯化四氨·二水合铬（Ⅲ）
K_2SO_4	硫酸钾	$K_2[HgI_4]$	四碘合汞（Ⅱ）酸钾
		$[Cu(NH_3)_4]SO_4$	硫酸四氨合铜（Ⅱ）
		$[Co(NH_3)_2(en)_2](NO_3)_3$	硝酸二氨·二(乙二胺)合钴（Ⅲ）
		$[Pt(py)_4][PtCl_4]$	四氯合铂（Ⅱ）酸四吡啶合铂（Ⅱ）

三、配合物的分类

配合物的种类很多，主要可以分为以下几类。

1. 简单配合物

简单配合物是指由单齿的分子或离子配体与中心离子（或原子）作用而形成的配合物。这类配合物的配体可以是1种，也可以是2种或多种，主要为无机物，如 $Fe_4[Fe(CN)_6] \cdot nH_2O$、$[Co(NH_3)_6]Cl_3$、$[Co(NH_3)_4Cl_2]NO_2$ 等。

2. 螯合物

螯合物又称内配合物，是由中心离子(或原子)与多齿配体所形成的具有环状结构的配位个体。其中配体好像螃蟹的蟹钳一样钳牢中心离子(原子)，而形象地称为螯合物。能与中心离子形成螯合物的配体称为螯合剂。例如，在 $[Cu(en)_2]^{2+}$ 中，有两个五元环，每个环均由两个 C 原子、两个 N 原子和中心离子形成配位键构成(图6-2)，即

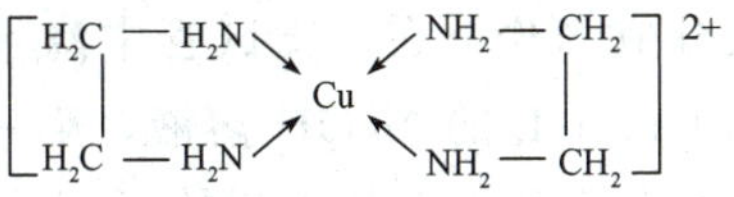

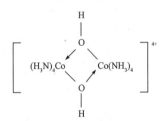

图6-2 $[Cu(en)_2]^{2+}$ 的结构

螯合物由于形成环状结构而具有特殊的稳定性。螯合物的稳定性与环的大小及环的多少有关，以五元环和六元环最稳定。形成环数越多，螯合物越稳定。由于螯合物结构复杂，且多具有特殊颜色，常用于金属离子的鉴定、溶剂萃取、比色定量分析等。

3. 多核配合物

一个配位原子同时与两个中心离子(原子)相结合形成的配合物称为多核配合物，也称为桥式配合物。在这类多核配合物中，多中心金属原子可以相同，也可以不同，如图6-3所示。

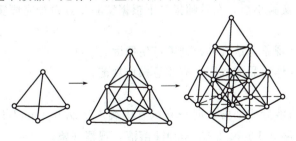

图6-3 多核配合物

4. 原子簇化合物

原子簇化合物简称簇合物。原子簇最早是指含有金属－金属键(M—M)的多核配合物，也称金属簇合物。后来簇合物指簇原子以金属－金属键组成的多面体网络结构(图6-4)。M—M 电子离域于整个簇骼，是存在于金属原子间的多中心键。

图6-4 原子簇化合物的多面体网络结构

任务二　掌握配位化合物的解离过程

任务描述

小白同学将任务一的溶液分成 2 份，在一支试管中滴入 2 滴 0.1 mol/L 的 $BaCl_2$ 溶液，另一支试管中滴入 2 滴 0.1 mol/L 的 NaOH 溶液，第一支生成白色沉淀，第二支无现象；他又取了两支试管，各加入 5 滴 0.1 mol/L 的 $CuSO_4$ 溶液，同样地，在一支试管中滴入 2 滴 0.1 mol/L 的 $BaCl_2$ 溶液，另一支试管滴入 2 滴 0.1 mol/L 的 NaOH 溶液，第一支生成白色沉淀，第二支生成蓝色沉淀。两次实验的试剂中同样含有 Cu^{2+} 和 SO_4^{2-}，为什么加入相同的试剂会有不同的现象？现在提出下述疑问：

(1)配合物在水溶液中是如何解离的？

(2)配合物的稳定性与哪些因素有关?

任务解析

完成本次任务需要具备以下知识：

(1)配合物的解离过程；

(2)配合物的稳定常数；

(3)基本实验操作技能。

任务实施

1. 实验器材

试管、烧杯(50 mL)、玻璃棒、胶头滴管。

2. 实验药品

$CuSO_4 \cdot 5H_2O$（s）、2 mol/L 氨水、95% 乙醇、0.1 mol/L $BaCl_2$、0.1 mol/L NaOH、0.1 mol/L $CuSO_4$。

3. 组织形式

每三个同学为一实验小组，在教师指导下根据实验步骤自行完成实验。

4. 注意事项

(1)仔细观察实验现象，认真分析现象产生原因。

(2)液体药品和固体药品的取用，应注意操作规范。

5. 实验步骤

(1)将任务一的溶液分成 2 份，向一支试管中滴入 2 滴 0.1 mol/L 的 $BaCl_2$ 溶液，向另一支试管中滴入 2 滴 0.1 mol/L 的 NaOH 溶液，观察现象。

(2)另取两支试管，各加入 5 滴 0.1 mol/L 的 $CuSO_4$ 溶液，然后分别向试管中滴入 2 滴 0.1 mol/L 的 $BaCl_2$ 溶液和 2 滴 0.1 mol/L 的 NaOH 溶液，观察现象。

(1)将任务一的溶液分成 2 份，向一支试管中滴入 2 滴 0.1 mol/L 的 $BaCl_2$ 溶液，向另一支试管中滴入 2 滴 0.1 mol/L 的 NaOH 溶液，第一支生成白色沉淀，$SO_4^{2-} + Ba^{2+} =$ $BaSO_4$；第二支无现象，$[Cu(NH_3)_4]SO_4$ 为配合物，Cu^{2+} 和 NH_3 以配位键结合。

(2)另取两支试管，各加入 5 滴 0.1 mol/L 的 $CuSO_4$ 溶液，然后分别向试管中滴入 2 滴 0.1 mol/L 的 $BaCl_2$ 溶液和 2 滴 0.1 mol/L 的 NaOH 溶液。

第一支生成白色沉淀：$SO_4^{2-} + Ba^{2+} = BaSO_4 \downarrow$。

第二支生成蓝色沉淀：$Cu^{2+} + OH^- = Cu(OH)_2 \downarrow$。

任务评价

根据以上实验操作、现象记录及现象分析情况，进行任务评价。

序号	评价内容	评价要点	配分	评价标准	扣分	得分
1	实验准备	(1)实验预习； (2)玻璃仪器认领； (3)试剂认领	20	有一项不符合标准扣 10 分，扣完为止		
2	实验操作及记录	(1)移取溶液过程； (2)溶液滴加过程； (3)现象描述； (4)现象解释； (5)实验记录表格设计是否合理； (6)表格填写是否规范	60	有一项不符合标准扣 10 分，扣完为止		
3	安全文明操作	(1)实验台面整洁情况； (2)物品摆放情况； (3)玻璃仪器清洗放置情况； (4)安全操作情况	20	有一项不符合标准扣 5 分，扣完为止		
总分						

知识链接

配位化合物的解离

将氨水加到硝酸银溶液中，则有 $[Ag(NH_3)_2]^+$ 配离子生成，其反应式为

$$Ag^+ + 2NH_3 \rightleftharpoons [Ag(NH_3)_2]^+$$

此反应称为配合反应(也称络合反应)。

由于配离子是由中心离子(或原子)和配位体以配位键结合起来的，因此，在水溶液中比较稳定。但也并不是完全不能解离成简单离子，实质上和弱电解质类似，也有微弱的解离现象。

$$[Ag(NH_3)_2]^+ \rightleftharpoons Ag^+ + 2NH_3$$

1. 配合物的稳定常数

配合物的稳定性可以用生成配合物的标准平衡常数来表示，例如：

$$Ag^+ + 2NH_3 \rightleftharpoons [Ag(NH_3)_2]^+$$

应用化学平衡原理，可得

$$\frac{c'([Ag(NH_3)_2]^+)}{c'(Ag^+) \cdot [c'(NH_3)]^2} = K_{稳}^{\ominus}$$

$K_{稳}^{\ominus}$ 值越大，表示形成配离子的倾向越大，此配合物越稳定。所以，配离子的生成常数又称为稳定常数（见本书附录七）。

2. 分步稳定常数

配合物在溶液中的生成与解离，与多元酸、碱相似，也是分级进行的，而且各级解离或生成常数也不同。例如，Ag^+ 与 NH_3 逐步配合过程中的分步稳定常数分别为 $K_1^{\ominus}$、$K_2^{\ominus}$，称为逐级稳定常数。配合物的逐级稳定常数随着配位数的增加而下降。一般认为，随着配位体数目增多，配位体之间的排斥作用加大，故其稳定性下降。

配合物的逐级稳定常数和稳定常数间有下述关系：

$$K^{\ominus} = K_1^{\ominus} \cdot K_2^{\ominus} \cdot \cdots \cdot K_h^{\ominus}$$

对于 $[Ag(NH_3)_2]^+$ 来说，其稳定性 $K_{稳}^{\ominus}$ 为

$$K_{稳}^{\ominus} = K_1^{\ominus} \cdot K_2^{\ominus}$$

3. 不稳定常数

在水溶液中，$[Ag(NH_3)_2]^+$ 是稳定的，不过像其他弱电解质一样也有少数 $[Ag(NH_3)_2]^+$ 发生解离，可用下式表示：

$$[Ag(NH_3)_2]^+ \rightleftharpoons Ag^+ + 2NH_3$$

则平衡常数表达式为

$$K_{不稳}^{\ominus} = \frac{c'(Ag^+) \cdot [c'(NH_3)]^2}{c'[Ag(NH_3)_2]^+}$$

$K_{不稳}^{\ominus}$ 值越大，表示配离子解离越多，故称 $K_{不稳}^{\ominus}$ 为配离子的不稳定常数。

$K_{稳}^{\ominus}$ 和 $K_{不稳}^{\ominus}$ 互成倒数：

$$K_{稳}^{\ominus} = \frac{1}{K_{不稳}^{\ominus}}$$

通常在比较简单粗略的计算中，人们运用的配合平衡常数即累积稳定常数。$K_{稳}^{\ominus}$ 或 $K_{不稳}^{\ominus}$ 和其他化学平衡常数一样，只跟温度有关。

任务三 配位平衡的移动

▊ 任务描述

小白在一支试管中，加入 0.1 mol/L 的 $FeCl_3$ 溶液和 0.1 mol/L 的 KSCN 溶液，向其中滴加 2 mol/L 的 NH_4F 溶液，再滴入饱和 $(NH_4)_2C_2O_4$ 溶液，发现溶液先变成血红色，又无色，接着又变成黄绿色，很是神奇。在惊讶的同时，小白提出以下疑问：

(1)配合物为什么可以转化？

(2)影响配位平衡的主要因素是什么？

任务解析

完成本次任务需要具备以下知识：

(1)配位平衡；

(2)配位平衡同溶液酸度和其他反应的关系；

(3)基本实验操作技能。

任务实施

1. 实验器材

试管、烧杯(50 mL)、玻璃棒、胶头滴管。

2. 实验药品

0.1 mol/L $FeCl_3$、0.1 mol/L KSCN、2 mol/L NH_4F、饱和$(NH_4)_2C_2O_4$ 溶液。

3. 组织形式

每三个同学为一实验小组，在教师指导下根据实验步骤自行完成实验。

4. 注意事项

(1)仔细观察实验现象，认真分析现象产生的原因。

(2)液体药品的取用，应注意操作规范。

5. 实验步骤

在一支试管中，加入 10 滴 0.1 mol/L 的 $FeCl_3$ 溶液和 1 滴 0.1 mol/L 的 KSCN 溶液，观察溶液颜色。向其中滴加 2 mol/L 的 NH_4F 溶液，观察现象。再滴入饱和$(NH_4)_2C_2O_4$ 溶液，观察溶液颜色又发生怎样的变化。

实验内容详解

(1)在试管中，加入 10 滴 0.1 mol/L 的 $FeCl_3$ 溶液和 1 滴 0.1 mol/L 的 KSCN 溶液，先生成血红色配合物$[Fe(SCN)_3]$：

$$FeCl_3 + 3KSCN = [Fe(SCN)_3](血红色) + 3KCl$$

(2)向其中滴加 2 mol/L 的 NH_4F 溶液，血红色变浅至无色，由于$[Fe(SCN)_3]$转化生成$[FeF_6]^{3-}$：

$$[Fe(SCN)_3](血红色) + 6NH_4F = (NH_4)_3[FeF_6](无色) + 3NH_4SCN$$

(3)滴入饱和$(NH_4)_2C_2O_4$ 溶液，无色变为黄绿色，生成稳定常数更大的配离子$[Fe(C_2O_4)_3]^{3-}$：

$$(NH_4)_3[FeF_6](无色) + 3(NH_4)_2C_2O_4 = (NH_4)_3[Fe(C_2O_4)_3](黄绿色) + 6NH_4F$$

任务评价

根据以上实验操作、现象记录及现象分析情况，进行任务评价。

序号	评价内容	评价要点	配分	评价标准	扣分	得分
1	实验准备	(1)实验预习； (2)玻璃仪器认领； (3)试剂认领	20	有一项不符合标准扣 10 分，扣完为止		
2	实验操作及记录	(1)移取溶液过程； (2)溶液滴加过程； (3)现象描述； (4)现象解释； (5)实验记录表格设计是否合理； (6)表格填写是否规范	60	有一项不符合标准扣 10 分，扣完为止		
3	安全文明操作	(1)实验台面整洁情况； (2)物品摆放情况； (3)玻璃仪器清洗放置情况； (4)安全操作情况	20	有一项不符合标准扣 5 分，扣完为止		
总分						

知识链接

配位平衡的移动

金属离子 M^{n+} 和配位体 A^- 生成配离子 $[MA_{(n-x)}]^{x+}$，在水溶液中存在如下平衡：

$$M^{n+} + x A^- \Longleftrightarrow [MA_{(n-x)}]^{x+}$$

根据平衡移动原理，改变 M^{n+} 或 A^- 的浓度，会使上述平衡发生移动。若在上述溶液中加入某种试剂使 M^{n+} 生成难溶化合物，或改变 M^{n+} 的氧化状态，都会使平衡向左移动。若改变溶液的酸度使 A^- 生成难解离的弱酸，也可以使平衡向左移动。

配合平衡同样是一种相对的平衡状态，它同溶液的 pH 值、沉淀反应、氧化还原反应等都有密切的关系。

1. 与酸度的关系

根据酸碱质子理论，大部分的配位体都可以看作一种碱。因此，在增加溶液中的 H^+ 浓度时，由于配位体同 H^+ 结合成弱酸而使配合平衡向右移动，配离子平衡遭到破坏，这种现象称为酸效应，例如：

$$[Ag(NH_3)_2]^+ \Longleftrightarrow Ag^+ + 2NH_3$$
$$+$$
$$2H^+$$
$$\Updownarrow$$
$$2NH_4^+$$

配位体的酸性越强，溶液的 pH 值越小，配离子越易被破坏。

金属离子在水中，都会有不同程度的水解作用。溶液的碱性越强，pH 值越大，越有利于水解的进行。例如：Fe^{3+} 在碱性介质中容易发生水解反应，溶液的碱性越强，水解越彻底，生成 $Fe(OH)_3$ 沉淀。

$$[FeF_6]^{3-} \rightleftharpoons Fe^{3+} + 6F^-$$
$$+$$
$$3OH^-$$
$$\Downarrow$$
$$Fe(OH)_3 \downarrow$$

因此，在碱性介质中，由于 Fe^{3+} 水解成难溶的 $Fe(OH)_3$ 沉淀而使平衡向右移动，因而 $[FeF_6]^{3-}$ 遭到破坏，这种现象称为金属离子的水解效应。

2. 与沉淀反应的关系

当向含有氯化银沉淀的溶液中加入氨水时，沉淀即溶解。

$$AgCl(s) \rightleftharpoons Ag^+ + Cl^-$$
$$+$$
$$2NH_3$$
$$\Downarrow$$
$$[Ag(NH_3)_2]^+$$

当在上述溶液中加入溴化钠溶液时，又有淡黄色的沉淀生成。

$$[Ag(NH_3)_2]^+ \rightleftharpoons Ag^+ + 2NH_3$$
$$+$$
$$Br^-$$
$$\Downarrow$$
$$AgBr \downarrow$$

由于 AgBr 的溶解度比 AgCl 的溶解度小得多，因而 Br^- 争夺 Ag^+ 的能力比 Cl^- 的大，所以能产生 AgBr 沉淀而不能产生 AgCl 沉淀。沉淀剂与金属离子生成沉淀的溶解度越小，越能使配离子破坏而生成沉淀。

3. 与氧化还原反应的关系

配合反应的发生可以改变金属离子的氧化能力。例如：当 PbO_2 与盐酸反应时，其产物不是 $PbCl_4$，而是 $PbCl_2$ 和 Cl_2。但是当它形成 $[PbCl_6]^{2-}$ 配离子后，Pb 就能保持它的 +4 氧化态。

配合反应影响氧化还原反应的方向。例如，Fe^{3+} 可以把 I^- 氧化成 I_2：

$$2Fe^{3+} + 2I^- \rightleftharpoons 2Fe^{2+} + I_2$$

在加入 F^- 后，由于生成 $[FeF_6]^{3-}$，减少了 Fe^{3+} 的浓度，使平衡向左移动。

考查配合反应对氧化还原反应的影响时，不仅要注意配离子的形成，而且要注意配离子的稳定性。

螯合剂在医学
上的应用

【思维导图——知识点归纳】

配位化合物的基本概念
- 配合物的定义
- 配合物的组成
  - 内界和外界
  - 中心离子(原子)
  - 配(位)体
- 配合物的命名
  - 命名总原则
  - 配合物的命名规则
- 配位化合物的解离
  - 稳定常数
  - 不稳定常数
- 配位平衡的移动
  - 与酸度的关系
  - 与沉淀反应的关系
  - 与氧化还原反应的关系

练一练

一、填空题

1. 在配合物中，提供孤对电子的负离子或分子称为_____，接受孤对电子的原子或离子称为_____，它们之间以_____键结合。

2. 配合物 $[Cu(NH_3)_4]SO_4$ 中，内界为_____，外界为_____；内层与外层之间以_____键结合。

3. 在 Ag^+ 溶液中加入 Cl^- 溶液生成_____沉淀；再加入氨水生成_____而使沉淀溶解，再加入 Br^- 溶液则又出现_____沉淀；再加入 $S_2O_3^{2-}$ 溶液由于生成_____而使沉淀溶解；再加入 I^- 溶液又出现沉淀；再加入 CN^- 溶液，由于生成_____而使沉淀溶解。

4. 命名表 6-3 中配合物，并指出中心离子(原子)、配体、配位原子和配位数。

表 6-3　配合物命名和组成

配合物	名称	中心离子(原子)	配体	配位原子	配位数
$K_2[Cu(CN)_4]$					
$K_2[HgI_4]$					
$[CrCl(NH_3)_5]Cl_2$					
$Fe(CO)_5$					
$[Co(en)_3]Cl_3$					
$K_3[Ag(S_2O_3)_2]$					
$[Fe(H_2O)_4(OH)(SCN)]NO_3$					
$K_2[Pt(CN)_4(NO_2)_2]$					

5. 写出表 6-4 中物质的化学式、内界和外界。

表 6-4　物质的化学式、内界和外界

配合物名称	化学式	内界	外界
氯化六氨合镍（Ⅱ）			
氯化二氯·三氨·一水合钴（Ⅲ）			
五氰·一羰基合铁（Ⅱ）酸钠			
硫酸二乙二胺合铜（Ⅱ）			
四异硫氰合铜（Ⅱ）酸钾			
氢氧化二羟基·四水合铝（Ⅲ）			

二、选 择 题

1. 在配合物中，一般作为中心形成体的元素是（　　）。

A. 非金属元素 　　　　　　　　　　B. 过渡金属元素

C. 金属元素 　　　　　　　　　　　D. ⅢB～ⅧB 族元素

2. 配合物一氯·一硝基·四氨合钴（Ⅲ）的化学式为（　　）。

A. $[Co(NH_3)_4(NO_2)Cl]^+$ 　　　　B. $[Co(NH_3)_4(NO_2)]Cl$

C. $[Co(NH_3)_4(ONO)Cl]^+$ 　　　　D. $[Co(NH_3)_4(ONO)]Cl$

3. $[Co(NH_3)_5H_2O]Cl_3$ 的正确命名是（　　）。

A. 一水·五氨基氯化钴 　　　　　　B. 三氯化一水·五氨合钴（Ⅱ）

C. 氯化五氨·一水合钴（Ⅲ） 　　　D. 三氯化一水·五氨合钴（Ⅲ）

4. $K_4[Fe(CN)_6]$ 的下列命名中，错误的是（　　）。

A. 亚铁氰化钾 　　　　　　　　　　B. 六氰合铁（Ⅱ）酸钾

C. 六氰合铁酸（Ⅲ）钾 　　　　　　D. 黄血盐

5. $(NH_4)_3[CrCl_2(SCN)_4]$ 的命名是（　　）。

A. 四硫氰酸根·二氯合铬（Ⅲ）酸铵 　　B. 氯化四硫氰酸根合铬（Ⅰ）酸铵

C. 二氯·四硫氰酸根合铬（Ⅲ）酸铵 　　D. 四异硫氰酸根·二氯合铬（Ⅲ）酸铵

6. 配合物的空间构型和配位数之间有着密切的关系，配位数为 4 的配合物空间构型可能是（　　）。

A. 正四面体 　　　　　　　　　　　B. 正八面体

C. 直线形 　　　　　　　　　　　　D. 三角形

7. HgS 能溶于王水，是因为（　　）。

A. 酸解 　　　　　　　　　　　　　B. 氧化还原

C. 配合作用 　　　　　　　　　　　D. 氧化还原和配合作用

8. AgCl 在下列溶液中（浓度均为 1 mol/L）溶解度最大的是（　　）。

A. 氨水 　　　　　　　　　　　　　B. $Na_2S_2O_3$

C. KI 　　　　　　　　　　　　　　D. NaCN

9. 医院放射科在处理患者拍摄的 X 光片时会使用一种定影剂除去 X 光片上未显影的 AgBr，溶解形成的产物是（　　）。

A. $AgNO_3$

B. $[Ag(NH_3)_2]^+$

C. $[Ag(S_2O_3)_2]^{3-}$

D. $[Ag(CN)_2]$

三、判断题

1. 在所有配合物中，配体总数就是中心离子的配位数。　　　　　　　　　　　　（　　）

2. 配离子 $[Cu(en)_2]^{2+}$ 中有 2 个配体，该配离子中 Cu^{2+} 的配位数为 2。　　　（　　）

3. 螯合物的配体为多齿配体，与中心离子形成环状结构，故螯合物稳定性大。

（　　）

4. $(CH_3)_2N-NH_2$ 分子中有 2 个具有孤对电子的 N 原子，故可做有效螯合剂。

（　　）

5. 因配体 SCN^- 中 S 和 N 均具有孤对电子，因此 SCN^- 与 Fe^{3+} 形成的配合物为螯合物。　　　　　　　　　　　　　　　　　　　　　　　　　　　　　　　　　　（　　）

6. $FeCl_3$ 溶液中加入 KI 溶液，溶液中有 I_2 产生；如果先加入 NH_4F，再加 KI，结果没有 I_2 产生，原因是 Fe^{3+} 与 F^- 形成了稳定的 $[FeF_6]^{3-}$。　　　　　　（　　）

四、问答题

1. 有三种配合物的化学式均为 $CrCl_3 \cdot 6H_2O$，但颜色及性质各不相同，暗绿色者仅被 $AgNO_3$ 沉淀出 1/3 的 Cl，亮绿色者可被 $AgNO_3$ 沉淀出 2/3 的 Cl，而紫色者的全部 Cl 均可被 $AgNO_3$ 沉淀。试分别写出它们的化学式。

2. 试解释下列事实：

(1) $[Ni(CN_4)]^{2-}$ 配离子为平面正方形，$[Zn(NH_3)_4]^{2+}$ 配离子为正四面体形；

(2) 单独用硝酸或盐酸不能溶解 Au 或 Pt 等不活泼金属，但用王水能使其溶解；

(3) 用 NH_4SCN 溶液检验 Co^{2+} 时，如有少量 Fe^{3+} 存在，需要加入 NH_4F。

3. 用难溶电解质溶度积的大小和配离子的稳定常数的大小解释：在氨水中，AgCl 能溶解，AgBr 微溶；而在 $Na_2S_2O_3$ 溶液中 AgCl 和 AgBr 均能溶解。

参考答案

项目七 认识元素——主族元素及过渡元素

项目导入

元素歌

我是碳，反应慢，既能成链又成环；

我是氮，我阻燃，加氢可以合成氨；

我是钠，脾气大，遇酸遇水就火大；

我是铬，正六铬，酒精过来变绿色；

我是锰，价态多，七氧化物爆炸猛；

我是铁，用途广，不锈钢喊我叫爷；

我是铜，色紫红，投入硝酸气棕红；

我是砷，颜色深，三价元素夺你魂；

我是汞，有剧毒，液态金属我为独；

我是铅，能储电，子弹头里也出现。

纯金属在常温下一般是固体（汞除外），有金属光泽，大多数为电和热的优良导体，有延展性，密度较大，熔点较高。地球上的金属资源广泛地存在于地壳和海洋中，除少数很不活泼的金属（如金、银）等有单质形式存在外，其余都以化合物的形式存在。金属在自然界中广泛存在，在生活中应用极为普遍，在现代工业中是非常重要和应用最多的一类物质。请问：

1. 实验室盛放碱的瓶子为什么不能用玻璃塞？
2. 什么是硬水？什么是软水？

学习目标

知识目标

1. 掌握金属的通性及常见金属的性质。
2. 掌握碱金属、碱土金属等主族金属元素的性质，了解其化合物的性质。
3. 了解铜、银、金等过渡金属及其化合物的性质。
4. 掌握元素周期表中非金属元素性质递变的规律，熟悉各族常见非金属元素的特性。
5. 掌握非金属元素及其化合物的应用方法。

能力目标

1. 会利用金属的性质鉴定常见的金属离子。

2. 能根据非金属元素性质的递变规律，推测未知元素的性质。

3. 能根据元素性质，推断及鉴别物质。

素养目标

1. 能够进行较好的沟通交流。

2. 有团队合作精神。

3. 有良好的职业道德素养。

4. 可独立或合作学习与工作。

5. 培养动手能力和安全生产的意识。

任务一　认识钠、镁、铝

任务描述

小金同学对不同种金属化学性质很感兴趣，想通过实验比较钠、镁、铝的化学性质及其金属活泼性顺序。

任务解析

完成本次任务需要具备以下知识：

(1)金属活动顺序表；

(2)元素周期表；

(3)基本实验操作技能。

任务实施

1. 实验器材

试管、培养皿、镊子、烧杯、砂纸、小刀、滤纸、酒精灯。

2. 实验药品

钠、镁条、铝片、蒸馏水、稀盐酸、酚酞、$MgCl_2$ 溶液、$AlCl_3$ 溶液、$NaOH$ 溶液。

3. 组织形式

每三个同学为一实验小组，根据实验步骤自行完成实验。

4. 注意事项

钠与水反应非常剧烈，按要求切下绿豆大小即可，不可过多。

5. 实验步骤

(1)钠、镁、铝与水反应。取 100 mL 小烧杯，向烧杯中注入约 50 mL 水，然后取绿豆大小的钠，擦去其表面的煤油，放入烧杯中，滴入 2～3 滴酚酞试液，观察现象。另取两支试管各注入约 5 mL 的水，取一条镁条，用砂纸擦去表面的氧化物后，放入一支试管中；再取一片铝片，浸入 NaOH 溶液以除去表面氧化膜，然后取出，用水洗净，放入另一支试管中。若两支试管反应缓慢，可在酒精灯上加热，反应一段时间后再加入 2~3 滴酚酞试液，观察现象。

(2)镁、铝与非氧化性酸的反应。在 2 支试管中分别加入 2 mL 同浓度的稀盐酸，分别投入镁条和铝片，观察实验现象。

(3)镁与铝盐的反应。向盛有 $AlCl_3$ 溶液的试管中加入一小片用砂纸擦去表面氧化物的镁片，观察实验现象。

(4)氢氧化物的酸碱性。用 $MgCl_2$ 溶液和 NaOH 制备 $Mg(OH)_2$ 沉淀，分置两支试管，分别加入稀硫酸和 NaOH 溶液，观察现象。用 $AlCl_3$ 溶液和 NaOH 制备 $Al(OH)_3$ 沉淀，分置两支试管，分别加入稀硫酸和 NaOH 溶液，观察现象。

实验内容详解

通过实验现象总结见表 7-1。

表 7-1 钠、镁、铝性质对比

性质	Na	Mg	Al
单质与水(或酸)的反应情况	与冷水剧烈反应	与冷水缓慢反应，与沸水迅速反应，与酸剧烈反应	与冷水不反应，与酸迅速反应
最高价氧化物对应水化物的碱性强弱	NaOH，强碱	$Mg(OH)_2$，中强碱	$Al(OH)_3$，两性氢氧化物

钠、镁、铝的金属性依次减弱。因为从钠到铝，原子的最外层电子数依次递增，元素的原子半径依次递减，原子核对最外层电子的引力逐步增强，原子失去最外层电子的能力逐步减弱，所以，元素的金属性依次减弱。

想一想

相同物质的量的钠、镁、铝与足量盐酸反应放出氢气的体积比是多少？相同质量的钠、镁、铝与足量盐酸反应放出氢气的体积比是多少？

任务评价

根据以上实验操作、现象记录及现象分析情况，进行任务评价。

序号	评价内容	评价要点	配分	评价标准	扣分	得分
1	实验准备	(1)实验预习； (2)玻璃仪器认领； (3)试剂认领	20	有一项不符合标准扣10分，扣完为止		
2	实验操作及记录	(1)试管的使用； (2)酒精灯的使用； (3)离子反应方程式的书写； (4)现象描述； (5)现象解释； (6)实验记录表格设计是否合理； (7)表格填写是否规范	60	有一项不符合标准扣10分，扣完为止		
3	安全文明操作	(1)实验台面整洁情况； (2)物品摆放情况； (3)玻璃仪器清洗放置情况； (4)安全操作情况	20	有一项不符合标准扣5分，扣完为止		
总分						

知识链接

主族金属元素

一、钠和钾

钠和钾在地球上分布很广，主要以氯化物的形式存在，它们也是动物生存的必需元素。钠和钾质软似蜡，可用小刀切开。新切断面呈银白色光泽，但在空气中迅速变暗。钠与水剧烈反应，生成 NaOH 和 H_2，易引起燃烧和爆炸，需要储存在煤油或石蜡油中。钾比钠更活泼，制备、储存和使用时应更加小心。

1. 钠和钾的氧化物

碱金属在充足的空气中燃烧时，所得产物并不相同。钠生成过氧化钠 Na_2O_2，钾生成超氧化物 KO_2。

过氧化钠（Na_2O_2）是淡黄色粉末或粒状物，在空气中由于表面生成了一层 NaOH 和 Na_2CO_3 而逐渐变成黄白色，有吸潮性，能侵蚀皮肤和黏膜。若遇棉花、碳或有机物，易引起燃烧或爆炸，在工业上列为强氧化剂，需要妥善储运和使用。

Na_2O_2 与水或者稀酸作用时，生成过氧化氢（H_2O_2），并猛烈放热。生成的 H_2O_2 在受热情况下立即分解放出氧气，表现出强氧化性：

$$2Na_2O_2 + 2H_2O \rightarrow 4NaOH + O_2 \uparrow$$

Na_2O_2 是一种重要的工业漂白剂。

Na_2O_2 和 CO_2 的特色反应除生成 Na_2CO_3 外，还释放出氧气：

$$2Na_2O_2 + 2CO_2 \rightarrow 2Na_2CO_3 + O_2 \uparrow$$

这种既能吸收 CO_2 又能提供 O_2 的双重作用特性，尤其适用于防毒面具、高空飞行和潜水作业等。

2. 钠和钾的氢氧化物

钠和钾的氢氧化物都是白色固体，容易吸潮和吸收 CO_2，在水中都有较大的溶解度，溶解时放出大量热。$NaOH$ 和 KOH 在性质、用途和制备方面都相似，但 KOH 价格高，因此用途不如 $NaOH$ 广泛。

$NaOH$ 又称苛性钠、烧碱、火碱、苛性碱，$NaOH$ 的强碱性表现在它除能与非金属及其氧化物作用外，还能与一些两性金属及其氧化物作用，生成钠盐：

$$4S + 6NaOH \rightarrow 2Na_2S + Na_2S_2O_3 + 3H_2O$$
$$Cl_2 + 2NaOH(冷) \rightarrow NaCl + NaClO + H_2O$$
$$Si + 2NaOH + H_2O \rightarrow Na_2SiO_3 + 2H_2\uparrow$$
$$SiO_2 + 2NaOH \rightarrow Na_2SiO_3 + H_2O$$
$$2Al + 2H_2O + 2NaOH \rightarrow 2NaAlO_2 + 3H_2\uparrow$$
$$Zn + 2NaOH \rightarrow Na_2ZnO_2 + H_2\uparrow$$
$$Al_2O_3 + 2NaOH \rightarrow 2NaAlO_2 + H_2O$$
$$ZnO + 2NaOH \rightarrow Na_2ZnO_2 + H_2O$$

玻璃、陶瓷含有 SiO_2，易受 $NaOH$ 侵蚀。实验室盛有 $NaOH$ 溶液的玻璃瓶必须用橡胶塞，不能用玻璃塞，否则时间一长，SiO_2 能够与 $NaOH$ 溶液反应生成具有黏性的 Na_2SiO_3，将玻璃塞和玻璃瓶黏在一起，同时还吸收 CO_2 生成易结块的 Na_2CO_3，从而使瓶塞不易打开。

3. 几种重要的钠盐和钾盐

(1) 氯化钠（$NaCl$），食盐，卤水曝晒得到固体食盐后再使用。工业 $NaCl$ 的精制通常采用重结晶法。

(2) 碳酸钠（Na_2CO_3），有无水物和一水、七水、十水结晶水合物，常见工业品不含结晶水，为白色粉末，又称纯碱、碱面或苏打。Na_2CO_3 在饱和状态下（质量分数约为 20%）能强烈水解，使 pH 达到 12。

(3) 碳酸氢钠（$NaHCO_3$），又称小苏打、重碳酸钠或焙碱，加热至 65 ℃ 便分解失去 CO_2，是食品工业的膨化剂。

(4) 碳酸钾（K_2CO_3），又称钾碱，易溶于水，主要用于制作硬质玻璃和氰化钾（KCN）。

钾盐的溶解度比钠盐小，钠盐和钾盐有吸潮性，钠盐吸潮尤为显著。钾盐价格比较高。

例如：配制火药用 KNO_3，而不宜用吸潮性强的 $NaNO_3$；分析化学用的基准试剂 $K_2Cr_2O_7$ 也不能用 $Na_2Cr_2O_7$ 代替。

二、钙和镁

钙和镁在自然界的存在相当丰富，用途也相当广泛。镁在自然界的丰度居第 8 位，略次于钠、钾。海水中的含镁量达 0.13%，陆地上的含镁矿石主要有白云石、菱镁矿和光卤石。钙多以难溶的碳酸盐或硫酸盐存在，如方解石、天青石、重晶石等。镁可与铝或钛制成轻合金，用作飞机和航天器的结构材料。钙在冶金工业中用作还原剂，钙与铅的合金可做轴承材料，钙还可做有机溶剂的脱水剂。

1. 钙和镁的氧化物和氢氧化物

氧化镁（MgO）在常温下为一种白色固体。MgO 以方镁石形式存在于自然界中，是冶镁的原料。它由苦土粉经过水选，除去杂质后沉淀成镁泥浆，然后通过消化、烘干、煅烧，使氢氧化镁脱水生成氧化镁：

$$MgO + H_2O \xrightarrow{\triangle} Mg(OH)_2 \downarrow$$

$$Mg(OH)_2 \xrightarrow{\triangle} MgO + H_2O$$

氧化钙（CaO）又名石灰、生石灰，由自然界的石灰石、方解石、大理石等矿物煅烧而得：

$$CaCO_3 \xrightarrow{\triangle} CaO + CO_2 \uparrow$$

石灰遇水剧烈反应，放出大量的热并生成氢氧化钙。

$$CaO + H_2O = Ca(OH)_2$$

氢氧化钙俗称熟石灰或消石灰，它是一种强碱，溶解度很小且随温度升高而下降，通常配成石灰乳使用。$Ca(OH)_2$ 除做建筑材料外，还用于制造漂白粉，在硬水软化、制药、橡胶和石油工业中也有广泛应用。

2. 镁盐和钙盐

利用钙和镁的碳酸盐受热分解为氧化物，然后与酸反应；或者使矿石直接与酸反应，皆可得到相应的盐。

氯化钙（$CaCl_2$）在实验室用石灰石与盐酸反应制备得到，所含的铁离子、锰离子等杂质，可以加入石灰乳以沉淀除去：

$$CaCO_3 + 2HCl \rightarrow CaCl_2 + CO_2 \uparrow + H_2O$$

无水 $CaCl_2$ 有强吸水性，可用于 O_2、N_2、CO_2、HCl、H_2S 等气体，以及醛、酮、醚等有机试剂的干燥。但是它能与氨、乙醇形成加合物 $CaCl_2 \cdot 8NH_3$、$CaCl_2 \cdot 4C_2H_5OH$，因此不能干燥这些物质。

$CaCl_2 \cdot H_2O$ 可用作制冷剂，用它和冰混合，可获得 $-55\ ℃$ 低温，如果用来融化公路上的积雪，效果比 NaCl 更好（食盐−冰混合只能达到 $-21\ ℃$）。

氯化镁（$MgCl_2$）在实验室可由碳酸镁和盐酸制备得到：

$$MgCO_3 + 2HCl \rightarrow MgCl_2 + H_2O + CO_2 \uparrow$$

3. 硬水

天然水中溶有较多的钙盐、镁盐时称为硬水。若以钙、镁的酸式碳酸盐存在，称为暂时硬水，煮沸就能分解而沉淀出来：

$$Mg(HCO_3)_2 \xrightarrow{\triangle} MgCO_3 \downarrow + CO_2 \uparrow + H_2O$$

$$Ca(HCO_3)_2 \xrightarrow{\triangle} CaCO_3 \downarrow + CO_2 \uparrow + H_2O$$

若为钙、镁的硫酸盐或氯化物，则不能靠加热的方法除去，这种水称为永久硬水。

三、铅

铅是很软的重金属，用手指甲就能在铅上刻痕。新切开的断面很亮，但不久就会钝化变暗生成一层致密的碱式碳酸铅；铅能挡住 X 射线和核裂变射线。

铅主要用于制作铅玻璃、铅蓄电池、铅围裙和放射源容器等防护用品；在化学工业中常用铅做反应器的衬里；铅还大量用于制造合金，如焊锡、保险丝等。值得注意的是，铅及铅的化合物都是有毒物质，并且进入人体后不易排出而导致积累性中毒，所以食具、水管等不可用铅制造。

铅（Pb）为ⅣA族元素，能形成+2、+4两种氧化值的化合物。铅属于中等活泼金属，与卤素、硫等非金属可以直接化合。铅是强氧化剂，在酸性溶液中使用，效果显著。它能把 $Mn(Ⅱ)$ 氧化成 $Mn(Ⅶ)$。

四、非金属砷、金属锑

As、Sb 都是亲硫元素，在自然界主要以硫化物矿存在。如雄黄（As_4S_4）、雌黄（As_2S_3）、辉锑矿（Sb_2S_3）等。我国锑的蕴藏量居世界第一位。

As、Sb 与ⅢA族元素生成的金属间化合物，如砷化镓（GaAs）、锑化镓（GaSb）、砷化铟（InAs）等都是优良的半导体材料。

1. 砷、锑的氧化物和氢氧化物的酸碱性

As、Sb 都有氧化值为+3和+5的两个系列氧化物。$As(Ⅲ)$ 和 $Sb(Ⅲ)$ 的氧化物和氢氧化物都是两性物质，$As(Ⅴ)$、$Sb(Ⅴ)$ 的氧化物和氢氧化物都是两性偏酸的化合物。

2. 硫化物的难溶性和酸碱性

+3、+5 氧化值的 M_2S_3 和 M_2S_5 硫化物，均难溶于 6 mol/L 的 HCl 中，且有颜色。其主要应用在医药、橡胶、颜料、火柴及焰火等工业。As、Sb 的硫化物也表现出两性。

例如：

$$As_2S_3 + 3Na_2S \rightarrow 2Na_3AsS_3 \quad （硫代亚砷酸钠）$$
$$As_2S_5 + 3Na_2S \rightarrow 2Na_3AsS_4 \quad （硫代砷酸钠）$$

3. 砷的化合物

砷的化合物多数有毒，常见的砷化物有 As_2O_3 和 Na_3AsO_3。三氧化二砷（As_2O_3）俗称砒霜，白色粉末，微溶于水，剧毒（对人的致死量为 0.1~0.2 g），用作防腐剂、农药、玻璃、陶瓷工业的去氧剂和脱色剂。

As_2O_3 的特征性质：两性和还原性。两性表现在 As_2O_3 既可与酸作用，也可与碱作用。

$$As_2O_3 + 6NaOH \rightarrow 2Na_3AsO_3 + 3H_2O$$
$$As_2O_3 + 6HCl \rightarrow 2AsCl_3 + 3H_2O$$

亚砷酸钠（Na_3AsO_3），白色粉末，易溶于水，溶液呈碱性。为警惕其毒性，工业品常染上蓝色，曾被用作除草剂、皮革防腐剂、有机合成的催化剂等。

4. 锑的化合物

锑的氯化物 $SbCl_3$，为白色固体，遇水会发生强烈水解。熔点为 79 ℃，烧蚀性极强，沾在皮肤上立即起疱，有毒。用作有机合成的催化剂、织物阻燃剂、媒染剂及医药等。

$SbCl_5$ 为无色液体，遇水会发生强烈水解，熔点为 35 ℃，在空气中发烟，主要用作有机合成的氯化催化剂。

锑的氯化物是由氯气和金属锑直接合成的。反应会出现氧化—还原的反复过程：

$$Sb \xrightarrow[\text{氧化}]{Cl_2} SbCl_5 \xrightarrow[\text{还原}]{Sb} SbCl_3 \xrightarrow[\text{氧化}]{Cl_2} SbCl_5 \xrightarrow[\text{还原}]{Sb} SbCl_3$$

所得产品是 $SbCl_3$ 和 $SbCl_5$ 的混合物。

任务二 认识主族非金属元素

任务描述

小金同学想通过实验熟悉 Cl^- 的检验方法。

任务解析

完成本次任务需要具备以下知识：
(1)常见物质的溶解性表；
(2)元素周期表；
(3)基本实验操作技能。

任务实施

1. 实验器材
试管、试管架、胶头滴管、烧杯、试剂瓶。

2. 实验药品
酸：HNO_3(0.1 mol/L)、HCl(0.1 mol/L，稀)。
盐：NaCl(0.1 mol/L)、Na_2CO_3(0.1 mol/L)、$AgNO_3$(0.1 mol/L)。

3. 组织形式
两人一组，在教师指导下根据实验步骤完成实验。

4. 注意事项
(1)仔细观察实验现象，认真分析现象产生原因。
(2)液体药品和固体药品的取用，应注意操作规范。

5. 实验步骤
(1)在 3 支试管中分别加入 2~3 mL 稀盐酸、NaCl 溶液、Na_2CO_3 溶液，各滴入几滴 $AgNO_3$ 溶液，观察现象，写出相应离子反应方程式。
(2)分别加入少量稀硝酸，观察现象。

实验内容详解

在稀盐酸、NaCl 溶液、Na_2CO_3 溶液中分别滴加 $AgNO_3$ 溶液，有白色沉淀生成，再滴入适量稀硝酸，若白色沉淀不溶解，AgCl 不溶于稀硝酸，则说明溶液中含有 Cl^-。滴加硝酸，白色 Ag_2CO_3 沉淀溶解，因为 CO_3^{2-} 会与稀硝酸中的 H^+ 发生反应生成 CO_2 和水。

通过实验现象总结见表 7-2。

表 7-2　稀盐酸、NaCl 溶液、Na_2CO_3 溶液与 $AgNO_3$ 溶液反应现象

实验步骤　　　加入物质	稀盐酸	NaCl	Na_2CO_3
滴加几滴 $AgNO_3$ 溶液	有白色沉淀生成	有白色沉淀生成	有白色沉淀生成
再加入少量稀硝酸	白色沉淀不溶解	白色沉淀不溶解	白色沉淀溶解

想一想

(1)在这个过程中，发生了什么反应？写出离子方程式。

(2)步骤一和步骤二交换顺序，还能达到目的吗？

任务评价

根据以上实验操作、现象记录及现象分析情况，进行任务评价。

序号	评价内容	评价要点	配分	评价标准	扣分	得分
1	实验准备	(1)实验预习； (2)玻璃仪器认领； (3)试剂认领	20	有一项不符合标准扣 10 分，扣完为止		
2	实验操作及记录	(1)胶头滴管的使用； (2)离子方程式的书写； (3)现象描述； (4)现象解释； (5)实验记录表格设计是否合理； (6)表格填写是否规范	60	有一项不符合标准扣 10 分，扣完为止		
3	安全文明操作	(1)实验台面整洁情况； (2)物品摆放情况； (3)玻璃仪器清洗放置情况； (4)安全操作情况	20	有一项不符合标准扣 5 分，扣完为止		
总分						

知识链接

主族非金属元素

非金属单质和金属相比，其性质彼此之间相差很悬殊。从状态来看，常温常压下，既有固体、液体，又有气体；硬度、密度、水溶性相差也很悬殊；造成非金属单质物理性质相差悬殊的原因是其晶体类型比较多，同素异形体多。

一、氟和氯

氟原子和氯原子之间以共价键结合而成双原子分子 F_2、Cl_2，溶解情况符合"相似相溶"原则。它们是非极性分子，故在极性大的水中溶解度较小，而易溶于非极性或极性较小的有机溶剂。

1. 氟和氯与金属、非金属反应

氟电负性大，非金属性强。氟原子半径小，空间位阻不大，氧化能力强，与具有多种氧化数的元素化合时，该元素往往可呈现最高氧化数，如 AsF_5、SF_6、IF_7。$F-F$ 键能小，易打开，化学性质活泼。F_2 能与所有的金属，以及除 O_2 和 N_2 外的非金属直接化合，它与 H_2 在低温暗处也能发生爆炸。F_2 与 Cu、Ni、Mg 作用，表面生成氟化物保护膜，可阻止进一步被氧化，所以，F_2 可以储存在 Cu、Ni、Mg 制成的容器中。Cl_2 能与多数金属和非金属直接化合，但有些反应需要加热。干燥的氯不与 Fe 反应，因此可将氯储存在铁罐中。

2. 氟和氯与水反应

氟和氯与水反应分以下两类。

(1)氧化作用：

$$2X_2 + 2H_2O \rightleftharpoons 4HX + O_2 \uparrow$$

(2)歧化水解：

$$X_2 + H_2O \rightleftharpoons H^+ + X^- + HXO$$

F_2 只能发生(1)类反应，能激烈地放出 O_2。Cl_2 与水主要按(2)发生歧化反应。

二、硫及其化合物

硫是第ⅥA族元素，能形成 -2、$+2$、$+4$、$+6$ 价矿物，有闪锌矿(ZnS)、方铅矿(PbS)、黄铁矿(FeS_2)、辉锑矿(Sb_2S_3)、石膏($CaSO_4$)、天青石($SrSO_4$)、重晶石($BaSO_4$)等。

1. 单质硫

硫的3种同素异形体：斜方硫(菱形硫)、单斜硫和弹性硫。天然硫即斜方硫，为柠檬黄色固体，不溶于水，而易溶于 CS_2 和 CCl_4 等有机溶剂。

与氧比较，硫的氧化性较弱，但在一定条件下也能与许多金属和非金属作用，形成硫化物。例如，在加热的条件下：

$$2S + C \xrightarrow{\triangle} CS_2$$

$$2Al + 3S \xrightarrow{\triangle} Al_2S_3$$

2. 二氧化硫和亚硫酸

SO_2 是无色气体，有强烈的刺激气味。容易液化，液化温度为 $-10\ ℃$，在 $0\ ℃$ 时液化压力仅需 $193\ kPa$。液态 SO_2 储存在钢瓶中备用，液态 SO_2 用作制冷剂，能使系统的温度降至 $-50\ ℃$。

SO_2 易溶于水，常温下 $1\ L$ 水能溶 $40\ L\ SO_2$，相当于 10% 的溶液。若加热可将溶解的 SO_2 完全赶出。SO_2 溶于水生成不稳定的亚硫酸(H_2SO_3)，它只能在水溶液中存在，游

离态的 H_2SO_3 尚未制得。H_2SO_3 是二元中强酸。

二氧化硫和亚硫酸既有氧化性又有还原性，但以还原性为主。SO_2 是有害气体，低浓度时主要危害上呼吸道，浓度高时会致人呼吸困难，甚至死亡。在大气中，SO_2 是严重的污染源。

3. 硫酸

纯浓 H_2SO_4 是无色透明的油状液体，工业品 H_2SO_4 因含杂质而发浑或呈浅黄色。浓硫酸具有脱水性、吸水性、氧化性。浓 H_2SO_4 属于中等强度的氧化剂，但在加热的条件下，能氧化绝大多数的金属和一些非金属。

4. 硫酸盐

多数硫酸盐易溶于水，只有 $CaSO_4$、$SrSO_4$、$PbSO_4$、Ag_2SO_4、$BaSO_4$ 难溶或微溶。$BaSO_4$ 除难溶于水，也不溶于酸和王水。硫酸盐对热很稳定，加热到 1 000 ℃也不分解；过渡元素硫酸盐在高温下可以分解。

5. 硫酸盐的水合作用

许多硫酸盐从溶液中析出时都带有结晶水，如 $CuSO_4 \cdot 5H_2O$、$ZnSO_4 \cdot 7H_2O$ 等。这类硫酸盐受热时会逐步失去其结晶水，成为无水盐。

6. 硫化物

Na_2S 在工业上称为硫化碱，价格比较低，常代替 $NaOH$ 作为碱使用。Ca、Sr、Ba、Zn、Cd 等的硫化物，以及硒化物、氧化物，都是很好的发光材料，广泛用于夜光仪表和黑白、彩色电视。

许多硫化物具有特殊的颜色，同一种金属硫化物，由于制备时的工艺条件不同，也可能有不同的颜色。这与金属硫化物的结构、颗粒大小及存在某种微量杂质等因素有关，如 Na_2S（白）、MnS（肉红）、SnS_2（深棕）、K_2S（白）、FeS（黑）、CdS（黄）、BaS（白）、$NiS(\alpha)$（黑）、PbS（黑）、$CoS(\alpha)$（黑）、CuS（黑）、ZnS（白）、Ag_2S（黑）、HgS（黑）。

金属硫化物的溶解情况差别很大，金属硫化物的水溶、酸溶的溶解情况如下：溶于水的硫化物有 Na_2S、K_2S；不溶于水而溶于稀酸的硫化物有 FeS；不溶于水和稀酸的硫化物有 CuS、Ag_2S、HgS。

由于氢硫酸是弱酸，故所有金属硫化物都有不同程度的水解性。许多金属硫化物由于溶解度小，水解作用不明显。几种易溶于水的金属硫化物的水解反应颇为显著。

例如，Na_2S 的水解显著：

$$Na_2S + H_2O \Longrightarrow NaHS + NaOH$$

Al_2S_3 遇水完全水解：

$$Al_2S_3 + 6H_2O \rightarrow 2Al(OH)_3 + 3H_2S\uparrow$$

三、氮及其化合物

1. 铵盐

铵盐多是无色晶体，易溶于水，有热稳定性低、易水解的特征。

不少铵盐在常温或温度不高的情况下即可分解，其分解产物取决于对应酸的特点。对应的酸有挥发性时，分解生成 NH_3 和相应的挥发性酸。

$$NH_4Cl \xrightarrow{\triangle} NH_3\uparrow + HCl\uparrow$$
$$NH_4HCO_3 \longrightarrow NH_3\uparrow + CO_2\uparrow + H_2O$$
$$(NH_4)_2SO_4 \longrightarrow 2NH_3\uparrow + H_2SO_4$$

若在铵盐溶液中加入强碱并稍加热，上述平衡右移，即有氨气逸出。这一反应常用来鉴定 NH_4^+ 离子。

$$NH_4^+ + OH^- \longrightarrow NH_3\uparrow + H_2O$$

2. 硝酸盐

活泼金属（比 Mg 活泼的碱金属和碱土金属）分解时放出 O_2，并生成亚硝酸盐：

$$2NaNO_3 \xrightarrow{\triangle} 2NaNO_2 + O_2\uparrow$$

活泼性较小的金属（在金属活动顺序表中处在 Mg 与 Hg 之间）的硝酸盐，分解时得到相应的氧化物、NO_2 和 O_2。

$$2Pb(NO_3)_2 \xrightarrow{\triangle} 2PbO + 4NO_2\uparrow + O_2\uparrow$$

活泼性更小的金属（活泼性比 Hg 差）的硝酸盐，则生成金属单质、NO_2 和 O_2。

$$2AgNO_3 \xrightarrow{\triangle} 2Ag + 2NO_2\uparrow + O_2\uparrow$$

3. 亚硝酸盐

$NaNO_2$ 和 KNO_2 是两种常用的盐。在工业上，生产 HNO_3 或硝酸盐时所排放的尾气中常含有 NO 和 NO_2，用碱液吸收就能得到亚硝酸盐。

（1）亚硝酸盐的化学性质。亚硝酸盐既有氧化性又有还原性。在酸性溶液中，HNO_2 以氧化性为主。当亚硝酸盐遇到了强氧化剂时，可以被氧化成硝酸盐。

$$5NaNO_2 + 2KMnO_4 + 3H_2SO_4 = 5NaNO_3 + 2MnSO_4 + K_2SO_4 + 3H_2O$$

（2）亚硝酸盐的用途。偶氮染料、硝基化合物的制备；做媒染剂、漂白剂、金属热处理剂、电镀缓蚀剂等；食品工业如鱼、肉加工的发色剂。必须注意亚硝酸盐有毒，公认的强致癌物之一，曾有人误食含有 $NaNO_2$ 的食盐后发生中毒死亡事故。蔬菜中含有较多的硝酸盐，如果在较高温度下存放时间过久，在细菌和酶的作用下，硝酸盐会被还原成亚硝酸盐，因此隔夜的剩菜不吃为好。腌制时间不够长的咸菜，各类鱼、肉罐头等都不宜吃得过多。

任务三　铁及其化合物间的转化

▌任务描述

Fe 具有还原性、Fe^{3+} 具有氧化性、Fe^{2+} 既有还原性又有氧化性；Fe、Fe^{3+}、Fe^{2+} 之间可以通过反应相互转化。小铁同学想通过一系列实验对铁及其化合物的性质进行探究。

完成本次任务需要具备以下知识：

(1)氧化剂和还原剂；

(2)氧化还原反应；

(3)离子反应方程式；

(4)基本实验操作技能。

任务实施

1. 实验器材

试管、烧杯(50 mL)、玻璃棒、洗瓶。

2. 实验药品

稀硫酸(0.1 mol/L)、稀硝酸(0.5 mol/L)、HAc(6 mol/L)、$FeCl_3$ 溶液(0.1 mol/L)、$FeCl_3$(0.1 mol/L)、$FeSO_4$(0.1 mol/L)、$CuSO_4$(0.1 mol/L)、铁粉、铜片、CCl_4、KI 溶液、KBr(0.1 mol/L)、KSCN、H_2O_2。

3. 组织形式

两人一组，在教师指导下根据实验步骤完成实验。

4. 注意事项

(1)仔细观察实验现象，认真分析现象产生原因。

(2)液体药品和固体药品的取用，应注意操作规范。

5. 实验步骤

(1)探究 Fe 具有还原性，并实现 $Fe \rightarrow Fe^{2+}$ 与 $Fe \rightarrow Fe^{3+}$ 的转化。在 3 支试管中，分别倒入约 5 mL 的稀硫酸、5 mL 的硫酸铜溶液、5 mL 的稀硝酸，各加入少量的铁粉，并振荡试管，观察试管内的实验现象。写出有关离子反应式方程式，并加以解释。

(2)探究 Fe^{3+} 具有氧化性，并实现 $Fe^{3+} \rightarrow Fe^{2+}$ 的转化。在 3 支试管中，分别盛有少量 $FeCl_3$ 溶液，然后分别加入少量铁粉、铜片、KI 溶液及 CCl_4，振荡试管，观察实验现象。写出有关离子反应式方程式，并加以解释。

(3)探究 Fe^{2+} 既有还原性又有氧化性，并实现 $Fe^{2+} \rightarrow Fe^{3+}$ 与 $Fe^{2+} \rightarrow Fe$ 的转化。向盛有 $FeSO_4$ 溶液的试管中，滴加 KSCN 溶液，溶液不显红色，再向试管中滴加几滴新制的双氧水(H_2O_2)，并振荡试管，观察实验现象。

实验内容详解

1. Fe 的还原性

Fe 具有还原性，Fe 遇稀硫酸或硫酸铜反应生成硫酸亚铁，Fe 遇稀硝酸反应生成硝酸铁。有关转化反应的离子方程式：

$$Fe + 2H^+ \rightarrow Fe^{2+} + H_2 \uparrow$$
$$Fe + Cu^{2+} \rightarrow Fe^{2+} + Cu$$
$$Fe + 4H^+ + NO_3^- \rightarrow Fe^{3+} + NO \uparrow + 2H_2O$$

稀硫酸、硫酸铜溶液、稀硝酸与铁粉反应现象见表 7-3。

表 7-3　稀硫酸、硫酸铜溶液、稀硝酸与铁粉反应现象

溶液	稀硫酸	硫酸铜溶液	稀硝酸
加入少量铁粉	有气泡生成，溶液呈浅绿色，铁粉不断溶解	有红色物质生成，溶液蓝色变浅，铁粉不断溶解	有气泡生成，溶液呈黄色，铁粉不断溶解

Fe 与弱氧化剂（如 Cu^{2+}、Ag^+、S、I_2、非氧化性酸等）反应时生成 +2 价的铁的化合物。

Fe 与强氧化剂（如 Cl_2、F_2、Br_2、稀 HNO_3、热浓 HNO_3、热浓 H_2SO_4 等）反应时生成 +3 价的化合物。

2. Fe^{3+} 的氧化性

Fe^{3+} 具有氧化性，Fe^{3+} 遇较强还原剂时，可转化为 Fe^{2+}。有关转化反应的离子方程式：

$$2Fe^{3+}+Fe \rightarrow 3Fe^{2+}$$
$$2Fe^{3+}+Cu \rightarrow 2Fe^{2+}+Cu^{2+}$$
$$2Fe^{3+}+2I^- \rightarrow I_2+2Fe^{2+}$$

铁粉、铜片、KI 溶液及 CCl_4 与 $FeCl_3$ 溶液反应现象见表 7-4。

表 7-4　铁粉、铜片、KI 溶液及 CCl_4 与 $FeCl_3$ 溶液反应现象

物质	铁粉	铜片	KI 溶液及 CCl_4
$FeCl_3$ 溶液	溶液从黄色变为浅绿色，铁粉不断溶解	溶液从黄色变为蓝绿色，铜片不断溶解	溶液分层，CCl_4 层呈紫红色

还原性比亚铁离子强的还原剂都能实现 $Fe^{3+} \rightarrow Fe^{2+}$ 的转化，如 Zn、Fe、Cu 等金属单质，S^{2-}、H_2S、SO_2、H_2SO_3、亚硫酸盐、I^-、HI 等还原剂。

+3 价铁的固体化合物在高温下与 H_2、CO、碳、铝等还原剂起反应时，被还原成单质铁。

3. Fe^{2+} 的还原性与氧化性

Fe^{2+} 具有还原性，Fe^{2+} 可被强氧化剂氧化成 Fe^{3+}；Fe^{2+} 具有氧化性，Fe^{2+} 可被强还原剂还原成 Fe。有关转化反应的离子方程式：

$$2Fe^{2+}+Cl_2 \rightarrow 2Cl^-+2Fe^{3+}$$
$$Fe^{3+}+3SCN^- \rightarrow Fe(SCN)_3$$
$$2Fe^{2+}+H_2O_2+2H^+ \rightarrow 2H_2O+2Fe^{3+}$$
$$Fe^{2+}+Zn \rightarrow Fe+Zn^{2+}$$

双氧水、锌片与 $FeSO_4$ 溶液反应现象见表 7-5。

表 7-5　双氧水、锌片与 $FeSO_4$ 溶液反应现象

反应物	双氧水	锌片
$FeSO_4$ 溶液	溶液呈血红色	锌片不断溶解，溶液从浅绿色变为无色，有黑色固体生成

氧化性比亚铁离子强的氧化剂都能实现 $Fe^{2+} \rightarrow Fe^{3+}$ 的转化，Fe^{2+} 在转化中显还原性。如 Cl_2、Br_2、O_2 等非金属单质；稀 HNO_3、浓 HNO_3、浓 H_2SO_4 等氧化性酸；$KMnO_4$、$K_2Cr_2O_7$、H_2O_2、Na_2O_2 等其他氧化剂。

＋2 价铁的化合物溶液与 Mg、Al、Zn 等强还原剂，或＋2 价铁的固体化合物在高温下与 H_2、CO、碳、铝等起反应时，被还原成单质铁，反应中＋2 价铁的化合物显氧化性。

▌▌ 任务评价

根据以上实验操作、现象记录及现象分析情况，进行任务评价。

序号	评价内容	评价要点	配分	评价标准	扣分	得分
1	实验准备	(1)实验预习； (2)玻璃仪器认领； (3)试剂认领	20	有一项不符合标准扣 10 分，扣完为止		
2	实验操作及记录	(1)试管的使用； (2)胶头滴管的使用； (3)离子反应方程式的书写； (4)现象描述； (5)现象解释； (6)实验记录表格设计是否合理； (7)表格填写是否规范	60	有一项不符合标准扣 10 分，扣完为止		
3	安全文明操作	(1)实验台面整洁情况； (2)物品摆放情况； (3)玻璃仪器清洗放置情况； (4)安全操作情况	20	有一项不符合标准扣 5 分，扣完为止		
总分						

▌▌ 知识链接

过渡金属元素

一、铜 的 化 合 物

铜位于ⅠB族，最外层与碱金属相似，只有 1 个电子，而次外层有 18 个电子。与同周期的ⅠA族元素相比，ⅠB族元素的有效核电荷大，原子半径小，电离能大，金属活泼性差。铜元素有＋1、＋2 两种氧化值，Cu^{2+} 为蓝色。

1. $Cu(OH)_2$ 的性质

$Cu(OH)_2$ 为浅蓝色粉末，难溶于水，$Cu(OH)_2$ 是酸碱性两性氢氧化物，以弱碱性为主，易溶于酸，只溶于较浓的强碱：

$$Cu(OH)_2 + 2H^+ \rightarrow Cu^{2+} + 2H_2O$$

$$Cu(OH)_2 + 2OH^-(浓) \rightarrow [Cu(OH)_4]^{2-}(亮蓝色)$$

$Cu(OH)_2$ 极不稳定，稍受热即按下式分解而变暗：

$$Cu(OH)_2 \xrightarrow{\triangle} CuO(黑色) + H_2O$$

$Cu(OH)_2$ 易溶于氨水，能生成四羟基合铜(Ⅱ)配离子：

$$Cu(OH)_2 + 4NH_3 \rightarrow [Cu(NH_3)_4]^{2+}(深蓝色) + 2OH^-$$

2. 铜盐

铜盐是所有阳离子为铜离子的盐类的总称，其中铜离子的化合价为 +2 价。铜盐的化学性质体现在铜离子上。铜离子可以通过还原反应生成铜，铜可以通过氧化反应生成铜离子，铜盐溶于水或熔融也可以得到铜离子，铜离子可以与氢氧根离子生成不溶于水的 $Cu(OH)_2$ 蓝色沉淀，这也是检验铜离子的方法之一。下面介绍几种重要的铜盐。

(1)五水硫酸铜($CuSO_4 \cdot 5H_2O$)：是透明的深蓝色结晶或粉末，在空气中缓慢风化，失水变成白色水合物，无水 $CuSO_4$ 为白色粉末，极易吸水，吸水后又变成蓝色的水合物。硫酸铜既是一种肥料，又是一种普遍应用的杀菌剂。波尔多液、铜皂液、铜铵制剂，就是用硫酸铜与生石灰、肥皂、碳酸氢铵配制而成的。

(2)氯化铜($CuCl_2$)：是共价化合物，为平面链状，易从空气中吸湿而变成蓝绿色斜方晶体二水合物 $CuCl_2 \cdot 2H_2O$。氯化铜为黄棕色粉末，易溶于水、乙醇、丙酮，溶于氨水，稍溶于丙酮和乙酸乙酯，微溶于乙醚。其水溶液对石蕊呈酸性反应。

氯化铜在自然界中以水氯铜矿存在。通常由碳酸铜和盐酸反应制得。通常用作有机和无机反应催化剂，媒染剂，杀虫剂，石油脱臭、脱硫和精制剂。

(3)碱式碳酸铜：为孔雀绿色细小无定型粉末，又名铜绿，化学式为 $Cu_2(OH)_2CO_3$，是铜与空气中的氧气、二氧化碳和水蒸气等物质反应产生的物质。在空气中加热会分解为氧化铜、水和二氧化碳，溶于酸并生成相应的铜盐。

碱式碳酸铜可以做油漆颜料、烟火、杀虫剂、种子处理杀菌剂、制备其他铜盐、固体荧光粉激活剂等。

二、汞及其化合物

汞是室温下唯一的液态金属，剧毒，具有较高的蒸气压，能够与许多金属形成合金——汞齐，如 Na—Hg、Au—Hg、Ag—Hg，汞齐可用于提取贵金属。铁系金属不形成汞齐，故可用铁罐储藏水银。

氯化汞($HgCl_2$)熔点低，易升华，俗称升汞；剧毒，稀溶液有杀菌作用；在水中稍有水解，与氨水作用，生成白色沉淀：

与氨水反应：

$$HgCl_2 + 2NH_3 \rightarrow Hg(NH_2)Cl \downarrow (白) + NH_4Cl$$

氯化亚汞(Hg_2Cl_2)是白色固体，难溶于水，少量无毒；味略甜，俗称甘汞；医学上用作泻剂和利尿剂；也常用于制作电极。

Hg_2Cl_2 不稳定，见光分解，故应保存在棕色瓶中。

$$Hg_2Cl_2 \rightarrow HgCl_2 + Hg \downarrow$$

与氨水的反应：

$$Hg_2Cl_2 + 2NH_3 \rightarrow Hg(NH_2)Cl\downarrow(白) + Hg\downarrow(黑) + NH_4Cl$$

白色的氨基氯化汞和黑色的金属汞微粒混在一起，使沉淀显黑灰色，这个反应可用于鉴定 Hg_2^{2+} 的存在。

三、铬及其化合物

铬是银白色有光泽的金属，铬在所有金属中硬度最大，可用于制造不锈钢、汽车零件、工具、磁带和录像带等。铬镀在金属上可以防锈，也称为可多米，坚固美观。常温下，铬(Cr)表面因形成致密的氧化膜而降低了化学活性，在空气中或水中都相当稳定。

铬的毒性与其存在的价态有关，六价铬比三价铬毒性高 100 倍，并易被人体吸收且在体内蓄积，三价铬和六价铬可以相互转化。天然水不含铬。铬的污染源有含铬矿石的加工、金属表面处理、皮革鞣制、印染等排放的污水。

1. 铬(Ⅲ)的氧化物与氢氧化物

Cr_2O_3 是溶解或熔融两难的两性氧化物，俗称铬绿。

$$Cr_2O_3 + 3H_2SO_4 \rightarrow Cr_2(SO_4)_3 + 3H_2O$$
$$Cr_2O_3 + 2NaOH \rightarrow 2NaCrO_2 + H_2O$$

$Cr(OH)_3$ 是两性氢氧化物，难溶于水，在溶液中存在两种平衡：

$$Cr^{3+}(紫色) + 3OH^- \rightleftharpoons Cr(OH)_3(乌绿色) \rightleftharpoons H^+ + Cr(OH)_4^-(绿色)$$

2. 铬(Ⅵ)盐——$Cr_2O_7^{2-}$ 与 CrO_4^{2-}

在水溶液中，橙红色的重铬酸根和黄色的铬酸根之间存在着以下平衡：

$$2CrO_4^{2-}(黄色) + 2H^+ \rightleftharpoons Cr_2O_7^{2-}(橙红色) + H_2O$$

铬(Ⅵ)盐只有在酸性时，或者说以 $Cr_2O_7^{2-}$ 的形式存在时，才表现出强氧化性。所以，当其作为氧化剂时需选用重铬酸盐，即反应要在酸性溶液中进行。如：

$$K_2Cr_2O_7 + 14HCl \rightarrow 2KCl + 2CrCl_3 + 3Cl_2\uparrow + 7H_2O$$

饱和重铬酸钾溶液和浓硫酸的混合物叫作铬酸洗液，它有强氧化性，在实验室中用于洗涤玻璃器皿。

3. 溶解度

重铬酸盐除 $Ag_2Cr_2O_7$ 外，常温下一般易溶于水，碱金属的铬酸盐易溶于水，碱土金属的铬酸盐的溶解度从 Mg 到 Ba 递减，重金属的铬酸盐皆难溶于水，铬酸盐的溶解度一般比重铬酸盐小。

四、锰及其化合物

锰是元素周期表ⅦB族元素，其单质是一种灰白色、硬脆、有光泽的过渡金属。纯净的金属锰是比铁稍软的金属，含少量杂质的锰坚而脆，潮湿处会氧化。锰的化合价有 $+2$、$+3$、$+4$、$+5$、$+6$ 和 $+7$。其中以 $+2$(Mn^{2+} 的化合物)、$+4$(二氧化锰，为天然矿物)和 $+7$(高锰酸盐，如 $KMnO_4$)、$+6$(锰酸盐，如 K_2MnO_4)为稳定的氧化态。

1. MnO_2

MnO_2 是黑色粉末，通常状况下它的性质稳定，但在酸碱介质中易被还原或氧化，不稳定。在酸性介质中，MnO_2 是一种强氧化剂。

$$MnO_2 + 4HCl \rightarrow MnCl_2 + Cl_2 \uparrow + 2H_2O$$

$$2MnO_2 + 2H_2SO_4 \rightarrow 2MnSO_4 + O_2 \uparrow + 2H_2O$$

在碱性介质中，有氧化剂并加热时，可被氧化。

$$2MnO_2 + 4KOH + O_2 \rightarrow 2K_2MnO_4 + 2H_2O$$

2. $KMnO_4$

高锰酸钾（$KMnO_4$）为紫黑色晶体，有光泽，不稳定，（见光）遇酸容易分解，故固体及其溶液都需保存在棕色瓶中。

$$4MnO_4^- + 4H^+ \rightarrow 4MnO_2 + 3O_2 \uparrow + 2H_2O$$

高锰酸钾是常用的强氧化剂，溶液的酸度不同，MnO_4^- 被还原的产物也不同。

强酸性：$2MnO_4^- + 5SO_3^{2-} + 6H^+ \rightarrow 2Mn^{2+} + 5SO_4^{2-} + 3H_2O$

中性：$2MnO_4^- + 3SO_3^{2-} + H_2O \rightarrow 2MnO_2 \downarrow + 3SO_4^{2-} + 2OH^-$

强碱性：$2MnO_4^- + SO_3^{2-} + 2OH^- \rightarrow 2MnO_4^{2-} + SO_4^{2-} + H_2O$

五、铁及其化合物

铁在生活中分布较广，占地壳含量的 4.75%，仅次于氧、硅、铝，位居地壳含量第四。主要使用的铁矿石有：Fe_2O_3（赤铁矿）、Fe_3O_4（磁铁矿）、$FeCO_3$（菱铁矿）、FeS_2（黄铁矿）。纯铁是柔韧而延展性较好的银白色金属，用于制作发电机和电动机的铁芯。铁及其化合物还用于制作磁铁、药物、墨水、颜料、磨料等，是工业上所说的"黑色金属"之一（另外两种是铬和锰）（其实纯净的生铁是银白色的，铁元素被称为"黑色金属"是因为铁表面常常覆盖着一层主要成分为黑色四氧化三铁的保护膜）。HNO_3、H_2SO_4 可使 Fe 钝化。另外，人体中也含有铁元素，$+2$ 价的亚铁离子是血红蛋白的重要组成成分，用于氧气的运输。

1. 铁的氧化物及氢氧化物

FeO 是碱性氧化物，难溶于水和碱，易溶于酸。Fe_2O_3 俗称铁红，可作红色颜料、磁性材料、抛光研磨材料。Fe_2O_3 是难溶于水的两性氧化物，以碱性为主，它与酸作用时，生成 Fe^{3+} 盐。

$$Fe_2O_3 + 6H^+ \rightarrow 3H_2O + 2Fe^{3+}$$

$Fe(OH)_2$ 是白色的沉淀，但是由于它的还原性很强，反应之初甚至看不到 $Fe(OH)_2$ 的白色，而先是灰绿色并逐渐被空气中的 O_2 氧化为棕红色的 $Fe(OH)_3$，只有在反应前先赶尽溶液中 O_2，才可能得到白色的 $Fe(OH)_2$。

2. 三氯化铁

三氯化铁是棕褐色共价化合物，易升华，$400\ ℃$ 呈蒸气状态，易溶于水和有机溶剂，水溶液显酸性，Fe^{3+} 水解最终产物为 $Fe(OH)_3$，三氯化铁有氧化性。

$$2Fe^{3+} + H_2S \rightarrow 2Fe^{2+} + S \downarrow + 2H^+$$

3. 铁的配合物（氰合物）

Fe^{2+} 盐与 KCN 溶液作用，首先析出白色氰化亚铁沉淀，随即溶解而形成六氰合铁酸钾，简称亚铁氰化钾，俗名黄血盐，为柠檬黄结晶：

$$Fe^{2+} + 2CN^- \rightarrow Fe(CN)_2 \downarrow （白色沉淀）$$

$$Fe(CN)_2 + 4CN^- \rightarrow [Fe(CN)_6]^{4-}（黄血盐）$$

$[Fe(CN)_6]^{3-}$ 简称铁氰化钾，俗名赤血盐，为深红色结晶。

$$Fe^{3+} + 6CN^- \rightarrow [Fe(CN)_6]^{3-}（赤血盐）$$

在含有 Fe^{2+} 的溶液中加入铁氰化钾，或在含有 Fe^{3+} 的溶液中加入亚铁氰化钾，都有蓝色沉淀形成：

$$K^+ + Fe^{2+} + [Fe(CN)_6]^{3-} \rightarrow KFe[Fe(CN)_6]\downarrow（滕氏蓝）$$

$$K^+ + Fe^{3+} + [Fe(CN)_6]^{4-} \rightarrow KFe[Fe(CN)_6]\downarrow（普鲁士蓝）$$

以上两个反应可用来鉴定 Fe^{2+} 和 Fe^{3+} 的存在。结构研究表明，这两种蓝色沉淀的组成和结构相同，广泛用于油墨和油漆制造业。

重要元素及其
化合物毒性

【思维导图——知识点归纳】

主族金属元素
- 钠、钾、钙、镁
  - 钠、钾、钙、镁的氧化物
  - 钠、钾、钙、镁的氢氧化物
  - 钠盐、钾盐、钙盐、镁盐
- 铅、砷、锑常见理化性质

主族非金属元素
- 氟、氯
  - 与金属、非金属反应
  - 与水反应
- 硫及其化合物
  - 硫的理化性质
  - SO_2、H_2SO_3
  - 硫酸
  - 硫酸盐
  - 硫化物

过渡金属元素
- 铜
  - $Cu(OH)_2$
  - 铜盐
- 汞及其化合物：氯化汞、氯化亚汞
- 铬及其化合物
  - 铬的氧化物、氢氧化物
  - 铬盐
- 锰及其化合物
  - MnO_2
  - $KMnO_4$
- 铁及其化合物
  - 铁的氧化物及氢氧化物
  - 三氯化铁
  - 铁的配合物

练一练

一、填空题

1. $ZnCl_2$ 的溶液因形成_____而有显著的酸性。

2. 铁易腐蚀，常把锌镀在薄钢板上，是因为在潮湿空气中，锌表面形成一层致密的_____薄膜，对内层金属有保护作用。

3. 使用汞时如溅落，汞无孔不入，对遗留在缝隙处的汞要覆盖上＿＿＿＿＿＿＿＿，防止其挥发。

4. Cu^+ 在水溶液中不稳定，容易发生＿＿＿＿＿＿＿反应，化学反应方程式为＿＿＿＿＿＿＿。

5. Na_2O_2 被用作潜水密闭舱的供氧剂，这是利用＿＿＿＿＿＿＿＿＿性质，它所依据的化学反应式是＿＿＿＿＿＿＿＿＿＿＿＿＿＿＿＿＿。

6. 铝广泛存在于地壳中，约占 8%，其丰度仅次于氧和硅，名列第三，是蕴藏丰富的金属元素。铝主要以＿＿＿＿＿＿＿矿物存在。

7. 铅是一种银色金属，但略带＿＿＿＿＿＿＿色，在空气中失去光泽，变成＿＿＿＿＿＿＿色。

二、选择题

1. 难溶于水的白色硫化物是(　　　)。

A. CaS　　　　　　B. ZnS　　　　　　C. CdS　　　　　　D. HgS

2. 室温下，锌粒不能从(　　　)中置换出氢气。

A. HCl 溶液　　　　B. NaOH 溶液　　　C. 稀 H_2SO_4　　　D. 水

3. 下列溶液可以与 MnO_2 作用的是(　　　)。

A. 稀 HCl　　　　　B. 稀 H_2SO_4　　　C. 浓 H_2SO_4　　　D. 浓 NaOH

4. Na_2CO_3 溶液与 $CuSO_4$ 溶液反应，主要产物为(　　　)。

A. $CuCO_3 + CO_2$　　　　　　　　　B. $Cu(OH)_2 + CO_2$

C. $Cu(OH)_2CO_3 + CO_2$　　　　　　D. $Cu_2(OH_2)SO_4 + CO_2$

三、判断题

1. "真金不怕火炼"，说明金的熔点在金属中是最高的。　　　　　　　(　　　)

2. 将铜嵌在铁器中，可以保护铁，延缓腐蚀产生破坏。　　　　　　　(　　　)

3. 碱金属单质都可以保存在煤油中。　　　　　　　　　　　　　　　(　　　)

4. 碱金属单质都能与水反应。　　　　　　　　　　　　　　　　　　(　　　)

5. 用酸溶解金属铝时，铝块越纯溶解速率就越慢。　　　　　　　　　(　　　)

四、问答题

1. 氯化铜结晶为绿色，其在浓 HCl 溶液中为黄色，在稀的水溶液中又为蓝色，这是为什么？

2. 铝是活泼金属，为什么能广泛应用在建筑、汽车、航空及日用品等方面？

3. 商品 NaOH 中常含有 Na_2CO_3 杂质，怎样用最简单的方法加以检验？如果用该 NaOH 配制溶液，如何将其中的 Na_2CO_3 除去？

参考答案

有机化学

项目八　探究烃类物质

项目导入

人工合成胰岛素

1902 年，伦敦大学医学院的两位生理学家 Bayliss 和 Starling 在动物胃肠里发现了一种能刺激胰液分泌的神奇物质。他们把它称为胰泌素。这是人类第一次发现的多肽物质。1958 年，中国科学院提出了"世界上第一次用人工方法合成的蛋白质在中华人民共和国实现"的宏伟目标。这一建议立即得到国家和上级领导的大力支持。1958 年 12 月月底，我国正式启动人工合成胰岛素课题。然而在 1958 年，有关蛋白质的研究领域集中于它们的生物功能、物化性质，对结构—功能关系的了解不够深入，对化学合成蛋白质则更是知之不多，充满着"神秘色彩"。我国选定胰岛素作为人工合成蛋白质的对象时，究竟有没有可能实现，还是一个未知数。1965 年我国科学家完成了牛结晶胰岛素的合成，这是世界上第一次人工合成多肽类生物活性物质。它有着极为深远的意义。由于蛋白质和核酸两类生物高分子有生命现象中所起的主要作用，人工合成了第一个具有生物活力的蛋白质，便突破了一般有机化合物领域到信息量集中的生物高分子领域之间的界限，在人类认识生命现象的漫长过程中迈出了重要的一步。

有机化学是化学的一个主要分支，专注于研究碳和氢元素构成的化合物，以及它们的结构、性质、反应和合成。有机化学在多个领域中扮演着至关重要的角色，如合成纤维、合成橡胶、合成树脂、合成药物、食品与食品添加剂、染料、涂料、油漆、化妆品、洗涤剂、汽油、柴油等都少不了有机化学的知识。人们日常的衣食住行都离不开有机化学的知识，救死扶伤时用到的人造角膜、人造肝、人造血浆等也是有机化学合成成果的应用。由此，有机化学知识不仅是后续专业课程的基础，而且也是大学生科学素养必备的知识。

学习目标

知识目标

1. 了解有机化合物和有机化学的特点。
2. 掌握有机化合物的一般性质。
3. 掌握有机化合物的结构特点和表示方法。
4. 熟悉有机化合物的分类及官能团。

能力目标

1. 能区分有机物和无机物，熟悉有机物的特点。
2. 能对有机物进行分类，掌握有机物的一般性质。
3. 培养语言表达能力与逻辑思维能力。

素养目标

1. 能够进行良好的沟通交流。
2. 培养民族自豪感和使命感。
3. 可独立或合作学习与工作。
4. 认识到有机化学在社会发展中的作用，培养对社会和环境的责任意识。

任务一　初识有机化合物

任务描述

　　李明在实验室做认识有机化合物性质的实验，他先准备了两种试剂：碘水和植物油。取 5 mL 碘水放于试管中，然后在试管中加入 2 滴管植物油，先观察实验现象，然后振荡 2 min，静置观察实验现象。

　　李明发现刚加入植物油时，黄色的碘水在试管的下方，上方是无色的植物油，两者分层明显。在振荡过程中，油和水混合到一起，静置之后，有颜色的物质从下层液体中转移到了上层液体中。

　　在实验过程中，他提出了如下疑问：

　　(1)为什么植物油和碘水会分层？

　　(2)有颜色的物质是什么？为什么振荡之后颜色从下层转移到了上层？

任务解析

完成本次任务需要具备以下知识：

　　(1)无机化合物的一般特征；

　　(2)基本实验操作技能。

任务实施

1. 实验器材

量筒、试管、坩埚夹、酒精灯、隔热手套、护目镜。

2. 实验药品

植物油、酒精、蒸馏水、乙烯塑料、碘水。

3. 组织形式

两人一组，在教师指导下根据实验步骤完成实验。

4. 注意事项

　　(1)仔细观察实验现象，认真分析现象产生原因。

　　(2)液体药品和固体药品的取用，应注意操作规范。

　　(3)注意酒精灯使用安全。

5. 实验步骤

(1)有机化合物的溶解实验。取两支试管分别加入 10 mL 蒸馏水，在试管①中滴入 2 滴管植物油，在试管②中滴入 2 滴管酒精，观察实验现象。

(2)有机化合物燃烧实验。剪一小段乙烯塑料，用坩埚夹将其夹住置于酒精灯上点燃，观察反应现象。实验过程中注意做好保护措施。

(3)有机化合物的萃取实验。取 5 mL 碘水放于试管中，然后在试管中加入 2 滴管植物油，先观察实验现象，然后振荡 2 min，静置观察实验现象。

实验内容详解

1. 有机化合物的溶解性

有机化合物中既有易溶于水的物质，也有不溶于水的有机物。因此，人们观察到的现象为植物油不溶于水、酒精与水能互溶。

2. 有机化合物的燃烧

大部分的有机化合物均能燃烧，燃烧过程中可能会冒黑烟，并伴有刺激性气味。

3. 有机化合物的萃取

物质在有机溶剂和无机溶剂之间因为溶解度的不一样会实现转移，从溶解度低的溶剂转移到溶解度高的溶剂中。

任务评价

根据以上实验操作、现象记录及现象分析情况，进行任务评价。

序号	评价内容	评价要点	配分	评价标准	扣分	得分
1	实验准备	(1)实验预习； (2)玻璃仪器认领； (3)试剂认领	20	有一项不符合标准扣 10 分，扣完为止		
2	实验操作及记录	(1)量筒的使用； (2)现象描述； (3)现象解释； (4)实验记录表格设计是否合理； (5)表格填写是否规范	60	有一项不符合标准扣 12 分，扣完为止		
3	安全文明操作	(1)实验台面整洁情况； (2)物品摆放情况； (3)玻璃仪器清洗放置情况； (4)安全操作情况	20	有一项不符合标准扣 5 分，扣完为止		
总分						

有机化合物和有机化学

一、有机化合物

有机化合物是一类主要含有碳和氢等元素的化合物，它们构成了地球上生命的化学基础。所有的生命体都含有机化合物，如人们所熟知的蛋白质、脂肪、糖类、酶、氨基酸等。生物体的新陈代谢作用实际上就是有机化合物的转变。此外，许多与人类生活有密切相关的物质，如石油、天然气、棉花、染料、化纤、塑料、有机玻璃、天然和合成药物等，均与有机化合物有着密切联系。有机化合物具有极其丰富的多样性，已知的有机化合物近 8 000 万种，数量远远超过无机化合物。

狭义上的有机化合物主要是指由碳元素、氢等元素组成，一定是含碳的化合物，但是不包括碳的氧化物和硫化物、碳酸、碳酸盐、氰化物、硫氰化物、氰酸盐、碳化物、碳硼烷、羰基金属、不含 M−C 键的金属有机配体配合物，部分金属有机化合物（含 M−C 键的物质）等主要在无机化学中研究的含碳物质。

有机化合物通常由碳原子通过共价键连接形成复杂结构，这些结构可以是链状的、环状的，或更为复杂的网状结构。有机分子中含有特定的官能团，如羟基（—OH）、羧基（—COOH）、酮基（>C=O）、醛基（—CHO）等，这些官能团决定了分子的化学性质和反应性。

有机化学是化学的一个主要分支，专注于研究碳元素及其化合物。这个领域不仅包括对有机化合物的结构、性质、反应和合成的研究，还涵盖了这些化合物在自然界和工业中的应用。

在有机化学发展的初期，有机化学工业的主要原料是动、植物体，有机化学主要研究从动、植物体中分离有机化合物。19 世纪中期到 20 世纪初，有机化学工业逐渐变为以煤焦油为主要原料。合成染料的发现，使染料、制药工业蓬勃发展，推动了对芳香族化合物和杂环化合物的研究。20 世纪 30 年代以后，以乙烯为原料的有机合成化学兴起。20 世纪 40 年代前后，有机化学工业的原料又逐渐转变为以石油和天然气为主，发展了合成橡胶、合成塑料和合成纤维工业。由于石油资源将日趋枯竭，以煤为原料的有机化学工业必将重新发展。当然，天然的动、植物和微生物体仍是重要的研究对象。

二、有机化合物的一般特征

有机化合物是含碳的化合物，其具有以下特点。

1. 易燃烧

绝大多数的有机化合物可以在氧气中燃烧，并释放大量的热，这使得它们可以作为燃料使用，如天然气、石油产品和酒精等。工业上，人们经常使用有机物作为燃料，但是需要注意的是，在氧气供应不足的时候，有机物燃烧可能会产生一氧化碳（CO）和其他有毒或有害物质。有机物的易燃性意味着在储存和使用时需要特别注意安全性，避免火灾和爆炸的风险。

2. 熔沸点低

有机物的熔点和沸点相对较低是它们的一个常见特性(表 8-1),由于分子间作用力和分子结构等的影响,在室温下,大部分的有机物通常为气体、易挥发液体或低熔点的固体。大多数有机化合物的熔点一般在 400 ℃ 以下。纯净的有机化合物都有固定的熔点和沸点,利用熔点和沸点的测定可以鉴定有机化合物。

表 8-1　有机化合物与无机化合物比较

性质	己烷(有机物)	氯化钠(无机物)
分子式	C_6H_{14}	NaCl
是否溶于水	不溶于水	溶于水
是否溶于汽油	溶于汽油	不溶于汽油
是否可燃	可燃	不可燃
熔点/℃	−95	801
沸点/℃	69	1 413
密度/(g·cm^{-3})	0.66	2.7(晶体)
键型	共价键	离子键

3. 难溶于水、易溶于有机溶剂

在实验任务中,人们用植物油和乙醇代表了两类有机物,大部分的有机物有非极性共价键,属于非极性或极性较低的物质,难溶于水,但是可以溶解在跟它极性相似的有机溶剂中,如苯、汽油、丙酮等。这种有机物的溶解性叫作"相似相溶"原理。简单来说,就是极性大的物质溶解在极性溶剂中,极性小的物质溶解在非极性或弱极性溶剂中。

4. 反应速率较慢,副反应较多

有机化合物的反应实质也是旧键断裂、新键生成的过程,而共价键的断裂比离子键断开要困难得多,因此,有机化合物之间的反应一般情况下速率比较慢,需要采用加热、加催化剂或用光照等手段来提高反应速率。而且有机化合物分子庞大,有时候断开的化学键并不会局限在特定的地方,因此,有机化合物的反应经常会有副反应产物的出现。

三、有机化合物的结构特点

有机化合物通常由碳原子通过共价键连接形成复杂结构,碳元素位于元素周期表第二周期第四主族,碳原子最外层有 4 个电子,既不容易得到电子也不容易失去电子,更多的是通过共用电子对与其他元素的原子或自身碳原子形成共价化合物。

碳原子是四价的,它可以与其他元素的原子或其他碳原子形成单键,也可以形成双键或三键;它可以形成链状化合物,也可以形成环状化合物。

有机物之所以种类繁多,有很大一个原因是有机物的同分异构现象普遍存在。同分异构体,顾名思义,有机化合物中分子组成相同而结构相异的互称同分异构体,如环戊烷和戊烯,两种化合物的分子式均为 C_5H_{10},但是它们的结构、性质差别非常大。有机化合物含碳原子数和原子种类越多,它的同分异构体也就越多。

日常学习中,比较常用短线式、缩简式和键线式(图 8-1)来表示有机化合物。不同的有机化合物，需要用分子中原子间的连接顺序和连接方式表示清楚，分子中原子间的连接顺序和连接方式叫作分子的构造，用来表示分子构造的式子叫作构造式。

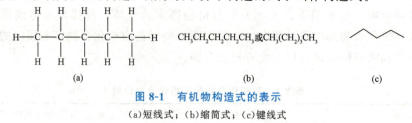

图 8-1　有机物构造式的表示
(a)短线式；(b)缩简式；(c)键线式

四、有机化合物的分类

有机化合物的分类方式一般分为两种：一种是按照碳链的连接方式来分类；一种是按照官能团来分类。

1. 按照碳骨架分类

有机化合物按照碳骨架分类见表 8-2。

表 8-2　有机化合物按照碳骨架分类表

分类	特点	举例
开链化合物(脂肪族化合物)	分子碳链都是张开的	乙烷、乙烯、乙炔、乙酸等
脂环化合物	分子中具有由碳原子连接而成的环状构造(苯环除外)	环戊烷、环戊烯、环戊醇
芳香族化合物	分子中具有苯环结构	苯、甲苯、苯甲酸
杂环化合物	分子具有环状结构，环中除碳原子外，还有其他原子(如氧、硫、氮等)存在	糠醛、呋喃、吡啶

2. 按照官能团来分类

官能团指的是决定有机分子特殊性质的原子团或原子序列。官能团的存在赋予了有机分子独特的化学性质和反应性，使其与其他分子发生特定的化学反应。官能团通常是有机分子中化学反应发生的中心，分子的其他部分则作为侧链或辅助基团。官能团有多种类型，包括羟基(—OH)、羧基(—COOH)、酮基($>C=O$)、醛基(—CHO)、氨基(—NH$_2$)、卤素(—X)、醚键(—O—)等(表 8-3)。

表 8-3　一些常见的、重要的官能团

官能团	名称	官能团	名称
—C=C—	双键	$>C=O$	酮基
—C≡C—	三键	—COOH	羧基
—OH	羟基	—CN	氰基
—X(F、Cl、Br、I)	卤原子	—NO$_2$	硝基
—C—O—C—	醚键	—NH$_2$	氨基
—HC=O	醛基	—SO$_3$H	磺(酸)基

一般来说，有机化合物先按照碳骨架来分类，然后按照官能团来分类。

【科学人物：中国有机化学之父——高济宇教授】

高济宇是中国著名的有机化学家和教育家，他一生致力于有机化学的研究和教学，执教生涯近70年，对有机化学领域做出了巨大贡献。他的工作不仅推动了中国有机化学的发展，还培养了一代又一代的化学人才。

高济宇1902年5月23日出生于河南舞阳，早年在国内接受教育，后赴美国留学。他在1927年毕业于美国华盛顿州立大学，并于1929年和1931年在美国伊利诺伊大学分别获得硕士和博士学位。1931年回国后，高济宇教授在中央大学（今南京大学）任教，先后担任副教授、教授、化学系主任等职。1949年，中央大学改名为南京大学后，他继续在该校工作，担任过理学院长、教务长和副校长等职，并于1982年开始招收博士研究生。

高济宇教授在有机合成和有机反应方面进行了深入研究，取得了显著成果。他独创性地提出并证明了"二酮—环醇"互变异构理论，研究了银、钯、钛等金属参与的有机反应，并发现了多个新型反应。此外，他还长期从事大学有机化学教学工作，编写了全国统编教材《有机化学》，为化学教育做出了卓越贡献。

高济宇教授的科研成就和教学贡献得到了广泛认可。1980年，他当选为中国科学院院士（学部委员），这是对他在化学领域所做贡献的高度评价。他的一生，为中国化学教育和科研进步做出了重要贡献，培养了一批批人才，桃李满天下，其精神和成就至今仍激励着中国化学界的科研人员。

任务二　甲烷制备及简单性质验证

任务描述

李明在实验室利用图8-2所示装置按所查资料的实验步骤做甲烷的制备实验，制备并收集得到了甲烷气体。同时，李明也提出疑问：甲烷气体制备原理是什么？甲烷气体有什么性质？

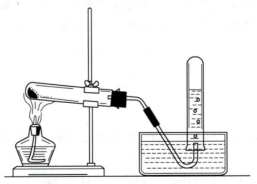

图 8-2　甲烷制备装置

完成本次任务需要具备以下知识：

1. 甲烷的基本性质；
2. 基本实验操作技能。

■ 任务实施

1. 实验器材

试管、铁架台、酒精灯、导管、水槽。

2. 实验药品

NaAc(无水)、三氧化二铁、NaOH 固体、酸性高锰酸钾溶液。

3. 组织形式

两人一组，在教师指导下根据实验步骤完成实验。

4. 注意事项

(1)装药品之前一定要先进行气密性检查，并且保证是干燥的试管。

(2)药品尽量混合均匀，使反应充分进行。

(3)酒精灯加热时要先预热，然后从前往后缓慢移动，保证充分反应的同时，防止药品因气流作用冲出堵住试管口。

5. 实验步骤

(1)甲烷的制备。称 3 g 无水乙酸钠在研钵中研细，继续称取 2 g 氢氧化钠在研钵中研细，再称取 2 g 氧化铁在研钵中研细，然后将三样药品在研钵中混合均匀，拿纸槽小心地将药品加入干燥的试管中。

按照图 8-2 所示连接好反应装置，试管口应稍微向下倾斜，防止副产品丙酮的冷凝液倒回试管底，引起试管爆裂。开始用小火微热试管全部，然后用较大火焰加热混合物。加热时应将火焰从试管前部逐渐向后移动，先验纯，然后收集甲烷气体。

(2)甲烷的燃烧实验。先验纯甲烷气体，然后点燃导气管口流出的气体，观察火焰的颜色。先往火焰上方倒扣一个洁净干燥的烧杯，观察烧杯内壁现象；再往火焰上方罩一个集气瓶(集气瓶中事先倒有澄清石灰水)，观察集气瓶内壁有何现象。

(3)甲烷与酸性高锰酸钾接触的实验。将甲烷气体通入酸性高锰酸钾溶液中，观察实验现象。

■ 实验内容详解

1. 甲烷的制备

实验室中，甲烷可由无水乙酸钠和氢氧化钠的混合物共热来制取。

反应式如下：

$$CH_3COONa + NaOH = CH_4 + Na_2CO_3$$

由于反应温度较高，在生成甲烷的同时，还会产生少量乙烯、丙酮等副产物。其中，乙烯对甲烷的性质鉴定有干扰，可通过浓硫酸将其吸收除去。

2. 甲烷的燃烧

甲烷在空气中燃烧时火焰呈淡蓝色；烧杯内壁有水生成，说明甲烷燃烧产物为水；杯壁有一层白膜生成，即燃烧有二氧化碳生成。

甲烷燃烧的化学方程式为

$$CH_4 + 2O_2 \xlongequal{} CO_2 + 2H_2O$$

3. 甲烷的化学性质

甲烷是一种比较稳定的有机物，不与酸性高锰酸钾发生反应。

任务评价

根据以上实验操作、现象记录及现象分析情况，进行任务评价。

序号	评价内容	评价要点	配分	评价标准	扣分	得分
1	实验准备	(1)实验预习； (2)玻璃仪器认领； (3)试剂认领	20	有一项不符合标准扣10分，扣完为止		
2	实验操作及记录	(1)量筒的使用； (2)现象描述； (3)现象解释； (4)实验记录表格设计是否合理； (5)表格填写是否规范	60	有一项不符合标准扣12分，扣完为止		
3	安全文明操作	(1)实验台面整洁情况； (2)物品摆放情况； (3)玻璃仪器清洗放置情况； (4)安全操作情况	20	有一项不符合标准扣5分，扣完为止		
总分						

知识链接

烷烃

一、烷烃的通式、构造异构

1. 烷烃的通式

烷烃是一类有机化合物，属于饱和烃的一种，其分子中的碳原子之间只有单键，这意味着它们的碳链是"饱和"的，没有双键或三键的空间，也就是说，烷烃是没有官能团的。

甲烷（CH_4）、乙烷（C_2H_6）、丙烷（C_3H_8）、丁烷（C_4H_{10}）等都是烷烃。从这几个烷烃的分子式可以看出，在任何一个烷烃分子中，如果 C 原子数是 n，H 原子数则是 $2n+2$。因此，可以用一个共同的式子 C_nH_{2n+2}（n 表示 C 原子数）来表示烷烃分子的组成，这个式子叫作烷烃的通式。

有机物的同系列是一系列有机化合物，它们具有相同的核心结构和功能团，但每个相邻的化合物在碳链上比前一个多一个或多个—CH_2—（甲基和氢）单元。同系列的化合物具有相似的化学结构，即相同的官能团和结构框架。甲烷、乙烷、丙烷、丁烷等这一系列化合物叫作烷烃同系列。同系列中的各化合物互为同系物。甲烷、乙烷、丙烷、丁烷等互为同系物。同系物具有相似的化学性质。尽管化学性质相似，但由于分子量的增加，同系列化合物的物理性质（如熔点、沸点、密度等）通常会随着碳原子数的增加而系统地变化。

2. 烷烃的同分异构现象

烷烃的同分异构现象指的是分子式相同但结构不同的烷烃。在烷烃中，同分异构现象通常随着碳原子数目的增加而变得更加常见。碳链异构是最常见的一种同分异构现象，其中分子中的碳原子通过单键连接形成不同的链状结构。例如，丁烷（C_4H_{10}）有正丁烷（直链）和异丁烷（分支链）两种同分异构体[正丁烷是四个碳原子互相结合成一条链状碳骨架，没有支链（也称为侧链），这种结构叫作"正"；除三个碳原子结合成一条链状碳骨架外，还有由一个碳原子构成支链，这种结构叫作异丁烷。]

$CH_3CH_2CH_2CH_3$

正丁烷（沸点—0.5 ℃）

$$H_3C—CH—CH_3$$
（CH_3 在上）

异丁烷（沸点—10.2 ℃）

除碳链异构外，还有一种异构现象叫作支链异构。在支链异构中，碳链的一部分成为另一个碳链的分支。随着碳原子数目的增加，可能的分支排列方式也增加。

同分异构体的物理性质（如沸点、熔点、密度）通常不同。一般而言，支链越多，分子的对称性越低，分子间的作用力越弱，导致沸点和熔点较低。尽管同分异构体的化学性质相似，但它们在某些反应中的活性和选择性可能会有所不同。链烷烃通常比分支链烷烃更稳定，因为直链结构更紧凑、能量更低。

3. 伯、仲、叔、季碳原子

分析戊烷的同分异构体的构造式中各个碳原子连接的情况就会发现，有的与一个碳原子直接相连，有的则分别与两个、三个或四个碳原子直接相连，因此，我们把直接与一个碳原子相连的称为伯（或一级）碳原子，可用 1°表示；直接与两个碳原子相连的称为仲（或二级）碳原子，可用 2°表示；直接与三个碳原子相连的称为叔（或三级）碳原子，可用 3°表示；直接与四个碳原子相连的称为季（或四级）碳原子，可用 4°表示。在戊烷同分异构体的构造式中碳原子的类型分别标出如下：

在上述四种碳原子中，除季碳原子外，其他的都有连接氢原子，所以，人们把分别和伯、仲、叔碳原子结合的氢原子称为伯、仲、叔氢原子，不同类型的氢原子的反应性能是有一定差别的。

二、烷烃的命名

1. 习惯命名法

在国际纯粹与应用化学联合会(IUPAC)命名规则出现之前，烷烃通常根据它们的习惯命名法来命名，这种命名法基于传统和历史原因，而非严格的结构命名规则。尽管 IUPAC 命名法现在是国际上广泛接受的标准，但习惯命名法仍然在日常交流中广泛使用，特别是简单烷烃的命名。碳原子数在 10 以下的烷烃，分别用甲、乙、丙、丁、戊、己、庚、辛、壬、癸等天干名称表示碳原子数目，例如：CH_4 称为甲烷，C_2H_6 称为乙烷，C_3H_8 称为丙烷，以此类推；碳原子数在 10 以上时用汉文数字表示，例如 $C_{11}H_{24}$ 称为十一烷，$C_{18}H_{38}$ 称为十八烷。

为了区别异构体，可用"正""异""新"等作前缀来表示。

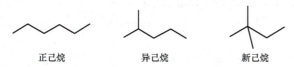

| 正己烷 | 异己烷 | 新己烷 |

微课：烷烃的命名

2. 系统命名法

烷烃的命名遵循 IUPAC 的命名规则，其规则如下：

(1)碳链选择：选择最长的碳链作为主链。如果存在等长的碳链，则选择支链最多的碳链作为主链。

(2)编号：从离支链最近的一端开始编号，以确定支链的位置。优先选择支链起点编号之和最小的方案。

例如：

$$\overset{1}{H_3C} — \overset{2}{CH_2} — \overset{3}{CH} — \overset{4}{CH_2} — \overset{5}{CH} — \overset{6}{CH_2} — \overset{7}{CH_2} — \overset{8}{CH_2} — \overset{9}{CH} — \overset{10}{CH_2} — \overset{11}{CH_3}$$

分别在 3 位连 CH_3，5 位连 $CH(CH_3)_2$，9 位连 CH_2CH_3

从左端开始编号，命名为：3-甲基-9 乙基-5 异丙基十一烷(①)

从右端开始编号，命名为：9-甲基-3 乙基-7 异丙基十一烷(②)

对两个系列逐项比较，名称(①)中第一个取代基的位次为 3，名称(②)中第一个取代基的位次也是 3，两者相同，故需比较第二个取代基的位次。名称(①)第二个取代基的位次为 5，名称(②)中第二个取代基的位次为 7。故名称(①)是正确的选择。如果第二个取代基的位次也相同，则比较第三个取代基的位次，以此类推。

(3)主链命名：根据主链上的碳原子数，使用后缀"－ane"来命名。例如，一个有 5 个碳原子的链状烷烃称为"戊烷"。

(4)支链命名：一个碳的支链称为"甲基"(methyl，Me)，两个碳的支链称为"乙基"(ethyl，Et)，三个碳的支链称为"丙基"(propyl，Pr)。

(5)位置编号：如果支链有确定的位置，使用数字表示支链取代了主链上的位置。数字之间用逗号分隔，数字前不加 0。

2-甲基丙烷　　　　　　　3-乙基己烷

（6）多个相同支链：如果存在多个相同的支链，则在相同的取代基前面用数字"二""三""四"等表明其数目，其位置须逐个注明。

2，2-二甲基戊烷　　　　　　　2，2-二甲基-4，6-二乙基辛烷

（7）不同支链：如果有多个不同的支链，按照支链的中文汉字笔画顺序排列。

（8）取代基的排列：在命名时，应将取代基按照从简到繁的顺序排列，即先甲基后乙基，先碘代后溴代等。

2-甲基-4-乙基己烷

三、烷烃的物理性质

一些链烷烃和环烷烃的物理常数见表8-4。

表8-4　一些链烷烃和环烷烃的物理常数

名称	分子式	沸点/℃	熔点/℃	相对密度
甲烷	CH_4	−161.7	−182.6	—
乙烷	C_2H_6	−88.6	−182.8	—
丙烷(环丙烷)	$C_3H_8(C_3H_6)$	−42.2(−32.7)	−187.1(−127.6)	0.500 5
丁烷(环丁烷)	$C_4H_{10}(C_4H_8)$	−0.5(12.5)	−138.4(−80)	0.578 8
戊烷(环戊烷)	$C_5H_{12}(C_5H_{10})$	36.1(49.3)	−129.3(−93.9)	0.626 4(0.745 7)
己烷(环己烷)	$C_6H_{14}(C_6H_{12})$	68.7(80.7)	−94.0(6.6)	0.659 4(0.778 6)
庚烷(环庚烷)	$C_7H_{16}(C_7H_{14})$	98.4(118.5)	−90.5(−12.0)	0.683 7(0.809 8)
辛烷(环辛烷)	$C_8H_{18}(C_8H_{16})$	125.6(150)	−56.8(14.3)	0.702 8(0.834 9)
壬烷	C_9H_{20}	150.7	−53.7	0.717 9
癸烷	$C_{10}H_{22}$	174.0	−29.7	0.729 8
十一烷	$C_{11}H_{24}$	195.8	−25.6	0.740 4
十二烷	$C_{12}H_{26}$	216.3	−9.6	0.749 3
十三烷	$C_{13}H_{28}$	245.4	−6	0.756 8
十四烷	$C_{14}H_{30}$	251	5.5	0.763 6
十五烷	$C_{15}H_{32}$	268	10	0.768 8

名称	分子式	沸点/℃	熔点/℃	相对密度
十六烷	$C_{16}H_{34}$	280	18.1	0.774 9
十七烷	$C_{17}H_{36}$	303	22.0	0.776 7
十八烷	$C_{18}H_{38}$	308	28.0	0.776 7
十九烷	$C_{19}H_{40}$	330	32.0	0.777 6
二十烷	$C_{20}H_{42}$	343	36.4	0.788 6
三十烷	$C_{30}H_{62}$	449.7	66	0.775 0
四十烷	$C_{40}H_{82}$	—	81	—

烷烃的物理性质随着碳原子数目的增加和分子结构的变化而呈现出一定的规律性。

1. 沸点和熔点

随着碳原子数目的增加,烷烃分子间的范德华力增强,导致沸点和熔点升高。直链烷烃的沸点和熔点通常比支链同分异构体的高。室温 25 ℃下,含有 1～4 个碳原子的烷烃为气体。含有 5～16 个碳原子的烷烃为液体。但实际上,含有 10～19 个碳原子的烷烃在正常温度下可以为固体。

2. 密度

烷烃的密度随着碳原子数目的增加而逐渐增大,但总体上仍然小于水的密度。

3. 溶解性

烷烃通常不溶于水,但易溶于有机溶剂,如醇、酮和醚。随着分子中碳原子数目的增加,烷烃在水中的溶解度降低。

四、烷烃的化学性质

烷烃属于饱和烃的一种,其分子中的碳原子之间只有单键,烷烃的碳－碳单键和碳－氢单键非常稳定,不易发生化学反应。但在一定条件下,如在高温或有催化剂存在时,烷烃也可以和一些试剂作用。

1. 卤化反应

烷烃于室温并且在黑暗中与氯气不反应,但在日光或紫外光照射或在高温(250～400 ℃)作用下,能发生取代反应,烷烃分子中的氢原子能逐步被氯取代,得到不同的氯代烷的混合物。

例如,甲烷与氯发生氯代反应生成四种氯代产物的混合物。其中 hv 表示光照。

$$CH_4 + Cl_2 \xrightarrow{\text{高温或 hv}} CH_3Cl + HCl$$

$$CH_3Cl + Cl_2 \xrightarrow{\text{高温或 hv}} CH_2Cl_2 + HCl$$

$$CH_2Cl_2 + Cl_2 \xrightarrow{\text{高温或 hv}} CHCl_3 + HCl$$

$$CHCl_3 + Cl_2 \xrightarrow{\text{高温或 hv}} CCl_4 + HCl$$

如果控制卤素的用量,加大甲烷的浓度,主要得到氯甲烷;如用大量卤素,主要得到四氯化碳。

2. 氧化反应

所有的烷烃都能燃烧，完全燃烧时，反应物全被破坏，生成二氧化碳和水，同时放出大量热。燃烧时火焰为淡蓝色，不明亮。

燃烧的化学方程式如下：

$$C_nH_{2n+2} + \frac{3n+1}{2}O_2 = nCO_2 + (n+1)H_2O$$

3. 裂解反应

烷烃的裂解反应通常称为裂化（cracking），是石油化工工业中一种重要的化学过程，它涉及将大分子的烷烃分解成较小的分子，主要是烯烃和少量的烷烃。这一过程对于生产化工原料和汽油组分尤为重要。裂解反应主要有两种：一种是热裂化，通常在 $750 \sim 800$ ℃且无氧气的条件下进行。热裂化的目的是生成较短链的烯烃，尤其是乙烯、丙烯和丁烯等化工原料。另一种是催化裂化，催化裂化使用催化剂（通常是含硅和铝的沸石）来加速反应。催化裂化可以在相对较低的温度下进行，并且可以更精确地控制产品分布。

任务三　乙烯的制备及基本性质鉴定

任务描述

李明在实验室做乙烯的制备及性质鉴定实验，他先准备了无水乙醇、浓硫酸、沸石。在圆底烧瓶中加入无水乙醇、浓硫酸和沸石，按照图 8-3 所示接好装置，温度要迅速上升至 170 ℃，防止在 140 ℃时生成副产物乙醚。

在实验过程中，他提出了如下的疑问：生成的气体是什么？有什么性质？

任务解析

完成本次任务需要具备以下知识：

(1)乙烯的基本性质；

(2)基本实验操作技能。

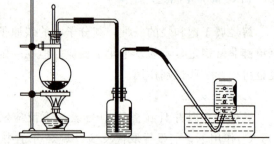

图 8-3　乙烯的制备装置

任务实施

1. 实验器材
圆底烧瓶、铁架台、酒精灯、导管。

2. 实验药品
无水乙醇、浓硫酸、沸石、溴水溶液、酸性高锰酸钾溶液。

3. 组织形式
两人一组，在教师指导下根据实验步骤完成实验。

(1)仔细观察实验现象，认真分析现象产生原因。

(2)液体药品和固体药品的取用，注意操作规范。

5. 实验步骤

(1)乙烯的制备。在圆底烧瓶中加入无水乙醇、浓硫酸和沸石，按照图 8-3 所示接好装置，要使温度迅速上升至 170 ℃，防止在 140 ℃时生成副产物乙醚。

(2)乙烯的燃烧实验。先验纯乙烯气体，然后点燃导气管口流出的气体，观察火焰的颜色。先往火焰上方倒扣一个洁净干燥的烧杯，观察烧杯内壁现象；再往火焰上方罩一个集气瓶(集气瓶中事先倒有澄清石灰水)，观察集气瓶内壁有何现象。

(3)乙烯通入酸性高锰酸钾溶液和溴水。将乙烯气体通入酸性高锰酸钾溶液和溴水中，观察实验现象。

实验内容详解

从制取乙烯的实验中看出，乙醇在浓硫酸的催化下，溶液会变黑，把乙烯通入盛溴水的试管里，可以观察到溴水的红棕色很快消失，乙烯能跟溴水里的溴发生反应。

乙烯制备的化学方程式为

$$C_2H_5OH \xrightarrow{\text{浓硫酸}} C_2H_4 + H_2O。$$

任务评价

根据以上实验操作、现象记录及现象分析情况，进行任务评价。

序号	评价内容	评价要点	配分	评价标准	扣分	得分
1	实验准备	(1)实验预习； (2)玻璃仪器认领； (3)试剂认领	20	有一项不符合标准扣 10 分，扣完为止		
2	实验操作及记录	(1)是否正确组装制备装置； (2)现象描述； (3)现象解释； (4)实验记录表格设计是否合理； (5)表格填写是否规范	60	有一项不符合标准扣 12 分，扣完为止		
3	安全文明操作	(1)实验台面整洁情况； (2)物品摆放情况； (3)玻璃仪器清洗放置情况； (4)安全操作情况	20	有一项不符合标准扣 5 分，扣完为止		
总分						

烯烃与二烯烃

一、烯烃

1. 烯烃的通式和同分异构

(1)烯烃的通式。烯烃是一类含有至少一个碳碳双键的碳氢化合物。碳碳双键由一个 σ 键和一个 π 键组成。烯烃的通式为 C_nH_{2n}，其中 n 是大于或等于 2 的整数。烯烃不同于烷烃的全部都是饱和的碳碳单键和碳氢单键，烯烃至少有一个碳碳双键，与单键碳氢化合物相比，具有更高的反应性。

(2)烯烃的同分异构现象。通常乙烯和丙烯只有一种结合方式，没有异构现象。含有四个碳原子的烯烃有三种构造异构体，如下所示。C＝C 位于末端的烯烃通常叫作末端烯烃或者 α-烯烃。1-丁烯和异丁烯都是 α-烯烃。

$$H_3C—CH_2—\underset{H}{\overset{|}{C}}＝CH_2 \qquad H_3C—\underset{\underset{CH_3}{|}}{C}＝CH_2 \qquad H_3C—HC＝CH—CH_3$$

1-丁烯   异丁烯   2-丁烯

2. 烯烃的命名

烯烃的命名遵循国际纯粹与应用化学联合会(IUPAC)的命名规则，其规则如下：

(1)碳链选择：首先，需要确定烯烃分子中最长的碳链，这条链将被命名为"某烯"。如果存在多个双键，选择含有最多双键的链。

(2)编号：从离双键最近的一端开始编号碳链，确保双键的编号尽可能小。如果双键位于链的两端，可以选择任意一端开始编号。

(3)命名双键：使用数字和"烯"字来表示双键的位置。例如，若双键位于编号为 2 的碳原子上，那么烯烃将被命名为"2-某烯"。

(4)支链和取代基：如果烯烃分子中存在分支或取代基，需要对它们进行编号和命名。分支通常使用前缀"－基"来表示，如"甲基""乙基"等。取代基的编号应尽可能小，并且应位于主链上。

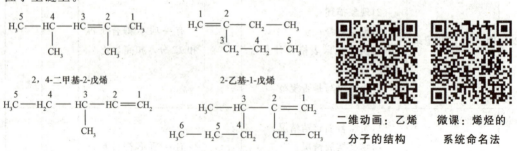

2，4-二甲基-2-戊烯   2-乙基-1-戊烯

3-甲基-1-戊烯   3-甲基-2-乙基-1-己烯

二维动画：乙烯分子的结构   微课：烯烃的系统命名法

(5)优先级：在命名取代基时，需要考虑取代基的优先级。IUPAC 有一套优先级规则，通常按照原子序数的顺序来确定。

优先规则 1：$I>Br>Cl>S>F>O>N>C>D>H$。

优先规则 2：$—C(CH_3)_3 > —CH(CH_3)_2 > —CH_2CH_3 > —CH_3$，同理，$—CH_2OH >$

$-CH_2CH_3$，$-CH_2OCH_3>-CH_2OH$，$-CH_2Br>-CCl_3$。

优先规则 3：$-C_6H_5>-C\equiv CH>-CH=CH_2$。

(6)顺反异构：如果烯烃分子中存在顺反异构体，需要指定双键两侧的取代基或原子团的相对位置。顺式(cis)表示双键两侧的相同取代基位于同一侧，而反式(trans)表示它们位于相对侧。双键两侧的碳原子必须连接不同的原子或原子团。如果双键两侧的碳原子连接的原子或原子团相同，那么就不会存在顺反异构。

顺式　　　　　　　　　　　反式

(7)Z－E 构型：命名时，按照次序规则，比较双键碳原子上所连接的两个原子或基团哪一个优先，优先的两个原子和基团如果位于双键的同侧，就叫作 Z 式，如果位于双键的两侧，就叫作 E 式。Z、E 写在括号里放化合物名称的前面。例如：

(Z)-2-甲基-1-氯丁烯　　　　　(E)-2-甲基-1-氯丁烯

3. 烯烃的物理性质

烯烃的物理性质与烷烃的物理性质类似。

(1)分子状态：烯烃的物理状态与其分子质量有关。在标准或常温条件下，低分子量的烯烃(如乙烯、丙烯和丁烯)通常是气体。含有 5～18 个碳原子的直链烯烃通常是液体，而更高分子量的烯烃是固体。

(2)熔点和沸点：烯烃的沸点随着分子中碳原子数目的增加而升高。在正构烯烃中，随着相对分子质量的增加，沸点升高。同碳数正构烯烃的沸点比带支链的烯烃沸点高。双键由链端移向链中间时，沸点和熔点都有所增加。顺式烯烃的沸点通常略高于反式烯烃，这是因为顺式异构体分子间的极性更大，导致分子间作用力更强。

(3)溶解性：烯烃难溶于水，但易溶于有机溶剂，如醇、酮和醚。

(4)相对密度：烯烃的密度通常比水小，这是由于它们的分子结构较为松散，分子间作用力较弱。

4. 烯烃的化学性质

烯烃的化学性质主要受到分子中碳碳双键的影响，这使得它们比饱和烃(如烷烃)更加活泼。基本上，烯烃的特征反应都发生在官能团 C＝C 和 C—H 上。

(1)加成反应。烯烃可以与多种试剂发生加成反应，这是烯烃典型的化学反应之一。例如，它们可以与氢气、卤素、水和硫酸等发生加成反应。

$$H_2C=CH_2+H_2\rightarrow C_2H_6$$
$$H_2C=CH_2+Br_2\rightarrow C_2H_4Br_2$$
$$H_2C=CH_2+H_2O\rightarrow CH_3CH_2OH$$

(2)氧化反应。烯烃可以燃烧，反应产物为水和二氧化碳。如果氧气供应不足，烯烃可能会发生不完全燃烧，产生一氧化碳(CO)、碳(C)或其他碳氢化合物。

烯烃可以被氧化剂[如酸性高锰酸钾（$KMnO_4$）或臭氧（O_3）]氧化，这在有机合成中是一种常用的烯烃降解方法。

请解释一下：乙烯能使酸性高锰酸钾溶液和溴水溶液都褪色，分别是什么原理？

（3）聚合反应。烯烃单体可以通过加成聚合反应形成高分子聚合物，如聚乙烯和聚丙烯。这是烯烃在塑料工业中最重要的应用之一。

$$n\,H_2C =\!\!= CH_2 \longrightarrow -\!\![H_2C-CH_2]-\!\!_n$$

二、二烯烃

1. 二烯烃的分类

脂肪烃分子中含有两个 $C =\!\!= C$ 双键的，叫作二烯烃。按照这两个 $C =\!\!= C$ 双键的相对位置，通常将二烯烃分为三类，见表 8-5。

表 8-5 二烯烃的分类

类别	定义	例子
累积二烯烃	两个双键链接在同一个碳原子上的，叫作累积双键，含有累积双键的二烯烃叫作累积二烯烃	$CH_3-CH =\!\!= C =\!\!= CH_2$ 1,2-丁二烯
共轭二烯烃	两个双键被一个单键隔开的（也就是双键和单键相互交替的）叫作共轭双键，含有共轭双键的二烯烃叫作共轭二烯烃	$CH_2 =\!\!= CH-CH =\!\!= CH_2$ 1,3-丁二烯
隔离二烯烃	两个双键被两个或两个以上单键隔开的，叫作隔离双键，含有隔离双键的二烯烃叫作隔离二烯烃或孤立二烯烃	$CH_2 =\!\!= CH-CH_2-CH =\!\!= CH_2$ 1,4-戊二烯

2. 二烯烃的命名

二烯烃的通式也是 C_nH_{2n-2}，与碳原子数相同的炔烃互为同分异构体。

二烯烃的系统命名原则与烯烃相似。选择含有两个双键碳原子在内的最长碳链作为主链，根据主链的碳原子数称为某二烯。从靠近双键的一端开始将主链中碳原子依次编号，按照"较优基团后列出"的原则，将取代基的位次、数目、名称，以及两个双键的位次写在节母体名称前面。例如：

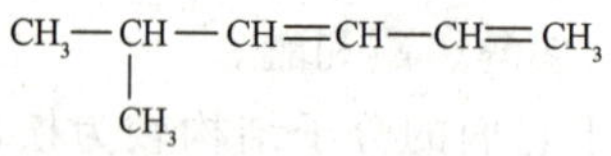

$$CH_3-\underset{\underset{CH_3}{|}}{CH}-CH =\!\!= CH-CH =\!\!= CH_3$$

5-甲基-1,3-己二烯

$$CH_3-\underset{\underset{CH_3}{|}}{C} =\!\!= CH-\underset{\underset{CH_2-CH_3}{|}}{C} =\!\!= CH_2$$

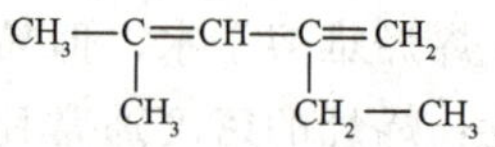

4-甲基-2-乙基-1,3-戊二烯

若有顺反异构体，还需要标明其构型。例如：

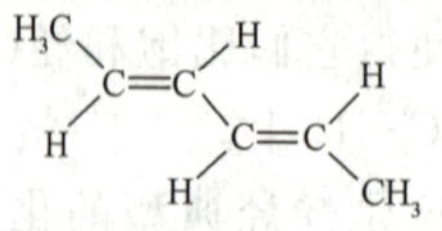

反,反-2,4-己二烯或(E，E)-2,4-己二烯

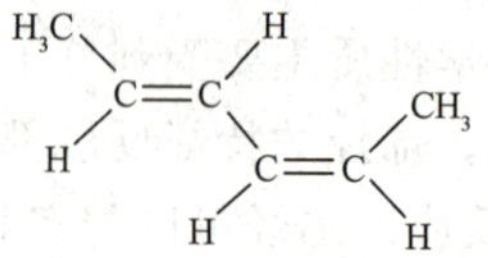

顺,反-2,4-己二烯或(Z，E)-2,4-己二烯

3. 共轭二烯烃的结构

在脂肪烃中，最简单、最具有代表性的共轭二烯烃是 1,3-丁二烯。下面以 1,3-丁二烯分子的结构为例介绍共轭二烯烃的结构。

实验测定，1,3-丁二烯（$CH_2 =\!\!= CH-CH =\!\!= CH_2$）分子中的 4 个 C 原子和 6 个 H 原子都在同一个平面内，其键角和键长数据如图 8-4 所示。

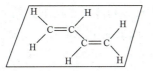

键角 ∠C=C—C 122°
键角 ∠C=C—H 125°
键长 C=C双键 0.134 nm
键长 C—C单键 0.148 nm

图 8-4　1,3-丁二烯分子的形状

4. 共轭效应

由于共轭体系内电子云密度趋于平均化而引起键长趋于平均化和体系能量降低的现象叫作共轭效应。共轭 π 键的形成使分子的能量降低，稳定性增大。例如，对于共轭分子，CH_2=CH—CH=CH_2，由于 π 键与 π 键共轭降低了分子的能量。也就是说，CH_2=CH—CH=CH_2 分子的能量比假定该分子中 π 键与 π 键不共轭时低，所低的数值叫作共轭能。

5. 共轭效应的应用实例

含有共轭双键的二烯烃，也容易发生聚合反应。与加成反应相似，既可以进行 1,2-加成聚合，也可以进行 1,4-加成聚合，或两种聚合反应同时发生。其中 1,4-加成聚合反应是制备橡胶的基本反应。利用不同的反应物，选择不同的反应条件和催化剂，可以控制加成聚合的方式，得到不同的高聚物——橡胶。

橡胶是一类具有高弹性的高分子化合物，因结构不同，性质不同，用途也不相同。橡胶分为天然橡胶与合成橡胶两大类。

(1)天然橡胶。研究的结果表明，天然橡胶的主要成分为顺-1,4-聚异戊二烯。

$$\left[\begin{array}{c} H_2C \qquad\qquad CH_2 \\ C=C \\ H_3C \qquad\qquad H \end{array}\right]_n$$

顺-1,4-聚异戊二烯

橡胶的重要性是众所周知的。它是工农业生产、交通运输、国防建设和日常生活中不可缺少的物资。

(2)合成橡胶。

1)顺丁橡胶。在络合催化剂(如三异丁基铝-三氟化硼乙醚络合物-环烷酸镍)的催化下，在苯或加氢汽油溶剂中，40~70 ℃，1,3-丁二烯即聚合生成顺丁橡胶，其中顺-1,4-聚丁二烯的含量＞94％。

$$\left[\begin{array}{c} H_2C \qquad\qquad CH_2 \\ C=C \\ H \qquad\qquad H \end{array}\right]_n$$

顺-1,4-聚丁二烯

顺丁橡胶的主要用途是制造轮胎，轮胎制造工业消耗顺丁橡胶产量的 85％~90％。

2)异戊橡胶。在络合催化剂(如三异丁基铝-四氯化钛)的催化下，在加氢汽油溶剂中，约 30 ℃，异戊二烯即聚合生成异戊橡胶，其中顺-1,4-聚异戊二烯的含量约为 97％。

$$\left[\begin{array}{c} H_2C \qquad\qquad CH_2 \\ C=C \\ H_3C \qquad\qquad H \end{array}\right]_n$$

顺-1,4-聚异戊二烯

异戊橡胶的分子结构与天然橡胶相同，因此它的化学、物理性能与天然橡胶相似。所以，异戊橡胶又叫作"合成天然橡胶"。

3）氯丁橡胶。在引发剂（例如过硫酸钾 $K_2S_2O_8$）的作用下，约 40 ℃，2-氯-1，3-丁二烯即聚合生成氯丁橡胶（聚-2-氯-1，3-丁二烯或聚氯丁二烯）。

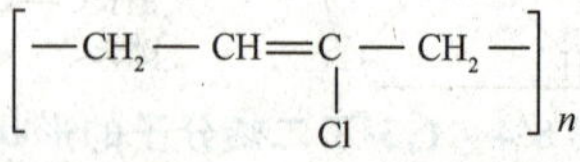

$$\left[-CH_2-CH=\underset{\underset{Cl}{|}}{C}-CH_2-\right]_n$$

聚-2-氯-1,3-丁二烯

氯丁橡胶的强度和弹性与天然橡胶相近，而其耐臭氧、耐油、耐化学药品（氧化性强的酸除外）的性能超过天然橡胶，其主要缺点是耐寒性能差。氯丁橡胶主要用于制造轮胎、运输带及油箱、贮罐的衬里等。

【科学人物：煤制烯烃的魔术师——刘中民院士】

一直以来，烯烃的传统工业制法都是石油裂解，由于全球石油危机，石油价格大幅攀升，烯烃原料来源的可持续性受到质疑。中国作为一个富煤贫油的国家，对烯烃的大量需求促使科研人员探索新的生产方法。

中国科学院大连化学物理研究所（大连化物所）的科研团队承担了甲醇制烯烃的科研重任。他们经过近 40 年的努力，成功开发出了甲醇制烯烃（DMTO）技术，这一技术可以将煤炭通过合成甲醇，再转化为烯烃。面对国际油价波动和资金短缺等困难，刘中民团队没有放弃，继续推进技术研发，并最终在 2006 年完成了甲醇制烯烃的工业性试验。2010 年，神华包头 180 万吨/年甲醇制烯烃工业装置投料试车一次成功，标志着煤制烯烃工业化"零"的突破。此后，刘中民又带领团队陆续完成了甲醇制烯烃第二代、第三代的技术研发，推动并形成上千亿产值的煤化工产业。几代科学家接续耕耘，通过几十年的创新攻关，为促进经济社会发展、助力实现"双碳"目标，提供了有力的科技支撑。

甲醇制烯烃技术获得国家技术发明奖一等奖，并继续推动技术升级换代。第三代甲醇制烯烃技术在反应器尺寸基本不变的情况下，大幅提高了甲醇处理量和烯烃产量，降低了生产成本和能耗。刘中民院士和他的团队让煤制烯烃这一构想变成了现实，大大地解决了我国石油储备不足的问题，这件事对国家有战略意义，对于科技工作者而言，就是把科技问题解决了，真正能实现产业化，实现产业化之后才能谈得上对国家有所贡献。

任务四　乙炔的制备及性质探究

任务描述

李明做乙炔的制备与性质实验。他先准备了碳化钙（电石）和饱和食盐水、酸性高锰酸钾溶液和溴水，如图 8-5 所示。连接好装置后，在圆底烧瓶里加入几块电石，旋开分液漏斗的活塞，逐滴加入饱和食盐水，观察到电石表面反应非常剧烈，产生大量气泡。气体通入盛有酸性高锰酸钾溶液的试管，溶液褪色；气体继续通入溴水，溶液褪色。点燃乙炔，发现火焰明亮，并伴有浓烟。

实验完成后，李明有以下疑问：反应装置里生成的气体是什么？为什么可以使酸性高锰酸钾溶液和溴水都褪色？

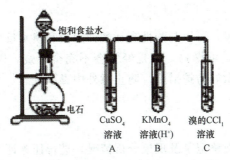

图 8-5　乙炔的制备与性质探究实验装置

任务解析

完成本次任务需要具备以下知识：
(1)烃类的基本性质；
(2)基本实验操作技能。

任务实施

1. 实验器材
圆底烧瓶、分液漏斗、铁架台和夹子、试管、导管。

2. 实验药品
碳化钙(电石)、饱和食盐水、酸性高锰酸钾溶液、溴水、硫酸铜溶液。

3. 组织形式
两人一组，在教师指导下，根据实验步骤完成实验。

4. 注意事项
(1)仔细观察实验现象，认真分析现象产生原因。
(2)液体药品和固体药品的取用，应注意操作规范。

5. 实验步骤
(1)检查气密性。在加入电石之前，应先检查装置的气密性，确保没有气体泄漏。

(2)使用饱和食盐水。实验中常用饱和食盐水代替纯水，以减缓反应速率，从而获得更平稳的乙炔气流。

(3)控制反应速率。通过分液漏斗逐滴加入饱和食盐水，可以控制乙炔的生成速率。

(4)将生成的气体分别通过酸性高锰酸钾溶液和溴水溶液。

实验内容详解

1. 实验原理
乙炔的制备反应为

$$CaC_2 + 2H_2O = C_2H_2 \uparrow + Ca(OH)_2$$

使用饱和食盐水可以降低反应速率，获得较平缓的乙炔气流。产生的乙炔气体可能含有杂质气体，可以通过氢氧化钠溶液或硫酸铜溶液洗气瓶进行净化。

2. 乙炔的性质

乙炔的化学性质较活泼，可以与酸性高锰酸钾溶液和溴水反应，使溶液褪色。

乙炔中含碳量较高，是可燃物，但是经常会不完全燃烧，因此在燃烧过程中会冒黑烟。进行燃烧实验时必须做好防护措施，防止意外中毒事故。

任务评价

根据以上实验操作、现象记录及现象分析情况，进行任务评价。

序号	评价内容	评价要点	配分	评价标准	扣分	得分
1	实验准备	(1)实验预习； (2)玻璃仪器认领； (3)试剂认领	20	有一项不符合标准扣 10 分，扣完为止		
2	实验操作及记录	(1)量筒的使用； (2)现象描述； (3)现象解释； (4)实验记录表格设计是否合理； (5)表格填写是否规范	60	有一项不符合标准扣 12 分，扣完为止		
3	安全文明操作	(1)实验台面整洁情况； (2)物品摆放情况； (3)玻璃仪器清洗放置情况； (4)安全操作情况	20	有一项不符合标准扣 5 分，扣完为止		
总分						

知识链接

炔烃

一、炔烃的通式和命名

1. 炔烃的通式和结构

炔烃是一类有机化合物，它们的分子中含有至少一个碳-碳三键（C≡C）。这种三键由一个 σ 键和两个 π 键组成，使得炔烃的碳原子之间具有线性的几何结构。炔烃的一般分子式可以表示为 C_nH_{2n-2}，其中 n 是碳原子的数量。炔烃最显著的特征是碳-碳三键，这使得炔烃比含单键或双键的同类烃更活泼，更容易参与化学反应。炔烃中的碳原子和与其相连的原子(通常是氢或其他碳原子)呈 180°排列，形成线性结构，如乙炔的 4 个原子是在一条直线上的。以下是乙炔的结构式。

$$H—C≡C—H$$

2. 炔烃的命名

炔烃的命名遵循 IUPAC 的有机化合物命名规则。

(1)选择碳链：选择含有三键的最长碳链作为主链，并根据主链上碳原子的数量使用相应的前缀。例如，含有两个碳原子的炔烃称为乙炔，含有三个碳原子的炔烃称为丙炔。

(2)位置编号：在确定主链之后，需要对碳原子进行编号以指示三键的位置。编号从离三键最近的一端开始，并尽量使三键的编号最小。例如，三键在 1 号碳和 2 号碳之间的化合物会得到一个较低的定位数字。

(3)取代基编号：如果炔烃分子中含有取代基，取代基的位置通过在取代基名称前加上数字(定位数字)并在名称后加上"-yl"后缀来表示。这些取代基按照字母顺序排列，并用逗号分隔。

(4)支链命名：如果有支链连接到主链上，支链的名称应加上表示其连接碳原子位置的数字，并用短线"-"连接。

二、炔烃的物理性质

炔烃的物理性质与烷烃类似，但受分子中碳-碳三键的影响，也具有一些独特的特点。

1. 沸点和熔点

由于炔烃分子间的分散力相对较弱，它们的沸点和熔点通常较低，尤其是对于小分子炔烃。随着分子中碳原子数量的增加，沸点和熔点会逐渐升高。

2. 相对密度

炔烃的密度通常低于水，因此它们在水中会漂浮。

3. 溶解性

炔烃通常不溶于水，但可以溶解在非极性溶剂中，如醚、苯和某些卤代烃。

三、炔烃的化学性质

炔烃的化学性质主要体现在它们含有的碳-碳三键($C \equiv C$)上，这使得炔烃比烷烃和烯烃更加活泼，容易参与多种化学反应，尤其是小分子炔烃(如乙炔)，它们在室温下就可以与空气中的氧气发生反应，因此储存时需要特别小心。

1. 加成反应

与烯烃类似，炔烃也可以发生加成反应。根据反应条件，可以生成有双键的化合物，也可以继续加成，生成全部都是饱和键的化合物。如：

$$HC \equiv CH + H_2 \xrightarrow{\text{催化剂}} H_2C = CH_2 + H_2 \xrightarrow{\text{催化剂}} H_3C - CH_3$$

$$HC \equiv CH + Cl_2 \xrightarrow{FeCl_3, \, 80 \sim 85 \, ℃} CHCl = CHCl + Cl_2 \xrightarrow{FeCl_3, \, 80 \sim 85 \, ℃} CHCl_2 - CHCl_2$$

2. 氧化反应

乙炔(C_2H_2)与酸性高锰酸钾($KMnO_4$)的反应是一种氧化反应，其中乙炔作为还原剂，高锰酸钾作为氧化剂。在酸性条件下，高锰酸钾能够将乙炔氧化成二氧化碳(CO_2)，同时，高锰酸钾本身被还原成二氧化锰(MnO_2)或其他锰的氧化物。其反应式为

$$2KMnO_4 + 5C_2H_2 + 6H_2SO_4 = 10CO_2 \uparrow + 2MnSO_4 + K_2SO_4 + 8H_2O$$

乙炔与酸性高锰酸钾的反应在有机化学实验中常用来检验乙炔的存在。

任务五　环己烯的制备

任务描述

小环同学正在学习脂环烃，想探索下环己烯的制备，但还存在较多疑惑，想要通过实验了解下述问题：

(1)制取环己烯的原理是什么？

(2)制取环己烯的方法是什么？

任务解析

完成本次任务需要具备以下知识：

(1)环己烯的原理和方法；

(2)分馏的基本操作技能；

(3)干燥液体的方法；

(4)用分液漏斗洗涤液体的操作。

任务实施

1. 实验器材

50 mL 圆底烧瓶、分馏柱、直形冷凝管、锥形瓶、石棉网、电炉、分液漏斗、蒸馏装置。

2. 实验药品

环己醇：9.6 g 或 10 mL(0.096 mol)，磷酸(85%)：5 mL，饱和氯化钠溶液，无水氯化钙。

3. 组织形式

两人一组，在教师指导下，根据实验步骤完成实验。

4. 注意事项

(1)注意强酸的腐蚀性。

(2)注意苯、氯气的毒性。

5. 实验步骤

(1)在干燥的 50 mL 圆底烧瓶中加入 10 mL(9.6 g)环己醇和 5 mL 85% 的磷酸，充分振荡烧瓶，使混合均匀。加入几粒沸石，然后在烧瓶上装接一个分馏柱，分馏柱支管连接直形冷凝管(图 8-6)，用小锥形瓶作为接受器，置于碎冰浴中。

(2)将烧瓶置于石棉网上，用小火加热混合物至沸腾，慢慢蒸出带水的浑浊液，控制分馏柱顶部温度不得超过 73 ℃，直至无馏出液蒸出。加大火焰，继续蒸馏，当温度计达到 85 ℃ 时，停止加热。馏出液为环己烯和水的浑浊液。

（3）将馏出液转移到 50 mL 分液漏斗中，加入 5 mL 饱和氯化钠溶液，振荡分液漏斗，静置分层，放去水层，上层为粗产物。将粗产物移至干燥的小锥形瓶中，加入 1～2 g 无水氯化钙，用塞子将锥形瓶塞好，间歇地加以振荡，约经过 0.5 h，液体变得澄清、透明。

（4）将干燥的粗产物滤入干燥的 30 mL 蒸馏烧瓶中，蒸馏装置如图 8-7 所示，加入几粒沸石，在水浴中加热蒸馏，收集 81～85 ℃馏分。称量，测折射率。

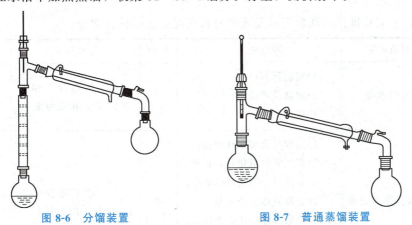

图 8-6　分馏装置　　　　图 8-7　普通蒸馏装置

化学性质检验如下：

（1）溴的四氯化碳溶液试验。

（2）0.5％高锰酸钾溶液试验。

产量：4.5～5.5 g。产率：57％～70％。

纯环己烯为无色透明液体，沸点为 83 ℃，相对密度（d_4^{20}）为 0.801 2，折射率（n_D^{20}）为 1.446 5。

实验内容详解

1. 实验原理

$$\text{—OH} \xrightarrow[\triangle]{85\%H_3PO_4} \text{} + H_2O$$

2. 注释

（1）环己醇的熔点为 24 ℃，常温下为黏稠状液体，用量筒量取时会因黏附于量筒内壁而在转移到烧瓶中时造成损失。如用称量法称取，则可避免损失。

（2）也可用 1 mL 浓硫酸代替磷酸，但容易在反应中发生碳化和放出有刺激性气味的二氧化硫气体。

（3）磷酸和环己醇必须充分混合，振荡均匀，避免在加热时可能产生局部碳化现象。

（4）最好用油浴或空气浴加热圆底烧瓶，使受热较均匀。

（5）因为在反应中环己烯与水形成恒沸混合物（沸点为 70.8 ℃，含水率为 10％），环己醇与水形成恒沸混合物（沸点为 97.8 ℃，含水率为 80％）。因此，温度不可过高，馏出速度不可过快，使未反应的环己醇尽量不被蒸出来。

（6）无水氯化钙除吸收粗产物中的水分外，还可除去少量环己醇（醇与氯化钙生成结晶醇络合物）。但无水氯化钙用量不宜过多，避免产物被过多吸附而导致更大损失。因此，加无水氯化钙之前，应用分液漏斗将水层尽量分离完全。

(7)如果80 ℃以下时已蒸出较多的前馏分，应将前馏分收集起来，重新干燥后再蒸馏。这可能是无水氯化钙用量过少或干燥时间太短，使粗产物中的水分未除尽。

任务评价

根据以上实验操作、现象记录及现象分析情况，进行任务评价。

序号	评价内容	评价要点	配分	评价标准	扣分	得分
1	实验准备	(1)实验预习； (2)玻璃仪器认领； (3)试剂认领	20	有一项不符合标准扣10分，扣完为止		
2	实验操作及记录	(1)实验是否按步骤操作； (2)有机装置搭建是否正确； (3)分液漏斗使用是否规范； (4)分馏操作是否规范； (5)干燥液体操作是否规范； (6)实验现象记录是否准确； (7)反应式书写是否正确	60	有一项不符合标准扣10分，扣完为止		
3	安全文明操作	(1)实验台面整洁情况； (2)物品摆放情况； (3)玻璃仪器清洗放置情况； (4)安全操作情况	20	有一项不符合标准扣5分，扣完为止		
总分						

知识链接

脂环烃

分子中含有碳环骨架，化学性质和烷、烯、炔等脂肪烃相似的碳氢化合物被称为脂环烃。

一、脂环烃的分类

脂环烃根据分子中是否含有不饱和键分为饱和脂环烃和不饱和脂环烃两类。饱和脂环烃即环烷烃；不饱和脂环烃指环烯烃、环炔烃等。不饱和脂环烃如下：

环戊烯　　　　　　　　　环己烯　　　　　　　　　环乙炔

根据分子中碳环的数目，脂环烃分为单环、二环、螺环、多环脂环烃。

根据分子中组成环的碳原子数目，环烷烃可分为三元、四元、五元等环烷烃。例如：

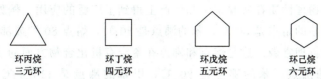

环丙烷　　　　　环丁烷　　　　　环戊烷　　　　　环己烷
三元环　　　　　四元环　　　　　五元环　　　　　六元环

单环环烷烃的通式为 C_nH_{2n}，和同碳数的单烯烃互为同分异构体；单环环烯烃的通式为 C_nH_{2n-2}，和同碳数的炔烃互为同分异构体。

二、环烷烃的命名

环烷烃的命名与烷烃相似，只是在相应烷烃名称的前面加上一个"环"字。对于不带支链的环烷烃，命名时是按照环碳原子的数目，叫作"环某烷"。对于带有支链的环烷烃，则把环上的支链看作取代基。当取代基不止一个时，还要将环碳原子编号，编号时要使取代基的位次尽可能小，同时，根据次序规则中优先的基团排在后面的原则，把较小的位次给予次序规则中位于后面的取代基。例如：

环丁烷　　　　乙基环丙烷　　　　1，3-二甲基环戊烷　　　　1-甲基-3-异丙基环己烷

当带有的支链比较复杂时，则以碳链为母体，环作为取代基。例如：

$\underset{CH_3CH_2CH_2}{\overset{6\ \ 5\ \ 4}{}}\overset{3}{CH}\underset{}{\overset{2}{CH}}\overset{CH_3}{\underset{}{}}\overset{1}{CH_3}$

2-甲基-3-环戊基己烷

三、环烷烃的物理性质

环烷烃是无色、具有一定气味的物质。没有取代基的环烷烃的沸点、熔点和相对密度等，也随着分子中碳原子数（或相对分子质量）的增大，而呈现规律性的变化。环烷烃的沸点、熔点和相对密度都比同碳原子数的直链烷烃高，这是因为环烷烃分子间的作用力较强。表 8-6 给出一些常见环烷烃的物理常数。

表 8-6　一些常见环烷烃的物理常数

名称	熔点/℃	沸点/℃	相对密度（d_4^{20}）	折射率（n_D^{20}）
环丙烷	−127	−33		
环丁烷	−80	13		
环戊烷	−94	49	0.764	1.406 4
环己烷	6.5	81	0.778	1.426 6
环庚烷	−12	118	0.810	1.444 9
环辛烷	14	149	0.830	

有机化合物的物理性质在实验室中和生产上得到了广泛的应用。例如，纯物质具有一定的熔点和沸点。萘的熔点是 80 ℃，苯的沸点是 80 ℃，熔点 80 ℃ 或沸点 80 ℃ 是鉴定萘或苯的一个特征的物理常数。这是熔点和沸点在鉴定有机化合物方面的应用。又如，不同的物质具有不同的沸点，苯的沸点是 80 ℃，甲苯的沸点是 110.6 ℃，乙苯的沸点是 136.2 ℃，根据它们沸点之间的差异，在实验室中或生产上，应用精馏的方法可以从苯、甲苯和乙苯的混合物中分离出来纯的苯、甲苯和乙苯。这是沸点在分离、提纯有机化合物上的应用。再如，烷烃不溶于水，而硫酸与水混溶。当烷烃中混杂有硫酸时，可以根据它们在水中溶解性的不同，采用简单的水洗方法把硫酸除去。

此外，还可以通过测定物质的折射率，以确定有机化合物的纯度，并可用于鉴定未知化合物。总之，无论是在实验室中还是在生产上，在制备有机化合物时，应用的是它们的化学性质，即化学反应；而在分离、提纯、鉴定时，应用的是它们的物理性质。

四、环烷烃的化学性质

1. 取代反应

在光和热的引发下，环烷烃与烷烃一样可发生自由基取代反应。例如，发生卤代反应，生成相应的卤代物。

2. 开环反应——加成反应

环烷烃中、小环和烷烃不同，表现出一种特殊的化学性质：容易开环而发生加成反应。

(1)加氢。在催化剂铂、钯或雷尼镍的作用下，环丙烷和环丁烷与氢发生开环加成反应。例如，环丙烷在镍和 80 ℃ 的条件下发生开环加成反应，生成正丙烷(环丙烷易加氢，环丁烷则需要在较高的温度下才能加氢。环戊烷和环己烷必须在更为强烈的条件下方能加氢)。

(2)加卤素。小环烷烃还与卤素发生开环加成反应，例如，环丙烷还与溴单质在常温下发生开环反应，生成 1,3-二溴丙烷。

(3)加卤化氢。环丙烷还可以与溴化氢发生开环加成反应，生成相应的卤代烷。需要注意的是，环丙烷的烷基衍生物在与卤化氢发生加成开环反应时，环的破裂发生在含氢最多和最少的两个碳原子之间，同时遵循马氏加成规则。

总之，四元环不如三元环容易开环，在常温下与卤素和卤化氢不发生开环反应，环戊烷和环己烷也是如此。

3. 氧化反应

在常温下，环戊烷与一般的氧化剂不起反应。但在加热时与强氧化剂或催化剂存在的条件下用空气氧化，则可氧化成各种氧化产物。

任务六　芳烃性质鉴别

任务描述

小芳同学对芳烃很感兴趣，想要通过实验了解其化学性质，解决以下疑惑：

(1)芳烃有什么化学性质？

(2)芳烃该如何进行鉴别？

任务解析

完成本次任务需要具备以下知识：

(1)芳烃的性质。

(2)基本实验操作技能。

任务实施

1. 实验器材

试管、圆底烧瓶、橡皮塞、水浴锅、60 W 以上荧光灯、烧杯。

2. 实验药品

苯、甲苯、二甲苯、环己烯、氯气、萘、1%溴的四氯化碳溶液、0.5%的高锰酸钾溶液、10%的硫酸、浓硝酸、饱和食盐水。

3. 组织形式

两人一组，在教师指导下，根据实验步骤完成实验。

4. 注意事项

(1)注意强酸的腐蚀性。

(2)注意苯、氯气的毒性。

5. 实验步骤

(1)高锰酸钾溶液的氧化实验。在 3 支试管中分别加入苯、甲苯、环己烯各 0.5 mL，再分别加入 0.5% 的高锰酸钾溶液 0.2 mL 和 10% 的硫酸溶液 0.5 mL，振荡（必要时用 60~70 ℃ 的水浴加热几分钟），观察比较 3 支试管的现象，写出化学反应方程式。

(2)与氯气加成的反应实验。取一个干燥的 250 mL 的圆底烧瓶，在通风橱内收集氯气，用黑布包好，加入 0.5 mL 干燥的苯，用橡皮塞塞住，充分振荡，移至日光下或荧光灯下，解开黑布，用光照射，观察反应现象。再用黑布重新包好烧瓶，放置一段时间后解开黑布，立即观察实验现象。然后放于日光下照射，观察实验现象，并写出化学反应方程式。

(3)芳烃取代反应实验。

1)溴代。在 3 支小试管中分别加入体积大约相等的苯、甲苯、二甲苯，使液柱高度为 3~4 cm，把每支试管套上约 1.5 cm 高的橡皮管或黑色纸筒。在每支试管中各加入 3~4 滴溴的四氯化碳溶液，振荡，把试管放在离灯源（60 W 以上）2~3 cm 处，用灯光照射，尽量使每支试管的照射强度相当。观察实验现象，做出解释，并写出化学反应方程式。

2)磺化。在 3 支试管中分别加入苯、甲苯、二甲苯各 1.5 mL，各加入 2 mL 浓硫酸，将试管放在水浴中加热到 80 ℃，随时强烈振荡，观察实验现象，做出解释。把各反应后的混合物分成两份，一份倒入盛有 10 mL 水的小烧杯中，另一份倒入盛有 10 mL 饱和食盐水的小烧杯中，观察实验现象，并写出化学反应方程式。

3)硝化。在干燥的大试管中加入 3 mL 浓硝酸，在冷却下逐滴加入 4 mL 浓硫酸，冷却振荡，然后将混合酸分成两份，冷却，分别加入 1 mL 苯、甲苯，充分振荡，必要时用 60 ℃ 的水溶加热几分钟，再分别倒入 10 mL 冷水，搅拌、静置，观察生成物为黄色油状物，注意有无苦杏仁味，并写出化学反应方程式。

实验内容详解

1. 高锰酸钾溶液的氧化实验

苯不与高锰酸钾反应，甲苯被氧化成苯甲酸：

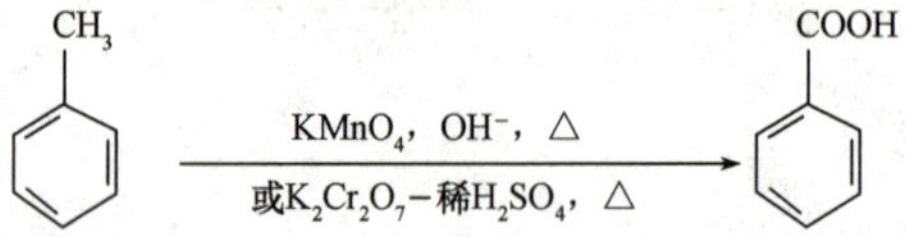

环己烯被高锰酸钾氧化成己二酸：

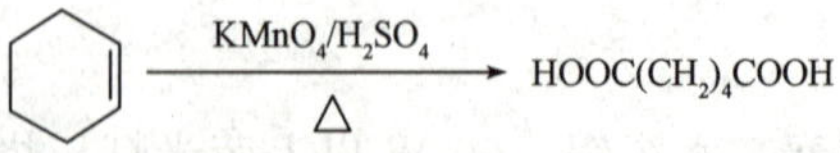

2. 与氯气加成的反应实验

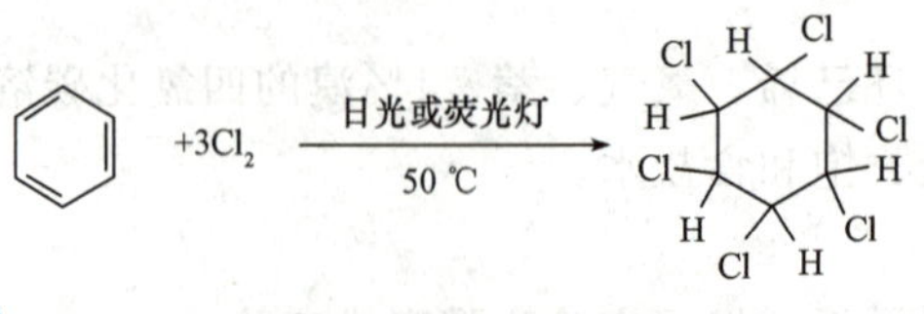

3. 芳烃取代反应实验

(1)溴代。溴与甲苯和二甲苯在光照条件下可以发生 α 氢取代反应：

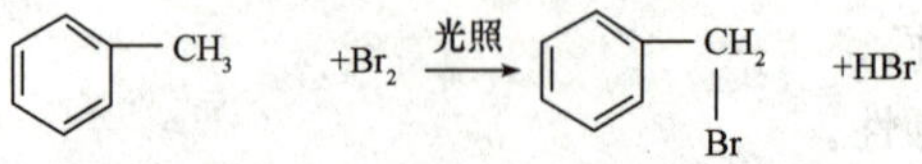

（2）磺化。将苯、甲苯、二甲苯与浓硫酸加热到 80 ℃，可以在苯环上引入磺酸基：

磺化是可逆的，生成的苯磺酸水解又生成原反应物。

（3）硝化。甲苯比苯容易硝化。

邻硝基甲苯　　对硝基甲苯

任务评价

根据以上实验操作、现象记录及现象分析情况，进行任务评价。

序号	评价内容	评价要点	配分	评价标准	扣分	得分
1	实验准备	（1）实验预习； （2）玻璃仪器认领； （3）试剂认领	20	有一项不符合标准扣 10 分，扣完为止		
2	实验操作及记录	（1）实验是否按步骤操作； （2）实验现象记录是否准确； （3）反应式书写是否正确	60	有一项不符合标准扣 10 分，扣完为止		
3	安全文明操作	（1）实验台面整洁情况； （2）物品摆放； （3）玻璃仪器清洗放置情况； （4）安全操作情况	20	有一项不符合标准扣 5 分，扣完为止		
总分						

知识链接

芳香烃（芳烃）

一、芳烃的分类

芳香族碳氢化合物简称芳香烃或芳烃，一般是指分子中含有苯环结构的烃。芳烃及其衍生物总称为芳香族化合物的母体。

芳烃按分子中所含苯环的数目和结构可分为以下三大类（表 8-7）：

表 8-7　芳烃的分类

类别	定义	例子
单环芳烃	分子中只含有一个苯环结构的芳烃	甲苯
多环芳烃	两个双键被一个单键隔开的(也就是双键和单键相互交替的)叫作共轭双键,含有共轭双键的二烯烃叫作共轭二烯烃	联苯
稠环芳烃	分子中含有 2 个或 2 个以上苯环彼此通过共用相邻的两个碳原子稠合而成的芳烃	萘　蒽

二、单环芳烃的命名

1. 一元取代苯的命名

简单的一元取代苯的命名是以苯环作为母体、烷基作为取代基来命名。对于≤10 个碳原子的烷基,常省略某基的"基"字;对于＞10 个碳原子的烷基,一般是不省略"基"字。例如:

微课:芳烃及芳烃衍生物命名

CH_3 　　　　CH_2CH_3 　　　　$CH_2(CH_2)_{10}CH_3$

甲苯　　　　　　乙苯　　　　　　十二烷基苯

2. 相同二元取代苯的命名

相同二元取代苯命名时是以邻、间、对作为字头来表明两个取代基的相对位次,或者用 ortho(邻)、mata(间)、para(对)的第一个字母 o-、m-、p-来表示,还可以用阿拉伯数字来表明取代基的位次。例如:

CH_3 CH_3　　　　　　CH_3 CH_3　　　　　　CH_3 CH_3

邻二甲苯或o-二甲苯　　　　间二甲苯或m-二甲苯　　　　对二甲苯或p-二甲苯
或1,2-二甲苯　　　　　　或1,3-二甲苯　　　　　　　或1,4-二甲苯

3. 不同二元取代苯的命名

不同二元取代苯的命名是以苯环作为母体,编号时选择在次序规则中靠后的原子或基团所在碳原子位号为 1 位。然后按"最低系列"原则编号,并按"较优基团后列出"来命名。例如:

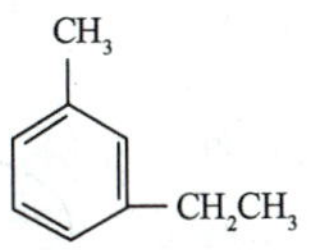

1-甲基-3-乙苯
或间甲乙苯

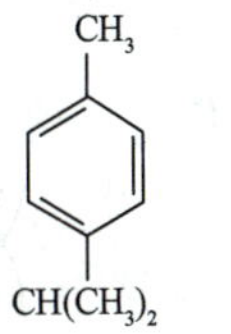

1-甲基-4-异丙苯
或对甲异丙苯

4. 多元取代苯的命名

多元取代苯的命名和不同二元取代苯的命名方法相同。例如：

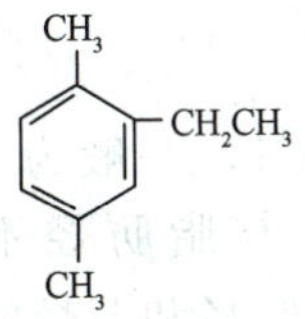

1，4-二甲基-2-乙苯

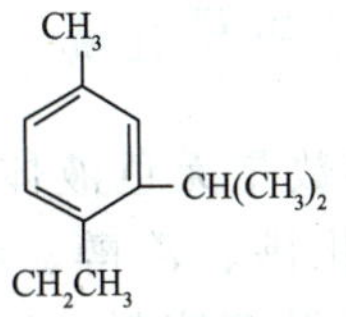

1-甲基-4-乙基-3-异丙苯

5. 三个相同烷基取代苯的命名

对于三个相同烷基取代苯，则可用连、偏、均字头来表示。例如：

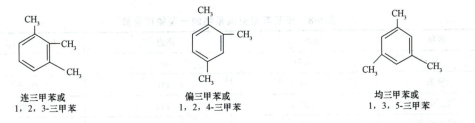

连三甲苯或
1，2，3-三甲苯

偏三甲苯或
1，2，4-三甲苯

均三甲苯或
1，3，5-三甲苯

6. 复杂取代苯化合物的命名

当苯环上连接的脂肪烷基比较复杂，或连接的是不饱和烃基，或烃链上有多个苯环时，则以脂肪烃作为母体、苯环作为取代基来命名。例如：

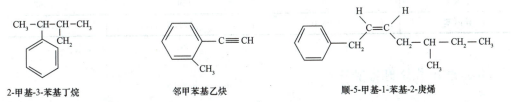

2-甲基-3-苯基丁烷

邻甲苯基乙炔

顺-5-甲基-1-苯基-2-庚烯

三、苯分子的结构

近代物理方法证明，苯（C_6H_6）分子中的 6 个碳原子和 6 个氢原子都在同一平面内，6 个碳原子构成平面正六边形，碳碳键长都是 0.140 nm，比碳碳单键（0.154 nm）短，比碳碳双键（0.134 nm）长，碳氢键长都是 0.108 nm，所有键角都是 120°，形成一个 6 个原子、6 个电子的环状共轭 π 键 π_6^6（图 8-8）。这样，处于该 π 轨道中的 π 电子能够高度离域，电子云密度完全平均化，从而能量降低。

苯分子中 π_6^6 电子云分布的情况如图 8-9 所示。

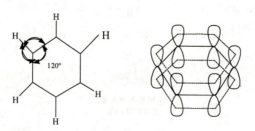

图 8-8　苯分子的形状和其中的共轭 π 键

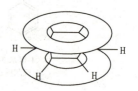

图 8-9　苯分子中的 π 电子云

四、单环芳烃的物理性质

苯及其同系物多数是无色液体，相对密度小于 1，一般为 0.86～0.9。不溶于水，可溶于乙醚、四氯化碳、乙醇、石油醚等溶剂。与脂肪烃不同，芳烃易溶于环丁砜、N,N-二甲基甲酰胺等溶剂，利用此性质可从脂肪烃和芳烃的混合物中萃取芳烃。甲苯、二甲苯等对某些涂料有较好的溶解性，可用作涂料工业稀释剂。苯及其同系物有特殊气味，其蒸气有毒，其中苯的毒性较大，使用时应注意。苯及其常见同系物的一些物理常数见表 8-8。

表 8-8　苯及其常见同系物的一些物理常数

名称	熔点/℃	沸点/℃	相对密度(d_4^{20})
苯	5.5	80.0	0.879
甲苯	−95.0	110.6	0.867
邻二甲苯	−25.2	144.4	0.880
间二甲苯	−47.9	139.1	0.864
对二甲苯	13.3	138.4	0.861
乙苯	−95.0	136.2	0.867
正丙苯	−99.5	159.2	0.862
异丙苯	−96.0	152.4	0.862

五、单环芳烃的化学性质

1. 苯环上的取代反应

苯环上的氢原子被卤素、硝基、磺酸基、烷基和酰基等原子或基团取代的反应，是单环烃最重要的化学反应，在化工领域和药物合成中都有十分重要的用途。

（1）卤代反应。苯与卤素一般情况下不发生取代反应，但在铁粉或无水三卤化铁的催化作用下，苯与卤素发生取代反应生成卤苯，同时放出卤化氢。此反应称为卤代反应，也称为卤化反应。例如：

$$\text{苯} + Br_2 \xrightarrow[55\sim60\ ℃]{FeBr_3\text{或}Fe} \text{溴苯} - Br + HBr$$

$$\text{苯} + Cl_2 \xrightarrow[55\sim60\ ℃]{FeCl_3\text{或}Fe} \text{氯苯} - Cl + HCr$$

不同的卤素与苯环发生取代反应的活泼次序：氟＞氯＞溴＞碘。

(2)硝化反应。苯与浓硝酸和浓硫酸的混合物(也称混酸)于 50～60 ℃反应，环上的氢原子被硝基(—NO$_2$)取代，生成硝基苯，这类反应叫作硝化反应。例如：

$$\text{苯} + HNO_3 \xrightarrow[50\sim60\ ℃]{\text{浓}H_2SO_4} \text{硝基苯} + H_2O$$

(3)磺化反应。苯与浓硫酸于 70～80 ℃反应，苯环上的氢原子被磺酸基(—SO$_3$H)取代，生成苯磺酸，这类反应叫作磺化反应。例如：

$$\text{苯} + H_2SO_4 \xrightleftharpoons{70\sim80\ ℃} \text{苯磺酸} + H_2O$$

(4)傅列德尔－克拉夫茨(Friedel-Crafts)反应。此反应简称为傅－克反应，包括烷基化和酰基化两种反应。

1)烷基化反应。在无水氯化铝催化下，苯与卤代烷、醇和烯烃等试剂作用，苯环上的氢原子被烷基取代生成烷基苯，这种反应称为烷基化反应。例如：

$$\text{苯} + CH_3CH_2Cl \xrightarrow{\text{无水}AlCl_3} \text{乙苯} + HCl$$

2)酰基化反应。在无水氯化铝作用下，苯与酰卤或酸酐作用，苯环上的氢原子被酰基取代生成芳酮，这种反应称酰基化反应。例如：

$$\text{苯} + CH_3—\overset{O}{\underset{\parallel}{C}}—Cl \xrightarrow{\text{无水}AlCl_3} \text{苯乙酮} + HCl$$

$$\text{苯} + \left(CH_3CO\right)_2O \xrightarrow{\text{无水}AlCl_3} \text{苯} \overset{}{\underset{O}{C}}—CH_3 + CH_3COOH$$

2. 加成反应

由于苯环的特殊稳定性，加成反应比较困难，必须在催化剂、高温、高压或光的作用下才可能进行。

(1)与氢加成。在催化剂 Pt、Pd、雷尼镍(Raney Ni)等作用下，苯环能与氢加成。例如：

$$\text{苯} + 3H_2 \xrightarrow[150\sim250\ ℃,\ 2.5\ MPa]{\text{雷尼镍}} \text{环己烷}$$

(2)与氯加成。在日光或紫外光照射下，苯环能与氯加成，生成六氯环己烷(C$_6$H$_6$Cl$_6$)，俗称六六六。六六六曾作为农药大量使用，由于残毒严重，现已被淘汰。反应方程式如下：

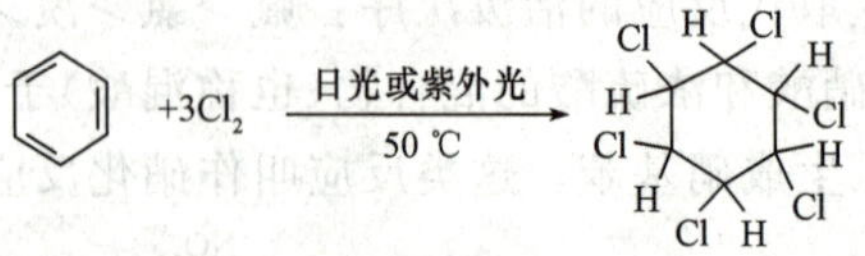

$$\text{（苯环）} + 3Cl_2 \xrightarrow[50\ ℃]{\text{日光或紫外光}} \text{（六氯环己烷）}$$

3. 氧化反应

苯环很稳定不易被氧化，只是在催化剂存在下，高温时苯才会氧化开环，生成顺丁烯二酸酐：

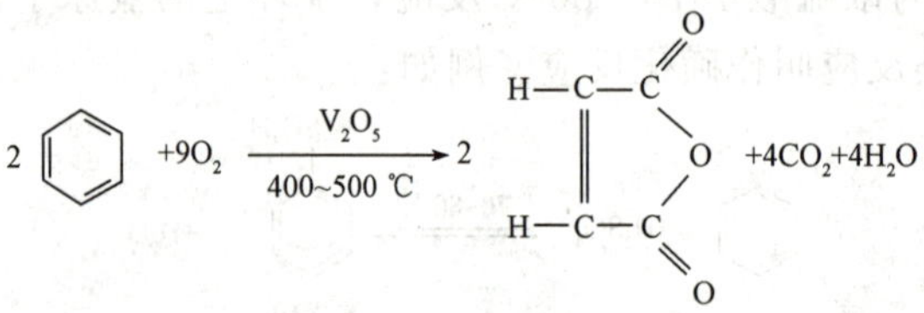

$$2 \text{（苯）} + 9O_2 \xrightarrow[400\sim500\ ℃]{V_2O_5} 2 \text{（顺丁烯二酸酐）} + 4CO_2 + 4H_2O$$

4. 芳烃侧链上的反应

(1)卤代反应。在加热或日光照射下，烷基苯与卤素反应时，α-碳原子上的氢被卤素取代，例如，甲苯与氯反应：

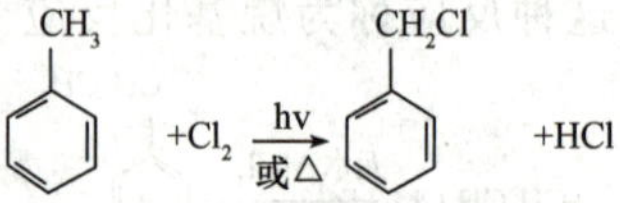

$$\text{（甲苯）} + Cl_2 \xrightarrow[\text{或}\triangle]{hv} \text{（氯化苄）} + HCl$$

(2)氧化反应。烷基苯比苯容易氧化，氧化一般发生在侧链上。只要苯环侧链上有 α-H，无论碳链有多长，最后的产物一般是苯甲酸。例如：

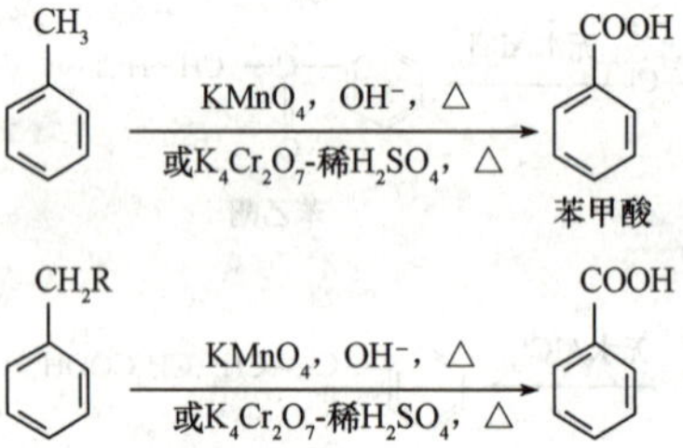

【科学小故事：石油的发现】

$$\text{（甲苯）} \xrightarrow[\text{或}K_4Cr_2O_7\text{-稀}H_2SO_4,\ \triangle]{KMnO_4,\ OH^-,\ \triangle} \text{（苯甲酸）COOH}$$

$$\text{（}CH_2R\text{苯）} \xrightarrow[\text{或}K_4Cr_2O_7\text{-稀}H_2SO_4,\ \triangle]{KMnO_4,\ OH^-,\ \triangle} \text{（COOH苯）}$$

【思维导图——知识点归纳】

有机化学
- 有机化合物与有机化学的概念
- 有机化合物的一般特征
  - 易燃烧
  - 熔沸点低
  - 难溶于水，易溶于有机物
  - 反应速率慢
- 有机化合物的结构特点
  - 碳元素的特点
  - 同分异构体
  - 分子构造式的表达
- 有机化合物的分类
  - 按照碳骨架分类
  - 按照官能团分类

```
              ┌ 烷烃、烯烃、炔烃通式与同分异构体
              │                      ┌ 习惯命名法
              │ 烷烃、烯烃、炔烃命名 ┤
              │                      └ 系统命名法
              │                      ┌ 熔沸点
              │ 烷烃、烯烃、炔烃物理性质 ┤ 溶解性
       烷类 ┤                      └ 相对密度
              │              ┌ 卤化反应
              │         烷烃 ┤ 氧化反应
              │              └ 裂解反应
              │              ┌ 加成反应
              └ 化学性质 ┤ 烯烃 ┤ 氧化反应
                             │    └ 聚合反应
                             │         ┌ 加成反应
                             └ 炔烃 ┤
                                       └ 氧化反应
```

练一练

一、选择题

1. 有机化合物一定会有的元素是（　　）。

A. 碳和氮 　　　　　　　　　　　　B. 碳和氢

C. 碳和氧 　　　　　　　　　　　　D. 氧和氢

2. 下列说法正确的是（　　）。

A. 所有的有机物都能燃烧 　　　　　B. 所有的有机物都是液体

C. 有些有机物可以溶于水 　　　　　D. 乙醇和水互不相溶

3. 下列有机物对应的分类错误的是（　　）。

A. —COOH—醇类 　　　　　　　　B. —C≡C——烯烃

C. —HC≡O—醛类 　　　　　　　　D. 无官能团—烷烃

4. 下列说法错误的是（　　）。

A. 环己烷和苯是同分异构体

B. 乙醇和甲醚是同分异构体

C. 正戊烷和异戊烷是同分异构体

D. 甲酸和乙酸不是同分异构体

5. CH_3COOH 按照官能团分类是一种（　　）。

A. 醇 　　　　　B. 醛 　　　　　C. 醚 　　　　　D. 羧酸

6. 下列沸点最高的物质是（　　）。

A. 正丁烷 　　　B. 正戊烷 　　　C. 正己烷 　　　D. 正庚烷

7. 天然气的主要成分为（　　）。

A. 甲醇 　　　　B. 甲烷 　　　　C. 甲醛 　　　　D. 甲酸

8. 与正丁烷互为同分异构体的物质是（　　）。

A. CH_3CHCH_3
　　　$|$
　　　CH_3

B. CH_3
　　$|$
　　CH_3CHCH_3
　　　　$|$
　　　　CH_3

C. $CH_3CHCH_2CH_3$
　　　$|$
　　　CH_3

D. $CH_3CH_2CH_2CH_2CH_3$

9. $(CH_3CH_2)_2CHCH_3$ 的正确命名是（　　）。

A. 3-甲基戊烷　　　　B. 2-甲基戊烷　　　C. 2-乙基丁烷　　　D. 3-乙基丁烷

10. 下列物质存在顺反异构的是（　　）。

A. 1-丁烯　　　　　　B. 丙烯　　　　　　C. 2-甲基-2-丁烯　　D. 2-丁烯

11. 在常温常压下为气体状态的物质是（　　）。

A. 乙醇　　　　　　　B. 乙烯　　　　　　C. 乙酸　　　　　　D. 乙酸乙酯

12. 不是乙烯的性质的是（　　）。

A. 能使酸性高锰酸钾溶液褪色　　　　　B. 能使溴水褪色

C. 能与氢气发生加成反应　　　　　　　D. 不能燃烧

13. 烯烃的官能团是（　　）。

A. 羧基　　　　　　　B. 羰基　　　　　　C. 碳氧双键　　　　D. 碳碳双键

14. 不是乙炔的性质的是（　　）。

A. 不能使酸性高锰酸钾溶液褪色　　　　B. 能使溴水褪色

C. 能与氢气发生加成反应　　　　　　　D. 可以燃烧

15. 炔烃的官能团是（　　）。

A. 羧基　　　　　　　B. 羰基　　　　　　C. 碳氧双键　　　　D. 碳碳三键

16. 将下列烷烃按其沸点由高到低的顺序排列（　　）。

①正戊烷　　②异戊烷　　③正丁烷　　④正己烷

A. ④①②③　　　　　　B. ①②③④　　　　　C. ②④①③　　　D. ④③①②

二、命名下列化合物

1. CH_3
　$|$
　$CH_3-C-CHCH_2CH_2CH_3$
　　$|$　$|$
　CH_3 CH_3

2. CH_3
　　　　$|$
$CH_2CH_2CH-C-CH_2CH_2CH_3$
　　$|$　　$|$
　CH_3 C_2H_5 CH_3

3. $CH_3CH_2CH-CH-CHCH_3$
　　　　　$|$　$|$　$|$
　　　CH_3 C_2H_5 CH_3

4. $C_2H_5CH-CH_2CH-CHCH_3$
　　　　$|$　　　$|$　$|$
　　　CH_3　C_2H_5 CH_3

5. CH_3
　　$|$
$CH_3CHCHCH_3$
　　　$|$
　　C_2H_5

6. CH_3CH_2　　　　$CH_2CH_2CH_3$
　　　　＼　　　　／
　　　　　C＝C
　　　　／　　　　＼
　　H_3C　　　　CH_3

7. CH_3CH_3

8. $(CH_3)_2C＝CH-CH_3$

· 230 ·

9. $CH_2{=}CH_2{-}CH(CH_3)_2$

10.

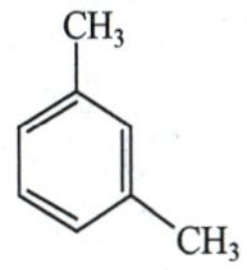

11.

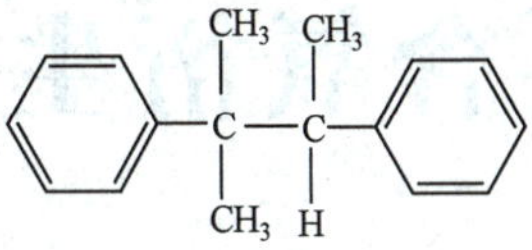

三、写出下列化合物的构造式或构型式

1. 1,2-二甲基环丁烷；
2. 1,1-二甲基环丙烷；
3. 1,4-二甲基-2-异丙苯；
4. 1,4-二苯基-己烷。

参考答案

项目九　探究烃的主要含氧衍生物

项目导入

酒是古老的人造饮料，经考古发现，早在原始社会时期，人类就知道用谷物、瓜果发酵酿酒。中国是世界上酿酒很早的国家之一，甲骨文中就已经出现了"酒"字和与酒有关的"醴""尊""酉"等字。最初的酒是果酒和米酒。夏之后，经商周、历秦汉，以至于唐、宋，都是以果实或粮食蒸煮，加曲发酵，经压榨、过滤后制得酒。

西方的酒品主要是谷物酒，长期沿用麦芽糖化加酵母的酿造法。直到19世纪90年代，法国人卡尔迈特从中国引进酒曲，从中分离出糖化力强并能起糖化作用的霉菌菌株，应用于酒精生产上，才突破了西方以麦芽糖化剂酿酒的传统工艺。

人们对酒含有的主要成分——乙醇的认识也在逐步发展。

1784年，法国化学家安托万-洛朗·拉瓦锡（AntoineLaurent Lavoisier，1743—1794）首先测定了乙醇的元素成分，由碳、氢、氧等元素组成。

1807年，瑞士化学家尼古拉斯·泰奥多尔·索绪尔（Nicolas Theodore de Saussure，1767—1845）首先完成了乙醇的元素组成分析，确定了乙醇的化学式。

1858年，英国化学家斯科特·库珀（Archibald Scott Couper，1831—1892）提出了乙醇最初的结构式，即库珀图解式。

1825年，英国化学家迈克尔·法拉第（Michael Faraday，1791—1867）首次以合成方式制备乙醇。

学习目标

知识目标

1. 了解醇、酚、醚的物理性质及其制备方法。
2. 理解醇分子间氢键对其物理性质的影响。
3. 理解醇、酚、醚的结构特点及对其性质的影响。
4. 掌握醇、酚、醚的分类及命名方法。
5. 熟悉常见的醇、酚、醚的用途、毒性及其对环境的影响。
6. 熟悉醛、酮的分类，掌握醛、酮的命名法。
7. 理解醛、酮的物理性质，了解醛、酮的化学性质。
8. 了解醛、酮的重要化合物。
9. 掌握羧酸及其衍生物的分类、命名和性质。
10. 熟悉常见取代酸的命名及其取代酸的重要性质。
11. 了解油脂的存在、组成和性质。

12. 了解一些重要羧酸在生产生活中的应用。

能力目标

1. 会识别醇、酚、醚的官能团及分类。

2. 会命名常见的醇、酚、醚。

3. 会根据醇、酚、醚的性质初步判断其对环境的影响。

4. 会根据醇、酚、醚的性质做好安全防护。

5. 会识别醛、酮的官能团并命名常见的醛和酮。

6. 会根据醛、酮的物理化学性质判断醛、酮的毒理性并做到有效防护。

7. 会判断醛、酮的环境影响。

8. 会命名常见的取代酸。

9. 会应用重要羧酸及其衍生物的化学性质。

素养目标

1. 通过认识醇、酚、醚、醛、酮的结构和官能团，掌握"有机化学学习就是官能团性质的学习"的基本学习方法。

2. 培养规范表达具体物质的反应现象及性质的表达能力。

3. 通过醇、酚、醚、醛、酮的结构和性质的学习，培养"结构决定性质"的思想，培养和提升化学学科素养。

4. 通过醇、酚、醚、醛、酮对生态环境的污染，培养绿色生产、习近平生态文明思想及环境保护意识。

5. 通过合成实验，培养用发展的眼光、科学的态度、勇于探索的品质学习化学的能力。

6. 通过交流、讨论活动探究物质的性质，加强学生之间的合作交流；培养团队合作精神。

任务一 认识醇

任务描述

近年来利用火锅用餐的家庭或餐馆，以及野外作业和旅游野餐者，常使用固体酒精作为燃料。使用时用一根火柴即可点燃，燃烧时无烟尘、无毒、无异味，很环保，且火焰温度均匀，温度可达到 600 ℃ 左右。每 250 g 可以燃烧 1.5 h 以上，比使用电炉、酒精炉都节省、方便、安全。因此，固体酒精是一种理想的燃料。想到各种白酒及医院的消毒酒精都是液态的，小白产生了疑惑：

(1)常温常压下酒精为什么有固态和液态？

(2)酒精的具体组成是什么？

(3)酒精有哪些性能？

为了弄明白以上疑惑，小白决定通过实验认识固体酒精。

完成本次任务需要具备以下知识：
(1)乙醇的组成和结构；
(2)醇的分类；
(3)醇的物理和化学性质；
(4)基本实验操作技能。

任务实施

1. 实验器材
药匙、烧杯、量筒、玻璃棒、蒸发皿、火柴。

2. 实验药品
酒精(质量分数95%以上)、醋酸钙、蒸馏水。

3. 组织形式
两人一组，在教师指导下，根据实验步骤完成实验。

4. 注意事项
(1)处理化学物质时应在通风良好的地方操作，避免长时间吸入蒸气。
(2)使用易燃试剂时，确保周围没有易燃物品，并遵循实验室安全规程。

5. 实验步骤
(1)先在大烧杯中加入20 mL蒸馏水，再加入适量醋酸钙，制备饱和醋酸钙溶液。
(2)先在大烧杯中加入80 mL酒精，再慢慢加入15 mL饱和醋酸钙溶液，用玻璃棒不断搅拌，烧杯中的物质先浑浊，再变稠，最后成为冻胶状。
(3)取出冻胶，捏成球状，放在蒸发皿中点燃，冻胶立即着火，并发出蓝色火焰。

实验内容详解

酒精和水能以任意比例混溶；醋酸钙只溶于水而不溶于酒精。当饱和醋酸钙溶液注入酒精中时，致使醋酸钙从酒精溶液中析出，呈半固态的凝胶状物质——"冻胶"，酒精填充其中。点燃胶状物时，酒精便燃烧起来。

任务评价

根据以上实验操作、现象记录及现象分析情况，进行任务评价。

序号	评价内容	评价要点	配分	评价标准	扣分	得分
1	实验准备	(1)实验预习； (2)玻璃仪器认领； (3)试剂认领	20	有一项不符合标准扣10分，扣完为止		
2	实验操作及记录	(1)蒸发皿的使用； (2)试剂的转移； (3)反应式的书写； (4)现象描述； (5)现象解释； (6)实验记录表格设计是否合理； (7)表格填写是否规范	60	有一项不符合标准扣10分，扣完为止		
3	安全文明操作	(1)实验台面整洁情况； (2)物品摆放； (3)玻璃仪器清洗放置情况； (4)安全操作情况	20	有一项不符合标准扣5分，扣完为止		
总分						

知识链接

醇

醇是烃分子中的一个或几个氢原子被羟基(—OH)取代的生成物。一元醇也可以看成水分子的一个氢原子被烃基取代的生成物。羟基是醇的官能团。醇的通式是 R—OH，指羟基与脂肪烃基相连。

一、醇的分类

(1)根据分子中烃基的不同，醇分为脂肪醇、脂环醇和芳醇；又可根据烃基的不饱和程度分为饱和醇和不饱和醇。例如：

(2)根据羟基所连的碳原子不同，醇可分为伯醇、仲醇和叔醇。羟基直接与一级碳原子相连的醇称为伯醇，羟基直接与二级碳原子相连的醇称为仲醇，羟基直接与三级碳原子相连的醇称为叔醇。例如：

$$CH_3CH_2CH_2OH$$
伯醇

$$CH_3CH_2CH—OH$$
$$\qquad\qquad |$$
$$\qquad\qquad CH_3$$
仲醇

$$\qquad\quad CH_3$$
$$\qquad\quad |$$
$$CH_3CH_2C—OH$$
$$\qquad\quad |$$
$$\qquad\quad CH_3$$
叔醇

(3)根据分子中所含羟基的数目，醇可分为一元醇、二元醇和多元醇。例如：

$$CH_3CH_2OH$$
一元醇

$$CH_2—CH_2$$
$$|\qquad\ |$$
$$OH\quad OH$$
二元醇

$$CH_2—CH—CH_2$$
$$|\qquad |\qquad |$$
$$OH\quad OH\quad OH$$
多元醇

二、醇的命名

1. 习惯命名法

简单结构的醇通常采用习惯命名法，将与羟基直接相连的烃基的名称写于"醇"字前即可。例如：

$$CH_3CH_2OH$$
乙醇

$$CH_3CH_2CH_2OH$$
正丙醇

$$\qquad\quad CH_3$$
$$\qquad\quad |$$
$$CH_3—CH—CH_2—OH$$
异丁醇

$$\qquad\quad CH_3$$
$$\qquad\quad |$$
$$CH_3CH_2C—OH$$
$$\qquad\quad |$$
$$\qquad\quad CH_3$$
叔戊醇

2. 衍生命名法

衍生命名法是以甲醇为母体，把其他醇看作甲醇的烃基衍生物。例如：

$$\qquad\ CH_3$$
$$\qquad\ |$$
$$CH_3C—OH$$
$$\qquad\ |$$
$$\qquad\ CH_3$$
三甲基甲醇

$$\bigcirc—CH_2OH$$
苯基甲醇

3. 系统命名法

对于复杂结构的醇，一般采用系统命名法。羟基为官能团，以醇为母体命名，遵循以下原则：

(1)选择连有羟基的最长碳链作为主链，将支链看作取代基，按主链所含碳原子数称为"某醇"。

(2)从靠近羟基的一端开始将碳原子编号，羟基的位置用它所连碳原子的编号来表示。

(3)将取代基的位置和名称及羟基的位置写在"醇"字前面。

例如：

$$CH_3CH_2\overset{|}{\underset{OH}{C}H}-\overset{|}{\underset{CH_3}{C}H}-CH_2CH_3$$　　　　4-甲基-3-己醇

$$\overset{6}{C}H_3-\overset{5}{\underset{CH_3}{C}H}-\overset{4}{\underset{CH_3}{C}H}-\overset{3}{\underset{OH}{C}H}-\overset{2}{\underset{CH_2OH}{C}H}-\overset{1}{C}H_2CH_3$$　　　　4,5-二甲基-2-乙基-1,3-己二醇

$$\overset{3}{C}H-\overset{2}{\underset{CH_3}{C}H}-\overset{1}{C}H_2OH$$　　　　2-甲基-3-苯醇-1-戊醇

不饱和醇应选择同时含连有羟基碳原子和不饱和键在内的最长碳链作为主链，再编号并写出全称，例如：

$$\overset{4}{C}H_2=\overset{3}{C}H-\overset{2}{\underset{OH}{C}H}-\overset{1}{C}H_3$$　　　　3-丁烯-2-醇

$$CH_3CH_2CH_2\overset{4}{C}H\overset{3}{C}H_2\overset{2}{C}H_2\overset{1}{C}H_2OH$$　　　　4-丙基-5-己烯-5-醇

脂环醇从连有羟基的环碳原子开始编号，例如：

1,3-二甲基-2-乙基环戊醇

（4）分子中含有两个或两个以上羟基的，分别称为二元醇或多元醇，命名时选择连有尽可能多羟基的碳链为主链，并标出各个羟基位次，当羟基数目与主链碳原子数目相同时，可不写明其位次。

$$\overset{CH_2-CH_2}{\underset{OH\ \ OH}{}}$$　　　　$$\overset{CH_2-CH-CH_3}{\underset{OH\ \ OH}{}}$$　　　　$$\overset{CH_2-CH-CH_2}{\underset{OH\ \ OH\ \ OH}{}}$$

乙二醇　　　　　　　　1,2-丙二醇　　　　　　　　丙三醇

值得注意的是，在多元醇分子中，两个或三个羟基连在同一个碳原子上的化合物不稳定，容易失水生成醛、酮或羧酸；羟基连在双键碳原子上的醇为烯醇，烯醇与醛或酮形成动态平衡。

$$RCH=CHOH \rightleftharpoons RCH_2CHO$$

$$RCH=\underset{R_1}{C}-OH \rightleftharpoons RCH_2-\overset{O}{\underset{}{C}}R_1$$

三、醇 的 物 理 性 质

在饱和一元醇中，十二个碳原子以下的醇为液体，十二个碳原子及以上的醇为蜡状固体。甲醇、乙醇、丙醇带有酒味，从丁醇开始到十一醇具有难闻的气味。二元醇和多元醇

具有甜味，故乙二醇又称为甘醇，丙三醇俗称甘油。一些醇的物理常数见表 9-1。

表 9-1　醇的物理常数

名称	熔点/℃	沸点/℃	d_4^{20}	n_D^{20}	溶解度(25 ℃)/ $[\text{g} \cdot (100 \text{ g H}_2\text{O})^{-1}]$
甲醇	−97	64.96	0.791 4	1.328 8	∞
乙醇	−114.3	78.5	0.789 3	1.361 1	∞
1-丙醇	−126.5	97.4	0.803 5	1.385 0	∞
2-丙醇	−89.5	82.4	0.785 5	1.377 6	∞
1-丁醇	−89.5	117.25	0.809 8	1.399 3	8.00
2-丁醇	−114.7	99.5	0.808	1.397 8	12.5
2-甲基-1-丙醇	−108	108.39	0.802	1.396 8	11.1
2-甲基-2-丙醇	25.5	82.2	0.789	1.387 8	∞
1-戊醇	−79	137.3	0.817	1.410 1	2.7
2-戊醇	—	118.9	0.810 3	1.405 3	4.9
2-甲基-1-丁醇	—	128	0.819 3	1.410 2	—
2-甲基-2-丁醇	−12	102	0.809	1.405 2	12.15
3-甲基-1-丁醇	−117	131.5	0.812	1.405 3	3
环己醇	25.15	161.5	0.962 4	1.404 1	3.6
2-丙烯-1-醇	−129	97	0.855	—	∞
苯甲醇	−15.3	205.35	1.041 9	1.539 6	4
乙二醇	−16.5	198	1.13	1.431 8	∞
丙三醇	20	290(分解)	1.261 3	1.474 6	∞

四、醇的化学性质

醇的化学性质主要由其官能团羟基决定，而反应活性受烃基的影响。醇分子中 C—O 键和 O—H 键都是极性很强的键，易受试剂进攻而断裂引起反应。A−C 原子上的 H，受羟基的影响也具有一定的活性。

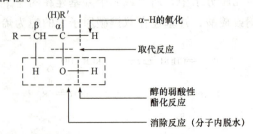

1. 羟基中氢的反应(O—H 键的断键)

(1)与活泼金属的反应。醇羟基上的氢具有一定的酸性。由于烷氧基在溶剂中的溶剂化程度不同，因此，醇的酸性次序有 $\text{H}_2\text{O} > \text{CH}_3\text{OH} > $ 伯醇 $>$ 仲醇 $>$ 叔醇。

醇的酸性虽然很弱，但能与 K、Na、Mg、Al 等活泼金属，NaH、RMgX、RLi 及其

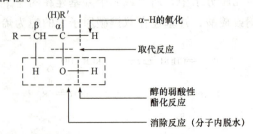

他强碱作用生成醇金属化合物。例如：

$$2CH_3OH+2Na \rightarrow 2CH_3O^-Na^+ + H_2\uparrow$$

$$2(CH_3)_3COH+2K \rightarrow 2(CH_3)_3CO^-K^+ + H_2\uparrow$$

（2）与酸的成酯反应。醇和酸作用，分子间脱水生成酯的反应称为酯化反应。无机含氧酸和有机酸均可以与醇酯化。醇与无机含氧酸酯化，可得到无机酸酯，例如：

$$ROH+HONO_2 \rightarrow RONO_2 + H_2O \quad 硝酸酯$$

$$CH_3CH_2OH+HOSO_2OH \rightarrow CH_3CH_2OSO_2OH + H_2O \quad 硫酸氢乙酯$$

甘油与硝酸通过酯化反应可制得三硝酸甘油酯（硝酸甘油）。三硝酸甘油酯俗称硝化甘油，是一种炸药。其在临床上用于血管舒张、治疗心肌梗死和胆绞痛。

$$\begin{array}{c} CH_2{-}OH \\ | \\ CH{-}OH \\ | \\ CH_2{-}OH \end{array} \xrightarrow{HONO_2} \begin{array}{c} CH_2{-}ONO_2 \\ | \\ CH{-}ONO_2 \\ | \\ CH_2{-}ONO_2 \end{array}$$

三硝酸甘油酯

醇与有机酸（或酰氯、酸酐）反应生成羧酸酯，与有机酸的酯化是可逆的，在一定条件下达到平衡。这个反应将在羧酸项目中进一步讨论。

$$R{-}\overset{\overset{\displaystyle O}{\|}}{C}{-}OH+R'OH \underset{}{\overset{H^+}{\rightleftharpoons}} R{-}\overset{\overset{\displaystyle O}{\|}}{C}{-}R'+H_2O$$

提高酯化反应产率的方法众多，将在羧酸项目中具体讨论。而工业上一般将生成的酯和水蒸馏出去，使平衡向正方向移动，从而提高酯的产率。

2. 羟基被卤原子取代（C—O 键的断裂）

醇的羟基可以与 HX、PX_3、PX_5 或 $SOCl_2$（亚硫酰氯或氯化亚砜）等反应而被卤素取代，生成卤代烃。

（1）醇与氢卤酸反应。醇与氢卤酸作用，羟基被卤素取代生成卤代烃和水：

$$ROH+HX \rightleftharpoons RX+H_2O$$

这个反应是可逆的，酸的性质和醇的结构都影响这个反应的速度。

HX 的活性次序：$HI > HBr > HCl \geqslant HF$。

醇的活性次序：烯丙型醇和苄醇 > 叔醇 > 仲醇 > 伯醇。

浓盐酸与无水氯化锌（$ZnCl_2$）配成的溶液称为卢卡斯（Lucas）试剂，可用于鉴别伯醇、仲醇、叔醇。常温下卢卡斯试剂分别与伯醇、仲醇、叔醇作用，叔醇很快，反应立即浑浊；仲醇较慢，数分钟后浑浊；伯醇则室温无现象，需要加热后才反应。

（2）醇与卤化磷（PX_3、PX_5）反应。醇与 PX_3 反应生成相应的卤代烃和亚磷酸，此反应不易发生重排，产率较高，是制备溴代烃和碘代烃的常用方法。氯代烃常用 PX_5 与醇反应制备：

$$ROH+PX_3 \rightarrow RX+H_3PO_3$$

$$ROH+PX_5 \rightarrow RX+POX_3+HX$$

（3）醇与亚硫酰氯（氯化亚砜）。亚硫酰氯（$SOCl_2$）与醇反应，直接生成氯代烃，同时生成二氧化硫和氯化氢两种气体，易于分离。

$$ROH+SOCl_2 \rightarrow RCl+SO_2\uparrow + HCl\uparrow$$

这是制备氯代烃的常用方法，此反应不仅速率快，反应条件温和，产率高，而且不生成其副产物。

3. 脱水反应

醇的脱水反应有两种方式：一种是分子内脱水生成烯烃；另一种是分子间脱水生成醚。

(1)分子内脱水。醇与脱水剂(浓硫酸、三氧化二铝)共热能发生脱水反应。醇的脱水反应是制备烯烃的常用方法之一。

$$CH_3CH_2OH \xrightarrow[\text{浓 } H_2SO_4]{} CH_2{=}CH_2 + H_2O$$

伯醇、仲醇、叔醇脱水由易到难的顺序：叔醇＞仲醇＞伯醇。反应取向与卤代烃消除卤化氢相似，符合扎依采夫规则。脱去的羟基和含氢较少的 β-氢原子，即反应主要趋向于生成碳碳双键上烃基较多的较稳定的烯烃。

(2)分子间脱水。醇在相对较低的温度下加热进行分子间的脱水反应生成醚。例如，乙醇在 140 ℃时在浓 H_2SO_4 的作用下主要发生分子间脱水生成乙醚：

$$CH_3CH_2OH + CH_3CH_2OH \xrightarrow[\text{浓 } H_2SO_4]{} CH_3CH_2OCH_2CH_3 + H_2O$$

一般而言，在较高温度下有利于分子内脱水生成烯烃，在较低温度下有利于分子间脱水生成醚。

4. 氧化和脱氢反应

醇分子中由于羟基的影响，使 α-H 较活泼，容易发生氧化反应。伯醇和仲醇由于有 α-H 存在，容易被氧化分别生成醛和酮。而叔醇没有 α-H，难以氧化。

伯醇和仲醇的蒸气在高温下通过高活性铜(或银)催化剂发生氧化反应，分别生成醛和酮。

叔醇分子中没有 α-H，因此不能被氧化。在过于强烈的条件下，则会发生碳链的断裂脱水生成烯烃。醇的催化脱氢或催化氧化脱氢多用于工业生产上。

任务二　酚类性质验证

任务描述

小酚同学想通过实验加深对分类性质的理解，打算利用一些简单的实验解决下列问题：

(1)酚类物质的物理性质；

(2)酚类物质的常见化学性质。

任务解析

完成本次任务需要具备以下知识：

(1)酚的理化性质;

(2)基本实验操作技能。

任务实施

1. 实验器材

试管、玻璃棒、酒精灯、胶头滴管、量筒。

2. 实验药品

样品:苯酚、间苯二酚、对苯二酚。

试剂:苯、氯化铁、碘化钾、饱和溴水。

3. 组织形式

两人一组,在教师指导下,根据实验步骤完成实验。

4. 注意事项

(1)处理化学物质时应在通风良好的地方操作,避免实验者长时间吸入蒸气。

(2)使用易燃试剂时,确保周围没有易燃物品,并遵循实验室安全规程。

5. 实验步骤

(1)酚的溶解性和弱酸性。先将 0.3 g 苯酚放入试管中,再加入 3 mL 水,振荡试管后观察是否溶解。用玻璃棒蘸一滴溶液,以广范 pH 试纸检验酸碱性。加热试管可见苯酚全部溶解。将溶液分装在 2 支试管中,冷却后 2 支试管均出现浑浊。向其中一支试管中加入几滴 5‰ 氢氧化钠溶液,观察现象。再加入 10% 盐酸,观察发生的变化。在另一支试管中加入 5% 碳酸氢钠溶液,观察浑浊是否溶解。

(2)与氯化铁溶液作用。在 3 支试管中分别加入 0.5 mL 1‰ 苯酚、间苯二酚、对苯二酚溶液,再各加入 1~2 滴 1% 氯化铁水溶液,观察和记录各试管中的颜色。

(3)与溴水反应。将 2 滴苯酚饱和水溶液加入试管,再用 2 mL 水稀释,然后逐滴滴入饱和溴水,有白色沉淀生成。

继续滴加饱和溴水至沉淀由白色变为淡黄色,再将试管内的混合物煮沸 1~2 min,以除去过量的溴,静置冷却。滴加几滴 1% 碘化钾溶液和 1 mL 苯,用力振荡试管,沉淀溶于苯中,析出的碘使苯层呈紫色。记录观察到的现象,并解释之。

实验内容详解

(1)苯酚可溶于氢氧化钠溶液和碳酸钠溶液,因碳酸钠水解生成氢氧化钠,后者与苯酚反应,形成可溶于水的酚钠:

$$Na_2CO_3 + H_2O \rightarrow NaOH + NaHCO_3$$

但苯酚不与碳酸氢钠作用,也不溶于碳酸氢钠溶液。

(2)白色沉淀是 2,4,6-三溴苯酚。

(3)2,4,6-三溴苯酚被过量的溴水氧化,生成黄色的 2,4,4,6-四溴环己二烯酮,后者被氢碘酸还原为 2,4,6-三溴苯酚,同时释出碘,碘又溶于苯而呈紫色。

$$\text{(2,4,6-三溴苯酚)} + Br_2 \xrightarrow{H_2O} \text{(2,6-二溴-4,4-二溴环己二烯酮)} + HBr$$

$$\text{(二溴环己二烯酮)} + 2HI \longrightarrow \text{(2,4,6-三溴苯酚)} + I_2 + HBr$$

根据以上实验操作、现象记录及现象分析情况，进行任务评价。

序号	评价内容	评价要点	配分	评价标准	扣分	得分
1	实验准备	(1)实验预习； (2)玻璃仪器认领； (3)试剂认领	30	有一项不符合标准扣10分，扣完为止		
2	实验操作及记录	(1)是否按实验指导规范操作； (2)反应式的书写； (3)现象描述； (4)现象解释； (5)实验记录表填写是否规范	50	有一项不符合标准扣10分，扣完为止		
3	安全文明操作	(1)实验台面整洁情况； (2)物品摆放； (3)玻璃仪器清洗放置情况； (4)安全操作情况	20	有一项不符合标准扣5分，扣完为止		
总分						

知识链接

酚

羟基直接连在芳环上的化合物称为酚，其通式 Ar—OH。最简单的酚为苯酚（C_6H_5—OH）。根据分子中所含羟基的数目，可分为一元酚（如苯酚）、二元酚（如对苯二酚）和多元酚（如 1,3,5-间苯三酚）。

一、酚的命名

酚的命名多以芳环酚为母体，按最低系列原则和立体化学中次序规则再冠以其他取代基的位次、数目和名称。当芳环上连有—COOH、—SO_3H、—C═O 等基团时，则把—OH 作为取代基来命名。例如：

苯酚　　　邻甲基苯酚　　　　邻苯二酚　　　　对磺酸基苯酚　　　　α-萘酚

多元酚则需要表示出羟基的位次和数目，例如：

对苯二酚　　　　　1，3，5-苯三酚　　　　　　4，4′-联苯二酚

二、酚的物理性质

1. 状态

在常温常压下，多数酚是固体，只有少数烷基酚是液体。纯净的酚为无色，但因酚易被空气氧化产生有色杂质，苯酚通常带有不同程度的红色或黄色。

2. 溶解性

酚能溶于乙醇、乙醚、苯等有机溶剂，苯酚及其同系物在水中有一定的溶解度，随着酚分子中羟基的增多，其水溶性也增大。常见酚的物理常数见表 9-2。

表 9-2　常见酚的物理常数

名称	熔点/℃	沸点	n_D^{20}	溶解度(25 ℃)/$[\text{g} \cdot (100 \text{ g H}_2\text{O})^{-1}]$	pK_a
苯酚	43	181	$1.550\ 9^{21}$	9.3	9.89
邻甲基苯酚	30	191	1.536 1	2.5	10.2
间甲基苯酚	11	201	1.543 8	2.3	10.17
对甲基苯酚	35.5	201	1.531 2	2.6	10.01
邻硝基苯酚	44.5	214	$1.572\ 4^{50}$	0.2	7.23
间硝基苯酚	96	194(9 333 Pa)	—	1.4	8.40
对硝基苯酚	114	279(分解升华)	—	1.6	7.15
2,4-二硝基苯酚	113	—	—	0.56	4.0
2,4,6-三硝基苯酚	122	—	—	1.4	0.71
邻苯二酚	105	245	1.604	45.1	9.48
间苯二酚	110	281	—	123	9.44
对苯二酚	170	286	—	8	9.96
1,2,3-苯三酚	133	309	1.561^{134}	62	7.0
α-萘酚	94	279	1.662^{99}	难	9.31
β-萘酚	123	286	—	0.1	9.55

3. 酚的化学性质

由于羟基与苯环直接相连，两者相互影响，因此，酚的羟基的性质与醇有明显的区

别，如酚有酸性。另外，由于羟基参与芳环的共轭，芳环上的电子云密度增大，O—H 键极性增大，C—O 键加强，因此酚的酸性比醇大，并且酚羟基难以被取代，酚羟基使芳环活化。因此，容易发生芳环上的亲电取代反应。

(1)酚羟基的反应。

1)酸性。酚具有酸性，其酸性(以苯酚为例)比醇、水强，但比碳酸弱。酚能溶于氢氧化钠溶液生成酚钠，但不能与碳酸氢钠反应。相反，将二氧化碳通入酚钠水溶液中，酚即游离出来。

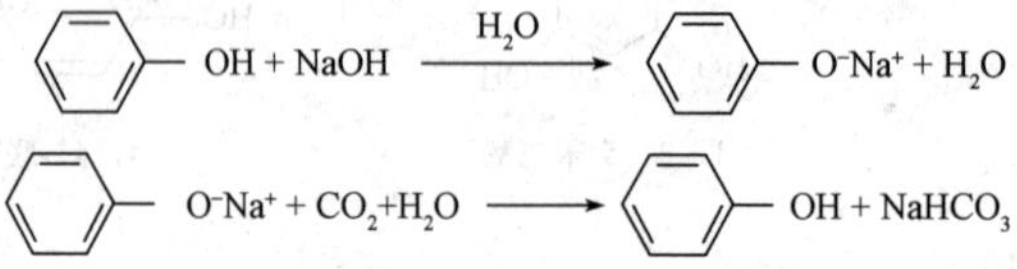

生成的苯酚不溶于碳酸氢钠，因此可用上述方法来提纯苯酚。

当苯环上有吸电子取代基存在时，由于其吸电子作用的影响，降低了酚羟基氧原子和氢原子之间的电子云密度，有利于氢以质子的方式离去，因此酚的酸性增加；相反，当苯环上有给电子基存在时，则降低酚的酸性。例如：

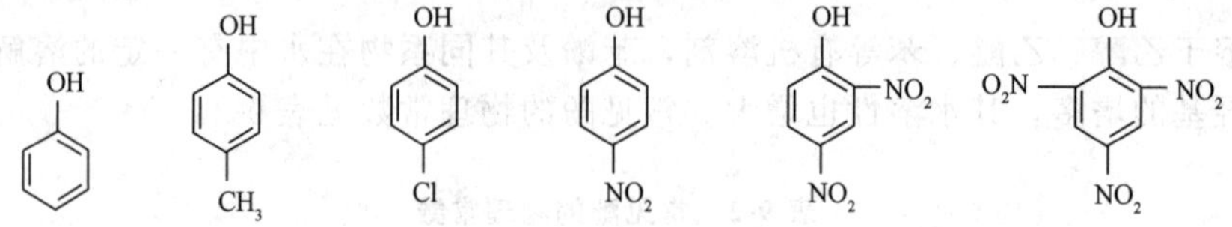

$pK_a=10.0$　$pK_a=10.26$　$pK_a=9.38$　$pK_a=7.15$　$pK_a=4$　$pK_a=0.71$

2)酚醚的生成。酚羟基很难直接脱水，通常情况下要使酚在碱性溶液中与卤代烃或硫酸二酯反应来制备酚醚。

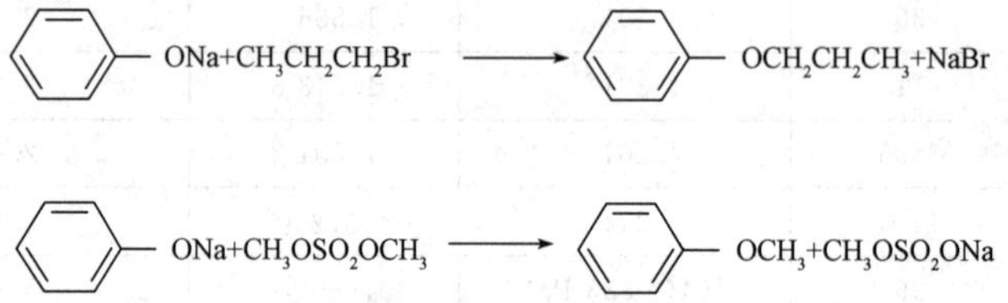

3)与 $FeCl_3$ 的显色反应。具有烯醇式结构(—C=C—OH 结构)的化合物能与 $FeCl_3$ 的水溶液发生显色反应，生成铁的络合物，酚也能与 $FeCl_3$ 的水溶液发生显色反应

$$6C_6H_5OH + FeCl_3 \longrightarrow \underset{\text{紫色}}{H_3[Fe(OC_6H_5)_6]} + 3HCl$$

多数酚能与 $FeCl_3$ 的水溶液产生红、绿、蓝、紫等不同颜色，如苯酚显紫色，对甲基苯酚显蓝色，对苯二酚显暗绿色，邻苯二酚显深绿色，间苯二酚显蓝紫色，连苯三酚显淡棕色等。这种特殊的显色反应可以用来检验酚羟基的存在。但也有些酚不显色，因此，酚的存在并不能全以此为证，这时，则需要采用其他的方法来验证。

4)氧化。酚比醇容易被氧化，酚与空气长时间接触就能被氧化，使其颜色加深。苯酚置于空气中，颜色由无色逐渐变为粉红色、红色甚至暗红色。

苯酚或对苯二酚氧化能生成对苯醌，邻苯二酚氧化生成邻苯醌，具有这两种结构的苯醌是有颜色的，这也是酚被氧化带有颜色的原因。

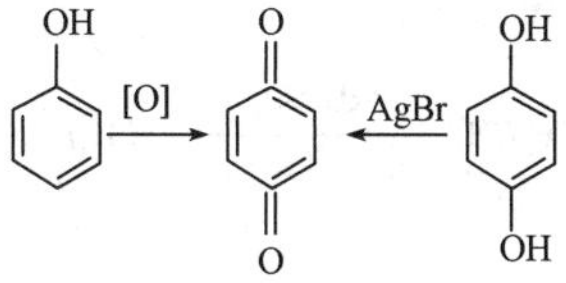

对苯醌

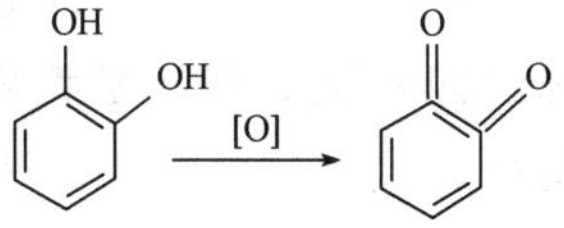

邻苯醌

（2）芳环上的反应。羟基为活化苯环的邻、对位定位基。羟基氧原子与苯环形成了共轭体系，使得苯环上电子云密度升高，因此，酚的芳环上比苯更容易发生卤代、硝化、磺化等亲电取代反应。

1）卤代反应。在极性溶液中，苯酚与卤素单质反应生成沉淀，且反应定量进行，故此反应可定性或定量地测定苯酚，也可用于除去苯酚。如苯酚与溴水溶液反应立即生成白色沉淀 2,4,6-三溴苯酚。

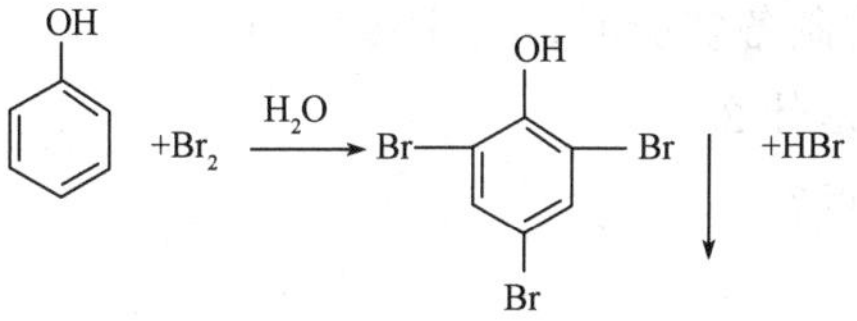

这个反应很灵敏，反应中溴水红棕色褪去并生成白色沉淀，因此，该反应可用于苯酚的鉴别。

2）磺化反应。苯酚在室温下就可以与浓硫酸发生磺化反应。在常温下反应，生成接近等量的邻对位取代产物；在高温下反应，则以生成对位取代产物为主。

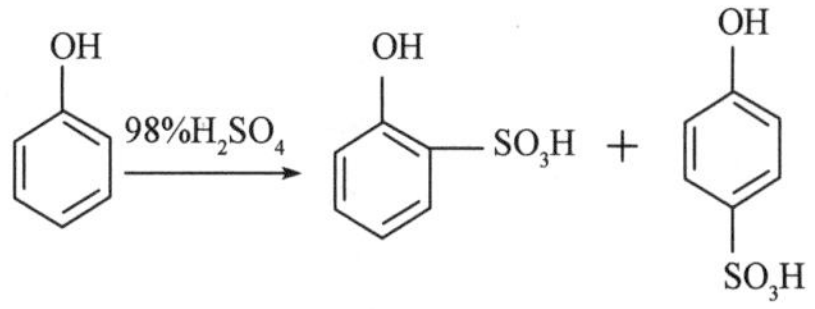

20 ℃	49%	51%
100 ℃	10%	90%

3）硝化反应。室温下苯酚与稀硝酸发生硝化反应生成邻硝基苯酚和对硝基苯酚的混合物。

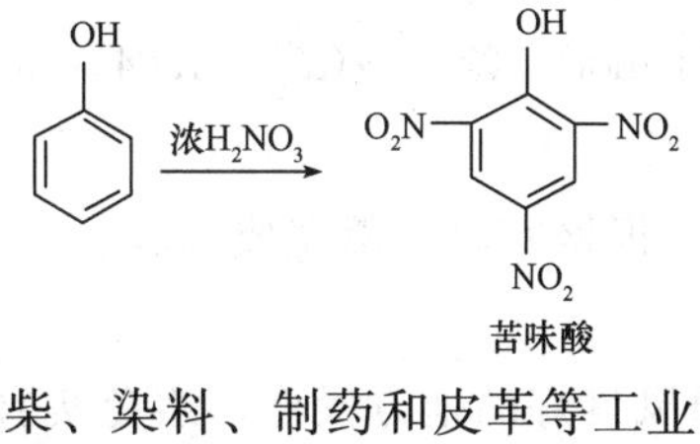

苦味酸

苦味酸主要用于炸药、火柴、染料、制药和皮革等工业。

4）烷基化反应（傅列德尔－克拉夫茨基化反应）。酚的傅列德尔－克拉夫茨基化反应一般是以烯烃或醇为烷基化试剂，以浓硫酸、磷酸或酸性离子交换树脂为催化剂，反应迅速生成二烷基化或三烷基化产物。例如：

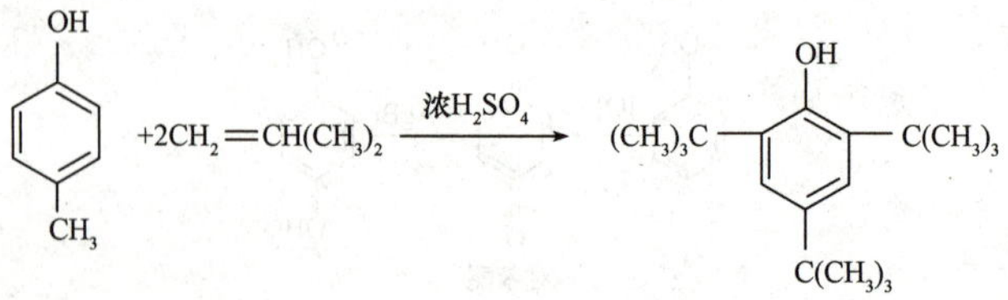

$$\text{(苯酚OH-CH}_3\text{)} + 2CH_2 = CH(CH_3)_2 \xrightarrow{\text{浓H}_2\text{SO}_4} \text{(产物)}$$

4-甲基-2,6-二叔丁基苯酚

4-甲基-2,6-二叔丁基苯酚俗称二四六抗氧剂，是无色晶体，熔点为 70 ℃，可用作有机物的抗氧剂，也可用作食物防腐剂。

任务三　正丁醚的制备

任务描述

小醚同学在做正丁醚的制备实验时，有很多疑问：
(1)正丁醚的生成原理是什么？
(2)制备过程有什么要点？

任务解析

完成本次任务需要具备以下知识：
(1)醚的理化性质；
(2)正丁醚生成原理；
(3)基本实验操作技能。

任务实施

1. 实验器材
温度计、分水器、球形冷凝管、石棉网、电炉、螺旋夹、量筒、烧瓶、分液漏斗、长颈漏斗、锥形瓶。

2. 实验药品
正丁醇：25 g 或 31 mL(0.34 mol)，浓硫酸($d_4^{20}=1.84$)：5 mL，50%硫酸，无水氯化钙。

3. 组织形式
两人一组，在教师指导下，根据实验步骤完成实验。

4. 注意事项
(1)处理化学物质时应在通风良好的地方操作，避免实验者长时间吸入蒸气。
(2)使用易燃试剂时，确保周围没有易燃物品，并遵循实验室安全规程。

5. 实验步骤
在 100 mL 三口烧瓶中，加入 31 mL 正丁醇，一边振荡一边分几次加入 5 mL 浓硫酸，再加几粒沸石。按照图 9-1(a)装上温度计和分水器，分水器的上口连接球形冷凝管。开始加热前，先在分水器中加入一定量的水，使水平面略低于分水器的支管，用小火在石棉网上加热，保持沸腾回流 40～60 min。此时，分水器中的水不断地增加，可打开螺旋夹或旋塞，放出少量水于量筒中，以防水通过分水器支管回流到三口烧瓶。当三口烧瓶中的溶液温度达到 138～140 ℃时，立即停止加热。冷却后，把反应混合液流回分水器中的水和少量的有机物都倒入一个装有 50 mL 水的分液漏斗中，充分振荡，翻置分层后，放出水层。将上层粗产物用 50％硫酸(由 15 mL 浓硫酸与 26 mL 水配制而成)洗涤两次，每次用量 15 mL。再用水洗两次，每次用量 15 mL。然后将粗产物倒入干燥的锥形瓶中，加入 2～3 g 无水氯化钙干燥 10～15 min。

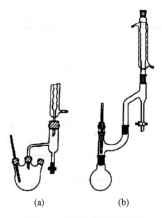

图 9-1　回流分水装置
(a)三口烧瓶；(b)蒸馏瓶

将干燥的粗产物通过长颈漏斗倒入 30 mL 蒸馏瓶(注意：不要将小粒的氯化钙倒入)中，加入沸石，装好温度计，小火加热蒸馏，收集 140～144 ℃的馏分[图 9-1(b)]。称量，测折射率。

产量：7～8 g。产率：32％～36％。

纯的正丁醚为无色透明液体，沸点为 142.4 ℃，$d_4^{15}=0.773$，$n_D^{20}=1.399\,2$。

实验内容详解

1. 实验原理

(1)主反应：

$$CH_3CH_2CH_2CH_2OH+H_2SO_4 \longrightarrow CH_3CH_2CH_2CH_2OSO_2OH+H_2O$$

硫酸一丁酯

$$CH_3CH_2CH_2CH_2OSO_2OH+HOCH_2CH_2CH_2CH_3 \xrightarrow{135\ ℃}$$

$$CH_3CH_2CH_2CH_2-O-CH_2CH_2CH_2CH_3+H_2SO_4$$

正丁醚

(2)副反应：

$$2CH_3CH_2CH_2CH_2OH \xrightarrow[\triangle]{浓\ H_2SO_4} CH_3CH_2CH=CH_2+CH_3CH=CHCH_3+H_2O$$

1-丁烯　　　　2-丁烯

2. 注释

(1)此时如果温度过高，可用冷水浴冷却三口烧瓶。加完硫酸后继续振荡，使混合均匀，并生成硫酸一丁酯。若不充分振荡，则在开始加热后，混合液将很快变黑。

(2)温度计一定要插在溶液液面之下，并且水银球距三口烧瓶底要留有 1～2 mm 的距离，这样测得的温度才是反应液的温度。

(3)本实验利用恒沸混合物的蒸出、冷凝、回流，除去反应生成的水。当含水的恒沸混合物蒸气冷凝为液体时，在分水器中分为两层，下层主要是水，上层主要是正丁醇和正丁醚，上层液体不断地回流到三口烧瓶中继续反应。表 9-3 所示是正丁醇、正丁醚和水可能形成的几种恒沸混合物。

表 9-3　正丁醇、正丁醚和水可能形成的恒沸混合物

恒沸混合物		沸点/℃	组成(质量分数)/%		
			正丁醇	正丁醚	水
二元	正丁醇-水	93.0	55.5	—	44.5
	正丁醚-水	94.1	82.5	66.6	33.4
	正丁醇-正丁醚	117.6	—	17.5	—
三元	正丁醇-正丁醚-水	90.6	34.6	35.5	29.9

(4)按照理论计算,反应产生的水应为 3 mL 左右。但是实际上分出的水比计算量要多,为 4.5～5 mL。

(5)反应终点是以反应物温度达到 140 ℃ 为标准。当观察到分水器中的水分增加很慢时,要特别注意及时停火,否则反应液极易碳化变黑。

(6)50%硫酸可溶解正丁醇,但对于正丁醚溶解度极小,因此,可以洗去粗产物中未反应的正丁醇。

(7)水洗的目的是洗除残存在产物中的硫酸。洗两次后,可以使水溶液达到中性。稀碱洗涤乳化严重,较难分层。

(8)利用氯化钙干燥,需要间歇振荡,否则干燥时间要长一些。如果干燥时间太短,蒸馏时,在 140 ℃ 以前的馏分(正丁醚与水的恒沸混合物)将会增多,使产率降低。

(9)蒸馏时,当温度接近 140 ℃ 时,最好将冷却水关小或关住,以防冷凝管炸裂。

任务评价

根据以上实验操作、现象记录及现象分析情况,进行任务评价。

序号	评价内容	评价要点	配分	评价标准	扣分	得分
1	实验准备	(1)实验预习; (2)玻璃仪器认领; (3)试剂认领	20	有一项不符合标准扣 10 分,扣完为止		
2	实验操作及记录	(1)是否按实验指导规范操作; (2)实验装置搭建是否正确; (3)分液漏斗使用是否规范; (4)反应式的书写; (5)现象描述; (6)现象解释; (7)实验记录表填写是否规范	60	有一项不符合标准扣 10 分,扣完为止		
3	安全文明操作	(1)实验台面整洁情况; (2)物品摆放情况; (3)玻璃仪器清洗放置情况; (4)安全操作情况	20	有一项不符合标准扣 5 分,扣完为止		
总分						

醚

一、醚的分类与命名

1. 醚的分类

醚可看作醇或酚分子中的氢原子被烃基所取代的产物。其通式为 R—O—R′，C—O—C 称为醚键。与氧原子相连的两个烃基相同的醚称为单醚，与氧原子相连的两个烃基不同的醚称为混醚。两个烃基都是饱和的称为饱和醚，两个烃基中有一个不饱和的或是芳基的称为不饱和醚或芳醚。如果烃基与氧原子连接成环则称为环醚。

2. 醚的命名法

醚的命名主要采用普通命名法。

(1)单醚的命名。单醚命名时先给出与氧原子相连的烃基的名字再加"醚"字。例如：

$$CH_3—O—CH_3 \qquad CH_3CH_2—O—CH_2CH_3$$
二甲醚(甲醚)   二乙醚(乙醚)   二苯醚

单醚烃基前面的"二"字可省掉。

(2)混醚。混醚命名时要将两个不同烃基中较小的放在前面，当有芳香基时，芳香基放在前面。例如：

$$CH_3—O—CH_2CH_3 \qquad CH_3—O—$$
甲乙醚   苯甲醚

(3)复杂结构醚的命名。对于结构复杂的醚，要采用系统命名法。把醚看作烃的 RO—(烃氧基)衍生物来命名。烃氧基的命名，只要将相应的烃基名称后加"氧"字即可。例如：

$$CH_3—O—CH_2CH_2CH_2CH_2—O—CH_3$$
1,4-二甲氧基丁烷   4-烯丙基-2-甲氧基苯酚

(4)环醚的命名。环醚多用俗名，一般称环氧某烃或按杂环化合物命名。例如：

环氧乙烷   1,2-环氧丙烷   1,4-环氧丁烷(四氢呋喃)

二、醚的物理性质

在常温常压下，除甲醚和甲乙醚为气体外，其他大多数醚在室温下为无色液体，有特殊香味。与分子质量相同的醇相比，醚的沸点要低得多。这是因为醇分子中含有羟基而形成分子间氢键，而醚分子中没有与强电负性原子相连的氢，因此，醚分子之间不能形成氢键。低级醚在水中有一定的溶解度，因为醚分子中的氧原子有较强的电负性，可以与水形成氢键。一些醚的物理常数见表 9-4。

表 9-4 一些醚的物理常数

名称	熔点/℃	沸点/℃	d_4^{20}	n_D^{20}
甲醚	−141.5	−24.9	0.661	—
乙醚	−116.2	34.5	0.713 7	1.352 6
丙醚	−112	90.5	0.736	1.380 9
异丙醚	−85.89	68.7	0.724 1	1.367 9
丁醚	−95.3	142.4	0.768 9	1.399 2
乙烯基乙醚	−115.3	35.5	0.763 0	1.377 4
二乙烯基醚	−101	28	0.773	1.398 9
苯甲醚	−37.5	155	0.996 1	1.517 9
二苯醚	26.84	257.9	1.074 8	1.578 7^{25}
环氧乙烷	−110	10.73(101 325 Pa)	0.882 4^{10}	1.359 7^7
1,2-环氧丙烷	−104	33.9	0.869 0	1.305 7
1,4-环氧丁烷	−65	66	0.889 2	1.405 0
1,4-二氧六环	11.8	101(99 992 Pa)	1.033 7	1.422 4

三、醚的化学性质

由于醚分子中的 C—O—C 键是相当稳定的，除某些环醚外，一般不易进行有机反应。但 C—O—C 键本身在一定的条件下可以发生 C—O 键的断裂，另外，醚分子中的氧原子有未共用的电子对，可以接受质子成盐。

1. 锌盐的生成

醚的氧原子上有未共用电子对，能接受强酸（如浓 H_2SO_4 或浓 HX）中的质子生成锌盐。锌盐在浓酸中稳定，在水中水解，醚即重新分出。利用此性质可以将醚从烷烃或卤代烃中分离出来。

科学小故事：中国醇醚燃料应用规模、技术水平世界领先

$$R—\ddot{O}—R + HCl \rightarrow R—\overset{+}{\underset{H}{O}}—R + Cl^-$$

$$R—\ddot{O}—R + H_2SO_4 \rightarrow R—\overset{+}{\underset{H}{O}}—R + HSO_4^-$$

例如：正戊烷和乙醚具有接近的沸点，醚溶于冷浓硫酸中，正戊烷不溶于浓硫酸。将正戊烷和乙醚的混合液与冷浓硫酸混合，则得到两个明显的液层。

2. 醚链的断裂

在较高温度下，强酸能使醚链断裂，使醚链断裂最有效的试剂是浓 HI 或 HBr。烷基醚断裂后生成卤代烷和醇，而醇又可以进一步与过量的 HX 作用形成卤代烷。

$$CH_3—O—R + HI \rightarrow CH_3—I + R—OH$$

$$CH_3OCH_2CH_3 + HI \longrightarrow CH_3I + CH_3CH_2OH$$

3. 过氧化物的生成

低级醚在放置过程中，因为与空气接触，会慢慢地被氧化成过氧化物。

$$CH_3CH_2OCH_2CH_3 + O_2 \longrightarrow CH_3\underset{\underset{OOH}{|}}{CH}OCH_2CH_3$$

过氧化物不稳定，遇热容易分解，发生强烈爆炸。在蒸馏醚时注意不要蒸干，以免发生爆炸事故。

任务四　认识醛和酮

任务描述

新房装修完成之后，大家都不敢直接入住，因为都怕甲醛这个"杀人凶手"。因此，房屋装修后，做好甲醛的检测与治理是相当重要的。那么，新房装修完后到底该如何检测甲醛呢？小白产生了好奇，准备查阅资料设计实验检测甲醛的存在，首先要弄清楚以下问题：

(1)醛的分子结构是怎样的？

(2)醛有哪些特殊性能？

(3)如何判定醛基的存在？

任务解析

完成本次任务需要具备以下知识：

(1)甲醛的分子结构、醛基官能团；

(2)醛的主要活性；

(3)醛的物理和化学性质；

(4)基本实验操作技能。

任务实施

1. 实验器材

烧杯、石棉网、酒精灯、试管。

2. 实验药品

2％氨水溶液、5％氢氧化钠溶液、2％硝酸银溶液、醛基有机物。

3. 组织形式

两人一组，在教师指导下，根据实验步骤完成实验。

4. 注意事项

(1)处理化学物质时应在通风良好的地方操作，避免实验者长时间吸入蒸气。

(2)使用易燃试剂时，确保周围没有易燃物品，并遵循实验室安全规程。

5. 实验步骤

(1)洁净试管的准备：在试管里先注入少量的 NaOH 溶液，振荡，然后加热煮沸。把 NaOH 溶液倒去后，再用蒸馏水洗净试管，备用。

(2)银氨溶液的配制：在洁净的试管里，注入 1 mL 2％AgNO₃ 溶液，逐滴加入 2％氨水，边滴边振荡，直到最初生成的沉淀刚好溶解为止(这时得到的溶液称为银氨溶液)。

（3）再滴入 3 滴醛基有机物，振荡后把试管放在热水中温热。不久可以看到，试管内壁上附着一层光亮如镜的金属银（图 9-2）。（在此过程中，不要晃动试管，否则只会看到黑色沉淀而无银镜。）

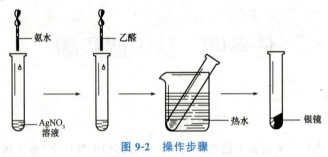

图 9-2　操作步骤

实验内容详解

（1）在碱性溶液中，醛及某些含有醛基的化合物能把银氨溶液中银氨络离子的正一价银还原成零价银。析出的银在玻璃器壁上形成光亮的镀层即银镜，故称为银镜反应。其反应如下：

$$AgNO_3 + NH_3 \cdot H_2O（逐滴滴加）\longrightarrow AgOH\downarrow + NH_4NO_3$$

$$AgOH + 2NH_3 \cdot H_2O \longrightarrow Ag(NH_3)_2OH + 2H_2O（刚好沉淀全部溶解）$$

$$R\text{—}CHO + 2Ag(NH_3)_2OH \xrightarrow{\text{水浴加热}} RCOONH_4 + 2Ag\downarrow + 3NH_3 + H_2O$$

（2）试管要洁净（这是实验成败的关键之一）。否则，只得到黑色疏松的银沉淀，没有银镜产生或产生的银镜不光亮。

任务评价

根据以上实验操作、现象记录及现象分析情况，进行任务评价。

序号	评价内容	评价要点	配分	评价标准	扣分	得分
1	实验准备	（1）实验预习； （2）玻璃仪器认领； （3）试剂认领	20	有一项不符合标准扣 10 分，扣完为止		
2	实验操作及记录	（1）试管的清洁； （2）试剂的转移； （3）反应式的书写； （4）现象描述； （5）现象解释； （6）实验记录表格设计是否合理； （7）表格填写是否规范	60	有一项不符合标准扣 10 分，扣完为止		
3	安全文明操作	（1）实验台面整洁情况； （2）物品摆放； （3）玻璃仪器清洗放置情况； （4）安全操作情况	20	有一项不符合标准扣 5 分，扣完为止		
总分						

醛和酮

一、醛和酮的结构、分类和命名

1. 醛和酮的结构

醛和酮分子中都含有羰基$\left(\diagdown C=O\right)$官能团，故称为羰基化合物。

羰基碳原子上至少连有一个氢原子的化合物叫作醛，可用通式 $\underset{(H)R-\overset{\displaystyle O}{\overset{\|}{C}}-H}{}$ 表示。

在羰基的两端都连有烃基的化合物叫作酮，可用通式 $\underset{R-\overset{\displaystyle O}{\overset{\|}{C}}-R'}{}$ 表示。

2. 醛和酮的分类

根据羰基所连接的烃基结构和方式不同，醛和酮可分类如下：

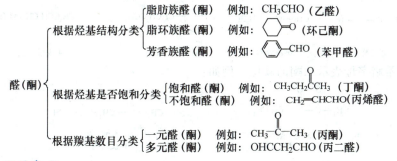

3. 醛和酮的命名

(1)习惯命名法。醛的习惯命名法与醇相似，只需把"醇"字改为"醛"字即可。例如：

CH₃CH₂CH₂CH₂OH   (CH₃)₂CHCH₂OH   ⌬—CH₂OH

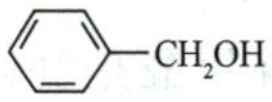

正丁醇   异丁醇   苯甲醇

CH₃CH₂CH₂CH₂CHO   (CH₃)₂CHCHO   ⌬—CHO

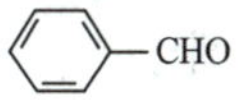

正丁醛   异丁醛   苯甲醛

还有一些醛的名称，是由相应羧酸的名称而来。例如：

HCHO   ⌬—CH=CHCHO   水杨醛结构

蚁醛   肉桂醛 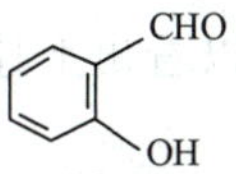   水杨醛

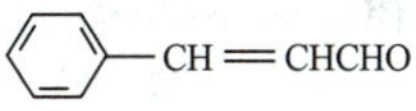

命名酮时，只需在羰基所连接的两个烃基名称后再加上"甲酮"两字，"甲"字习惯上可以省略。脂肪混酮命名时，要把"次序规则"中较优先烃基写在后面。但芳基和脂基的混酮，要把芳基写在前面。例如：

$CH_3-\overset{\overset{\displaystyle O}{\|}}{C}-CH_3$ $CH_3-\overset{\overset{\displaystyle O}{\|}}{C}-CH_2CH_3$ $⌬-\overset{\overset{\displaystyle O}{\|}}{C}-CH=CH_2$

二甲基(甲)酮(二甲酮)   甲基乙基(甲)酮(甲乙酮)   苯基乙烯基(甲)酮

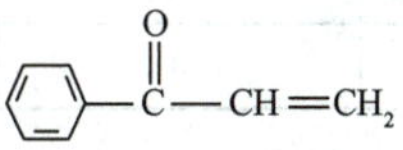

(2)系统命名法。结构复杂的醛、酮，通常采用系统命名法命名，命名要点如下：

1)选取主链(母体)。选择含有羰基的最长碳链作为主链。不饱和醛、酮的命名，主链

须包含不饱和键。芳香族醛、酮命名时，常把脂链作为主链，芳环作为取代基。

2)确定主链碳原子的位次(编号)。从靠近羰基的一端开始给主链编号。主链碳原子位次除用阿拉伯数字表示外，也可以用希腊字母表示，与羰基直接相连的碳原子为 α-碳原子，其余依次为 β、γ、δ、……位；酮分子中与羰基直接相连的两个碳原子都是 α-碳原子，可分别用 α、α′表示，其余以此类推。对碳链末端碳原子，无论碳链长短，均可用 ω 表示。

3)写名称。将取代基的位次、数目、名称，以及羰基的位次依次写在醛、酮母体名称之前。当酮基位次只有一种可能时，位次号数可省略。醛基总在碳链的一端，可不表明位次。不饱和醛、酮要注明不饱和键的位次。例如：

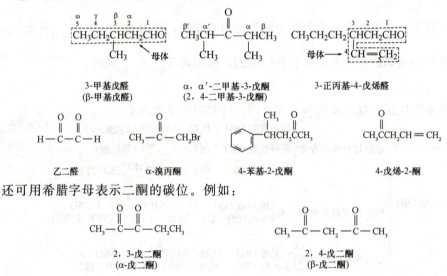

还可用希腊字母表示二酮的碳位。例如：

二、醛和酮的物理物质

常温常压下，除甲醛是气体外，十二个碳原子以下的醛、酮都是液体，高级醛和酮是固体。低级醛具有强烈刺激气味，但 $C_8 \sim C_{13}$ 的中级脂肪醛和一些芳醛、芳酮有花果香味，常应用于香料工业。

羰基是极性基团，故醛、酮分子间的引力较大。与相对分子质量相近的烷烃和醚相比，醛、酮的沸点较高。又由于醛、酮分子间不能形成氢键，因而沸点低于相对分子质量相近的醇。从表 9-5 中可以看出上述规律。

表 9-5 沸点对比表

化合物	$CH_3CH_2CH_2CH_3$	$CH_3OCH_2CH_3$	CH_3CH_2CHO	CH_3COCH_3	$CH_3CH_2CH_2OH$
名称	正丁烷	甲乙醚	丙醛	丙酮	正丙醇
相对分子质量	58	60	58	58	60
沸点/℃	0	10.8	49	56.1	97.4

对于高级醛、酮，随着羰基在分子中所占的比例越来越小，与相对分子质量相近的烷烃的沸点差别逐渐减小。例如，相对分子质量同为 156 的癸酮和正十一烷，沸点分别是 210 ℃和 196 ℃。

醛、酮分子之间虽不能形成氢键，但羰基氧原子能和水分子形成氢键，所以，低级醛和酮在水中有相当大的溶解度。例如，乙醛和丙酮能与水混溶。醛、酮的水溶性随相对分子质量增大而逐渐降低，乃至不溶。醛、酮可溶于一般有机溶剂。丙酮、丁酮能溶解许多有机化合物，故常用作有机溶剂。

一元脂肪醛(酮)的相对密度小于1，比水的相对密度小；多元脂肪醛(酮)和芳香醛(酮)的相对密度大于1，比水的相对密度大。

三、醛和酮的化学性质

醛和酮的化学性质主要由官能团羰基$\left(>C=O\right)$决定，羰基上的氧原子的电负性较大，使其明显地带有负电荷，而碳原子明显带部分正电荷，所以羰基是强极性键。羰基易受亲核试剂进攻而发生亲核加成反应；受羰基影响，α-H 具有活性；而且醛基氢具有活性，易被氧化。醛、酮可发生以下三种类型的反应：

$$\begin{array}{c} O \\ \| \text{---}(1) \\ R\text{---}CH\text{---}C\text{---}H(R') \\ \text{---}(2) \quad (3) \\ H \end{array}$$

(1) $>$C—O 中 π 键断裂，能发生亲核加成及还原反应。

(2) C_{α}—H 键断裂，发生卤代、卤仿或缩合反应。

(3) $\overset{O}{\underset{}{-C}}$—H 中 C—H 键断裂，发生氧化或歧化反应。

1. 羰基的亲核加成反应

醛和酮分子中的羰基中含有 π 键，容易断裂，因此醛和酮可以和氢氰酸、亚硫酸氢钠、醇、格利雅试剂(简称格氏试剂)以及氨的衍生物等试剂发生加成反应。除格氏试剂外，其余几种试剂与醛、酮的加成反应可用下列通式表示：

$$>\overset{+}{C}\text{---}O + H\text{---}Nu \rightleftharpoons >C\overset{OH}{\underset{Nu}{<}}$$

Nu: —CN —SO₃Na —OR —NHOH —NHNH₂ —NHNH—〇

(1) 与氢氰酸加成。在少量碱催化下，醛和脂族甲基酮能与氢氰酸发生加成反应，生成 α-羟基腈(氰醇)。例如：

$$\begin{array}{c} R \\ (CH_3)H \end{array}C=O + H\text{---}CN \xrightarrow{OH^-} \begin{array}{c} R \quad OH \\ C \\ (CH_3)H \quad CN \end{array}$$

α - 羟基腈(氰醇)

(2) 与亚硫酸氢钠加成。醛、脂族甲基酮和低级环酮(C_8 以下)都能与亚硫酸氢钠饱和溶液(40%)发生加成反应，生成 α-羟基磺酸钠。例如：

$$\begin{array}{c} R \\ (CH_3)H \end{array}C=O + H\text{---}SO_3Na \xrightarrow{OH^-} \begin{array}{c} R \quad OH \\ C \\ (CH_3)H \quad SO_3Na \end{array}$$

α - 羟基磺酸钠

(3) 与醇加成。在干燥氯化氢气体或其他无水强酸催化下，醛能与一分子醇发生加成反应生成半缩醛，半缩醛不稳定，可以与另一分子醇进一步发生脱水反应生成缩醛。例如：

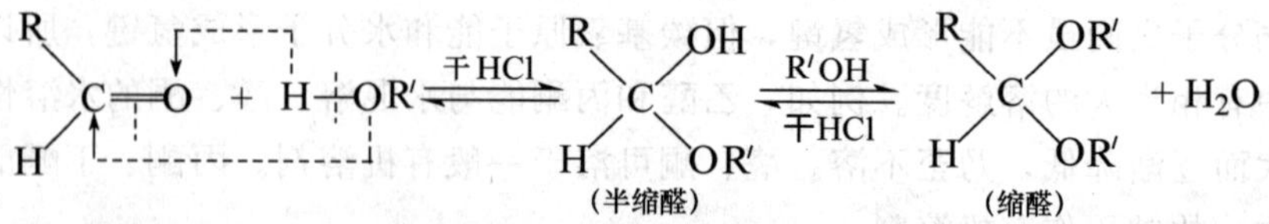

上图 反应式（C=O + H—OR' 经过半缩醛、缩醛的反应）

（半缩醛）　　　　（缩醛）

上述反应可以看成是一分子醛与两分子醇间脱去一分子水生成缩醛。例如：

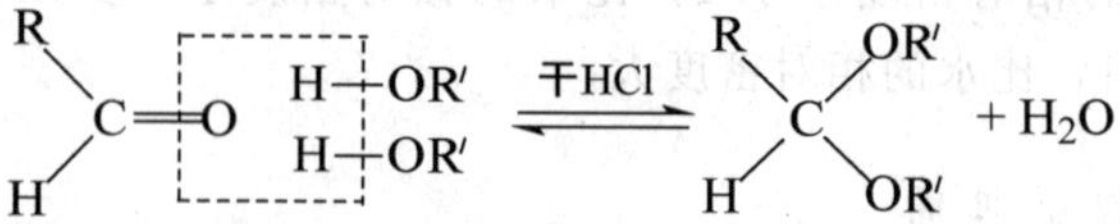

反应式（R—CHO + 2 H—OR' 在干HCl下生成缩醛 + H_2O）

缩醛在稀酸溶液中很容易水解成原来的醛和醇。例如：

$$CH_3CH\begin{matrix}OCH_3\\OCH_3\end{matrix} \xrightarrow[H^+]{H_2O} CH_3CHO + 2\,CH_3OH$$

乙醛缩二甲醇

因为醛基比较活泼，在有机合成上常常利用缩醛的生成和水解来保护醛基。

（4）与格氏试剂加成。甲醛与格氏试剂加成水解生成伯醇，其他醛生成仲醇，酮则得到叔醇。例如：

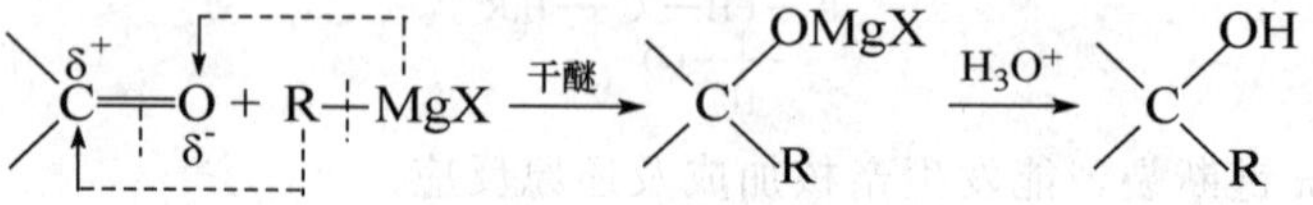

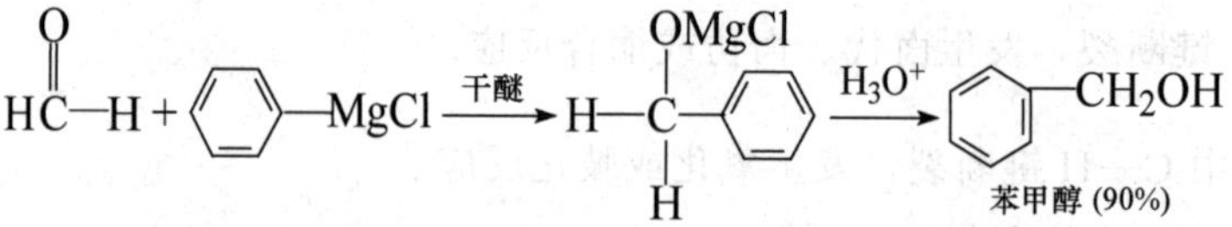

反应式（$\overset{\delta^+}{C}=\overset{\delta^-}{O}$ + R—MgX 干醚 → C—OMgX $\xrightarrow{H_3O^+}$ C—OH）

$$HC-H + \text{（苯基）}-MgCl \xrightarrow{\text{干醚}} H-C\text{（苯基）}(OMgCl) \xrightarrow{H_3O^+} \text{（苯基）}-CH_2OH$$

苯甲醇 (90%)
（伯醇）

$$CH_3C-H + CH_3CHCH_3(MgBr) \xrightarrow{\text{干醚}} CH_3CHCH(CH_3)_2(OMgBr) \xrightarrow{H_3O^+} CH_3CHCH(CH_3)_2(OH)$$

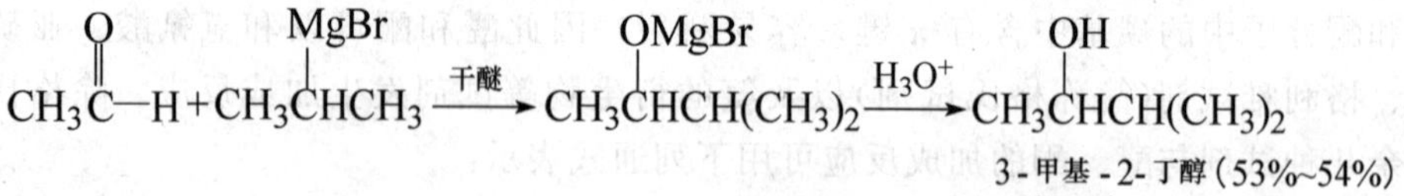

3-甲基-2-丁醇（53%~54%）
（仲醇）

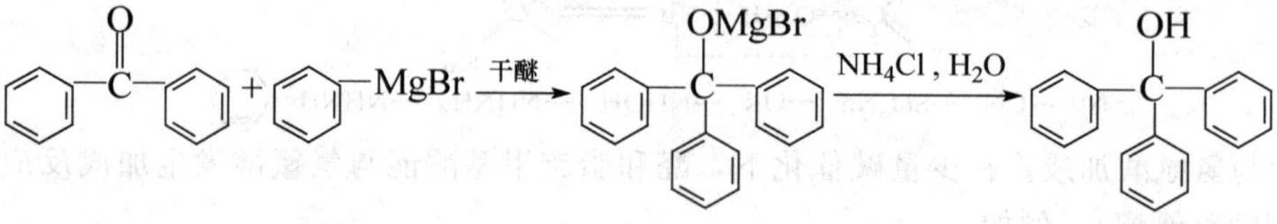

反应式（二苯甲酮 + 苯基—MgBr 干醚 → OMgBr 中间体 $\xrightarrow{NH_4Cl, H_2O}$ 三苯甲醇）

三苯甲醇（55%）
（叔醇）

（5）与氨的衍生物加成—缩合反应。氨分子中氢原子被其他原子或基团取代后生成的化合物叫作氨的衍生物。如羟胺（NH_2OH）、肼（NH_2NH_2）、苯肼（NH_2NH-（苯基））、2,4-二硝基苯肼（NH_2NH-（硝基苯环）NO_2，NO_2）等都是氨的衍生物。醛、酮可以和氨的衍生物发生加成反应，产物分子内继续脱水得到含有碳氮双键的化合物，分别生成肟、腙、苯腙及2,4-二硝基苯腙。这一反应可用下列通式表示：

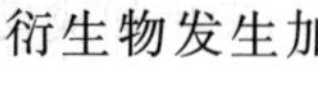

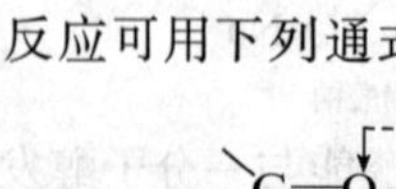

$$C=O + H-N\begin{matrix}H\\Y\end{matrix} \xrightarrow{\text{加成}} \left[\begin{matrix}OH&H\\|&|\\C-N-Y\end{matrix} \right] \xrightarrow{-H_2O} C=N-Y$$

不稳定

$$—Y: \quad —OH \quad —NH_2 \quad —NH\text{⟨苯环⟩} \quad —NH\text{⟨2,4-二硝基苯⟩}$$

上式也可直接写成

$$\text{⟩}C{=}O + H_2N—Y \rightleftharpoons \text{⟩}C{=}N—Y + H_2O$$

2. α-氢原子的反应

(1)卤化与卤仿反应。醛和酮分子中的 α-氢原子容易被卤素取代，生成 α-卤代醛、酮，一卤代醛或酮往往可以继续卤化为二卤代、三卤代产物。例如：

$$CH_3CHO \xrightarrow[H_2O]{Cl_2} CH_2ClCHO \xrightarrow{Cl_2} CHCl_2CHO \xrightarrow{Cl_2} CCl_3CHO$$
三氯乙醛

在酸催化下，卤代反应可以控制在生成一卤代物阶段。例如：

$$CH_3{-}\overset{O}{\overset{\|}{C}}{-}CH_3 + Br_2 \xrightarrow[65\,℃]{CH_3COOH} CH_3{-}\overset{O}{\overset{\|}{C}}{-}CH_2Br + HBr$$
α-溴丙酮

(2)羟醛缩合反应。

1)羟醛缩合。含有 α-氢原子的醛在稀碱溶液中相互作用，一分子醛的 α-氢原子加到另一分子醛的羰基氧原子上，剩余部分加到羰基碳原子上，生成 β-羟基醛。因此，这个反应称为羟醛缩合。β-羟基醛在加热下易脱水生成 α，β-不饱和醛。例如：

$$CH_3{-}\overset{O}{\overset{\|}{C}}{-}H + \overset{H}{\underset{\ }{C}}H_2CHO \xrightarrow[5\,℃]{10\%NaOH} CH_3\overset{OH}{\overset{|}{C}}H{-}\overset{H}{\overset{|}{C}}HCHO \xrightarrow[\triangle]{-H_2O} CH_3CH{=}CHCHO$$
β-羟基丁醛 　　2-丁烯醛（巴豆醛）

α，β-不饱和醛进一步催化加氢，则得到饱和醇。

$$CH_3CH{=}CHCHO \xrightarrow{H_2}{Ni} CH_3CH_2CH_2CH_2OH$$

2)交叉羟醛缩合。两种含有 α-氢原子的不同醛之间发生的羟醛缩合反应称为交叉羟醛缩合。产物为四种产物的混合物，在有机合成上没有多大实际意义。

$$\text{⟨苯环⟩}{-}CHO + CH_3CHO \xrightarrow[\triangle]{稀\,NaOH} \text{⟨苯环⟩}{-}CH{=}CH{-}CHO$$
肉桂醛

3. 氧化还原反应

(1)还原反应。

1)还原成醇。醛或酮都能很容易地分别被还原为伯醇或仲醇。

$$R{-}\overset{O}{\overset{\|}{C}}{-}H(R') \xrightarrow{[H]} R{-}\overset{OH}{\overset{|}{C}}H{-}H(R')$$

在不同的条件下，用不同的试剂可以得到不同的产物。

用金属氢化物还原：

$$\text{⟨邻氯苯基⟩}{-}\overset{O}{\overset{\|}{C}}{-}CH_2Br \xrightarrow[25\,℃,\ 5\,h]{KBH_4,\ CH_3OH} \text{⟨邻氯苯基⟩}{-}\overset{OH}{\overset{|}{C}}H{-}CH_2Br$$
1-邻氯苯基-2-溴乙醇

催化加氢：

$$\text{⟨苯环⟩}{-}CH{=}CHCHO \xrightarrow{H_2}{Ni} \text{⟨环己基⟩}{-}CH_2CH_2CH_2OH$$

2)还原成烃。醛和酮可以被还原成烃，常用的还原方法有以下两种：

①克莱门森(Clemmensen)还原。醛或酮与锌汞齐和浓盐酸共热，羰基可直接还原成亚甲基。这个反应称为克莱门森还原。例如：

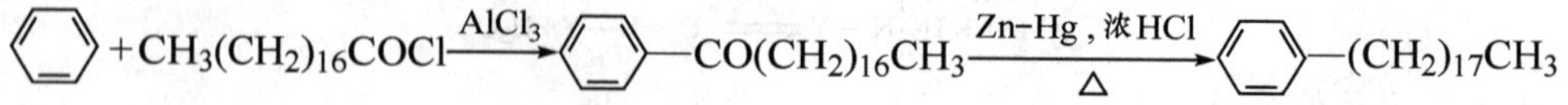

$$\text{<benzene>}+CH_3(CH_2)_{16}COCl \xrightarrow{AlCl_3} \text{<benzene>}-CO(CH_2)_{16}CH_3 \xrightarrow[\triangle]{Zn-Hg，浓HCl} \text{<benzene>}-(CH_2)_{17}CH_3$$

（不发生重排）　　　　　　　　　　　　　　　　十八烷基苯（77%）

②沃尔夫－凯西纳－黄鸣龙(Wolff－Kishner－Huangminglong)还原醛或酮与水合肼在高沸点溶剂(如二甘醇、三甘醇等)中与碱共热，羰基被还原成亚甲基。这一反应最初由俄国人沃尔夫和德国人凯西纳共同发明，后经我国化学家黄鸣龙改进了反应条件，所以称为沃尔夫－凯西纳－黄鸣龙还原法。例如：

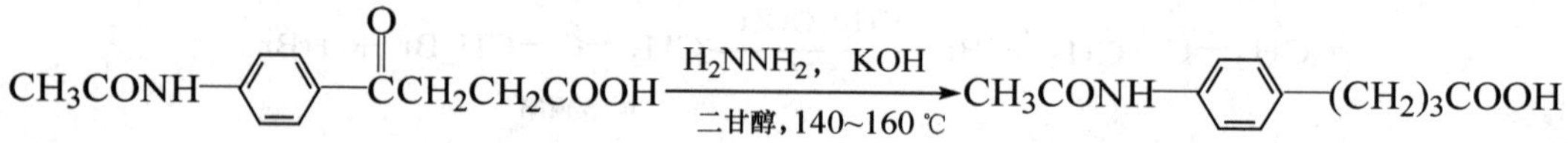

$$CH_3CONH-\text{<benzene>}-\overset{O}{\overset{\|}{C}}CH_2CH_2COOH \xrightarrow[\text{二甘醇，140～160℃}]{H_2NNH_2，\ KOH} CH_3CONH-\text{<benzene>}-(CH_2)_3COOH$$

4-对乙酰氨苯基丁酸

（2）氧化反应。

1)与托伦(Tollen)试剂反应。托伦试剂：硝酸银的氨溶液。

如果反应器壁非常洁净，会在容器壁上形成光亮的银镜。因此，这一反应又称为银镜反应。

$$RCHO+2[Ag(NH_3)_2]OH \xrightarrow{\triangle} RCOONH_4+2Ag\downarrow+3NH_3\uparrow+H_2O$$

托伦试剂不能氧化碳碳双键和碳碳三键，选择性较好。例如，工业上用它来氧化巴豆醛制取巴豆酸。

2)与斐林试剂(Fehling)反应。斐林试剂是由硫酸铜与酒石酸钾钠的碱溶液等体积混合而成的蓝色溶液。斐林试剂能将脂肪醛氧化成脂肪酸，同时二价铜离子被还原成砖红色的氧化亚铜沉淀。但斐林试剂不能氧化芳香醛。因此，可以用斐林反应来区别脂肪醛和芳香醛。

$$\underset{\text{蓝色}}{RCHO+2Cu(OH)_2}+NaOH \xrightarrow{\triangle} RCOONa+\underset{\text{红色}}{Cu_2O}+3H_2O$$

甲醛的还原性较强，与斐林试剂反应可生成铜镜，可借此性质鉴别甲醛和其他醛类。

$$HCHO+Cu(OH)_2+NaOH \xrightarrow{\triangle} HCOONa+Cu\downarrow+2H_2O$$

（3）坎尼扎罗(Cannizzaro)反应。不含 α-氢的醛在浓碱溶液作用下，可以发生自身氧化还原反应。一分子醛被还原成醇，另一分子醛被氧化成羧酸，此反应叫作坎尼扎罗反应，又叫作歧化反应。例如：

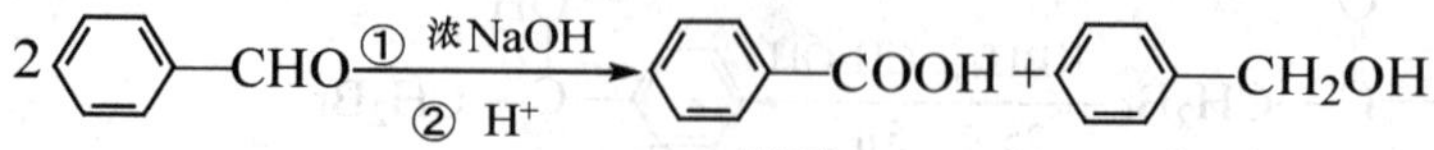

$$2\ \text{<benzene>}-CHO \xrightarrow[\text{② } H^+]{\text{① 浓NaOH}} \underset{\text{苯甲酸}}{\text{<benzene>}-COOH}+\underset{\text{苯甲醇}}{\text{<benzene>}-CH_2OH}$$

科学小故事：
WOLFF-KISHNER-黄鸣龙还原反应

两种不含 α-氢的醛在浓碱的作用下，也能发生歧化反应(交叉歧化反应)，但产物相当复杂。例如：工业上用甲醛和乙醛为原料制取季戊四醇。

任务五　认识羧酸

小白同学从家里拿来食醋和纯碱,加在一起,产生了大量气泡,直至不再有气泡产生,把装有溶液的蒸发皿放在烘箱中,慢慢蒸掉水分,出现白色固体。小白产生了疑惑:

(1)为什么产生大量气泡?

(2)产生的白色固体是什么?

(3)发生了什么反应?

任务解析

完成本次任务需要具备以下知识:

(1)羧酸的含义;

(2)羧酸的分类;

(3)羧酸的化学性质;

(4)基本实验操作技能。

任务实施

1. 实验器材

蒸发皿、玻璃棒、滤纸、烘箱或电热板、钳子、三脚架、石棉网。

2. 实验药品

含乙酸的家用食醋、纯碱(碳酸钠)。

3. 组织形式

两人一组,在教师指导下,根据实验步骤完成实验。

4. 注意事项

(1)处理化学物质时应在通风良好的地方操作,避免实验者长时间吸入蒸气。

(2)加热过程中要注意防止烫伤,使用钳子和石棉网来移动热蒸发皿。

(3)若使用烘箱,确保周围没有易燃物品,并遵循烘箱使用的安全规程。

5. 实验步骤

(1)在蒸发皿中加入 50 mL 食醋,然后小心加入与醋酸等摩尔量的纯碱。

(2)用玻璃棒搅拌混合物,直至不再有气泡产生,表明反应已经完成。

(3)如果有明显的不溶物,可通过过滤来清除。

(4)把含有醋酸钠溶液的蒸发皿放到烘箱中或用电热板加热,慢慢蒸发掉水分。

(5)当大部分水分被蒸发后,适当提高温度,直到获得干燥的无水醋酸钠。

(6)关闭加热源,待冷却至室温后,观察无水醋酸钠的物理性状,并记录下来。

实验内容详解

（1）醋酸属于羧酸，羧酸具有酸性，遇碱会发生酸碱中和反应。醋酸和纯碱（Na_2CO_3）发生中和反应，生成相应的盐和二氧化碳（CO_2），因此实验中有气泡产生。

$$2CH_3COOH + Na_2CO_3 = 2CH_3COONa + H_2O + CO_2\uparrow$$

（2）把含有醋酸钠溶液的蒸发皿放到烘箱中或用电热板加热，慢慢蒸发掉水分。直至获得干燥的无水醋酸钠。无水醋酸钠是一种白色结晶性粉末，在水中易溶，在加热时相对稳定，但当温度过高时可能会分解，释放出乙酸气味。

（3）需要注意的是，实验室中制备的无水醋酸钠可能由于操作条件不同，如干燥程度、温度控制等，而显示出略有差异的物理性状。例如，如果干燥不彻底，产品可能会留下一些水分，影响其外观和后续的化学性质表现。

任务评价

根据以上实验操作、现象记录及现象分析情况，进行任务评价。

序号	评价内容	评价要点	配分	评价标准	扣分	得分
1	实验准备	（1）实验预习； （2）玻璃仪器认领； （3）试剂认领	20	有一项不符合标准扣 10 分，扣完为止		
2	实验操作及记录	（1）蒸发皿的使用； （2）试剂的转移； （3）反应式的书写； （4）现象描述； （5）现象解释； （6）实验记录表格设计是否合理； （7）表格填写是否规范	60	有一项不符合标准扣 10 分，扣完为止		
3	安全文明操作	（1）实验台面整洁情况； （2）物品摆放； （3）玻璃仪器清洗放置情况； （4）安全操作情况	20	有一项不符合标准扣 5 分，扣完为止		
	总分					

知识链接

羧酸及其衍生物

分子中含有羧基（—COOH）的化合物称为羧酸，羧酸的官能团是羧基（—COOH）。羧酸可以用通式 RCOOH 和 ArCOOH 表示。羧酸广泛存在于自然界中，和人们的生活密切相关，如食用醋的主要成分是醋酸。

一、羧酸的分类与命名

1. 羧酸的分类

按照与羧基所连的烃基不同，羧酸可分为脂肪酸与芳香酸；脂肪酸又可根据烃基是否饱和，分为饱和脂肪酸和不饱和脂肪酸。

　　按照分子中所含羧基的数量，羧酸可分为一元羧酸、二元羧酸和多元羧酸。一些常见的羧酸见表 9-6。

表 9-6　羧酸的分类

类别	脂肪酸		芳香酸
	饱和脂肪酸	不饱和脂肪酸	
一元羧酸	CH_3—COOH 乙酸	CH_2＝CH—COOH 丙烯酸	⬡—COOH 苯甲酸
二元羧酸	COOH | COOH 乙二酸	HC—COOH || HC—COOH 丁烯二酸	⬡〈COOH COOH 邻苯二甲酸

　　在对羧酸进行分类时，可将两种分类合并使用，如乙酸是饱和一元脂肪酸，丁烯二酸是不饱和二元脂肪酸，邻苯二甲酸是二元芳香酸等。饱和一元脂肪酸的通式是 $C_nH_{2n}O_2$。

　　2. 羧酸的命名

　　(1)一元脂肪酸。

　　1)饱和一元脂肪酸：选择一条含有羧基的最长碳链为主链，根据主链中碳原子数目称为某酸；从羧酸开始给主链编号，用阿拉伯数字表明取代基的位次，也可从与羧基相邻的碳原子开始用希腊字母标明取代基的位次；将取代基的位次、数目、名称写在主链名称之前。例如：

$$\overset{\delta}{\underset{5}{H_3C}}—\overset{\gamma}{\underset{4}{CH}}—\overset{\beta}{\underset{3}{CH_2}}—\overset{\alpha}{\underset{2}{CH}}—COOH$$
$$\underset{CH_3}{} \qquad \underset{CH_2CH_3}{}$$

4-甲基-2-乙基戊酸或 γ-甲基-α-乙基戊酸

　　2)不饱和一元脂肪酸：以饱和一元脂肪酸命名原则为基础，不同的是，选择一条既含有羧基又含有不饱和键的最长碳链为主链，根据主链中碳原子数目称为某烯酸或某炔酸，并标明不饱和键的位次。例如：

$$H_3C—C＝CH—COOH$$
$$\underset{CH_3}{}$$

3-甲基-2-丁烯酸

　　(2)二元脂肪酸。以一元脂肪酸命名原则为基础，不同的是选择一条含有两个羧基的最长碳链为主链，称为某二酸。例如：

$$\underset{H_2C—COOH}{H_2C—COOH} \qquad\qquad \underset{H_2C—COOH}{H_3C—HC—COOH}$$

丁二酸(俗名：琥珀酸)　　　　　甲基丁二酸

　　(3)芳香酸。通常以脂肪酸为母体、芳基作为取代基，并将芳基的位次、名称写在母体名称之前。例如：

苯甲酸(俗名：安息香酸)　　　3-苯丙烯酸(俗名：肉桂酸)

邻甲基苯甲酸　　　邻苯二甲酸　　　β-萘乙酸

二、羧酸的性质

1. 羧酸的物理性质

饱和一元脂肪酸中，含有 1～3 个碳原子的羧酸是具有强烈刺激性气味的无色液体，含 4～9 个碳原子的羧酸是具有腐败气味的油状液体，含有 10 个碳原子以上的羧酸是无色的石蜡状固体。芳香酸和二元酸都是晶体。固态羧酸气味极小。

一些羧酸的物理常数见表 9-7。

表 9-7　一些羧酸的物理常数

名称	熔点/℃	沸点/℃	溶解度(25 ℃)/[g·(100 g 水)$^{-1}$]	pK_a(25 ℃) pK_a 或 pK_{a1}	pK_{a2}
甲酸(蚁酸)	8	100.5	∞	3.76	
蚁酸(醋酸)	16.6	117.9	∞	4.76	
丙酸	−20.8	141	∞	4.87	
丁酸(酪酸)	−6	164	∞	4.88	
异丁酸	−46.1	153.2		4.84	
戊酸	−33.8	186.1	4.97	4.82	
己酸	−3	205	1.08	4.88	
十二酸(月桂酸)	44	179(2 399.8 Pa)	0.006		
十四酸(肉豆蔻酸)	58	200(2 666.4 Pa)	0.002		
十六酸(棕榈酸)	63	219(2 266.5 Pa)	0.000 7		
十八酸(硬脂酸)	70	235(2 666.4 Pa)	0.000 3		
苯甲酸(安息香酸)	122.4	249	0.34	4.19	
1-萘甲酸	160		不溶	3.70	
乙二酸(草酸)	189(分解)		10.2	1.23	4.19
丙二酸	136		138	2.85	5.70
丁二酸(琥珀酸)	182	235(脱水分解)	6.8	4.16	5.60
邻苯二甲酸	210～211(分解)		0.7	2.89	5.41

4 个碳原子以下的饱和一元脂肪酸可与水混溶，随着碳链的增长，溶解度逐渐减小，12 个碳原子以上的羧酸不溶于水；饱和一元脂肪酸在水中的溶解度比相对分子质量相当的醇要大。

直链饱和脂肪酸的沸点随相对分子质量增大而升高，比相对分子质量相当的醇要高，见表 9-8。熔点则随碳原子数增加而呈锯齿状变化，含偶数碳原子酸的熔点比前、后两个相邻的奇数碳原子酸的熔点都高。

表 9-8　羧酸与相对分子质量相当的醇沸点比较

相对分子质量	羧酸	沸点/℃	醇	沸点/℃
46	甲酸	100.5	乙醇	78.5
60	乙酸	118	丙醇	97.4
74	丙酸	141	1-丁醇	117.3

2. 羧酸的化学性质

羧基是羧酸的官能团，羧基在形式上由羰基和羟基组成，它在一定程度上体现了羰基、羟基的某些性质，但由于羰基和羟基间的相互影响，与醛、酮中的羰基和醇、酚中的羟基有着显著的差异。由于羧基中羟基氧原子上孤对电子与羰基的 π 电子发生离域，使得羰基和羟基形成了一个整体——羧基，即显示羧基特有的性质。羧酸具有酸性；羧基的吸电子诱导效应使得 α-氢原子活化，易被取代；使得芳环钝化，难以发生亲电取代反应。

(1)酸性。羧酸在水溶液中可解离出质子而呈酸性，能使蓝色的石蕊试纸变红。大多数一元羧酸的 pK_a 值在 $3.5 \sim 5$ 范围内，属于弱酸，但比碳酸（$pK_a = 6.38$）、酚（$pK_a \approx 10$）和醇的酸性强。

$$R—COOH + H_2O \rightleftharpoons RCOO^- + H_2O$$
$$R—COOH + NaOH \longrightarrow R—COONa + H_2O$$
$$R—COOH + NaHCO_3 \longrightarrow R—COONa + CO_2 \uparrow + H_2O$$
$$R—COONa + HCl \longrightarrow R—COOH + NaCl$$

由于羧基中存在 p-π 共轭体系，使得羟基氧上的电子云密度降低，羟基氢氧键的极性增强，有利于氢离子的解离而呈酸性。

某些羧酸盐有抑制细菌生长的作用，常用于食品加工中作为防腐剂，常用的食品防腐剂有苯甲酸钠、乙酸钙和山梨酸钾等。

(2)羧基被取代的反应——羧酸衍生物的生成。羧酸分子中羧基上的羟基在一定条件下可被其他原子或基团取代，生成羧酸衍生物。可以被卤原子（—X）、酰氧基（—OOCR）、烃氧基（—OR）或氨基（—NH$_2$）取代，生成酰卤、酸酐、酯和酰胺等羧酸衍生物。

$$R—\overset{\overset{\displaystyle O}{\|}}{C}—OH \longrightarrow
\begin{cases}
R—\overset{\overset{\displaystyle O}{\|}}{C}—X & \text{酰卤} \\[2mm]
R—\overset{\overset{\displaystyle O}{\|}}{C}—O—\overset{\overset{\displaystyle O}{\|}}{C}—R' & \text{酸酐} \\[2mm]
R—\overset{\overset{\displaystyle O}{\|}}{C}—OR' & \text{酯} \\[2mm]
R—\overset{\overset{\displaystyle O}{\|}}{C}—NH_2 & \text{酰胺}
\end{cases}$$

1)酰卤的生成。羧酸（除甲酸外）与三氯化磷、五氯化磷等反应生成相应的酰氯。例如：

$$3CH_3—\overset{\overset{\displaystyle O}{\|}}{C}—OH + PCl_3 \longrightarrow 3CH_3—\overset{\overset{\displaystyle O}{\|}}{C}—Cl + H_3PO_3 \text{（亚磷酸，200 ℃分解）}$$

酰氯很活泼，易水解，通常用蒸馏法将产物分离。酰氯是一类重要的酰基化试剂，甲酰氯极不稳定，不存在。由于酰溴、酰碘的制备条件难以控制并且价格高，通常使用的是酰氯。

2)酸酐的生成。羧酸(除甲酸外)在脱水剂(如 P_2O_5)作用下，加热脱水生成酸酐。例如：

$$R—\overset{\overset{\displaystyle O}{\|}}{C}—OH + OH—\overset{\overset{\displaystyle O}{\|}}{C}—R \longrightarrow \begin{array}{c} R—\overset{\overset{\displaystyle O}{\|}}{C} \\ R—\underset{\underset{\displaystyle O}{\|}}{C} \end{array}\hspace{-6pt}O \quad + H_2O$$

酸酐

3)酯的生成。在强酸(如浓硫酸、对四基苯磺酸或强酸性离子交换树脂)的催化下，羧酸与醇作用生成酯和水的反应称为酯化反应。酯化反应是可逆反应。例如：

$$R—\overset{\overset{\displaystyle O}{\|}}{C}—OH + HO—R \rightleftharpoons R—\overset{\overset{\displaystyle O}{\|}}{C}O—R + H_2O$$

4)酰胺的生成。羧酸与氨或胺反应生成铵盐，铵盐在高温(150 ℃以上)分解脱水得到酰胺，这是一个可逆反应。例如：

$$R—\overset{\overset{\displaystyle O}{\|}}{C}—OH + NH_3 \rightleftharpoons R—\overset{\overset{\displaystyle O}{\|}}{C}—ONH_4 \longrightarrow R—\overset{\overset{\displaystyle O}{\|}}{C}—NH_2 + H_2O$$

(3)还原反应。羧酸在有强还原剂($LiAlH_4$)存在下被还原成伯醇。但此还原剂价格高，仅适用于实验室。例如：

$$CH_3—\overset{\overset{\displaystyle CH_3}{|}}{\underset{\underset{\displaystyle CH_3}{|}}{C}}—COOH \xrightarrow{LiAlH_4} CH_3—\overset{\overset{\displaystyle CH_3}{|}}{\underset{\underset{\displaystyle CH_3}{|}}{C}}—CH_2—OH$$

(4)脱羧反应。羧酸分子中羧基脱去二氧化碳的反应称为脱羧反应。脂肪羧酸的羧基较稳定，不易发生脱羧反应；只有 α-碳原子上连有强吸电子基的羧酸或羧酸盐，加热时可脱羧。例如：

$$Cl—\overset{\overset{\displaystyle Cl}{|}}{\underset{\underset{\displaystyle Cl}{|}}{C}}—COOH \longrightarrow Cl—\overset{\overset{\displaystyle Cl}{|}}{\underset{\underset{\displaystyle Cl}{|}}{CH}} + CO_2\uparrow$$

(5)烃基上的反应。

1)α-H 卤化。羧基和羰基类似，能使 α-H 活化，可被卤原子取代生成 α-卤代酸。由于羧基的致活作用比羰基小得多，因此，没有醛、酮分子中的 α-H 活泼，需要在碘、硫或红

磷等催化剂存在下 α-H 才能被卤原子取代。例如：

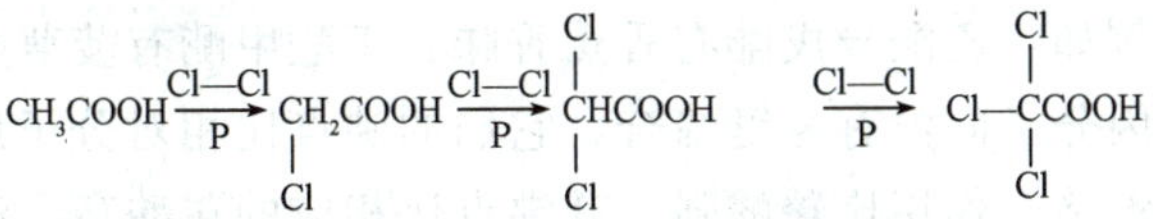

$$CH_3COOH \xrightarrow[P]{Cl-Cl} CH_2COOH \xrightarrow[P]{Cl-Cl} CHCOOH \xrightarrow[P]{Cl-Cl} Cl-CCOOH$$

控制反应条件，可使反应停留在一元或二元取代阶段。

2）芳香酸的环上取代反应。羧基是间位定位基，芳香酸环上亲电取代比母体芳烃困难，且使取代基进入羧基的间位。例如：

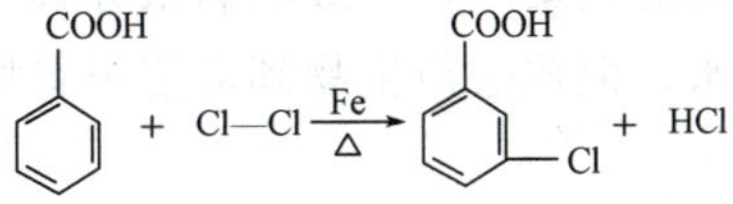

三、羧酸衍生物的分类与命名

1. 羧酸衍生物的分类

羧酸分子中羟基被其他原子或基团取代生成的化合物称为羧酸衍生物。羧酸分子中的羟基被卤原子、酰氧基、烷氧基、氨基取代后生成的化合物，分别称为酰卤、酸酐、酯和酰胺。

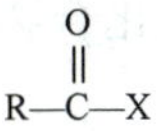

| 酰卤 | 酸酐 | 酯 | 酰胺 |

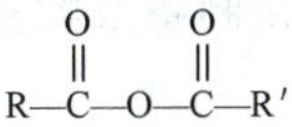

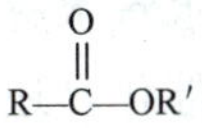

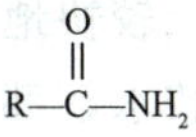

2. 羧酸衍生物的命名

酰氯根据酰基来命名，称某酰氯。例如：

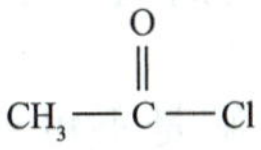

乙酰氯 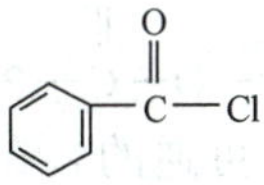　　　　　　　　苯甲酰氯

酸酐根据相应的羧酸来命名，称某酸酐。例如：

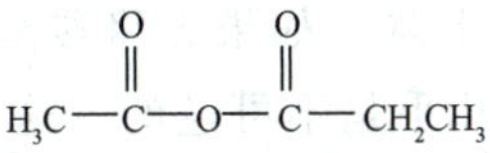

乙丙酸酐 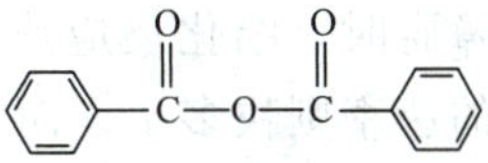　　　　　　　苯甲酸酐

酯是根据形成它的酸和醇的名称来命名，称某酸某酯。例如：

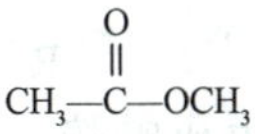

$$CH_3-\overset{O}{\overset{\|}{C}}-OCH_3$$

乙酸甲酯

酰胺根据酰基来命名，称某酰胺。当分子中氮原子上的氢原子被烃基取代时，在酰胺名称前冠以 N-烃基名称。例如：

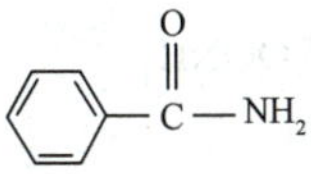

苯甲酰胺 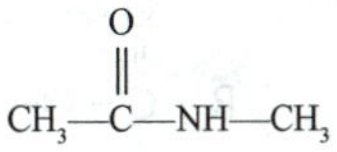　　　　　　　N-甲基乙酰胺或乙酰甲胺

四、羧酸衍生物的性质

1. 物理性质

在室温下，酰氯、酸酐、酯和酰胺大多数为液体或固体。低级的酰氯有刺激性气味；

低级的酸酐有令人不愉快的气味；低级的酯有水果香味，广泛存在于水果中，这是许多花果具有香味的原因。例如，乙酸异戊酯有香蕉香味，丁酸甲酯有菠萝香味等。

酰氯、酸酐和酯因分子间没有氢键缔合，它们的沸点比相对分子质量相近的羧酸低得多；而酰胺分子间氢键缔合作用比羧酸强，其沸点比相应的羧酸高。例如：

化合物	乙酰胺	乙酸	乙酰氯
沸点	222 ℃	118 ℃	52 ℃

酰氯、酸酐的水溶性比相应的羧酸小，低级的遇水分解。四碳及四碳以下的酯有一定的水溶性。低级的酰胺可溶于水。但羧酸衍生物都可溶于有机溶剂，有的本身是良好的有机溶剂，如乙酸乙酯。

2. 化学性质

（1）亲核取代反应。像羧酸一样，羧酸衍生物的酰基碳也可受亲核试剂的进攻，按照先加成后消除机理进行亲核取代反应，亲核取代反应的难易与酰基碳的正电性、立体障碍及同酰基相连的基团不同有关，则羧酸衍生物的亲核取代反应的相对活性是酰氯＞酸酐＞酯＞酰胺。

1）水解。酰氯、酸酐、酯和酰胺都能水解生成相应的羧酸，但它们的活性不同。低级的酰氯、酸酐能较快地被空气中水汽水解，因此在制备及贮存这两类化合物时，必须隔绝水汽。酯和酰胺水解都需酸或碱催化，还需加热。

$$
\underset{R-\overset{\displaystyle O}{\overset{\|}{C}}-Cl}{} + H_2O \longrightarrow R-COOH + HCl
$$

$$
\underset{R-\overset{\displaystyle O}{\overset{\|}{C}}-O-\overset{\displaystyle O}{\overset{\|}{C}}-R'}{} + H_2O \longrightarrow R-COOH + R'-COOH
$$

酯在酸催化下的水解是可逆的，在碱作用下的水解是不可逆反应，将生成的羧酸盐从平衡体系中除去，水解反应能进行到底。

2）醇解。酰氯、酸酐和酯都可以与醇作用生成相应的酯。羧酸与醇直接酯化是可逆的，而且当遇到空间障碍时，酯化反应速率显著下降。如果先将羧酸转化为酰氯和酸酐，再与醇作用，生成酯的速率则快多了，而且反应几乎是不可逆的。这是制备酯的常用方法之一。酯的醇解也称为酯交换反应。

$$
\underset{R-\overset{\displaystyle O}{\overset{\|}{C}}-OR}{} + OH-R' \longrightarrow \underset{R-\overset{\displaystyle O}{\overset{\|}{C}}-OR'}{} + OH-R
$$

3）氨解。酰氯、酸酐和酯与氨反应生成酰胺。

$$
\underset{R-\overset{\displaystyle O}{\overset{\|}{C}}-Cl}{} + 2NH_3 \longrightarrow \underset{R-\overset{\displaystyle O}{\overset{\|}{C}}-NH_2}{} + NH_4Cl
$$

$$
\underset{R-\overset{\displaystyle O}{\overset{\|}{C}}-O-\overset{\displaystyle O}{\overset{\|}{C}}-R'}{} + 2NH_3 \longrightarrow \underset{R-\overset{\displaystyle O}{\overset{\|}{C}}-NH_2}{} + R'COONH_4
$$

$$
\underset{R-\overset{\displaystyle O}{\overset{\|}{C}}-OR}{} + NH_3 \longrightarrow \underset{R-\overset{\displaystyle O}{\overset{\|}{C}}-NH_2}{} + HO-R
$$

（2）酰胺的性质。

1）酰胺的酸碱性。氨呈碱性，当氨分子中的一个氢原子被酰基取代生成的酰胺一般是呈中性或近中性化合物，不能使石蕊变色。由于氮原子上的孤对电子与羰基中 π 键形成

p-π 共轭体系，共轭结果一方面使氮上的电子云密度降低，减弱了它接受质子的能力，使氨基碱性减弱；另一方面增加了 N—H 键的极性，使酰胺表现出一定的弱酸性。则酰胺在一定的条件下能表现出弱碱性和弱酸性。

如果氨分子的两个氢原子都被酰基取代，生成的酰亚胺氮原子上的氢原子显示出明显的酸性，能与强碱的水溶液作用生成盐。

2）霍夫曼降解反应。酰胺与次氯酸钠或次溴酸钠的碱溶液作用生成少一个碳原子的伯胺，这是由霍夫曼（Hofmann A. W. von）发现的制纯伯胺的一个好方法，故称霍夫曼降解反应。例如：

$$CH_3-(CH_2)_4-\overset{\overset{\text{O}}{\|}}{C}-NH_2 \xrightarrow[\text{NaOH, H}_2\text{O}]{\text{Br}_2} CH_3-(CH_2)_3-CH_2-NH_2$$

3）酰胺脱水反应。酰胺与强脱水剂（P_2O_5、PCl_5、$POCl_3$、乙酸酐等）共热则脱水生成腈。例如：

$$(CH_3)_3C-\overset{\overset{\text{O}}{\|}}{C}-NH_2 \xrightarrow[\text{200 ℃}]{P_2O_5} (CH_3)_3C-C\equiv N+H_2O$$

（3）酯的还原反应。催化氢化和化学还原可以把酯还原为伯醇，并释放出原有酯中的醇或酚。

1）催化氢化。酯的催化氢化比烯、炔及醛、酮困难，它需要高温、高压及特殊的催化剂。例如：

$$\bigcirc\!\!\!-\overset{\overset{\text{O}}{\|}}{C}-OC_2H_5+H_2 \xrightarrow[\text{200~250 ℃, 14~28 MPa}]{Cu_2O+Cr_2O_3} \bigcirc\!\!\!-CH_2OH+C_2H_5OH$$

2）化学还原。酯化学还原最常用的还原剂是金属钠和无水乙醇，也可采用氢化铝锂还原剂。这两种还原剂均不影响分子中的碳碳双键。

【思维导图——知识点归纳】

醇酚醚
- 醇
  - 醇的分类及命名
  - 醇的制备
  - 醇的物理性质
  - 醇的化学性质
    - 与活泼金属反应
    - 与酸的酯化反应
    - 脱水反应
    - 羟基被卤代
- 酚
  - 酚的分类及命名
  - 酚的物理性质
  - 酚羟基的反应
  - 酚的化学性质
  - 芳环上的反应
- 醚
  - 醚的分类与命名
  - 醚的物理性质
  - 醚的化学性质（醚键断裂、过氧化物生成）

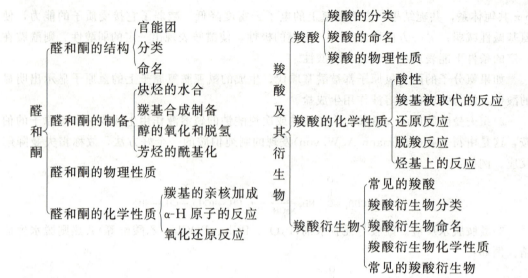

一、选择题

1. 常用来防止汽车水箱结冰的防冻剂是（　　）。

A. 甲醇　　　　　　　B. 乙醇　　　　　　　C. 乙二醇　　　　　　　D. 丙三醇

2. 禁止用工业酒精配制饮料酒，是因为工业酒精中含有（　　）。

A. 甲醇　　　　　　　B. 乙二醇　　　　　　C. 丙三醇　　　　　　　D. 异戊醇

3. 下列说法正确的是（　　）。

A. 乙醇和乙醚互为同分异构体

B. 乙醇和乙二醇互为同系物

C. 含羟基的化合物一定属于醇类

D. 等质量的乙醇和乙二醇与足量钠反应时，乙二醇产生的氢气较乙醇多

4. 下列说法正确的是（　　）。

A. 含有羟基的化合物一定属于酚类

B. 代表酚类的官能团是与苯环上的碳直接相连的羟基

C. 酚类和醇类具有相同的官能团，因而具有相同的化学性质

D. 分子内有苯环和羟基的化合物一定是酚类

5. 一些易燃易爆化学试剂的瓶子上贴有"危险"警告标签以警示使用者。下面是一些危险警告标签，则盛装苯酚的试剂瓶应贴上的标签是（　　）。

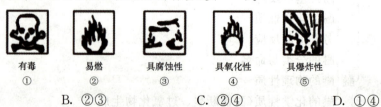

A. ①③　　　　　　　B. ②③　　　　　　　C. ②④　　　　　　　D. ①④

6. 丁醇和乙醚是（　　）异构体。

A. 碳架　　　　　　　　B. 官能团　　　　　　　C. 几何　　　　　　　　D. 对映

7. 含脂溶性成分的乙醚提取液，在回收乙醚的过程中，下列操作不正确的是（　　）。

A. 在蒸除乙醚之前应先干燥去水　　　　　　B. "明"火直接加热

C. 不能用"明"火加热且室内不能有"明"火　　D. 温度应控制在 30 ℃左右

二、命名下列化合物

1. 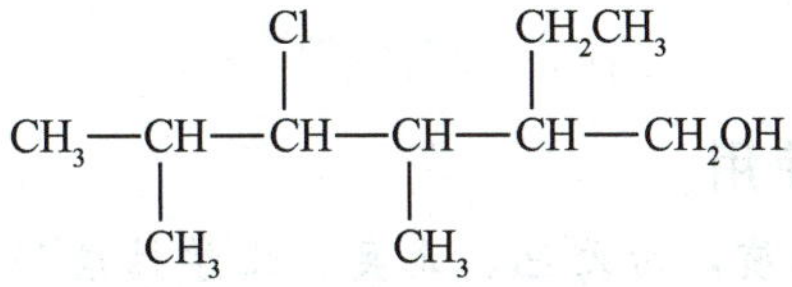
$$CH_3-CH(\overset{|}{CH_3})-CH(\overset{Cl}{|})-CH(\overset{CH_3}{|})-CH(\overset{CH_2CH_3}{|})-CH_2OH$$

2. （苯环-OH）

3. （苯环带 OCH₃ 和 OH）

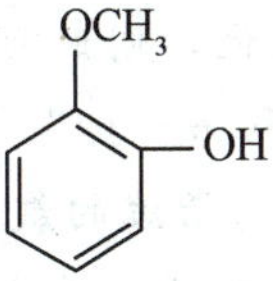

4. 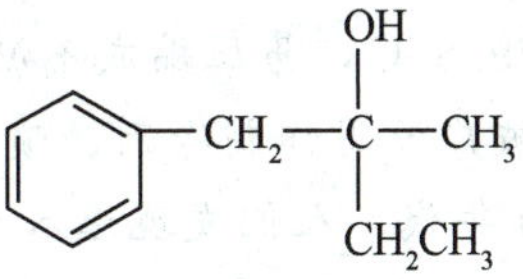 （苯-CH₂-C(OH)(CH₃)(CH₂CH₃)）

5. $CH_2=CHOCH=CH_2$

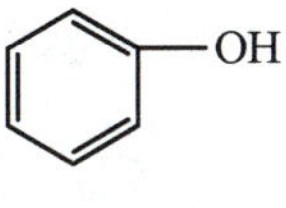

6. 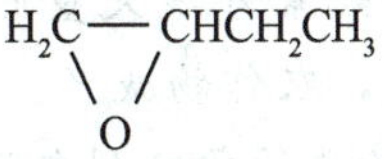 $H_2C-CHCH_2CH_3$（环氧，O）

7. $(CH_3)_2CHCHO$

8. $H_2C=CHCH_2CH(C_2H_5)(CH_2)CHO$

9. 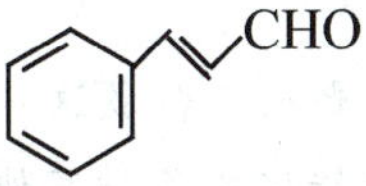 （苯-CH=CH-CHO）

10. 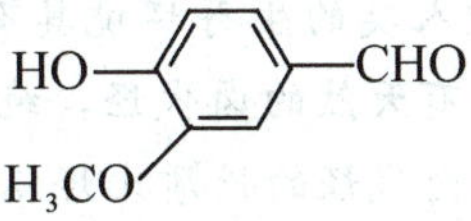 （苯环带 HO, H₃CO, CHO）

11. $(CH_3)_2CHCOCH_2CH_3$

12.  （螺环酮，O）

13. 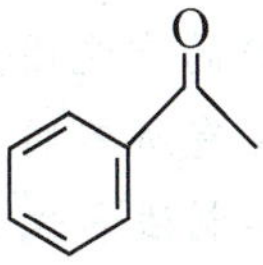 （苯基-CO-CH₃）

14. 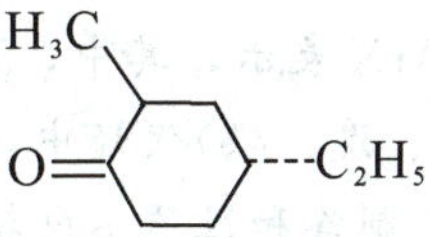 （环己酮带 H₃C 和 C₂H₅）

15. $BrCH_2CH_2COOH$

16. $HOOCCH_2CH_2COOH$

17. 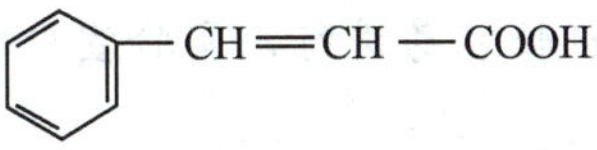 （苯-CH=CH-COOH）

18. 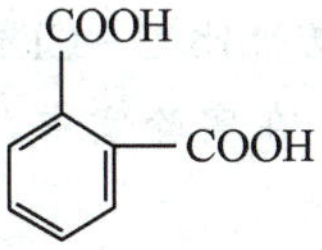 （苯环带 COOH, COOH）

19. 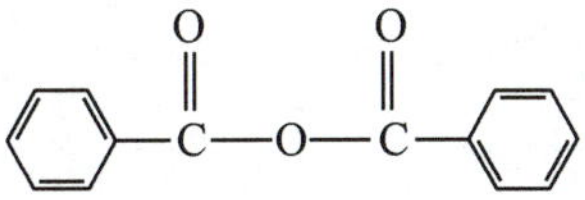 （苯-C(=O)-O-C(=O)-苯，苯甲酸酐）

三、以沸点增高为序排列下列各化合物，并说明理由

1. a. $H_2C=CHCH_2CHO$　　　　b. $H_2C=CHOCH=CH_2$

c. $H_2C=CHCH_2CH_2OH$　　　d. $H_2C=CHCH_2CH_2CH_3$

2. a. 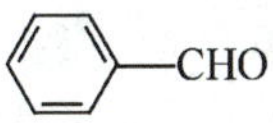 （苯-CHO）　　　　b. 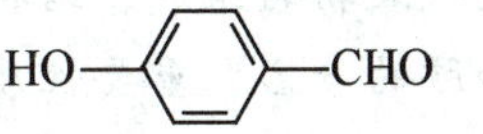 HO—（苯）—CHO

c. 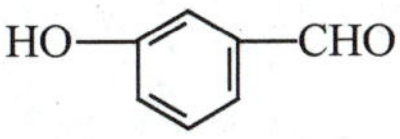 HO—（苯）—CHO　　d. 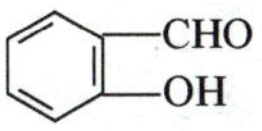 （苯环带 CHO, OH）

参考答案

· **269** ·

项目十　探究烃的其他衍生物

制冷剂的使用

制冷剂二氟二氯甲烷（CCl_2F_2）是氟氯烃类物质，为无色、无臭、化学性质稳定的气体，沸点为 $-29.8\ ℃$，易压缩成不燃性液体，解除压力后又可立刻气化，同时可吸收大量的热，因此被广泛用作制冷剂、喷雾剂、灭火剂等，其商品名为"氟利昂—12"。

20 世纪 70 年代，人们发现逸入大气中的氟利昂受日光辐射会分解出活泼的氯自由基，破坏大气臭氧层，导致紫外线大量照射到地球表面，使人体免疫系统失调，造成患白内障、皮肤癌的人增多，农作物减产。为防止大气臭氧层被进一步破坏，我国自 1991 年签订《关于消耗臭氧层物质的蒙特利尔议定书》以来，一直以丙烷（R290）等作为主要的替代制冷剂，这对保护人类的生存环境具有长远意义。

自然界极少有天然的卤代烃，绝大多数都是化学合成的。为什么要人工合成这样一类物质呢？这是因为卤代烃的性质比烃活泼得多，能发生多种化学反应而转化成各种其他类型的化合物，为有机合成提供了更多的可能途径。因此，卤原子在有机合成中起着桥梁的作用。

烃分子中一个或多个氢原子被卤原子取代后生成的一类化合物称为卤代烃，简称卤烃。常用 RX 或 ArX 表示，其中，X＝F、Cl、Br、I，卤原子为卤代烃的官能团。

在卤（氟、氯、溴、碘）代烃中，氟代烃的制备和性质与其他卤代烃有所不同。本项目所讲述的卤代烃的制备和性质不包括氟代烃。而碘代烃由于价格高，其制法和性质在工业上应用不多，主要应用于科研，所以本项目多以氯代烃、溴代烃为例给予讲解和讨论。

由于 C—Br 键的活性比 C—Cl 键大，因此为了使反应较容易进行，实验室中常用溴代烃来合成有机化合物。在实验室中，溴代烃更为重要。

知识目标

1. 了解卤代烃的基本组成、分类及结构特点。
2. 了解卤代烃的普通命名法，熟练掌握卤代烃的系统命名法。
3. 理解卤代烃的物理性质。
4. 了解卤代烃的制备及化学性质。
5. 理解卤代烃的典型代表物的组成、结构特点和重要性质。
6. 掌握硝基化合物和胺的命名、重要性质及其应用。
7. 了解重氮和偶氮化合物的性质。
8. 了解杂环化合物的分类和命名。

9. 理解杂环化合物的结构与芳香性。

10. 熟悉几种重要的杂环化合物。

11. 理解氨基酸的结构通式和特点。

12. 知道氨基酸是蛋白质的基本组成单位。

13. 了解氨基酸构成多肽链或蛋白质分子的过程。

能力目标

1. 能识别卤代烃官能团并命名常见卤代烃。

2. 能根据卤代烃的物理化学性质判断卤代烃的毒理性并做到有效防护。

3. 能准确鉴别卤代烃。

4. 能命名常见硝基化合物和胺。

5. 能应用重要的硝基化合物和胺的化学性质。

6. 能独立完成实验操作。

7. 能认识重要的杂环化合物。

8. 能阐述氨基酸形成蛋白质的过程。

9. 能通过蛋白质的形成过程解释蛋白质的结构和功能多样性的原因。

素养目标

1. 通过认识物质的结构和官能团，推断物质的性质，培养"宏观辨识与微观探析"的学习素养，培养科学的态度、严谨的思维和勇于探索的品质。

2. 通过了解物质对生态环境的污染，培养绿色生产、习近平生态文明思想及环境保护意识。

3. 通过交流、讨论、活动，加强学生之间的合作交流，培养团队合作精神。

4. 通过探究物质在生活中的现象，感受化学科学与个人生活的密切性，关注与化学有关的社会问题，进一步激发对化学的兴趣。

任务一　认识卤代烃

任务描述

在学习了烷烃的基础上，李明了解制冷剂之后对卤代烃产生了兴趣和疑惑：

(1)什么是卤代烃？

(2)怎样鉴别卤代烃？

任务解析

完成本次任务需要具备以下知识：

(1)卤代烃的化学组成及结构；

(2)卤代烃的物理性质；

(3)卤代烃的化学活性；

(4)卤代烃的鉴定方法；

(5)基本实验操作技能。

任务实施

1. 实验器材
试管、烧杯(50 mL)、酒精灯、洗瓶。

2. 实验药品
卤代烃样品、5%$AgNO_3$的乙醇溶液、5%稀HNO_3溶液。

3. 组织形式
两人一组，在教师指导下，根据实验步骤完成实验。

4. 注意事项
(1)仔细观察实验现象，认真分析现象产生原因。

(2)液体药品和固体药品的取用，注意操作规范。

5. 实验步骤
(1)取 1 mL 5% $AgNO_3$ 的乙醇溶液加入试管，滴加 2～3 滴试样后振荡混合均匀。静置 5 min 后观察有无沉淀生成，若无沉淀，可煮沸片刻，生成白色或黄色沉淀，加入 1 滴 5%稀 HNO_3 溶液，沉淀不溶则视为正反应。

(2)若煮沸后只稍微出现浑浊而无沉淀(加 5%稀 HNO_3 溶液又会发生溶解)，则视为负反应。

实验内容详解

1. 卤代烃的化学组成及结构
烃分子中一个或多个氢原子被卤原子取代后生成的一类化合物称为卤代烃，简称卤烃。常用 RX 或 ArX 表示，其中，X ═F、Cl、Br、I，卤原子为卤代烃的官能团。

2. 卤代烃的鉴定原理
未知物可以通过硝酸银的乙醇溶液检验卤代烃的活性，推测卤代烃可能的结构。因为硝酸银可与足够活泼的卤代烃(如叔卤代烃、烯丙式卤代烃和苄卤代烃等)反应，产生白色或米黄色的卤化银沉淀。

$$RX + AgNO_3 \Longrightarrow AgX \downarrow + RONO_2$$

活泼的卤代烃是指能在溶液中形成稳定碳正离子和带有良好离去基团的卤代烃。苄卤代烃、烯丙式卤代烃和叔卤代烃均能立即与硝酸银反应；仲卤代烃和伯卤代烃在室温不易反应，温热可以促进反应的发生；芳香卤代烃和乙烯式卤代烃即使在升高温度时也难以发生反应，这与碳正离子的稳定性顺序一致。同一碳原子上有两个卤原子的卤代烃不与硝酸银反应。

任务评价

根据以上实验操作、现象记录及现象分析情况，进行任务评价。

序号	评价内容	评价要点	配分	评价标准	扣分	得分
1	实验准备	(1)实验预习； (2)玻璃仪器认领； (3)试剂认领	20	有一项不符合标准扣8分，扣完为止		
2	实验操作及记录	(1)试管的使用； (2)胶头滴管的使用； (3)反应式的书写； (4)现象描述； (5)现象解释； (6)实验记录表格设计是否合理； (7)表格填写是否规范	60	有一项不符合标准扣10分，扣完为止		
3	安全文明操作	(1)实验台面整洁情况； (2)物品摆放情况； (3)玻璃仪器清洗放置情况； (4)安全操作情况	20	有一项不符合标准扣5分，扣完为止		
总分						

知识链接

卤代烃

一、卤代烃的分类与命名

1. 卤代烃同分异构现象

(1)饱和卤代烃(卤代烷)的同分异构现象。由于卤代烷的碳链和卤原子的位置不同都能引起同分异构现象，故其同分异构体的数目比相应的烷烃要多。例如，丁烷有正丁烷和异丁烷两种同分异构体，而一氯丁烷有下列四种同分异构体：

$$CH_3CH_2\ CH_2\ CH_2Cl \qquad CH_3CH_2CHCH_3 \atop Cl \qquad CH_3CHCH_2Cl \atop CH_3 \qquad CH_3 \atop CH_3CCl \atop CH_3$$

这四种同分异构体是分别从正丁烷和异丁烷的碳骨架变换碳原子的位置而衍生出来的。

(2)不饱和卤代烃的同分异构现象。由于不饱和卤代烃的碳链、不饱和键位置和卤原子的位置不同都能引起同分异构现象，故其同分异构现象更为复杂。例如，一氯丁烯(C_4H_7Cl)有下列 8 种同分异构体：

$$CH_3CH_2CH{=}CH \atop Cl \qquad CH_3CH_2C{=}CH_2 \atop Cl \qquad CH_3CHCH{=}CH_2 \atop Cl \qquad CH_2CH_2CH{=}CH_2 \atop Cl$$

$$CH_3CH{=}CHCH_2 \atop Cl \qquad CH_3CH{=}CHCH_2 \atop Cl \qquad CH_3C{=}CH \atop CH_3\ Cl \qquad CH_3C{=}CH_2 \atop Cl\ CH_3$$

2. 卤代烃的命名

(1)习惯命名法。简单的卤代烃可根据与卤原子相连的烃基来命名。例如：

CH₃CH=CHCl　　CH₂=CHCH₂Cl　　环己基溴 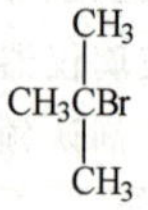　　叔丁基溴 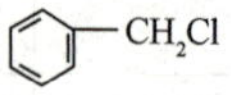　　苄基氯(或氯化苄)
丙烯基氯　　　　烯丙基氯

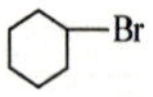

这种命名法一般用于常见的结构简单的烃基卤代物，对于比较复杂的卤代烃则需用系统命名法。

(2)系统命名法。

1)饱和卤代烃。饱和卤代烃(卤代烷)以烷烃为母体，卤原子作为取代基；选择包含卤原子的碳链作为主链，称为某烷，将卤原子及其他支链作为取代基，按"最低序列"原则对主链编号，命名时将取代基按"次序规则"(较优基团后列出)，把各取代基位次、数目、名称写在某烷的前面。例如：

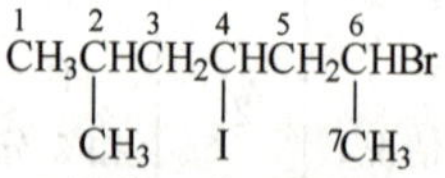

$$\overset{1}{C}H_3\overset{2}{C}H\overset{3}{C}H_2\overset{4}{C}H\overset{5}{C}H_2\overset{6}{C}HBr$$

CH₃　I　CH₃　　　　　　CHF₂Cl
2-甲基-6-溴-4-碘庚烷　　二氟氯甲烷

2)不饱和卤代烃。选择含有不饱和键和卤原子在内的最长碳链作为主链，按照烯烃的命名原则，从靠近不饱和键的一端开始将主链编号，卤原子作为取代基，以烯烃或炔烃为母体来命名。例如：

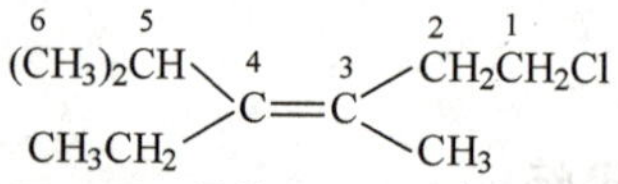

(Z)-3,5-二甲基-4-乙基-1-氯-3-己烯 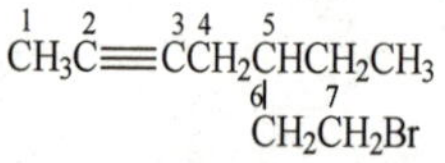　　　　5-乙基-7-溴-2-庚炔

3)卤代芳烃。卤代芳烃的命名与卤代脂肪烃相似。当卤原子直接连在芳环碳原子上时，以芳烃为母体，卤原子作为取代基。当卤原子连在芳环侧链上时，以脂肪烃基为母体，将卤原子和芳环作为取代基。例如：

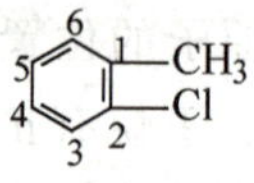

1-甲基-2-氯苯(或邻氯甲苯) 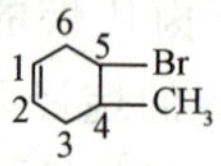　　4-甲基-5-溴环己烯 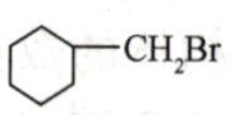　　环己基一溴甲烷 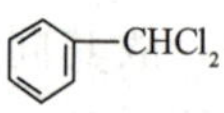　　苯二氯甲烷 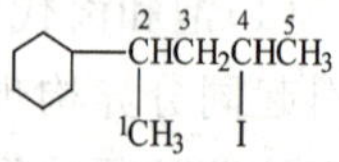　　2-环己基-4-碘戊烷

二、卤代烃的物理性质

1. 物态

在常温常压下，只有少数低级卤代烃是气体，如氯甲烷、溴甲烷、氯乙烷、氯乙烯等。其他常见的卤代烃大多是液体。高级或一些多元卤代烃为固体。

纯净的卤代烷多数是无色的。

溴代烷和碘代烷对光较敏感，光照下能缓慢地分解出游离卤原子而分别带棕黄色和紫色。

2. 溶解性

尽管卤代烃分子具有极性，但卤代烃不溶于水，因为它们不能和水分子形成氢键。但是，它们彼此可以相互混溶，易溶于醇、醚、烃等有机溶剂。有些卤代烃本身就是有机溶剂。多氯代烷和多氯代烯可用作干洗剂。例如，二氯甲烷、氯仿、四氯化碳是优良的有机溶剂，常用来从水层中提取有机物，在萃取时要注意水层在上而大多数卤代烃层在下的特点。

3. 沸点和相对密度

由于卤原子的引入，C—X 键具有较强的极性，使卤代烃分子间的引力增大，从而使卤代烃的沸点升高，密度增大。卤代烃的沸点比同碳数的相应烷烃高且随相对分子质量的增加而升高。在烃基相同的卤代烃中，沸点的规律是 RI＞RBr＞RCl。直链卤代烃的沸点高于含相同碳原子数的支链卤代烃同分异构体的沸点，支链越多的卤代烃沸点越低。这与烷烃相似。此外，氯代烷、溴代烷、碘代烷与相对分子质量相近的烷烃沸点相近。

一氟代烷和一氯代烷的相对密度小于 1，一溴代烷和一碘代烷及多卤代烷和卤代芳烃的相对密度都大于 1。一卤代烷的密度大于碳原子数相同的烷烃，随着碳原子数量的增加，这种差异逐渐减小。分子中卤原子增多，密度增大。此物理性质常用于卤代烃的分离和提纯。某些一卤代烃的沸点和密度见表 10-1。

表 10-1　某些一卤代烃的沸点和密度

烃基	氟代物		氯代物		溴代物		碘代物	
	沸点/℃	密度(20 ℃)/(g·m^{-3})	沸点/℃	密度(20 ℃)/(g·m^{-3})	沸点/℃	密度(20 ℃)/(g·m^{-3})	沸点/℃	密度(20 ℃)/(g·m^{-3})
CH$_3$—	−78.4		−24.2		3.56	1.675 5	42.4	2.279
CH$_3$CH$_2$—	−37.7		12.27		38.40	1.440	72.3	1.933
CH$_3$CH$_2$CH$_2$—	−2.5		46.60	0.890	71.0	1.335	102.45	1.747
CH$_3$CH$_2$CH$_2$CH$_2$—	32.5	0.779	78.44	0.884	101.6	1.276	130.53	1.617
(CH$_3$)$_2$CH—	−9.4		35.74	0.861 7	59.38	1.223	89.45	1.705
(CH$_3$)$_2$CHCH$_2$—	25.1		68.90	0.875	91.5	1.310	120.4	1.605
CH$_3$CH$_2$CHCH$_3$	25.3	0.766	68.25	0.873 2	91.2	1.258	120	1.595
(CH$_3$)$_3$C—	12.1		52	0.842 0	73.25	1.222	100(分解)	
环 C$_6$H$_{11}$—			143	1.000	166.2		180(分解)	

4. 稳定性

不同卤代烷的稳定性不同。一氟代烷不太稳定，蒸馏时会有烯烃形成并放出氟化氢。氯代烷相当稳定，可用蒸馏方法来纯化。较高分子量的叔烷基氯化物，加热时也会放出氯化氢，因而在处理时要小心。叔丁基碘在常压下蒸馏时，会完全分解。三氯甲烷在光照下会发生缓慢的分解并生成光气。溴代烷和碘代烷对光也敏感，在光的作用下会慢慢放出溴或碘而变成棕色或紫色，因而常存放于不透明或棕色的瓶中保存，在使用前重新进行蒸馏。

三、卤代烷的化学性质及应用

卤代烃的许多性质都是由于 C—X 键的极性引起的，由于卤原子的电负性比较大，使碳卤键(C—X 键)的极性比 C—H 键和 C—C 键都大，成键电子对偏向卤原子，从而使碳原子带有部分正电荷，卤原子带有部分负电荷。又由于 X$^{\delta-}$ 比 C$^{\delta+}$ 更为稳定，在与其他物质发生反应时，往往是 C$^{\delta+}$ 被亲核试剂进攻而发生亲核取代反应。反应时，卤代烷的活性顺序是碘代烷＞溴代烷＞氯代烷。

C—X 键不但极性大，同时极化度也大，X 的 −I 效应(吸电子的诱导效应)使 β−H 酸性增强，因此，在化学反应中容易发生共价键异裂，β—H 原子也离去而发生消除反应。

$$R-\overset{|}{\underset{|}{C}}-\overset{|}{\underset{\underset{②消除反应H}{|}}{C}}-X \begin{cases} ①X原子被取代反应 \\ 与Mg反应 \end{cases}$$

1. 亲核取代反应

(1)水解（生成醇）。卤代烷不溶于水，水解反应很慢。为了加速反应，通常用强碱（KOH 或 NaOH）的水溶液与卤代烷共热，使反应产生的卤化氢被碱中和，卤原子被羟基（—OH）取代而生成醇。

$$R\dashv X + H\dashv OH \xrightarrow[\triangle]{NaOH} R-OH + NaX + H_2O$$

(2)氰解（生成腈）。伯卤代烷与氰化钠（或氰化钾）的醇溶液共热，卤原子被氰基（—CN）取代而生成腈。

$$R\dashv X + Na\dashv CN \xrightarrow[\triangle]{ROH} NaX + R-CN$$

由卤代烷转变成腈时，分子中增加了一个碳原子。在有机合成上，这是增长碳链常用的一种方法，也是制备腈的一种方法。由于—CN 水解生成—COOH、还原生成—CH$_2$NH$_2$，所以，这也是从伯卤代烷制备羧酸 RCOOH 和胺 RCH$_2$NH$_2$ 的一种方法。但氰化钠含有剧毒，用时应按规定做好安全防护。

(3)氨解（生成胺）。伯卤代烷与氨在醇溶液中共热，卤原子被氨基（—NH$_2$）取代而生成胺。

$$CH_3CH_2CH_2CH_2\dashv X + H\dashv NH_2 \xrightarrow[\triangle]{ROH} \underset{正丁胺}{CH_3CH_2CH_2CH_2NH_2} + NH_4X$$

工业上用这个反应制备伯胺。

(4)醇解（生成醚）。卤代烷与醇钠的相应醇溶液作用，卤原子被烷氧基（RO—）取代而生成醚。此反应称为威廉逊（Williamson）制醚法。这是制备醚特别是制备"R—O—R"类型的混醚最好的方法。使用时最好选用伯卤代烷，否则需要消除产物烯烃。

例如：

$$CH_3\dashv X + Na\dashv O-\overset{\overset{CH_3}{|}}{\underset{\underset{CH_3}{|}}{C}}-CH_3 \xrightarrow{叔丁醇} \underset{甲基叔丁醚}{CH_3O-\overset{\overset{CH_3}{|}}{\underset{\underset{CH_3}{|}}{C}}-CH_3} + NaX$$

(5)与硝酸银—乙醇溶液反应（检验卤代烷）。卤代烷与 AgNO$_3$—C$_2$H$_5$OH 溶液作用，卤原子被—ONO$_2$ 取代生成硝酸酯和卤化银沉淀。此反应可用于卤代烷的鉴别。

$$R\dashv X + Ag\dashv ONO_2 \xrightarrow{乙醇} RONO_2 + AgX\downarrow$$

反应时卤代烷的活性次序为叔卤代烷＞仲卤代烷＞伯卤代烷。

叔卤代烷生成卤化银沉淀最快，一般是立即反应；而伯卤代烷最慢，常常需要加热。这个反应在有机分析上常用来检验卤代烷。

(6)与碘化钠—丙酮溶液反应（检验氯代烷和溴代烷）。卤代烷与卤素负离子可发生卤素交换反应，这是一个可逆平衡反应，常用于碘代烷的制备。

$$R-X + NaI \xrightarrow{丙酮} R-I + NaX \quad (X=Cl 或 Br)$$

此反应中卤代烷（氯代烷和溴代烷）的活性顺序是伯卤代烷＞仲卤代烷＞叔卤代烷。

此顺序与卤代烷和 $AgNO_3-C_2H_5OH$ 溶液的反应活性顺序正好相反。这个反应除在实验室用来制备碘代烷外，在有机分析上也可用来检验氯代烷和溴代烷。

2. 消除反应

从有机物分子中脱去相邻的两个碳上脱去 HX(或 X_2、H_2、NH_3、H_2O)等小分子，形成不饱和化合物的反应，称为消除反应。例如：

$$CH_3CH_2\overset{\beta}{C}H\overset{\alpha}{C}H_2 \xrightarrow[\triangle]{KOH/C_2H_5OH} CH_3CH_2CH=CH_2 + KX + H_2O$$

卤代烃最常见的消除反应是 β-消除，即脱去卤原子和 $\beta-$碳原子上的氢原子(简称 $\beta-H$)，生成烯烃或炔烃。例如：

$$CH_3\underset{\underset{Br}{|}}{C}HCH_3 \xrightarrow[KOH,加热]{C_2H_5OH} CH_3CH=CH_2 + KBr + H_2O$$

$$CH_3\underset{\underset{Br}{|}}{C}H\underset{\underset{Br}{|}}{C}H_2 \xrightarrow[或NaNH_2]{KOH/C_2H_5OH} CH_3C\equiv CH$$

反应通常在强碱(如 $NaOH$、KOH、$NaOR$、$NaNH_2$ 等)及极性较小的溶剂(如乙醇)条件下进行。

仲卤代烷和叔卤代烷在消除卤化氢时，反应可在不同的 $\beta-$碳原子上进行，生成多种不同产物。例如：

$$CH_3\underset{\underset{H}{|}}{\overset{\beta'}{C}}H\underset{\underset{Br}{|}}{\overset{\alpha}{C}}H\underset{\underset{H}{|}}{\overset{\beta}{C}}H_2 \xrightarrow[\triangle]{KOH/C_2H_5OH} \begin{cases} CH_3CH_2CH=CH_2 \quad 1-丁烯 \quad 19\% \\ CH_3CH=CHCH_3 \quad 2-丁烯 \quad 81\% \end{cases}$$

实验证明，当卤代烃有多种 $\beta-H$ 时，其消除方向服从扎依采夫规则，即卤原子总是优先与含氢较少的 $\beta-$碳原子上的氢一起被消除，主要产物为双键碳上含烃基较多的烯烃。例如：

$$CH_3CH_2\underset{\underset{Br}{|}}{C}HCH_3 \xrightarrow[乙醇]{KOH} CH_3CH=CHCH_3 + CH_3CH_2CH=CH_2$$
$$\qquad\qquad\qquad\qquad 81\% \qquad\qquad 19\%$$

$$CH_3CH_2\underset{\underset{Br}{|}}{\overset{\overset{CH_3}{|}}{C}}CH_3 \xrightarrow[\triangle]{KOH,C_2H_5OH} CH_3CH=C\overset{\nearrow CH_3}{\underset{\searrow CH_3}{}} + CH_3CH_2\overset{\overset{CH_3}{|}}{C}=CH_2$$
$$\qquad\qquad\qquad\qquad\qquad 71\% \qquad\qquad\qquad 29\%$$

叔卤代烃极易发生消除反应，在弱碱或上述条件下容易得到消除产物。例如：

$$CH_3\overset{\overset{CH_3}{|}}{\underset{\underset{CH_3}{|}}{C}}Br \xrightarrow[C_2H_5OH]{NaCN} \begin{cases} \times\!\!\!\longrightarrow CH_3\overset{\overset{CH_3}{|}}{\underset{\underset{CH_3}{|}}{C}}CN \\ \longrightarrow \overset{CH_3}{\underset{CH_3}{}}C=CH_2 \end{cases}$$

卤代烷发生消除反应的活性顺序为叔卤代烃＞仲卤代烃＞伯卤代烃。

卤代烷的水解反应和消除反应是同时发生的，哪一种占优势，则与卤代烷的分子结构及反应条件(如试剂的碱性、溶剂的极性、反应温度等)有关。

一般规律是伯卤代烷、稀碱、强极性溶剂及较低温度有利于取代反应；叔卤代烷、浓的强碱、弱极性溶剂及高温有利于消除反应。

3. 与金属镁反应（格氏试剂的生成）

卤代烷能与一些金属（如锂、镁等）直接化合，产物的结构特征是碳原子与金属原子直接结合，这类化合物称为有机金属化合物。在有机金属化合物分子中，C—M 键的性质随 M（金属）的电负性不同而不同。

卤代烷在绝对乙醚（无水、无醇的乙醚）中与金属镁作用，生成有机镁化合物——烷基卤化镁，即格氏试剂。

$$CH_3CH_2CH_2CH_2Br \ + \ Mg \xrightarrow{\text{无水乙醚}} CH_3CH_2CH_2CH_2MgBr$$
$$94\%$$

$$CH_3CH_2\underset{\underset{Br}{|}}{C}HCH_3 \ + \ Mg \xrightarrow{\text{无水乙醚}} CH_3CH_2\underset{\underset{CH_3}{|}}{C}HMgBr \quad 78\%$$

一般伯卤代烷产率高，仲卤代烷次之，叔卤代烷最差。当烷基相同时，各种卤代烷的活性顺序为 RI＞RBr＞RCl。

在烷基卤化镁分子中，由于碳原子的电负性（2.5）比镁的电负性（1.2）大得多，C—Mg 键是很强的极性键，性质非常活泼，可与醛、酮、二氧化碳等多种试剂反应，制备烷烃、醇、醛、酮、羧酸等一系列重要化合物，在理论研究及有机合成上都很重要。格氏试剂与含活泼氢的化合物（如水、醇、氨等）作用生成相应烷烃的反应是定量的。例如：

$$RMgX \xrightarrow{\text{无水乙醚}} \begin{cases} H—OR \longrightarrow RH \ + \ Mg(OR)X \\ H—OH \longrightarrow RH \ + \ Mg(OH)X \\ H—OCOR \longrightarrow RH \ + \ Mg(OCOR)X \\ H—NH_2 \longrightarrow RH \ + \ Mg(NH_2)X \\ H—X \longrightarrow RH \ + \ MgX_2 \end{cases}$$

在有机分析中，常用甲基碘化镁与含活泼氢的物质作用，通过测定生成甲烷的体积，计算出被测化合物中所含活泼氢原子的数目。由于格氏试剂遇到含活泼氢的化合物会立即分解，所以制备时要在隔绝空气的条件下，使用无水、无醇的绝对乙醚作为溶剂。除乙醚外，四氢呋喃及其他干醚也可作为反应溶剂，得到的格氏试剂不用分离即可以用于各种合成反应。

【科学小故事：合理利用化学物质共同保护地球家园】
臭氧层空洞在愈合

有机金属化合物的反应活性随 C—M 键的离子性的增加而增加。烷基钠和烷基钾是非常活泼的，也是最强的碱。它们与水反应会发生爆炸，暴露在空气中则立刻起火。而有机汞很不活泼，在空气中是稳定的。有机金属化合物都是有毒的。它们可溶于非极性溶剂中。有机金属化合物中最重要的是有机镁化合物和有机锂化合物。它们既是强碱，又是强亲核试剂，在有机合成上占有极重要的地位。

任务二　碘水样品中碘的萃取

任务描述

小萃同学正在学习萃取，想通过小实验解决学习过程中遇到的问题：

(1)如何正确使用分液漏斗？

(2)萃取原理是什么？

任务解析

完成本次任务需要具备以下知识：

(1)掌握分液漏斗的使用方法；

(2)掌握萃取原理；

(3)认识萃取和多次萃取；

(4)掌握萃取操作步骤。

学生操作演示实验：
对比实验：一次萃取

学生操作演示
实验：萃取

任务实施

1.实验器材

梨形分液漏斗(200 mL)1个、烧杯(250 mL)2个、铁架台1个、铁圈1个、洗瓶1个、量筒(10 mL)1个。(每组)

2.实验药品

碘水10 mL、四氯化碳20 mL、饱和氯化钠溶液10 mL、碘化钾淀粉试纸。(每组)

3.组织形式

两人一组，在教师指导下，根据实验步骤完成实验。

4.注意事项

(1)分液漏斗要配套，旋塞润滑脂要涂好。

(2)振摇时要开启旋塞放气，放气时尾部不要对着人。

(3)了解清楚哪一层是需要的产品，以免误将产品放掉。

(4)分液漏斗使用完毕，要在活塞处放一纸片。

学生操作演示
实验：有机相回收

5.实验步骤

(1)一次萃取：用量筒量取10 mL碘水，用碘化钾淀粉试纸测试。把碘水倒入分液漏斗，然后加入10 mL四氯化碳，振荡静止分液(如有乳化现象，可加入5 mL饱和氯化钠溶液破乳化)，用小烧杯接四氯化碳溶液，回收。观察萃取后碘液的颜色，萃取后的碘液再用碘化钾淀粉试纸测试。

(2)二次萃取：再往装有已经过一次萃取碘液的分液漏斗中加入5 mL四氯化碳，振荡静止分液(如有乳化现象，可加入1滴管饱和氯化钠溶液破乳化)，用小烧杯接四氯化碳溶液，回收。观察萃取后碘液的颜色，萃取后的碘液再用碘化钾淀粉试纸测试。

(3)三次萃取：再往装有已经过二次萃取碘液的分液漏斗中加入5 mL四氯化碳，振荡静止分液(如有乳化现象，可加入1滴管饱和氯化钠溶液破乳化)，用小烧杯接四氯化碳溶液，回收。观察萃取后碘液的颜色，萃取后的碘液再用碘化钾淀粉试纸测试。

(4)比较萃取前后碘液颜色的变化，以及碘化钾淀粉试纸蘸取萃取前后碘水后颜色的变化情况。

实验内容详解

用溶剂分离液体混合物中的组分，使该组分从一液相转移到另一液相，称为液—液萃取，也可叫作溶剂萃取。物质在不同溶剂中的溶解度是不同的。有机化合物在有机溶剂中的溶解度通常大于在水中的溶解度。所以，可以应用与水不相溶或微溶的有机溶剂，从水溶液中将有机化合物萃取出来。

由物理化学的分配定律可知：对于一定量的萃取溶剂，采取半量二次萃取要比全量一次萃取效率高。显然，如果使用同样体积的溶剂，分几次萃取，要比一次萃取的效率高得多。在水—有机溶剂两相体系中的大多数有机化合物，一般经过 2～4 次萃取，便能把绝大部分有机化合物从水中萃取出来。

如果有机化合物在水中的溶解度大于在有机溶剂中的溶解度，则只有很少量的有机化合物被萃取到有机溶剂。但是，当加入无机盐后，如将氯化钠加入水溶液中，由于有机化合物在氯化钠溶液中的溶解度小于在水中的溶解度，则能显著地提高有机溶剂从水溶液中萃取有机化合物的效率。这就是盐析效应。

任务评价

根据以上实验操作、现象记录及现象分析情况，进行任务评价。

序号	评价内容	评价要点	配分	评价标准	扣分	得分
1	实验准备	(1)实验预习； (2)实验仪器、试剂准备	10	有一项不符合标准扣 5 分，扣完为止		
2	分液漏斗操作	(1)检漏； (2)加液； (3)振荡； (4)静置； (5)分液(乳化处理，上下层液体排放)； (6)洗涤	40	有一项不符合标准扣 7 分，扣完为止		
3	实验操作及记录	(1)实验是否严格按步骤操作； (2)实验数据记录是否规范； (3)团队分工是否合理	40	有一项不符合标准扣 14 分，扣完为止		
4	安全文明操作	(1)实验台面整洁情况； (2)物品摆放情况； (3)玻璃仪器清洗放置情况； (4)安全操作情况	10	有一项不符合标准扣 3 分，扣完为止		
总分						

知识链接

分液漏斗及其使用

1. 分液漏斗

分液漏斗是一种玻璃实验仪器，包括斗体、盖在斗体上口的斗盖。斗体的下口安装一个三通结构的活塞，活塞的两通分别与两下管连接，可使实验操作过程利于控制，减小劳动强度，当需要分离的液体量大时，只需搬动活塞的三通便可将斗体内的两种液体同时流至下管，无须更换容器便可一次完成。在初中阶段，分液漏斗的主要作用是控制化学反应的速率。本装置是科学研究、化学实验中一种功能较好的实验器皿。

2. 分类

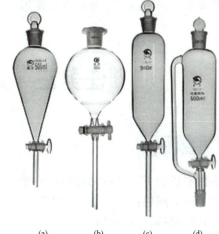

分液漏斗分为球形、梨形和筒形等多种样式。球形分液漏斗的颈较长，多用作在制气装置中滴加液体的仪器；梨形分液漏斗的颈比较短，常用作萃取操作的仪器(图 10-1)。

3. 操作方法(萃取和分液结合进行)

(1)使用前，检查分液漏斗是否漏水。

(2)使用时，将被萃取溶液和萃取剂倒入分液漏斗，用右手压住分液漏斗上部的玻璃塞，左手握住旋塞部分，把分液漏斗倒转过来用力振荡(振荡过程中，注意开启旋塞排气，放气时尾部不要对着人)。

(3)把分液漏斗放在铁架台上静置片刻。

(4)放液时，把分液漏斗上的玻璃塞打开

图 10-1　不同类型分液漏斗

(a)梨形分液漏斗；(b)球形分液漏斗；

(c)桶形分液漏斗；(d)活塞恒压分液漏斗

或使塞上的凹槽或小孔对准漏斗口上的小孔，使漏斗内外空气相通，以保证漏斗内的液体能够流出。分液时根据"下流上倒"的原理，打开活塞让下层液体全部流出，关闭活塞，上层从上口倒出。

(5)放液后，分液漏斗用后要洗涤干净。

操作步骤如图 10-2 所示。

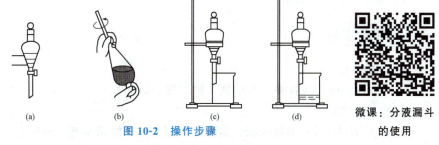

图 10-2　操作步骤

(a)装液；(b)振荡；(c)静置；(d)分液

微课：分液漏斗的使用

4. 用途

分液漏斗可用于操作固液或液体与液体反应发生装置：控制所加液体的量及反应速率的大小。物质分离提纯：对萃取后形成的互不相溶的两液体进行分液。

5. 装配要点

(1)检查玻璃塞和活塞芯是否与分液漏斗配套，如不配套，往往会漏液或根本无法操作。欲用不配套的分液漏斗，必须在装配后，首先试验其是否可用、漏液，待确认可以使用后方可使用。

(2)在活塞芯上薄薄地涂上一层润滑脂，如凡士林(注意：不要涂进活塞孔)，将活塞芯塞进活塞，旋转数圈使润滑脂均匀分布后将活塞关闭好，再在活塞芯的凹槽处套上一直径合适的橡皮圈(从直径合适的乳胶管上剪下一细圈即可),以防止活塞芯在操作过程中因松动而漏液或因脱落使液体流失而造成实验的失败。

(3)需要干燥的分液漏斗时,要特别注意拔出活塞芯,检查活塞是否洁净、干燥,不符合要求的,经洗净、干燥后方可使用。

任务三　走进胺的世界

任务描述

小白刚接触了含氮的化合物,他想知道胺的酸碱性质如何,因此设计了一系列实验,并提出了以下问题:

(1)胺的酸碱性质如何?

(2)胺可以发生哪些化学反应?

任务解析

完成本次任务需要具备以下知识:

(1)胺的分类;

(2)胺的物理性质;

(3)胺的化学性质;

(4)基本实验操作技能。

任务实施

1. 实验器材

三口烧瓶、磁力搅拌棒、玻璃塞、滴定管、pH计。

2. 实验药品

乙胺(C_2H_7N)或其他低级胺、盐酸、蒸馏水、酚酞指示剂、pH试纸。

3. 组织形式

两人一组,在教师指导下,根据实验步骤完成实验。

4. 注意事项

(1)在整个实验过程中要注意安全,穿好实验服,佩戴手套和护目镜等防护用品。

(2)严格按照实验步骤操作,不要随意更改试剂用量和反应条件。

5. 实验步骤

(1)在一个三口烧瓶中,加入一定量的乙胺和适量的蒸馏水,使用磁力搅拌棒将其搅拌均匀直至溶解。

(2)使用pH计或pH试纸测量溶液的初始pH值。

(3)加入酚酞指示剂,逐滴加入稀盐酸溶液,并不断搅拌,同时监测pH值的变化。

(4)当 pH 值接近 7 时，继续逐滴加入稀盐酸溶液，直到 pH 值稳定在酸性范围。

(5)记录在整个过程中 pH 值的变化情况，特别注意 pH 值在化学计量点左右的变化。

实验内容详解

(1)测定初始乙胺溶液的 pH 值，溶液呈碱性，说明乙胺具有碱性。

胺的水溶液中存在下列平衡：

$$RNH_2 + HOH \rightleftharpoons RNH_3^+ + OH^-$$

一般脂肪胺的 $pK_b = 3 \sim 5$，芳香胺的 $pK_b = 7 \sim 10$，氨的 $pK_b = 4.76$。

(2)加入酚酞指示剂，逐滴加入稀盐酸溶液，发生酸碱中和反应，不断搅拌，监测 pH 值的变化，发现溶液的 pH 值逐渐减小。

任务评价

根据以上实验操作、现象记录及现象分析情况，进行任务评价。

序号	评价内容	评价要点	配分	评价标准	扣分	得分
1	实验准备	(1)实验预习； (2)玻璃仪器认领； (3)试剂认领	20	有一项不符合标准扣 7 分，扣完为止		
2	实验操作及记录	(1)三口烧瓶的使用； (2)滴定过程； (3)pH 计或 pH 试纸的使用； (4)现象描述； (5)现象解释； (6)实验记录表格设计是否合理； (7)表格填写是否规范	60	有一项不符合标准扣 10 分，扣完为止		
3	安全文明操作	(1)实验台面整洁情况； (2)物品摆放情况； (3)玻璃仪器清洗放置情况； (4)安全操作情况	20	有一项不符合标准扣 5 分，扣完为止		
		总分				

知识链接

胺类

一、胺的分类与命名

氨分子中的一个或几个氢原子被烃基取代的化合物称为胺。其可用通式表示：

$$R—NH_2 \qquad R—NH—R_1 \qquad \begin{matrix} & R—N—R_1 \\ & | \\ & R_2 \end{matrix}$$

例如：

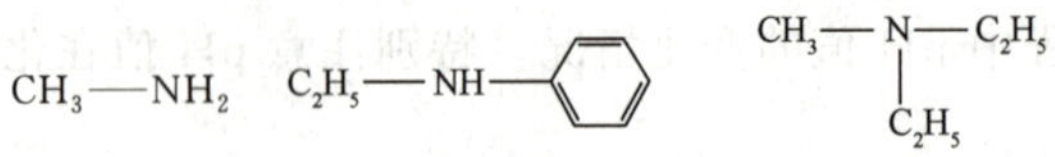

1. 胺的分类

根据氨分子中被取代的氢原子个数，胺可分为伯胺、仲胺和叔胺。例如：

通式：RNH_2　　　　R_2NH　　　　R_3N　　　　NH_3

类别：伯胺　　　　仲胺　　　　叔胺　　　　氨

化合物：NH_3NH_2　　$(NH_3)_2NH$　　$(NH_3)_3N$

官能团：氨基(—NH_2)　亚氨基(═NH)　次氨基或叔氮原子(≡N)

应注意的是，这里的伯、仲、叔的含义与前面所学的醇的伯、仲、叔的含义不同。醇分为伯醇、仲醇、叔醇是根据羟基所连的碳原子类型决定的，而胺分为伯胺、仲胺、叔胺是根据氨分子中被取代的氢原子个数决定的。例如：

异丙胺　　　　异丙醇

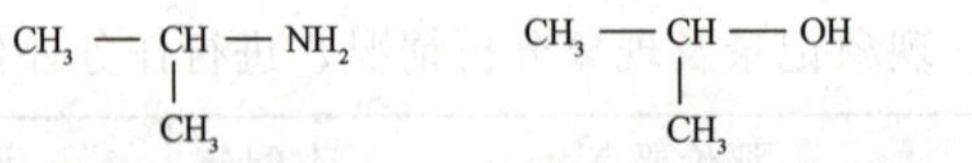

伯胺（氨中一个H被取代）　　仲醇（羟基连的是仲碳原子）

根据氨分子中取代氢原子的烃基的类型不同，胺可分为脂肪胺和芳香胺。取代烃基中只要有芳香烃烃基，即为芳香胺，否则为脂肪胺。根据胺中氨基的个数，又可分为一元胺、二元胺和多元胺，一些常见胺见表10-2。

表 10-2　胺的分类

类别	脂肪胺	芳香胺
一元胺	$CH_3—CH_2—NH_2$ 乙胺	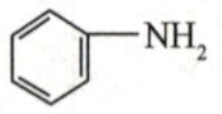 苯胺
二元胺	$NH_2—CH_2—CH_2—NH_2$ 乙二胺	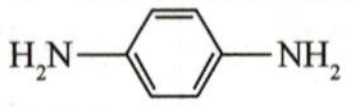 对苯二胺

2. 胺的命名

对于简单的伯胺根据胺中烃基的名称来命名，称为某胺。例如：

$CH_3—NH_2$　甲胺

$CH_3—CH_2—NH_2$　乙胺

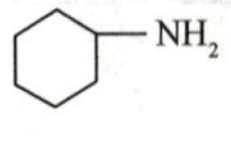

环己胺

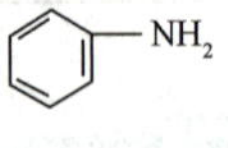

苯胺

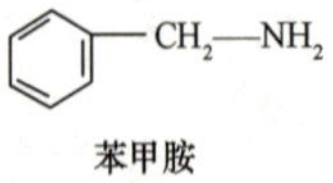

苯甲胺

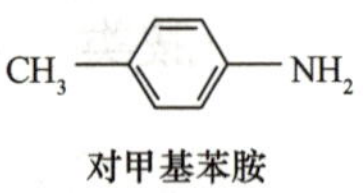

对甲基苯胺

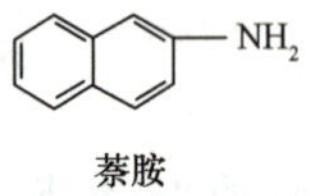

萘胺

对于简单的仲胺、叔胺的命名，当几个烃基相同时，称为二某胺或三某胺；当几个烃基不同时，将基团名称按由简单到复杂次序写出，称为某某胺或某某某胺或以最复杂的烃基来命名成某胺，并作母体，其他烃基的名称写在母体前，并用N表示烃基连在氮原子上。例如：

$$CH_3—NH—CH_3$$
二甲胺

二苯胺

$$CH_3—NH—C_2H_5$$
甲乙胺

$$CH_3—\underset{\underset{CH_2CH_3}{|}}{N}—CH_2CH_3$$
甲乙丙胺或N-甲基-N-乙基丙胺

三苯胺

对于氮原子上连有脂肪烃基的芳香仲胺和叔胺的命名，是以芳香胺为母体，其他烃基名称写在母体前并用 N 表示烃基连在氮原子上。例如：

N-甲基苯胺

N,N-二甲基苯胺

N-甲基-N-乙基苯胺

氨基连在侧链上的芳胺，一般以脂肪胺为母体来命名。例如：

$$CH_2—CH_2—NH_2$$
2-苯乙胺

对构造比较复杂的胺命名时，以烃为母体，将氨基或烷基作为取代基。例如：

$$CH_3—\underset{\underset{CH_3}{|}}{CH}—\underset{\underset{NH_2}{|}}{CH}—CH_2—\underset{\underset{CH_3}{|}}{CH}—CH_3$$
2,5-二甲基-3-氨基己烷

叔胺季铵盐和季铵碱的命名是在卤化或氢氧化与铵之间写上四个烃基的名称。例如：

$$[(CH_3)_4N]^+I^-$$
碘化四甲铵

$$[(CH_3)_4N]^+OH^-$$
氢氧化四甲铵

二、胺的物理性质

低级脂肪胺(甲胺、二甲胺、三甲胺和乙胺)在常温下是气体，其余胺为液体或固体。低级脂肪胺的气味类似氨，二甲胺、三甲胺有鱼腥味。鱼、肉腐败可产生极臭而有毒的1,4-丁二胺(腐胺)和1,5-戊二胺(尸胺)。高级胺的气味会逐渐减弱。芳香胺有特殊气味，芳香胺的毒性很大，与皮肤接触或吸入其蒸气，都会引起中毒。

伯胺、仲胺分子间有氢键存在，故沸点比相对分子质量相近的醚的沸点高，但由于氮的电负性值比氧小，形成的氢键比较弱，比相对分子质量相近的醇或酸的沸点低。

低级胺可溶于水，这是因为氨基与水可以形成氢键。但随着胺中烃基碳原子数的增多，其水溶性逐渐减弱。

三、胺的化学性质

1. 碱性

与氨相似，胺中氮原子上也有孤对电子，能接受质子而呈现碱性。
$$RNH_2 + H^+ \longrightarrow RNH_3^+$$
胺的水溶液中存在下列平衡：
$$RNH_2 + HOH \Longrightarrow RNH_3^+ + OH^-$$
一般脂肪胺的 $pK_b = 3\sim5$，芳香胺的 $pK_b = 7\sim10$，氨的 $pK_b = 4.76$。

胺的碱性强弱，与氮原子上连接的烃基种类、烃基数目有关，它们存在以下规律：

(1)连接不同种类的烃基时，碱性强弱顺序：脂肪胺＞氨＞芳香胺。当氨分子中的氢原子被脂肪烃基取代后，由于脂肪烃基是供电子基团，它的借电子效应使氮原子上的电子云密度增大，从而使氮原子容易接受质子，因此，碱性增强。当氨分子中的氢原子被苯基取代后，由于苯环上 π 电子与氨基氮上的 p^- 电子形成共轭体系，使氮原子的电子云密度降低，不易接受质子。因此，碱性减弱。

(2)影响脂肪胺或芳香胺碱性的因素主要有电子效应和立体效应两个方面，综合两方面因素得到脂肪胺的碱性强弱：

$$(CH_3)_2NH > CH_3NH_2 > (CH_3)_3N > NH_3$$

pK_b 　　3.27　　　3.38　　　4.21　　　4.76

芳香胺的碱性强弱：

pK_b　　9.30　　　　　　9.60　　　　　　　9.62

2. 氮上的烃基化反应

胺与卤代烷、醇等作用，氮原子上的氢被烃基取代的反应，称为胺的烃基化反应，此反应常用于仲胺、叔胺和季铵盐的制备。

伯胺与卤代烷作用，生成仲胺、叔胺和季铵盐的混合物。例如：

控制反应物的配比和反应条件，可得到以某种胺为主的产物。

3. 胺的酰基化反应

胺与酰氯、酸酐、羧酸等作用，氮原子上的氢被酰基取代的反应，称为胺的酰基化反应，简称胺的酰化。酰氯、酸酐、羧酸在反应中提供酰基，则称为酰基化试剂。伯胺、仲胺能被酰化，生成氮取代酰胺，叔胺的氮原子上没有氢，不能被酰化。例如：

$$RNH_2 + R\overset{\overset{O}{\|}}{C}-L \Longrightarrow RNH-\overset{\overset{O}{\|}}{C}-R + HL$$

$$R_2NH + R\overset{\overset{O}{\|}}{C}-L \Longrightarrow R_2N-\overset{\overset{O}{\|}}{C}-R + HL$$

不同的胺化剂或酰化剂，发生胺的酰基化反应的活性不同，伯胺活性大于仲胺，脂肪胺活性大于芳香胺，酰氯、酸酐、羧酸的活性依次减弱。

胺的酰基化产物在酸或碱的作用下，可以水解生成原来的胺。例如：

芳香胺酰基化反应在有机合成中有广泛的应用。

首先，芳香胺中的氨基容易被氧化，但芳香胺酰基化后生成的酰氨基比较稳定，能起到保护氨基不被氧化的作用。例如，将对甲苯胺转化为氨基苯甲酸。

其次，氨基酰基化生成酰氨基后，定位基的性质没变，但活性降低了，借此可调节氨基的定位活性。

4. 与亚硝基反应

不同的胺类与亚硝酸作用的产物不同。

(1)伯胺。脂肪伯胺与亚硝酸反应，生成不稳定的重氮盐，重氮盐易分解放出氮气，并生成组成复杂的混合物，在合成上没有意义，但重氮盐放出的氮气是定量的，可用于脂肪伯胺的定量测定。其反应方程式可简单地表示为

$$RNH_2 + HNO_2 \longrightarrow RN_2^+ = R^+ + N_2 \uparrow$$

R^+ 可生成多种产物。

(2)仲胺。仲胺与亚硝酸作用，生成 N-亚硝基胺(也称亚硝胺)，它是一种黄色油状液体或固体。

$$(CH_3CH_2)_2NH + HNO_2 = (CH_3CH_2)_2N-NO + H_2O$$

N-亚硝基胺与稀酸共热，可分解生成原来的胺，因此，可利用此反应分离或提纯仲胺。

N-亚硝基胺是一种很强的致癌物质。食品中所加的防腐剂、增色剂(硝酸钠)和腌肉或腌菜中所产生的亚硝酸钠在胃酸的作用下可产生亚硝酸，然后与肌体内具有仲胺结构的化合物作用所产生的亚硝基胺，具有致癌作用，故亚硝酸盐是致癌物质。

(3)叔胺。脂肪叔胺在强酸性条件下与亚硝酸不反应。芳香叔胺与亚硝酸作用，生成氨基对位取代的亚硝基化合物。

由于不同的胺与亚硝酸反应产生的现象不同，因此，可用于区别伯、仲、叔三种不同的胺。

5. 芳胺环上的亲电取代反应

芳胺中氨基氮上的孤对电子与芳环的 π 电子形成共轭体系，氨基的借电子 p-π 共轭效应(+C 效应)使芳环活化，更容易发生亲电取代反应。

(1)卤化。苯胺与溴在常温下发生卤化反应，生成三溴苯胺白色沉淀，此反应既灵敏，又能定量完成，可用于苯胺的定性鉴别和定量测定。

(2)硝化。苯胺硝化时，很容易被氧化，生成焦油状物。因此，先将苯胺酰基化再硝化，然后水解可得到硝基取代的苯胺衍生物。例如：

(3)磺化。苯胺磺化时，要使磺基进入氨基的邻、对位，先进行酰基化再磺化。

6. 胺的氧化反应

胺容易被氧化，芳胺更容易被氧化。例如，苯胺露置于空气中而被氧化变色，时间越

长，颜色越深。苯胺被漂白粉氧化，会产生明显的紫色，可用于苯胺的检验。用适当的氧化剂氧化苯胺，能得到苯胺黑染料。

任务四　探索杂环化合物的奥秘

任务描述

小环同学通过查阅资料了解到茶叶碱是一种含氮杂环有机化合物，于是打算在实验室通过溶剂萃取法从茶叶中提取茶叶碱。他设计了从茶叶中提取茶叶碱的实验方案，发现在收集的产物中加入高锰酸钾和碘化钾及淀粉溶液后，会出现深蓝色的复合物沉淀，很是神奇，在实验过程中提出了以下疑问：

(1)茶叶碱的化学结构是什么？
(2)杂环化合物具有哪些通用的化学性质？

任务解析

完成本次任务需要具备以下知识：
(1)杂环化合物的分类和命名；
(2)杂环化合物的合成方法；
(3)杂环化合物的物理化学性质；
(4)基本有机实验操作能力。

任务实施

1. 实验器材

三口烧瓶、磁力搅拌棒、玻璃塞、温度计、蒸馏装置、分液漏斗、沙浴或油浴。

2. 实验药品

干燥绿茶叶、乙醇、氢氧化钠、蒸馏水、乙酸乙酯、无水硫酸钠、碳酸氢钠、碘化钾、淀粉溶液。

3. 组织形式

3～5 人一组，在教师指导下，根据实验步骤完成实验。

4. 注意事项

(1)在整个实验过程中要注意安全，穿好实验服，佩戴手套和护目镜等防护用品。
(2)严格按照实验步骤操作，不要随意更改试剂用量和反应条件。

5. 实验步骤

(1)在一个三口烧瓶中，加入一定量的干燥绿茶叶。
(2)添加适量的氢氧化钠溶液，并使用磁力搅拌棒搅拌均匀。
(3)将烧瓶连接到回流冷凝器，并将烧瓶置于沙浴或油浴中，逐渐加热至反应温度。

（4）在加热过程中，定期检查反应混合物的颜色变化和气体释放情况。

（5）当反应完成后，停止加热，待烧瓶冷却后打开塞子。

（6）使用分液漏斗分离出有机层和水层。

（7）对有机层进行洗涤，先用少量蒸馏水洗涤一次，再用饱和氯化钠溶液洗涤一次。然后用无水硫酸钠干燥有机层。

（8）通过蒸馏装置对有机层进行蒸馏，收集不同沸点的产物。

（9）对收集到的产物进行鉴定。

实验内容详解

茶叶碱（Theobromine）是一种含氮杂环有机化合物，属于黄嘌呤类生物碱，是可可豆、茶和巧克力中的主要活性成分之一。在实验室中，可以通过溶剂萃取法从茶叶中提取茶叶碱，使用高锰酸钾和碘化钾及淀粉溶液对产物进行简单的鉴定。如果产物中含有茶叶碱，那么加入高锰酸钾和碘化钾后，会出现深蓝色的复合物沉淀。

任务评价

根据以上实验操作、现象记录及现象分析情况，进行任务评价。

序号	评价内容	评价要点	配分	评价标准	扣分	得分
1	实验准备	（1）实验预习； （2）玻璃仪器认领； （3）试剂认领	20	有一项不符合标准扣 7 分，扣完为止		
2	实验操作及记录	（1）三口烧瓶的使用； （2）蒸馏过程； （3）分离过程； （4）现象描述； （5）现象解释； （6）实验记录表格设计是否合理； （7）表格填写是否规范	60	有一项不符合标准扣 9 分，扣完为止		
3	安全文明操作	（1）实验台面整洁情况； （2）物品摆放情况； （3）玻璃仪器清洗放置情况； （4）安全操作情况	20	有一项不符合标准扣 5 分，扣完为止		
总分						

知识链接

杂环化合物

杂环化合物是一大类有机物，占已知有机物的 $1/3$。杂环化合物在自然界分布很广、功用很多。例如，中草药的有效成分生物碱大多是杂环化合物；在动植物体内起重要生理作用的血红素、叶绿素、核酸的碱基都是含氮杂环；部分维生素、抗菌素、一些植物色素、植物染料、合成染料都含有杂环。所谓杂环化合物，是指组成环的原子中含有除碳以外的原子（一般常见的杂原子有 N、O、S 等）的环状化合物。

一、杂环化合物的分类和命名

杂环按其大小通常分为五元杂环、六元杂环两大类，其他环较为少见；按分子内所含环的数目分为单杂环和稠杂环。此外，还可按环中杂原子的种类和数目来分类。

杂环化合物的命名多采用译音法，即化合物的名称用英文的译音，将近似的同音汉字左边加上口字旁。杂环化合物的分类及名称见表 10-3。

对杂环的衍生物命名时，按系统命名规定，单杂环化合物从杂原子开始依次编号，以使取代基的位次尽量小为原则。若按 α、β、γ 编号，则与杂原子相连的碳原子为 α 位，其次为 β 位；对于五元杂环，只有 α 位和 β 位；对于六元杂环则有 α、β、γ 三种编位。如果杂环中有两种或两种以上的杂原子，则按 O、N、S 的次序将前边的杂原子编为 1 号，以使其他杂原子的编号尽量小为原则。例如：

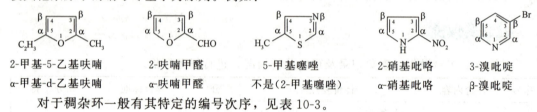

| 2-甲基-5-乙基呋喃 | 2-呋喃甲醛 | 5-甲基噻唑 | 2-硝基吡咯 | 3-溴吡啶 |
| α-甲基-d-乙基呋喃 | α-呋喃甲醛 | 不是(2-甲基噻唑) | α-硝基吡咯 | β-溴吡啶 |

对于稠杂环一般有其特定的编号次序，见表 10-3。

表 10-3 常见杂环化合物的构造、分类和名称

类别		含一个杂原子			含两个杂原子			
五元单环	构造							
	名称	呋喃 （furan）	噻吩 （thiophene）	吡咯 （pyrrole）	吡唑 （pyrazole）	咪唑 （imidazole）	噁唑 （oxazole）	噻唑 （thiazole）
五元二环	构造							
	名称	苯并呋喃 (benzofuran)	苯并噻吩 (benzothiophene)	吲哚 (indole)	苯并咪唑 (benzimidazole)	苯并噁唑 (benzooxazole)	苯并噻唑 (benzothiazole)	
六元单环	构造							
	名称	吡啶 （pyridine）			哒嗪 （pyridazine）	嘧啶 （pyrimidine）	吡嗪 （pyrazine）	
六元二环	构造							
	名称	喹啉 （quinoline）	异喹啉 （isoquinoline）		嘌呤 （purine）			

二、杂环化合物的性质

1. 杂环化合物的物理性质

大部分杂环化合物不溶于水，易溶于有机溶剂。常见的分子量不太大的杂环化合物一般是液体，个别是固体。它们都有特殊的气味。几种常见的杂环化合物的物理性质见表 10-4。

表 10-4　几种常见的杂环化合物的物理性质

名称	熔点/℃	沸点/℃	溶解性能
呋喃	−86	31.4	不溶于水，易溶于乙醇、乙醚
糠醛	−39	162	微溶于水，易溶于乙醇、乙醚
吡咯	−38	84	不溶于水，易溶于乙醇、乙醚、苯
噻吩	−18.5	131	不溶于水，易溶于乙醇、乙醚
吡啶	−41.5	115.6	溶于水，易溶于乙醇、乙醚
喹啉	−15	238	不溶于水，易溶于乙醇、乙醚

2. 杂环化合物的化学性质

(1)取代反应。

1)卤代反应。吡咯等富电子的芳杂环很容易发生卤代反应，常得到卤代物。例如：

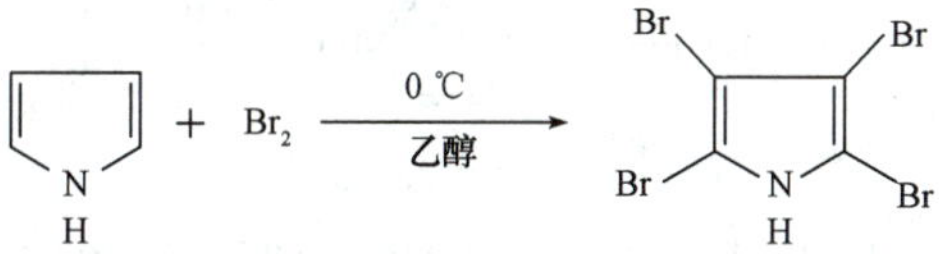

吡啶等缺电子的芳杂环则在较剧烈的条件下才发生卤代反应。例如：

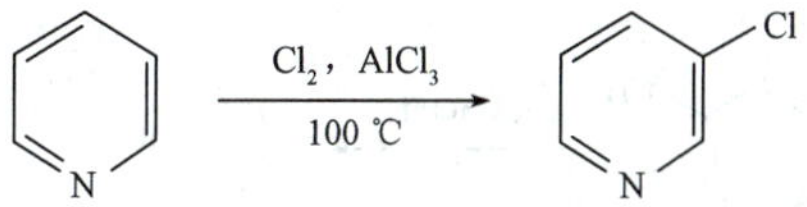

2)硝化反应。呋喃、噻吩、吡咯在强酸条件下易发生环的破裂，所以，硝化时不用混酸，而是用比较温和的硝化试剂，如乙酰基硝酸酯（CH_3COONO_2）。

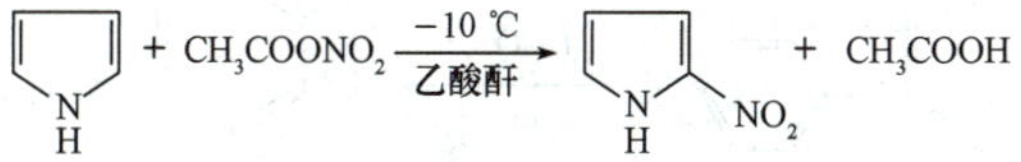

3)磺化反应。由于呋喃、吡咯易在强酸的条件下发生环的破裂，磺化时需用吡啶三氧化硫作为磺化试剂：

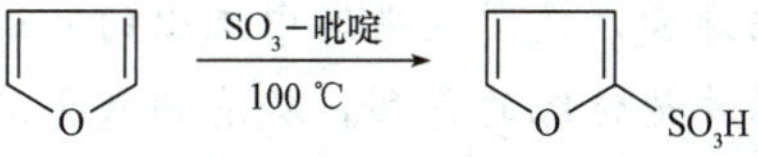

2-呋喃磺酸

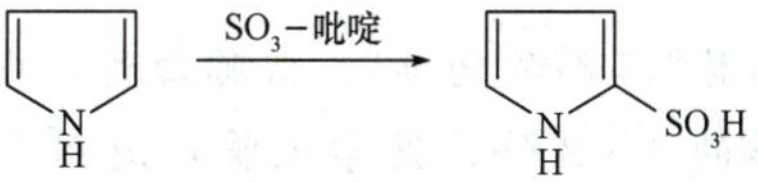

噻吩比较稳定，可以在室温下与浓硫酸进行磺化反应。

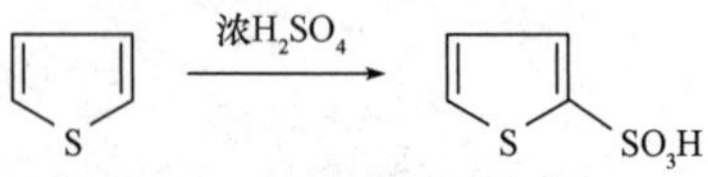

2-噻吩磺酸

4）加成反应。由于杂环化合物的芳香性比苯弱，所以，加成反应一般比苯容易进行。

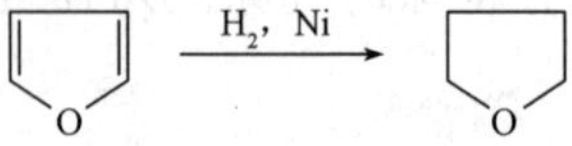

四氢呋喃

四氢呋喃的性质与乙醚相似，是重要的化学溶剂。

虽然呋喃、吡咯、噻吩都可以加氢，但呋喃、吡咯加氢后很容易得到四氢化物，而噻吩加氢后得到的一般是二氢化物。

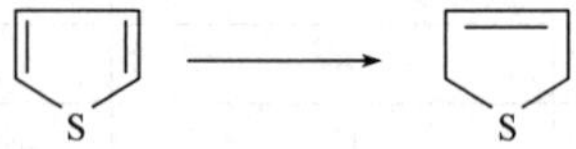

（2）弱酸性。由于 N 上未公用电子对参加了杂环的共轭体系，吡咯具有弱酸性，与 N 相连接的 H 可以被碱金属取代形成盐。例如：

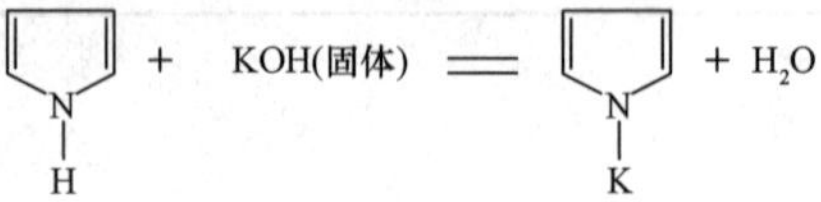

吡啶易与酸和活泼的卤代物反应生成盐。

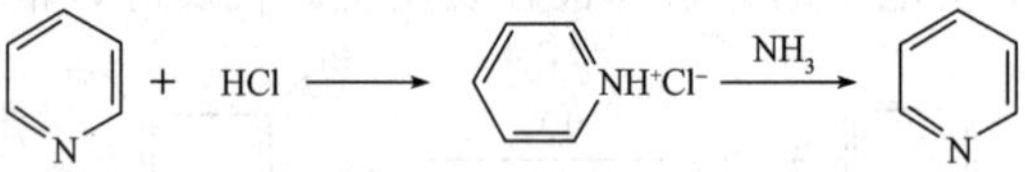

（3）氧化还原反应。

1）氧化反应。吡啶环对氧化剂稳定，一般不被酸性高锰酸钾、酸性重铬酸钾氧化，通常是侧链烃基被氧化成羧酸。

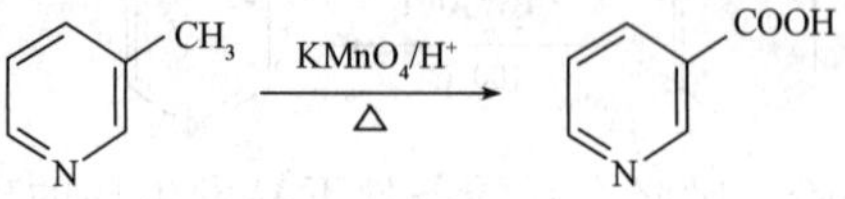

β-吡啶甲酸（烟酸）

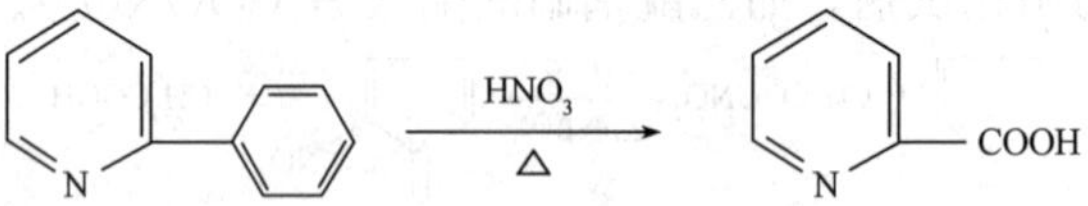

α-吡啶甲酸

2）还原反应。吡啶比苯易还原，用钠加乙醇、催化加氢均能使吡啶还原为六氢吡啶。

【科学拓展：常见的毒品】

常见的毒品

鸦片：俗称大烟，又称福寿膏，是罂粟果实中流出的乳液经干燥凝结而成。因产地不同而呈黑色或褐色，味苦。鸦片是传统的毒品，从清朝末年流入我国。清朝许多官员吸食鸦片成瘾。林则徐虎门销烟，焚毁的就是这种毒品。在现在的毒品犯罪中，鸦片已经不多见了。

海洛因（Herion）：化学名称"二乙酰吗啡"，俗称白粉、白面，它是由吗啡和醋酸酐反应而制成的，镇痛作用是吗啡的4～8倍，医学上曾广泛用于麻醉镇痛，但成瘾快，极难戒断。海洛因被称为世界毒品之王。

吗啡(Morphine)：是从鸦片中分离出来的一种生物碱，在鸦片中的含量为10%左右，呈无色或白色结晶粉末状，具有镇痛、催眠、止咳、止泻等作用，吸食后会产生欣快感，比鸦片容易成瘾。吗啡主要用于注射。扎吗啡是传播艾滋病的主要渠道。

大麻：有毒大麻主要指矮小、多分枝的印度大麻。大麻类毒品主要包括大麻烟、大麻脂和大麻油，主要活性成分是四氢大麻酚。大麻对中枢神经系统有抑制、麻醉作用，吸食后产生欣快感，有时会出现幻觉和妄想，长期吸食会引起精神障碍、思维迟钝，并破坏人体的免疫系统。

杜冷丁：盐酸哌替啶，是一种临床应用的合成镇痛药，为白色结晶性粉末，味微苦，无臭，其作用和机理与吗啡相似，但镇静、麻醉作用较小，仅相当于吗啡的1/10～1/8。医院里都有，需要在医生的指导下使用。长期使用会产生依赖性，被列为严格管制的麻醉药品。

甲基苯丙胺：外观为纯白结晶体，俗称冰毒。对人体中枢神经系统具有极强的刺激作用，且毒性强烈。

摇头丸：冰毒的衍生物，以MDMA等苯丙胺类兴奋剂为主要成分，具有兴奋和致幻的双重作用，滥用后可出现长时间随音乐剧烈摆动头部的现象，故称为摇头丸。摇头丸多在娱乐场所流通，又称娱乐药。

氯胺酮(Ketamine)：俗称K粉，静脉全麻药，有时也可用作兽用麻醉药。其呈白色结晶粉末，无臭，易溶于水，通常在娱乐场所滥用。

三唑仑：又名海乐神、酣乐欣，淡蓝色片，是一种强烈的麻醉药品，口服后可以迅速使人昏迷晕倒，故俗称迷药、蒙汗药、迷魂药。可以伴随酒精类共同服用，也可溶于水及各种饮料中。见效迅速，药效是普通安定的45～100倍。

咖啡因(Caffeine)：是化学合成或从茶叶、咖啡果中提炼出来的一种生物碱。适度使用有祛除疲劳、兴奋神经的作用，临床上用于治疗神经衰弱和昏迷复苏。去痛片中就含有咖啡因，许多饮料中也含有咖啡因。目前，我国咖啡因的合法生产大于合法需求，流入非法渠道的情况较为严重。

古柯：古柯是生长在美洲大陆、亚洲东南部及非洲等地的热带灌木，其为南美洲的传统种植物。古柯树株高1.5～3 m，生长周期为30～40年，每年可采摘古柯叶3～4次。

可卡因：可卡因是从古柯叶中提取的一种白色晶状的生物碱，是强效的中枢神经兴奋剂和局部麻醉剂。

盐酸二氢埃托啡片：本品为高效镇痛药，故安全系数(治疗指数)比吗啡大，身体依赖性潜力比吗啡明显轻。本品为国家特殊管理的麻醉药品。

麻古："麻古"是泰语的音译，外观与摇头丸相似，为圆形、片剂，黄连素药片大小，呈玫瑰红、橘红、苹果绿等颜色，上面印有"R""WY""66""888"等标记。其成分中含有冰毒和咖啡因。麻古是一种近期才出现的新型毒品，对制造、运输、贩卖麻古如何定罪量刑，目前还没有统一的司法解释。

任务五　蛋白质的性质

任务描述

一天，李明闲着没事随手拿起了书架上的一本《十万个为什么》看了起来，书里面提到一些问题，为什么外科医生给病人手术，伤口缝合线一段时间后可以被人体吸收，从而避免了病人拆线的痛苦？为什么医院里用高温蒸煮、紫外线照射、喷洒苯酚溶液在伤口处和涂抹酒精溶液等方法来消毒杀菌？为什么沾有血渍、奶渍的衣服不宜用热水洗涤？如何鉴别某白色纺织品的成分是蚕丝还是"人造丝"？为什么灼烧头发有烧焦羽毛的气味？

李明对这些问题充满了好奇，他根据这些生活中的现象，认真分析现象产生原因，提出了自己的疑问，并设计了一系列后续实验进行探究。

任务解析

完成本次任务需要具备以下知识：
(1)蛋白质的组成；
(2)蛋白质的功能；
(3)蛋白质的水解；
(4)蛋白质的变性；
(5)基本实验操作技能。

任务实施

1. 实验器材
100 mL 容量瓶、吸管、试管、试管架、酒精灯、试管夹、滴管、玻璃棒。

2. 实验药品
饱和硫酸铵溶液、鸡蛋白溶液(1∶10)、硝酸银溶液(3%)、醋酸溶液(1 mol/L)、醋酸溶液(0.1 mol/L)、醋酸溶液(0.01 mol/L)、乙醇(95%)、浓硝酸、蒸馏水。

3. 组织形式
两人一组，在教师指导下，根据实验步骤完成实验。

4. 注意事项
(1)仔细观察实验现象，认真分析现象产生原因。
(2)液体药品和固体药品的取用，注意操作规范。

5. 实验步骤
(1)蛋白质的等电点。取同样规格的 4 支试管，按表 10-5 所示顺序分别精确地加入各试剂，然后混匀；以上试管中各加 1 mL 鸡蛋白溶液，摇匀。此时 1、2、3、4 号试管的 pH 值依次为 5.9、5.3、4.7、3.5。观察其浑浊度。静置 10 min 后，再观察其浑浊度，最浑浊的一管的 pH 值即为蛋白质的等电点。

表 10-5　蛋白质的等电点实验

试管号	蒸馏水/mL	醋酸溶液(1 mol/L)	醋酸溶液(0.1 mol/L)	醋酸溶液(0.01 mol/L)
1	8.4	0.6	—	—
2	8.7	—	0.3	—
3	8	—	1	—
4	7.4	—	—	1.6

通过观察不同 pH 值溶液中的溶解度以测定蛋白质的等电点。用醋酸配制各种不同 pH 值的缓冲溶液。向各缓冲溶液中加入蛋白质后，沉淀出现最多的缓冲溶液的 pH 值即为蛋白质的等电点。

（2）蛋白质的盐析。加入鸡蛋白溶液 5 mL 于试管中，再加等量的饱和硫酸铵溶液，混匀后静置数分钟析出蛋白质的沉淀后，倒出少量浑浊沉淀，加少量水，观察是否溶解。

（3）蛋白质的变性。

1）重金属离子沉淀蛋白质。取 1 支试管，加入鸡蛋白溶液 2 mL，再加入 1～2 滴 3% 硝酸银溶液，振荡试管，观察沉淀的生成。放置片刻，倾去上清液，向沉淀中加入少量的水，观察沉淀是否溶解。

2）在两支试管中各加入鸡蛋清溶液，加热第一支试管，向第二支试管里加入乙醇（95%），观察实验现象。再向两支试管中分别加入蒸馏水，与蛋白质的盐析实验进行对比。

（4）显色反应。向盛有 3 mL 鸡蛋清溶液的试管中滴入几滴浓硝酸，观察实验现象，并加以解释。

实验内容详解

1. 蛋白质的等电点

蛋白质分子的解离状态和解离程度受溶液的酸碱度影响。当溶液的 pH 值达到一定数值时，蛋白质颗粒上正负电荷的数目相等，在电场中，蛋白质既不向阴极移动，也不向阳极移动，此时溶液的 pH 值称为此种蛋白质的等电点。不同蛋白质各有特异的等电点。在等电点时，蛋白质的理化性质都有变化，可利用此种性质的变化测定各种蛋白质的等电点。最常用的方法是测其溶解度最低时的溶液 pH 值。

2. 蛋白质的沉淀

蛋白质的沉淀可分为以下两类。

（1）可逆的沉淀反应：蛋白质分子的结构尚未发生显著变化，除去引起沉淀的因素后，蛋白质的沉淀仍能溶解于原来的溶剂中，并保持其天然性质而不变性，如大多数蛋白质的盐析作用。

（2）不可逆的沉淀反应：蛋白质分子内部结构发生重大改变，蛋白质常变性而沉淀，不再溶于原来的溶剂。如加热引起的蛋白质沉淀与凝固，蛋白质与重金属离子或某些有机酸的反应。

3. 沉淀蛋白质的方法

（1）盐析法：向蛋白质溶液中加入大量的中性盐（如硫酸铵、硫酸钠或氯化钠），使蛋白质脱去水化层而聚集沉淀。盐的浓度不同，析出的蛋白质也不同。例如，球蛋白可在半饱和硫酸铵溶液中析出，而清蛋白在饱和硫酸铵溶液中析出。盐析沉淀一般不引起蛋白质变性，当除去盐后，即可溶解。

（2）重金属盐沉淀法：当溶液的 pH 值大于蛋白质等电点时，蛋白质颗粒带负电荷，容易与重金属离子（Hg^{2+}、Pb^{2+}、Cu^{2+} 或 Ag^+）结合成不溶性盐而沉淀。误服重金属盐的病人可口服大量牛乳或豆浆等蛋白质进行解救就是因为它能和重金属离子形成不溶性盐，然后用催吐剂排出体外。

4. 加热变性

绝大多数的蛋白质因加热变性而凝固。少量盐类促进蛋白质加热凝固，当蛋白质处于等电点时，加热变性凝固最完全和最迅速。加热变性引起蛋白质凝固沉淀的原因可能是热变性使蛋白质天然结构解体，疏水基外露，最终破坏了水化层，同时，由于蛋白质处于等电点，也破坏了带电状态。古代人将大豆蛋白质的浓溶液加热并点入大量盐卤（含 $MgCl_2$）制豆腐，便是此方法的成功应用。

任务评价

根据以上实验操作、现象记录及现象分析情况，进行任务评价。

序号	评价内容	评价要点	配分	评价标准	扣分	得分
1	实验准备	（1）实验预习； （2）玻璃仪器认领； （3）试剂认领	20	有一项不符合标准扣 7 分，扣完为止		
2	实验操作及记录	（1）试管的使用； （2）胶头滴管的使用； （3）现象描述； （4）现象解释； （5）实验记录表格设计是否合理； （6）表格填写是否规范	60	有一项不符合标准扣 10 分，扣完为止		
3	安全文明操作	（1）实验台面整洁情况； （2）物品摆放情况； （3）玻璃仪器清洗放置情况； （4）安全操作情况	20	有一项不符合标准扣 5 分，扣完为止		
总分						

知识链接

氨基酸和蛋白质

蛋白质和核酸是生命现象的物质基础，是参与生物体内各种生物变化最重要的组分。蛋白质存在于一切细胞中，是构成人体和动植物的基本材料，肌肉、毛发、皮肤、指甲、血清、血红蛋白、神经、激素、酶等都是由不同蛋白质组成的。蛋白质在有机体中承担不同的生理功能，它们供给肌体营养、输送氧气、防御疾病、控制代谢过程、传递遗传信息、负责机械运动等。核酸分子携带着遗传信息，在生物的个体发育、生长、繁殖和遗传变异等生命过程中发挥极为重要的作用。

一、氨基酸

1. 命名

在氨基酸命名时通常根据其来源或性质等采用俗名，例如，氨基乙酸因具有甜味称为甘氨酸。丝氨酸最早源于蚕丝而得名。在使用中为了方便起见，常用英文名称缩写符号（通常为前三个字母）或用中文代号表示。例如，甘氨酸可用 Gly 或 G 或"甘"字来表示其名称。氨基酸的系统命名法与其他取代羧酸的命名法相同，即以羧酸为母体命名。

2. α-氨基酸的物理性质

α-氨基酸一般为无色晶体，熔点比相应的羧酸或胺类要高，一般为 $200\sim300$ ℃（许多氨基酸在接近熔点时分解）。除甘氨酸外，其他的 α-氨基酸都有旋光性。大多数氨基酸易溶于水，而不溶于有机溶剂。

3. α-氨基酸的化学性质

氨基酸分子中既含有氨基又含有羧基，因此，它具有与羧酸和胺类化合物相似的性质。同时，由于氨基与羧基之间相互影响及分子中 R—基团的某些特殊结构，又显示出一些特殊的性质。

（1）氨基酸的两性性质和等电点。氨基酸分子中同时含有羧基（—COOH）和氨基（—NH_2），不仅能与强碱或强酸反应生成盐，而且可在分子内形成内盐。

内盐（偶极离子）

氨基酸内盐分子是既带有正电荷又带有负电荷的离子，称为两性离子或偶极离子。固体氨基酸以偶极离子的形式的存在，静电引力大，具有很高的熔点，可溶于水而难溶于有机溶剂。

氨基酸分子是偶极离子，在酸性溶液中，它的羧基负离子可接受质子，发生碱式电离带正电荷；而在碱性溶液中铵根正离子给出质子，发生酸式电离带负电荷。偶极离子加酸和加碱时引起的变化，可用下式表示：

正离子   偶极离子   负离子
pH<pI   pI   pH>pI

因此，在不同的 pH 值中，氨基酸能以正离子、负离子及偶极离子三种不同形式存在。如果把氨基酸溶液置于电场中，它的正离子会向阴极移动，负离子则会向阳极移动。当调节溶液的 pH 值，使氨基酸以偶极离子形式存在时，它在电场中既不向阴极移动，也不向阳极移动，此时溶液的 pH 值称为该氨基酸的等电点，通常用符号 pI 表示。当调节溶液的 pH 值大于某氨基酸的等电点时，该氨基酸主要以负离子形式存在，在电场中移向阳极；当调节溶液的 pH 值小于某氨基酸的等电点时，该氨基酸主要以正离子形式存在，在电场中移向阴极。

氨基酸在等电点时溶解度最小，最容易沉淀，因此，可以通过调节溶液的 pH 值达到等电点来分离氨基酸混合物；也可以利用在同一 pH 值的溶液中，各种氨基酸所带净电荷不同、它们在电场中移动的状况不同和对离子交换剂的吸附作用不同的特点，通过电泳法或离子交换层析法从混合物中分离各种氨基酸。

（2）氨基酸中氨基的反应。

1）与亚硝酸反应。大多数氨基酸中含有伯氨基，可以定量地与亚硝酸反应，生成 α-羟基酸，并释放氮气。

$$R—CH—COOH+HNO_2^- \longrightarrow R—CO—COOH+H_2O+N_2\uparrow$$
$$\qquad\quad |\qquad\qquad\qquad\qquad\qquad\ \ |$$
$$\qquad\quad NH_2\qquad\qquad\qquad\qquad\quad OH$$

该反应定量进行，从释放出的氮气的体积可计算分子中氨基的含量。这个方法称为范斯莱克（Van Slyke）氨基测定法，可用于氨基酸定量和蛋白质水解程度的测定。

2）氨基酸与水合茚三酮的反应。α-氨基酸与水合茚三酮的弱酸性溶液共热，一般认为先发生氧化脱氨、脱羧，生成氨和还原型茚三酮，产物再与水合茚三酮进一步反应，生成蓝紫色物质。这个反应非常灵敏，可用于氨基酸的定性及定量测定。

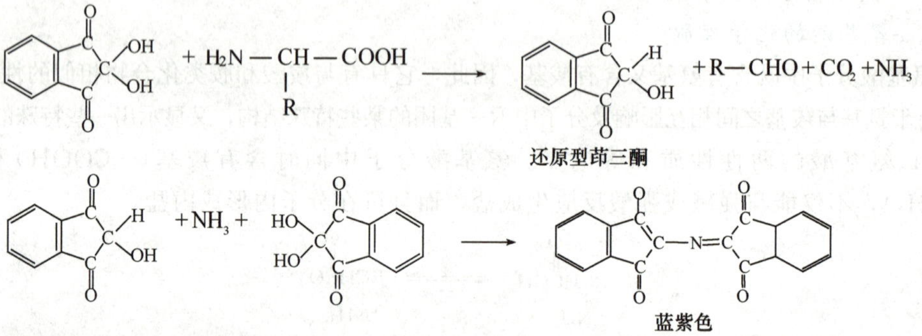

还原型茚三酮

蓝紫色

凡是有游离氨基的氨基酸都和水合茚三酮试剂发生显色反应，多肽和蛋白质也有此反应，脯氨酸和羟脯氨酸与水合茚三酮反应时，生成黄色化合物。

3）与金属离子形成配合物。某些氨基酸与某些金属离子能形成结晶型化合物，有时可以用来沉淀和鉴别某些氨基酸。例如，两分子氨基酸与铜离子能形成深紫色配合物结晶。

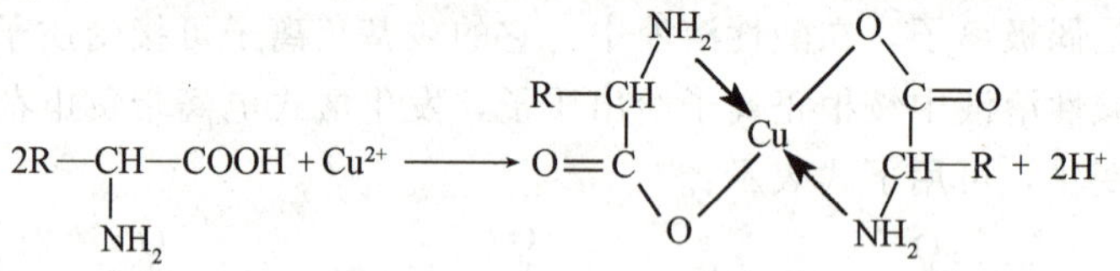

二、蛋白质

蛋白质是由多种 α-氨基酸组成的一类天然高分子化合物，分子量一般为一万到几百万，有的分子量甚至可达几千万，但元素组成比较简单，主要含有碳、氢、氮、氧、硫，有些蛋白质还有磷、铁、镁、碘、铜、锌等。

1. 蛋白质的分类

蛋白质种类繁多、结构复杂，目前只能根据蛋白质的形状、溶解性及化学组成粗略分类。蛋白质根据其形状可分为球状蛋白质（如卵清蛋白）和纤维蛋白质（如角蛋白）；根据化学组成又可分为简单蛋白质和结合蛋白质。

（1）简单蛋白质。仅由氨基酸组成的蛋白质称为简单蛋白质。

(2)结合蛋白质。由简单蛋白质与非蛋白质成分(称为辅基)结合而成的复杂蛋白质,称为结合蛋白质。结合蛋白质又可根据辅基不同进行分类。

2. 蛋白质的结构

蛋白质分子是由 α-氨基酸经首尾相连形成的多肽链,肽链在三维空间具有特定的复杂而精细的结构。这种结构不仅决定蛋白质的理化性质,而且是生物学功能的基础。蛋白质的结构通常分为一级结构、二级结构、三级结构和四级结构四种层次,蛋白质的二级、三级、四级结构又统称为蛋白质的空间结构或高级结构。

天然蛋白质是由 α-氨基酸组成的。α-氨基酸分子间可以发生脱水反应生成酰胺。在生成的酰胺分子中两端仍含有 α-氨基酸及—COOH,因此仍然可以与其他 α-氨基酸继续缩合脱水形成长链大分子。在蛋白质化学中,这种酰胺键称为肽键。氨基酸分子之间以肽键形式首尾相连形成的化合物称为肽,由两个氨基酸缩合脱水形成的肽称为二肽,由三个氨基酸缩合脱水形成的肽称为三肽,由多个氨基酸缩合脱水形成的肽称为多肽。

肽的命名是以 C—端氨基酸为母体,肽链中其他氨基酸名称中的"酸"字改为"酰"字,称为"某氨酰",并从 N—端开始依次写在母体名称之前,两者之间通常用"—"连接,例如:

$$\underset{\text{甘氨酰 —— 丙氨酸 (GLY — DL—ALA)}}{H_2N - CH_2 - \overset{\overset{O}{\|}}{C} - NH - \overset{\overset{CH_3}{|}}{CH} - COOH}$$

肽链通常用简称表示,即按从 N—端到 C—端的顺序,将组成肽链的各种氨基酸的英文或中文简称写到一起,简称间通常用"—"连接,并在 C—端氨基简称后加"肽"字。

3. 蛋白质的理化性质

(1)蛋白质的两性性质和等电点。蛋白质多肽链的 N—端有氨基,C—端有羧基,其侧链上也常含有碱性基团和酸性基团。因此,蛋白质与氨基酸相似,也具有两性性质和等电点。蛋白质溶液在某一 pH 值时,其分子所带的正、负电荷相等,即成为净电荷为零的偶极离子,此时溶液的 pH 值称为该蛋白质的等电点(pI)。蛋白质溶液在不同的 pH 值溶液中,以不同的形式存在,其平衡体系如下:

$$\underset{\substack{\text{阴离子}\\ \text{pH>pI}}}{Pr\overset{NH_2}{\underset{COO^-}{\big<}}} \underset{OH^-}{\overset{H^+}{\rightleftharpoons}} \underset{\substack{\text{偶极离子}\\ \text{等电点(pI)}}}{Pr\overset{NH_3^+}{\underset{COO^-}{\big<}}} \underset{OH^-}{\overset{H^+}{\rightleftharpoons}} \underset{\substack{\text{阳离子}\\ \text{pH<pI}}}{Pr\overset{NH_3^+}{\underset{COOH}{\big<}}}$$

式中,H_2N—Pr—COOH 表示蛋白质分子,羧基代表分子中所有的酸性基团,氨基代表分子中所有的碱性基团,Pr 代表其他部分。

蛋白质在等电点时,溶解度也最小,导电性、黏度和渗透压等也最低。利用这些性质可以分离、纯化蛋白质。也可通过调节蛋白质溶液的 pH 值,使其颗粒带上某种净电荷,利用电泳分离或纯化蛋白质。

盐析就是一种可逆沉淀蛋白质的方法。在蛋白质溶液中,加入足量的中性盐类,从而使蛋白质发生沉淀的现象,称为蛋白质的盐析。一方面,盐类在水中解离形成离子,其水化能力比蛋白质强,破坏了蛋白质表面的水化膜;另一方面,盐类离子所带的电荷也会中和或削弱蛋白质粒子表面所带的电荷,两者均使蛋白质的胶体溶液稳定性降低,进而相互凝聚沉降。盐析常用的盐有硫酸铵、硫酸钠、氯化钠等。不同的蛋白质盐析时,所需盐的浓度不同,因此,可用控制盐浓度的方法分离溶液中不同的蛋白质,称为分段盐析。例如，鸡蛋清可用不同浓度的硫酸铵溶液分段沉淀析出球蛋白和卵蛋白。

（2）蛋白质的变性。由于物理或化学因素的影响，蛋白质分子的内部结构发生了变化，导致理化性质改变，生理活性丧失，称为蛋白质的变性。变性后的蛋白质称为变性蛋白质。

引起蛋白质变性的因素很多，物理因素有加热、高压、剧烈振荡、超声波、紫外线或 X 射线照射等；化学因素有强酸、强碱、重金属离子、生物碱试剂和有机溶剂等。蛋白质的变性一方面是维持具有复杂而精细空间结构的蛋白质的副键被破坏，原有的空间结构被改变，疏水基外露；另一方面蛋白质分子中的某些活泼基团（如—NH_2、—COOH、—OH 等）与化学试剂发生了反应。

【科学小故事：蛋白质与人体健康】

蛋白质与人体健康

（3）水解作用。蛋白质经过酸、碱或酶水解后，最终生成 α-氨基酸。其水解过程如下：

蛋白质→多肽→二肽→α-氨基酸

蛋白质的水解反应，对研究蛋白质及在生物体中的代谢都具有十分重要的意义。因为研究蛋白质的结构，不仅需要知道蛋白质所含的 α-氨基酸的种类和数量，更重要的是必须知道它们是以什么次序连接成肽链的。而水解的中间产物可提供这方面的线索。

【思维导图——知识点归纳】

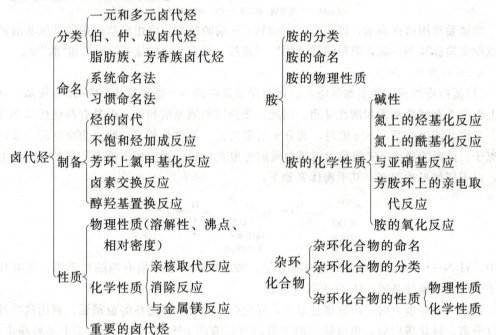

【练一练】

一、选择题

1. 下列物质中，不属于卤代烃的是（　　）。

A. 氯乙烯　　　　　　B. 溴苯　　　　　　C. 四氯化碳　　　　　　D. 硝基苯

2. 绿色化学对化学反应提出了"原子经济性"的新概念。理想的"原子经济性"反应是原料分子中所有的原子全部转变成所需产物，不产生副产物。由此概念制取 1-氯乙烷的最好方法是(　　)。

　　A. 乙烷与氯气反应　　　　　　　　　B. 乙烯与氯气反应

　　C. 乙炔与氯化氢反应　　　　　　　　D. 乙烯与氯化氢反应

3. 中国古代有"女娲补天"的传说，现代人因为氟氯代烷造成的臭氧层空洞也在进行着"补天"。下列关于氟氯代烷的说法错误的是(　　)。

　　A. 都是有机物　　　　　　　　　　　B. CH_2ClF 有两种结构

　　C. 大多无色、无味、无毒　　　　　　D. 一类卤代烃的总称

4. 某学生将溴乙烷与 NaOH 溶液共热几分钟后，冷却，接着滴入 $AgNO_3$ 溶液，结果未见到浅黄色沉淀生成，其主要原因是(　　)。

　　A. 加热时间太短　　　　　　　　　　B. 不应冷却后再加入 $AgNO_3$ 溶液

　　C. 加 $AgNO_3$ 溶液前未用稀 HNO_3 酸化　　D. 反应后的溶液中不存在 Br^-

5. 下列说法错误的是(　　)。

　　A. 卤代烃不溶于水而溶于大多数有机溶剂

　　B. 卤代烃的沸点和密度都大于相应烃

　　C. 卤代烃都能发生水解反应和消去反应

　　D. 卤代烃发生水解反应和消去反应的条件不同

6. 在下列化合物中，(　　)是呋喃。

　　A. 　　　　　　　　B. 　　　　　　　　C. 　　　　　　　　D.

7. 在叶绿素和血红素中存在的杂环基本单元是(　　)。

　　A. 呋喃　　　　　　B. 吡啶　　　　　　C. 噻吩　　　　　　D. 吡咯

8. 在下列化合物中水溶性最好的是(　　)。

　　A. 呋喃　　　　　　B. 吡啶　　　　　　C. 噻吩　　　　　　D. 吡咯

二、命名题

1. 用普通命名法命名下列各化合物，并指出它们属于伯、仲、叔卤代烷中的哪一种。
(1)$(CH_3)_3CCH_2Cl$　(2)$CH_3CH_2CHFCH_3$　(3)$CH_2=CHCH_2Br$

2. 命名下列各化合物。

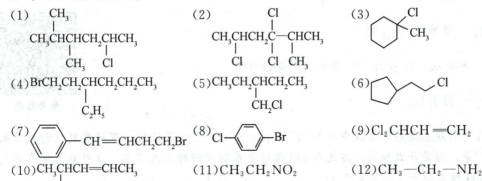

(13) 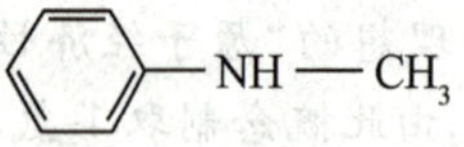 [苯环]—NH—CH₃ (14) 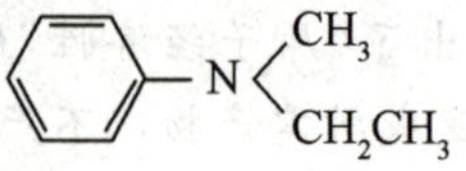 [苯环]—N(CH₃)(CH₂CH₃) (15) 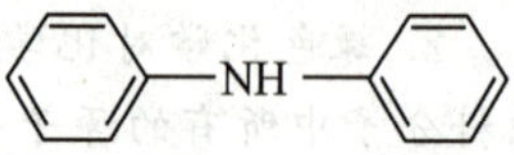 [苯环]—NH—[苯环]

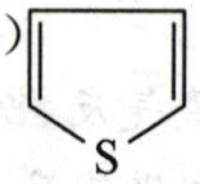

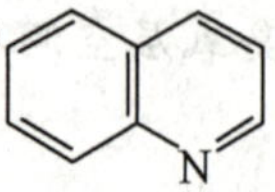

(16) CH₃—NH—C₂H₅ (17) [吡啶] (18) [噻吩]

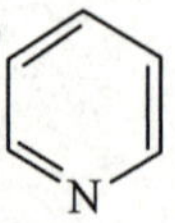

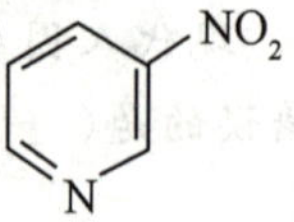

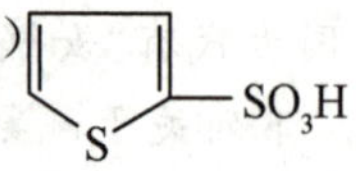

(19) [喹啉] (20) [3-硝基吡啶 NO₂] (21) [噻吩-SO₃H]

(22)
$$CH_3-[苯环]-NH_2 \longrightarrow COOH-[苯环]-NH_2$$

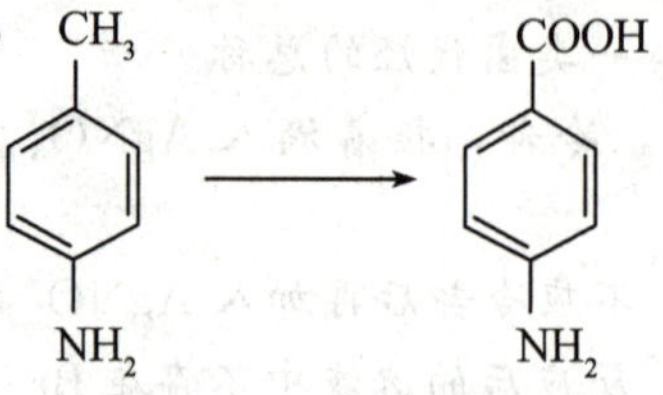

三、写出下列各化合物的构造式或结构式

1. 4-溴-1-丁烯-3-炔
2. 反-1,2-二氯-1,2-二苯乙烯
3. 对氯叔丁苯
4. α-溴代乙苯
5. 噻吩
6. 四氢呋喃
7. 烟酸
8. 吡啶
9. 喹啉
10. β-吡啶甲酸（烟酸）

四、按照碱性降低顺序，排列下列各组化合物

1. 氨，甲胺，苯胺，二苯胺，三苯胺。
2. 苯胺，对氯苯胺，对甲苯胺，对硝基苯胺。

五、完成下列反应式

1. 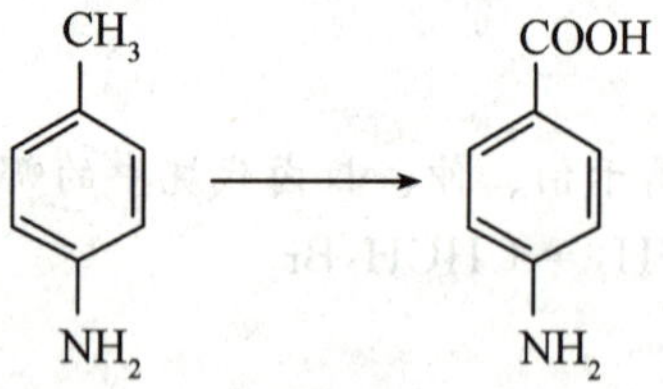
$$CH_3-[苯环]-NH_2 \longrightarrow COOH-[苯环]-NH_2$$

2.
$$NH_2-[苯环] + Br_2 \xrightarrow{H_2O}$$

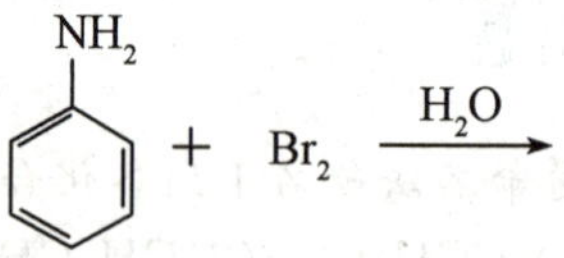

六、解释下列名词

1. 等电点　2. 盐析　3. 蛋白质的变性作用

参考答案

七、简答题

　　在一种氨基酸的水溶液中加入 H⁺ 至 pH 值小于 7 的某值时，可观察到这种氨基酸被沉淀下来，这是什么原因？在这个 pH 值时氨基酸以何种形式存在？这种氨基酸在等电点时的 pH 值是小于 7 还是大于 7？

附　录

附录一　部分实验报告参考

《基础化学》实验报告

班级：　　　　　　　　　　姓名：　　　　　　　　　　学号：

日期：　　　　　　　　　　　　　　　　　　　　　　　成绩：

实验名称：　　　　　实验　化学实验基本操作
［实验目的］   ［仪器与试剂］   ［实验内容］ 1. 写出玻璃仪器的一般洗涤方法。   2. 写出玻璃仪器的一般干燥方法。

3. 固体试剂、液体试剂应如何取用?

4. 请简述托盘天平的称量过程,并写出称量的注意事项。

[思考与讨论]

1. 玻璃仪器如何才算清洗干净?

2. 容量瓶是否能用加热法干燥,为什么?

《基础化学》实验报告

班级： 姓名： 学号：

日期： 成绩：

实验名称：	实验　分析天平的称量练习

［实验目的］

［实验原理］

［仪器与试剂］

［实验步骤］

［问题讨论］

[数据记录与结果报告表]

1. 直接称量法：练习使用分析天平直接称量烧杯质量。

项目	测量值1	测量值2	测量值3	平均值
烧杯				

2. 固定质量称量法：练习使用分析天平称取试剂 0.500 0 g，控制称量范围≤±5%。

项目	测量值1	测量值2	测量值3
样品			

3. 差减称量法：练习使用分析天平称取试剂 0.500 0 g，控制称量范围≤±5%。

称量次数	1	2	3
（称量瓶＋试样）的质量(倾出前)m_1/g			
（称量瓶＋试样）的质量(倾出后)m_2/g			
倾出试样的质量(m_1-m_2)/g			

附：(1)称量时注意托盘天平和电子天平的有效读数。

(2)电子天平的使用方法：取下天平罩，折好放在天平箱上方→插上电源预热→检查水平→清扫→开机→调零(去皮)→称量(称量前如不为零，要重新调零)→记录数据→取出被称物→盖上天平罩→清洁桌面→填写使用登记表→凳子复位→天平清零→关机→清扫天平→关上侧门。

班级：　　　　　　　姓名：　　　　　　　学号：

日期：　　　　　　　　　　　　　　　　　成绩：

实验名称：	实验　溶液的配制

［实验目的］

［实验原理］

［仪器与试剂］

［实验内容］

1. 计算配制 250 mL 0.01 mol/L 碳酸钠溶液所需碳酸钠的质量。

2. 计算配制 100 mL 0.1 mol/L NaCl 溶液所需 5.000 mol/L NaCl 标准溶液的体积。

3. 计算配制 100 mL 0.1 mol/L $NaHCO_3$ 溶液所需 $NaHCO_3$ 的质量。

4. 请绘制出容量瓶、吸量管、移液管。

［思考与讨论］
1. 把烧杯里的溶液转移到容量瓶中后，烧杯里的淋洗液为什么也要倒入容量瓶中？

2. 是否需要将残留在移液管尖嘴内的液体吹出，为什么？

3. 怎样洗涤移液管？水洗净后的移液管在使用前还要用待吸取的溶液润洗，为什么？

《基础化学》实验报告

班级：　　　　　　　　　　　　姓名：　　　　　　　　　　　　学号：

日期：　　　　　　　　　　　　　　　　　　　　　　　　　　　成绩：

实验名称：　　　　　实验　化学反应速率和化学平衡

［实验目的］

［实验原理］

［仪器与试剂］

［实验步骤］

[数据记录与结果报告表]

1. 浓度对化学反应速率的影响。

实验编号	Na₂S₂O₃ 体积/mL	H₂O 体积/mL	H₂SO₄ 体积/mL	溶液变浑浊所需时长/s
1	10	0	5	
2	5	5	5	
3	2.5	7.5	5	

2. 温度对化学反应速率的影响。

编号	Na₂S₂O₃ 体积/mL	H₂SO₄ 体积/mL	温度/℃	溶液变浑浊所需时长/s
1	5	5	室温	
2	5	5	60	
3	5	5	100	

3. 催化剂对化学反应速率的影响。

现象	加催化剂前	加催化剂后
3% H₂O₂ 溶液		

[思考与讨论]

1. 影响化学反应速率的因素有哪些？在本实验中如何验证温度、浓度、催化剂对反应速率的影响？

2. 在做温度对化学反应速率影响的实验时，应注意什么？采取了哪些措施？

班级：　　　　　　　　　姓名：　　　　　　　　学号：

日期：　　　　　　　　　　　　　　　　　　　成绩：

实验名称：	实验　缓冲溶液

［实验目的］

［实验原理］

［仪器与试剂］

［实验步骤］

[数据记录与结果报告表]

1. 缓冲溶液的配制。

试剂	1	2	3
Na_2HPO_4/mL	8.0	8.0	2.0
KH_2PO_4/mL	2.0	8.0	8.0
pH 值(pH 试纸测定值)			
pH 值(计算值)			

2. 缓冲溶液的稀释。

试管号	缓冲溶液	蒸馏水	甲基橙	加入指示剂后颜色
1		4.0 mL	2 滴	
2	自制缓冲溶液(2)4.0 mL		2 滴	
3	自制缓冲溶液(2)2.0 mL	2.0 mL	2 滴	
4	自制缓冲溶液(2)1.0 mL	3.0 mL	2 滴	

3. 缓冲溶液抗酸。

试管号	缓冲溶液	蒸馏水	0.1 mol/L 盐酸	甲基橙	加入指示剂后颜色
1	自制缓冲溶液(2)4.0 mL	4.0 mL	0 mL	2 滴	
2	自制缓冲溶液(2)4.0 mL	3.0 mL	1.0 mL	2 滴	
3	自制缓冲溶液(2)4.0 mL	2.0 mL	2.0 mL	2 滴	
4	自制缓冲溶液(2)4.0 mL	1.0 mL	3.0 mL	2 滴	
5	自制缓冲溶液(2)4.0 mL	0 mL	4.0 mL	2 滴	

4. 缓冲溶液抗碱。

试管号	缓冲溶液	蒸馏水	0.1 mol/L 氢氧化钠	酚酞	加入指示剂后颜色
1	自制缓冲溶液(2)4.0 mL	4.0 mL	0 mL	2 滴	
2	自制缓冲溶液(2)4.0 mL	3.0 mL	1.0 mL	2 滴	
3	自制缓冲溶液(2)4.0 mL	2.0 mL	2.0 mL	2 滴	
4	自制缓冲溶液(2)4.0 mL	1.0 mL	3.0 mL	2 滴	
5	自制缓冲溶液(2)4.0 mL	0 mL	4.0 mL	2 滴	

[思考与讨论]
为什么人们吃了酸性或碱性食物后,血液 pH 值基本保持不变呢?

班级：　　　　　　　　　姓名：　　　　　　　　　学号：

日期：　　　　　　　　　　　　　　　　　　　　　成绩：

实验名称：　　　　　　　　实验　粗食盐的提纯

［实验目的］

［实验原理］

［仪器与试剂］

［实验步骤］

[数据记录与结果报告表]

产率计算公式：产率＝结晶质量/粗样品质量×100％

实验结果记录表格：

粗样品质量/g	
结晶产品干燥后称重/g	
产率/％	

实验结果分析：

[思考与讨论]

在除 Ca^{2+}、Mg^{2+}、SO_4^{2-} 等时，为什么要先加 $BaCl_2$ 溶液，后加 Na_2CO_3 溶液？能否先加 Na_2CO_3 溶液？

班级：   姓名：   学号：

日期：   成绩：

实验名称：	实验　萃取

［实验目的］

［实验原理］

［仪器与试剂］

［实验步骤］

[数据记录与结果报告表]

表一：

项目		所在部位（上层或下层）	萃取前颜色	萃取后颜色
一次萃取（10 mL）	水相			
	有机相			
二次萃取（5 mL）	水相			
	有机相			
三次萃取（5 mL）	水相			
	有机相			

表二：

碘水	碘化钾淀粉试纸测试后颜色
一次萃取后（10 mL 乙酸乙酯）	
二次萃取后（5 mL 乙酸乙酯）	
三次萃取后（5 mL 乙酸乙酯）	

[思考与讨论]

1. 萃取时为什么要开启旋塞放气？

2. 怎样用简便的方法判定哪一层是水相，哪一层是有机相？

3. 为何上层液体要从分液漏斗上口放出，而下层液体要从下部放出？

附录二 弱酸、弱碱的标准解离平衡常数

1. 弱酸的标准解离平衡常数(298.15 K)

化学式	$K_a^\ominus$		$pK_a^\ominus$	化学式	$K_a^\ominus$		$pK_a^\ominus$
H_3AsO_3		5.13×10^{-10}	9.29	$H_4P_2O_7$	$K_{a1}^\ominus$	1.23×10^{-1}	0.91
H_3AsO_4	$K_{a1}^\ominus$	5.50×10^{-3}	2.26		$K_{a2}^\ominus$	7.94×10^{-3}	2.10
	$K_{a2}^\ominus$	1.74×10^{-7}	6.76		$K_{a3}^\ominus$	2.00×10^{-7}	6.70
	$K_{a3}^\ominus$	5.13×10^{-12}	11.29		$K_{a4}^\ominus$	4.79×10^{-10}	9.32
H_3BO_3		5.81×10^{-10}	9.236	H_2SiO_3	$K_{a1}^\ominus$	1.70×10^{-10}	9.77
$H_2B_4O_7$	$K_{a1}^\ominus$	1.00×10^{-4}	4.00		$K_{a2}^\ominus$	1.58×10^{-12}	11.80
	$K_{a2}^\ominus$	1.00×10^{-9}	9.00	H_2SO_3	$K_{a1}^\ominus$	1.40×10^{-2}	1.85
H_2CO_3	$K_{a1}^\ominus$	4.47×10^{-7}	6.35		$K_{a2}^\ominus$	6.31×10^{-2}	7.20
	$K_{a2}^\ominus$	4.68×10^{-11}	10.33	H_2SO_4	$K_{a2}^\ominus$	1.02×10^{-2}	1.99
$HClO$		3.98×10^{-8}	7.40	$HSCN$		1.41×10^{-1}	0.85
$HClO_2$		1.15×10^{-2}	1.94	$H_2S_2O_3$	$K_{a1}^\ominus$	2.50×10^{-1}	0.60
H_2CrO_4	$K_{a1}^\ominus$	1.80×10^{-1}	0.74		$K_{a2}^\ominus$	1.82×10^{-2}	1.74
	$K_{a2}^\ominus$	3.20×10^{-7}	6.49	CH_3COOH		1.74×10^{-5}	4.76
HCN		6.17×10^{-10}	9.21	C_6H_5COOH		6.45×10^{-5}	4.19
HF		6.31×10^{-4}	3.20	$HCOOH$		1.772×10^{-4}	3.75
H_2O_2		2.4×10^{-12}	11.62	$HOOC(CHOH)_2COOH$ (酒石酸)	$K_{a1}^\ominus$	1.04×10^{-3}	2.98
H_2S	$K_{a1}^\ominus$	8.90×10^{-8}	7.05		$K_{a2}^\ominus$	4.57×10^{-6}	4.34
	$K_{a2}^\ominus$	1.26×10^{-14}	13.9	$HO-C(CH_2COOH)_2COOH$ (柠檬酸)	$K_{a1}^\ominus$	7.24×10^{-4}	3.14
$HBrO$		2.82×10^{-9}	8.55		$K_{a2}^\ominus$	1.70×10^{-5}	4.77
HIO		3.16×10^{-11}	10.5		$K_{a3}^\ominus$	4.07×10^{-7}	6.39
HIO_3		1.66×10^{-1}	0.78	$C_6H_4(COOH)_2$	$K_{a1}^\ominus$	1.30×10^{-3}	2.89
H_5IO_6	$K_{a1}^\ominus$	2.82×10^{-2}	1.55		$K_{a2}^\ominus$	3.09×10^{-6}	5.51
	$K_{a2}^\ominus$	5.40×10^{-9}	8.27	$H_2C_2O_4$	$K_{a1}^\ominus$	5.9×10^{-2}	1.23
H_2MnO_4		7.1×10^{-11}	10.15		$K_{a2}^\ominus$	6.46×10^{-5}	4.19
HNO_2		5.62×10^{-4}	3.25	C_6H_5OH		1.02×10^{-10}	9.99
H_3PO_4	$K_{a1}^\ominus$	6.92×10^{-3}	2.16	$Al(OH)_3$		6.31×10^{-12}	11.2
	$K_{a2}^\ominus$	6.23×10^{-8}	7.21	$SbO(OH)$		1.00×10^{-11}	11.00
	$K_{a3}^\ominus$	4.80×10^{-13}	12.32	$Cr(OH)_3$		9.00×10^{-17}	16.05
				$Cu(OH)_2$	$K_{a1}^\ominus$	1.00×10^{-19}	19.00
					$K_{a2}^\ominus$	7.00×10^{-14}	13.15
				$Pb(OH)_2$		4.60×10^{-16}	15.34
				$Sn(OH)_4$		1.00×10^{-32}	32.00
				$Sn(OH)_2$		3.80×10^{-15}	14.42
				$Zn(OH)_2$		1.00×10^{-29}	29.00

2. 弱碱的标准解离平衡常数(298.15 K)

化学式	$K_b^{\ominus}$	$pK_b^{\ominus}$	化学式	$K_b^{\ominus}$	$pK_b^{\ominus}$
NH_3	1.79×10^{-5}	4.75	$(C_2H_5)_2NH$	6.31×10^{-4}	3.2
$Be(OH)_2$	5.00×10^{-11}	10.30	$(CH_3)_2NH$	5.90×10^{-4}	3.23
$Ca(OH)_2$	$K_{b1}^{\ominus}$ 3.70×10^{-3}	2.43	$C_2H_5NH_2$	4.30×10^{-4}	3.37
	$K_{b2}^{\ominus}$ 4.00×10^{-2}	1.40	CH_3NH_2	4.20×10^{-4}	3.38
$Pb(OH)_2$	9.50×10^{-4}	3.02	$H_2NCH_2CH_2NH_2$	$K_{b1}^{\ominus}$ 8.32×10^{-5}	4.08
$AgOH$	1.10×10^{-4}	3.96		$K_{b2}^{\ominus}$ 7.10×10^{-8}	7.15
$Zn(OH)_2$	9.50×10^{-4}	3.02	$(CH_2)_6N_4$	1.35×10^{-9}	8.87
$C_6H_5NH_2$	3.98×10^{-10}	9.40	(六次甲基四胺)		

附录三 常用酸碱指示剂

指示剂	变色范围 pH 值	pKₐ	酸色	碱色	配制方法
结晶紫	0.0～2.0		绿	紫	0.02 g 溶于 100 mL 水
甲基紫	0.13～0.5 1.0～1.5 2.0～3.0	0.8	黄 绿 蓝	绿 蓝 紫	0.1 g 溶于 100 mL 水
甲基黄	2.9～4.0	3.3	红	黄	0.1 g 溶于 100 mL 90％乙醇
甲基橙	3.1～4.4	3.40	红	橙	0.1 g 溶于 100 mL 水
溴酚蓝	3.0～4.6	3.85	黄	蓝	0.1 g 溶于 7.45 mL 0.02 mol/L NaOH 溶液，用水稀释至 250 mL 或 0.1 g 溶于 100 mL 20％乙醇
刚果红	3.0～5.2		蓝紫	红	0.1 g 溶于 100 mL 水
茜素磺酸钠	3.7～5.2		黄	紫	0.1 g 溶于 100 mL 水
溴甲酚绿	3.8～5.4	4.68	黄	蓝	0.1 g 溶于 7.15 mL 0.02 mol/L NaOH 溶液，用水稀释至 250 mL 或 0.1 g 溶于 100 mL 20％乙醇
甲基红	4.4～6.2	4.95	红	黄	0.1 g 溶于 18.6 mL 0.02 mol/L NaOH 溶液，用水稀释至 250 mL 或 0.1 g 溶于 100 mL 60％乙醇
石蕊	4.5～8.3		红	蓝	0.2 g 溶于 100 mL 乙醇
溴甲酚红紫	5.2～6.8	6.3	黄	紫红	0.1 g 溶于 9.25 mL 0.02 mol/L NaOH 溶液，用水稀释至 250 mL 或 0.1 g 溶于 100 mL 20％乙醇
溴百里酚蓝	6.0～7.6	7.1	黄	蓝	0.1 g 溶于 8 mL 0.02 mol/L NaOH 溶液，用水稀释至 250 mL 或 0.1 g 溶于 100 mL 20％乙醇
酚红	6.4～8.0	7.9	黄	红	0.1 g 溶于 14.2 mL 0.02 mol/L NaOH 溶液，用水稀释至 250 mL 或 0.1 g 溶于 100 mL 20％乙醇
中性红	6.8～8.0	7.4	红	黄	0.1 g 溶于 100 mL 60％乙醇
甲酚红	0.2～1.8 7.2～8.8	8.2	红 黄	黄 红	0.1 g 溶于 13.1 mL 0.02 mol/L NaOH 溶液，用水稀释至 250 mL 或 0.04 g 溶于 100 mL 50％乙醇
a-萘酚酞	7.4～8.6		黄	蓝绿	0.1 g 或 1 g 溶于 100 mL 70％乙醇
百里酚蓝	1.2～2.8 8.0～9.6	1.65 8.9	红 黄	黄 蓝	0.1 g 溶于 10.75 mL 0.02 mol/L NaOH 溶液，用水稀释至 250 mL 或 0.1 g 溶于 100 mL 20％乙醇
酚酞	8.2～10.0	9.4	无	紫红	0.1 g 溶于 100 mL 60％乙醇
百里酚酞	9.4～10.6	10.0	无	蓝	0.1 g 溶于 100 mL 90％乙醇
尼罗蓝	10.1～11.1		蓝	红	0.1 g 溶于 100 mL 水
西素黄 R	1.9～3.3 10.1～12.1	11.16	红 黄	黄 淡紫	0.1 g 溶于 100 mL 水
靛蓝胭脂红	11.6～14.0	12.2	蓝	黄	0.25 g 溶于 100 mL 50％乙醇

附录四 常用缓冲溶液的配制与 pH 值

序号	溶液名称	配制方法	pH 值
1	氯化钾－盐酸	13.0 mL 0.2 mol/L HCl 溶液与 25.0 mL 0.2 mol/L KCl 溶液混合均匀后，加水稀释至 100 mL	1.7
2	氨基乙酸－盐酸	在 500 mL 水中溶解氨基乙酸 150 g，加 480 mL 浓盐酸，再加水稀释至 1 L	2.3
3	一氯乙酸－氢氧化钠	在 200 mL 水中溶解 2 g 一氯乙酸后，加 40 g NaOH，溶解完全后再加水稀释至 1 L	2.8
4	邻苯二甲酸氢钾－盐酸	把 25.0 mL 0.2 mol/L 邻苯二甲酸氢钾溶液与 6.0 mL 0.1 mol/L HCl 溶液混合均匀，加水稀释至 100 mL	3.6
5	邻苯二甲酸氢钾－氢氧化钠	把 25.0 mL 0.2 mol/L 邻苯二甲酸氢钾溶液与 17.5 mL 0.1 mol/L NaOH 溶液混合均匀，加水稀释至 100 mL	4.8
6	六亚甲基四胺－盐酸	在 200 mL 水中溶解六亚甲基四胺 40 g，加浓盐酸 10 mL，再加水稀释至 1 L	5.4
7	磷酸二氢钾－氢氧化钠	把 25.0 mL 0.2 mol/L 磷酸二氢钾溶液与 23.6 mL 0.1 mol/L NaOH 溶液混合均匀，加水稀释至 100 mL	6.8
8	硼酸－氯化钾－氢氧化钠	把 25.0 mL 0.2 mol/L 硼酸－氯化钾溶液与 4.0 mL 0.1 mol/L NaOH 溶液混合均匀，加水稀释至 100 mL	8.0
9	氯化铵－氨水	把 0.1 mol/L 氯化铵与 0.1 mol/L 氨水以 2：1 比例混合均匀	9.1
10	硼酸－氯化钾－氢氧化钠	把 25.0 mL 0.2 mol/L 硼酸－氯化钾溶液与 43.9 mL 0.1 mol/L NaOH 溶液混合均匀，加水稀释至 100 mL	10.0
11	氨基乙酸－氯化钠－氢氧化钠	把 49.0 mL 0.1 mol/L 氨基乙酸－氯化钠溶液与 51.0 mL 0.1 mol/L NaOH 溶液混合均匀	11.6
12	磷酸氢二钠－氢氧化钠	把 50.0 mL 0.05 mol/L Na_2HPO_4 溶液与 26.9 mL 0.1 mol/L NaOH 溶液混合均匀，加水稀释至 100 mL	12.0
13	氯化钾－氢氧化钠	把 25.0 mL 0.2 mol/L KCl 溶液与 66.0 mL 0.2 mol/L NaOH 溶液混合均匀，加水稀释至 100 mL	13.0

注：本表数据主要取自《化学试剂 酸碱指示剂 pH 变色域测定通用方法》(HG/T 4015—2008)

附录五 标准电极电势表(298.15 K)

1. 在酸性溶液中

电对	电极反应	电势/V
Li^+/Li	$Li^++e^-\rightleftharpoons Li$	-3.045
Rb^+/Rb	$Rb^++e^-\rightleftharpoons Rb$	-2.93
K^+/K	$K^++e^-\rightleftharpoons K$	-2.925
Cs^+/Cs	$Cs^++e^-\rightleftharpoons Cs$	-2.92
Ba^+/Ba	$Ba^{2+}+2e^-\rightleftharpoons Ba$	-2.91
Sr^{2+}/Sr	$Sr^{2+}+2e^-\rightleftharpoons Sr$	-2.89
Ca^{2+}/Ca	$Ca^{2+}+2e^-\rightleftharpoons Ca$	-2.87
Na^+/Na	$Na^++e^-\rightleftharpoons Na$	-2.714
La^{3+}/La	$La^{3+}+3e^-\rightleftharpoons La$	-2.52
Y^{3+}/Y	$Y^{3+}+3e^-\rightleftharpoons Y$	-2.37
Mg^{2+}/Mg	$Mg^{2+}+2e^-\rightleftharpoons Mg$	-2.37
Ce^{3+}/Ce	$Ce^{3+}+3e^-\rightleftharpoons Ce$	-2.33
H_2/H^-	$H_2+2e^-\rightleftharpoons 2H^-$	-2.25
Sc^{3+}/Sc	$Sc^{3+}+3e^-\rightleftharpoons Sc$	-2.1
Th^{4+}/Th	$Th^{4+}+4e^-\rightleftharpoons Th$	-1.9
Be^{2+}/Be	$Be^{2+}+2e^-\rightleftharpoons Be$	-1.85
U^{3+}/U	$U^{3+}+3e^-\rightleftharpoons U$	-1.80
Al^{3+}/Al	$Al^{3+}+3e^-\rightleftharpoons Al$	-1.66
Ti^{2+}/Ti	$Ti^{2+}+2e^-\rightleftharpoons Ti$	-1.63
ZrO_2/Zr	$ZrO_2+4H^++4e^-\rightleftharpoons Zr+2H_2O$	-1.43
V^{2+}/V	$V^{2+}+2e^-\rightleftharpoons V$	-1.2
Mn^{2+}/Mn	$Mn^{2+}+2e^-\rightleftharpoons Mn$	-1.17
TiO_2/Ti	$TiO_2+4H^++4e^-\rightleftharpoons Ti+2H_2O$	-0.86
SiO_2/Si	$SiO_2+4H^++4e^-\rightleftharpoons Si+2H_2O$	-0.86
Cr^{2+}/Cr	$Cr^{2+}+2e^-\rightleftharpoons Cr$	-0.86
Zn^{2+}/Zn	$Zn^{2+}+2e^-\rightleftharpoons Zn$	-0.763
Cr^{3+}/Cr	$Cr^{3+}+3e^-\rightleftharpoons Cr$	-0.74
Ag_2S/Ag	$Ag_2S+2e^-\rightleftharpoons 2Ag+S^{2-}$	-0.71
$CO_2/H_2C_2O_4$	$2CO_2+2H^++2e^-\rightleftharpoons H_2C_2O_4$	-0.49
Fe^{2+}/Fe	$Fe^{2+}+2e^-\rightleftharpoons Fe$	-0.440
Cr^{3+}/Cr^{2+}	$Cr^{3+}+e^-\rightleftharpoons Cr^{2+}$	-0.41

电对	电极反应	电势/V
Cd^{2+}/Cd	$Cd^{2+}+2e^-\rightleftharpoons Cd$	-0.403
Ti^{3+}/Ti^{2+}	$Ti^{3+}+e^-\rightleftharpoons Ti^{2+}$	-0.37
$PbSO_4/Pb$	$PbSO_4+2e^-\rightleftharpoons Pb+SO_4^{2-}$	-0.356
Co^{2+}/Co	$Co^{2+}+2e^-\rightleftharpoons Co$	-0.29
$PbCl_2/Pb$	$PbCl_2+2e^-\rightleftharpoons Pb+2Cl^-$	-0.266
V^{3+}/V^{2+}	$V^{3+}+e^-\rightleftharpoons V^{2+}$	-0.255
Ni^{2+}/Ni	$Ni^{2+}+2e^-\rightleftharpoons Ni$	-0.25
AgI/Ag	$AgI+e^-\rightleftharpoons Ag+I^-$	-0.152
Sn^{2+}/Sn	$Sn^{2+}+2e^-\rightleftharpoons Sn$	-0.136
Pb^{2+}/Pb	$Pb^{2+}+2e^-\rightleftharpoons Pb$	-0.126
$AgCN/Ag$	$AgCN+e^-\rightleftharpoons Ag+CN^-$	-0.017
H^+/H_2	$2H^++2e^-\rightleftharpoons H_2$	0.0000
$AgBr/Ag$	$AgBr+e^-\rightleftharpoons Ag+Br^-$	0.071
TiO^{2+}/Ti^{3+}	$TiO^{2+}+2H^++e^-\rightleftharpoons Ti^{3+}+H_2O$	0.10
S/H_2S	$S+2H^++2e^-\rightleftharpoons H_2S(aq)$	0.14
Sb_2O_3/Sb	$Sb_2O_3+6H^++6e^-\rightleftharpoons 2Sb+3H_2O$	0.15
Sn^{4+}/Sn^{2+}	$Sn^{4+}+2e^-\rightleftharpoons Sn^{2+}$	0.154
Cu^{2+}/Cu^+	$Cu^{2+}+e^-\rightleftharpoons Cu^+$	0.159
$AgCl/Ag$	$AgCl+e^-\rightleftharpoons Ag+Cl^-$	0.2223
$HAsO_2/As$	$HAsO_2+3H^++3e^-\rightleftharpoons As+2H_2O$	0.248
Hg_2Cl_2/Hg	$Hg_2Cl_2+2e^-\rightleftharpoons 2Hg+2Cl^-$	0.268
BiO^+/Bi	$BiO^++2H^++3e^-\rightleftharpoons Bi+H_2O$	0.32
UO_2^{2+}/U^{4+}	$UO_2^{2+}+4H^++2e^-\rightleftharpoons U^{4+}+2H_2O$	0.33
VO^{2+}/V^{3+}	$VO^{2+}+2H^++e^-\rightleftharpoons V^{3+}+H_2O$	0.34
Cu^{2+}/Cu	$Cu^{2+}+2e^-\rightleftharpoons Cu$	0.337
$S_2O_3^{2-}/S$	$S_2O_3^{2-}+6H^++4e^-\rightleftharpoons 2S+3H_2O$	0.5
Cu^+/Cu	$Cu^++e^-\rightleftharpoons Cu$	0.52
I_3^-/I^-	$I_3^-+2e^-\rightleftharpoons 3I^-$	0.545
I_2/I^-	$I_2+2e^-\rightleftharpoons 2I^-$	0.535
MnO_4^-/MnO_4^{2-}	$MnO_4^-+e^-\rightleftharpoons MnO_4^{2-}$	0.57
$H_3AsO_4/HAsO_2$	$H_3AsO_4+2H^++2e^-\rightleftharpoons HAsO_2+2H_2O$	0.581
$HgCl_2/Hg_2Cl_2$	$2HgCl_2+2e^-\rightleftharpoons Hg_2Cl_2(s)+2Cl^-$	0.63
Ag_2SO_4/Ag	$Ag_2SO_4+2e^-\rightleftharpoons 2Ag+SO_4^{2-}$	0.653
O_2/H_2O_2	$O_2+2H^++2e^-\rightleftharpoons H_2O_2$	0.69
$[PtCl_4]^{2-}/Pt$	$[PtCl_4]^{2-}+2e^-\rightleftharpoons Pt+4Cl^-$	0.73
Fe^{3+}/Fe^{2+}	$Fe^{3+}+e^-\rightleftharpoons Fe^{2+}$	0.771

电对	电极反应	电势/V
Hg_2^{2+}/Hg	$Hg_2^{2+}+2e^-\rightleftharpoons 2Hg$	0.792
Ag^+/Ag	$Ag^++e^-\rightleftharpoons Ag$	0.799
NO_3^-/NO_2	$NO_3^-+2H^++e^-\rightleftharpoons NO_2+H_2O$	0.80
Hg^{2+}/Hg	$Hg^{2+}+2e^-\rightleftharpoons Hg$	0.854
Cu^{2+}/CuI	$Cu^{2+}+I^-+e^-\rightleftharpoons CuI$	0.86
Hg^{2+}/Hg_2^{2+}	$2Hg^{2+}+2e^-\rightleftharpoons Hg_2^{2+}$	0.907
Pd^{2+}/Pd	$Pd^{2+}+2e^-\rightleftharpoons Pd$	0.92
NO_3^-/HNO_2	$NO_3^-+3H^++2e^-\rightleftharpoons HNO_2+H_2O$	0.94
NO_3^-/NO	$NO_3^-+4H^++3e^-\rightleftharpoons NO+2H_2O$	0.96
HNO_2/NO	$HNO_2+H^++e^-\rightleftharpoons NO+H_2O$	0.98
HIO/I^-	$HIO+H^++2e^-\rightleftharpoons I^-+H_2O$	0.99
VO_2^+/VO^{2+}	$VO_2^++2H^++e^-\rightleftharpoons VO^{2+}+H_2O$	0.999
$[AuCl_4]^-/Au$	$[AuCl_4]^-+3e^-\rightleftharpoons Au+4Cl^-$	1.00
NO_2/NO	$NO_2+2H^++2e^-\rightleftharpoons NO+H_2O$	1.03
Br_2/Br^-	$Br_2(l)+2e^-\rightleftharpoons 2Br^-$	1.065
NO_2/HNO_2	$NO_2+H^++e^-\rightleftharpoons HNO_2$	1.07
Br_2/Br^-	$Br_2(aq)+2e^-\rightleftharpoons 2Br^-$	1.08
$Cu^{2+}/[Cu(CN)_2]^-$	$Cu^{2+}+2CN^-+e^-\rightleftharpoons [Cu(CN)_2]^-$	1.12
IO_3^-/HIO	$IO_3^-+5H^++4e^-\rightleftharpoons HIO+2H_2O$	1.14
ClO_3^-/ClO_2	$ClO_3^-+2H^++e^-\rightleftharpoons ClO_2+H_2O$	1.15
Ag_2O/Ag	$Ag_2O+2H^++2e^-\rightleftharpoons 2Ag+H_2O$	1.17
ClO_4^-/ClO_3^-	$ClO_4^-+2H^++2e^-\rightleftharpoons ClO_3^-+H_2O$	1.19
IO_3^-/I_2	$2IO_3^-+12H^++10e^-\rightleftharpoons I_2+6H_2O$	1.19
$ClO_3^-/HClO_2$	$ClO_3^-+3H^++2e^-\rightleftharpoons HClO_2+H_2O$	1.21
O_2/H_2O	$O_2+4H^++4e^-\rightleftharpoons 2H_2O$	1.229
MnO_2/Mn^{2+}	$MnO_2+4H^++2e^-\rightleftharpoons Mn^{2+}+2H_2O$	1.23
$ClO_2/HClO_2$	$ClO_2(g)+H^++e^-\rightleftharpoons HClO_2$	1.27
$Cr_2O_7^{2-}/Cr^{3+}$	$Cr_2O_7^{2-}+14H^++6e^-\rightleftharpoons 2Cr^{3+}+7H_2O$	1.33
ClO_4^-/Cl_2	$2ClO_4^-+16H^++14e^-\rightleftharpoons Cl_2+8H_2O$	1.34
Cl_2/Cl^-	$Cl_2+2e^-\rightleftharpoons 2Cl^-$	1.36
Au^{3+}/Au^+	$Au^{3+}+2e^-\rightleftharpoons Au^+$	1.41
BrO_3^-/Br^-	$BrO_3^-+6H^-+6e^-\rightleftharpoons Br^-+3H_2O$	1.44
HIO/I_2	$2HIO+2H^++2e^-\rightleftharpoons I_2+2H_2O$	1.45
ClO_3^-/Cl^-	$ClO_3^-+6H^++6e^-\rightleftharpoons Cl_2+3H_2O$	1.45
PbO_2/Pb^{2+}	$PbO_2+4H^++2e^-\rightleftharpoons Pb^{2+}+2H_2O$	1.455
ClO_3^-/Cl_2	$2ClO_3^-+12H^++10e^-\rightleftharpoons Cl_2+6H_2O$	1.47

电对	电极反应	电势/V
Mn^{3+}/Mn^{2+}	$Mn^{3+}+e^- \rightleftharpoons Mn^{2+}$	1.488
$HClO/Cl^-$	$HClO+H^++2e^- \rightleftharpoons Cl^-+H_2O$	1.49
Au^{3+}/Au	$Au^{3+}+3e^- \rightleftharpoons Au$	1.50
BrO_3^-/Br_2	$2BrO_3^-+12H^++10e^- \rightleftharpoons Br_2+6H_2O$	1.5
MnO_4^-/Mn^{2+}	$MnO_4^-+8H^++5e^- \rightleftharpoons Mn^{2+}+4H_2O$	1.51
$HBrO/Br_2$	$2HBrO+2H^++2e^- \rightleftharpoons Br_2+2H_2O$	1.6
H_5IO_6/IO_3^-	$H_5IO_6+H^++2e^- \rightleftharpoons IO_3^-+3H_2O$	1.6
$HClO/Cl_2$	$2HClO+2H^++2e^- \rightleftharpoons Cl_2+2H_2O$	1.63
$HClO_2/HClO$	$HClO_2+2H^++2e^- \rightleftharpoons HClO+H_2O$	1.64
MnO_4^-/MnO_2	$MnO_4^-+4H^++3e^- \rightleftharpoons MnO_2+2H_2O$	1.68
NiO_2/Ni^{2+}	$NiO_2+4H^++2e^- \rightleftharpoons Ni^{2+}+2H_2O$	1.68
$PbO_2/PbSO_4$	$PbO_2+SO_4^{2-}+4H^++2e^- \rightleftharpoons PbSO_4+2H_2O$	1.69
H_2O_2/H_2O	$H_2O_2+2H^++2e^- \rightleftharpoons 2H_2O$	1.77
Co^{3+}/Co^{2+}	$Co^{3+}+e^- \rightleftharpoons Co^{2+}$	1.80
XeO_3/Xe	$XeO_3+6H^++6e^- \rightleftharpoons Xe+3H_2O$	1.8
$S_2O_8^{2-}/SO_4^{2-}$	$S_2O_8^{2-}+2e^- \rightleftharpoons 2SO_4^{2-}$	2.0
O_3/O_2	$O_3+2H^++2e^- \rightleftharpoons O_2+H_2O$	2.07
XeF_2/Xe	$XeF_2+2e^- \rightleftharpoons Xe+2F^-$	2.2
F_2/F^-	$F_2+2e^- \rightleftharpoons 2F^-$	2.87
H_4XeO_6/XeO_3	$H_4XeO_6+2H^++2e^- \rightleftharpoons XeO_3+3H_2O$	3.0
F_2/HF	$F_2(g)+2H^++2e^- \rightleftharpoons 2HF$	3.06

2. 在碱性溶液中

电对	电极反应	电势/V
$Mg(OH)_2/Mg$	$Mg(OH)_2+2e^- \rightleftharpoons Mg+2OH^-$	−2.69
$H_2AlO_3^-/Al$	$H_2AlO_3^-+H_2O+3e^- \rightleftharpoons Al+4OH^-$	−2.35
$H_2BO_3^-/B$	$H_2BO_3^-+H_2O+3e^- \rightleftharpoons B+4OH^-$	−1.79
$Mn(OH)_2/Mn$	$Mn(OH)_2+2e^- \rightleftharpoons Mn+2OH^-$	−1.55
$[Zn(CN)_4]^{2-}/Zn$	$[Zn(CN)_4]^{2-}+2e^- \rightleftharpoons Zn+4CN^-$	−1.26
ZnO_2^{2-}/Zn	$ZnO_2^{2-}+2H_2O+2e^- \rightleftharpoons Zn+4OH^-$	−1.216
$SO_3^{2-}/S_2O_4^{2-}$	$2SO_3^{2-}+2H_2O+2e^- \rightleftharpoons S_2O_4^{2-}+4OH^-$	−1.12
$[Zn(NH_3)_4]^{2+}/Zn$	$[Zn(NH_3)_4]^{2+}+2e^- \rightleftharpoons Zn+4NH_3$	−1.04
$[Sn(OH)_6]^{2-}/HSnO_2^-$	$[Sn(OH)_6]^{2-}+2e^- \rightleftharpoons HSnO_2^-+3OH^-+H_2O$	−0.93
SO_4^{2-}/SO_3^{2-}	$SO_4^{2-}+H_2O+2e^- \rightleftharpoons SO_3^{2-}+2OH^-$	−0.93
$HSnO_2^-/Sn$	$HSnO_2^-+H_2O+2e^- \rightleftharpoons Sn+3OH^-$	−0.91
H_2O/H_2	$2H_2O+2e^- \rightleftharpoons H_2+2OH^-$	−0.828
$Ni(OH)_2/Ni$	$Ni(OH)_2+2e^- \rightleftharpoons Ni+2OH^-$	−0.72

电对	电极反应	电势/V
AsO_4^{3-}/AsO_2^-	$AsO_4^{3-}+2H_2O+2e^-\Longrightarrow AsO_2^-+4OH^-$	-0.67
SO_3^{2-}/S	$SO_3^{2-}+3H_2O+4e^-\Longrightarrow S+6OH^-$	-0.66
AsO_2^-/As	$AsO_2^-+2H_2O+3e^-\Longrightarrow As+4OH^-$	-0.66
$SO_3^{2-}/S_2O_3^{2-}$	$2SO_3^{2-}+3H_2O+4e^-\Longrightarrow S_2O_3^{2-}+6OH^-$	-0.58
S/S^{2-}	$S+2e^-\Longrightarrow S^{2-}$	-0.48
$[Ag(CN)_2]^-/Ag$	$[Ag(CN)_2]^-+e^-\Longrightarrow Ag+2CN^-$	-0.31
CrO_4^{2-}/CrO_2^-	$CrO_4^{2-}+2H_2O+3e^-\Longrightarrow CrO_2^-+4OH^-$	-0.12
O_2/HO_2^-	$O_2+H_2O+2e^-\Longrightarrow HO_2^-+OH^-$	-0.076
NO_3^-/NO_2^-	$NO_3^-+H_2O+2e^-\Longrightarrow NO_2^-+2OH^-$	0.01
$S_4O_6^{2-}/S_2O_3^{2-}$	$S_4O_6^{2-}+2e^-\Longrightarrow 2S_2O_3^{2-}$	0.09
HgO/Hg	$HgO+H_2O+2e^-\Longrightarrow Hg+2OH^-$	0.098
$Mn(OH)_3/Mn(OH)_2$	$Mn(OH)_3+e^-\Longrightarrow Mn(OH)_2+OH^-$	0.1
$[Co(NH_3)_6]^{3+}/[Co(NH_3)_6]^{2+}$	$[Co(NH_3)_6]^{3+}+e^-\Longrightarrow [Co(NH_3)_6]^{2-}$	0.1
$Co(OH)_3/Co(OH)_2$	$Co(OH)_3+e^-\Longrightarrow Co(OH)_2+OH^-$	0.17
Ag_2O/Ag	$Ag_2O+H_2O+2e^-\Longrightarrow 2Ag+2OH^-$	0.34
O_2/OH^-	$O_2+2H_2O+4e^-\Longrightarrow 4OH^-$	0.41
MnO_4^-/MnO_2	$MnO_4^-+2H_2O+3e^-\Longrightarrow MnO_2+4OH^-$	0.588
BrO_3^-/Br^-	$BrO_3^-+3H_2O+6e^-\Longrightarrow Br^-+6OH^-$	0.61
BrO^-/Br^-	$BrO^-+H_2O+2e^-\Longrightarrow Br^-+2OH^-$	0.76
H_2O_2/OH^-	$H_2O_2+2e^-\Longrightarrow 2OH^-$	0.88
ClO^-/Cl^-	$ClO^-+H_2O+2e^-\Longrightarrow Cl^-+2OH^-$	0.89
$HXeO_6^{3-}/HXeO_4$	$HXeO_6^{3-}+2H_2O+e^-\Longrightarrow HXeO_4+4OH^-$	0.9
$HXeO_4/Xe$	$HXeO_4+3H_2O+7e^-\Longrightarrow Xe+7OH^-$	0.9
O_3/OH^-	$O_3+H_2O+2e^-\Longrightarrow O_2+2OH^-$	1.24

附录六 难溶化合物的溶度积(298.15 K)

化合物	$K_{sp}^{\ominus}$	化合物	$K_{sp}^{\ominus}$
AgAc	1.9×10^{-3}	$Cd(IO_3)_2$	2.5×10^{-8}
AgBr	5.4×10^{-13}	$Cd(OH)_2$	7.2×10^{-15}
AgCl	1.8×10^{-10}	CdS	8.0×10^{-27}
Ag_2CO_2	8.5×10^{-12}	$Cd_3(PO_4)_2$	2.5×10^{-33}
Ag_2CrO_4	1.1×10^{-12}	$Co(IO_3)_2$	1.2×10^{-2}
$Ag_2Cr_2O_7$	2.0×10^{-7}	$Co(OH)_2$	1.1×10^{-15}
AgCN	5.9×10^{-17}	$Mg_3(PO_4)_3$	9.9×10^{-25}
$Ag_2C_2O_4$	5.4×10^{-12}	$Co_3(PO_4)_2$	2.1×10^{-35}
$AgIO_3$	3.2×10^{-8}	$Cr(OH)_3$	6.3×10^{-31}
AgI	8.5×10^{-17}	CuBr	6.3×10^{-9}
AgOH	2.0×10^{-8}	CuCl	1.7×10^{-7}
Ag_3PO_4	8.9×10^{-17}	CuC_2O_4	4.4×10^{-10}
Ag_2S	6.3×10^{-50}	CuI	1.3×10^{-12}
AgSCN	1.0×10^{-12}	CuOH	1×10^{-14}
Ag_2SO_4	1.2×10^{-5}	$Cu(OH)_2$	2.2×10^{-20}
Ag_2SO_3	1.5×10^{-14}	CuSCN	1.8×10^{-13}
$Al(OH)_3$	1.1×10^{-33}	$Cu(IO_3)_2$	6.9×10^{-8}
As_2S_3	2.1×10^{-22}	CuS	6.3×10^{-36}
$BaCO_3$	2.6×10^{-9}	Cu_2S	2.3×10^{-48}
$BaCrO_4$	1.2×10^{-10}	$Cu_3(PO_4)_2$	1.4×10^{-37}
BaF_2	1.8×10^{-7}	$FeCO_3$	3.1×10^{-11}
$Ba_3(PO_4)_2$	3.4×10^{-23}	FeF_2	2.4×10^{-6}
$BaSO_4$	1.08×10^{-10}	$Fe(OH)_2$	4.9×10^{-11}
BaC_2O_4	1.6×10^{-7}	$Fe(OH)_3$	2.6×10^{-39}
Bi_2S_3	1.8×10^{-99}	FeS	1.6×10^{-19}
$CaCO_3$	5.0×10^{-9}	$FePO_4 \cdot 2H_2O$	9.9×10^{-29}
CaF_2	1.5×10^{-10}	$HgBr_2$	6.2×10^{-12}
$CaSO_4$	7.1×10^{-5}	HgI_2	2.8×10^{-29}
$Ca(OH)_2$	4.7×10^{-6}	HgS(黑)	6.4×10^{-53}
CaC_2O_4	2.3×10^{-5}	HgS(红)	2.0×10^{-53}
$Ca(IO_3)_2$	6.5×10^{-6}	$Hg(OH)_2$	3.2×10^{-26}
$Ca_3(PO_4)_2$	2.1×10^{-33}	Hg_2Br_2	6.4×10^{-23}
CdF_2	6.4×10^{-3}	Hg_2CO_3	3.7×10^{-17}

化合物	$K_{sp}^{\ominus}$	化合物	$K_{sp}^{\ominus}$
$Hg_2C_2O_4$	1.8×10^{-13}	PbF_3	7.2×10^{-7}
Hg_2Cl_2	1.5×10^{-18}	PbI_2	8.5×10^{-9}
Hg_2F_2	3.1×10^{-6}	$Pb(IO_3)_2$	3.7×10^{-13}
Hg_2I_2	5.3×10^{-29}	$Pb(OH)_2$	1.4×10^{-20}
Hg_2S	1.0×10^{-47}	$Pb(OH)_4$	3.2×10^{-44}
Hg_2SO_4	8.0×10^{-7}	PbS	9.1×10^{-29}
$Hg_2(SCN)_2$	3.12×10^{-20}	$PbSO_4$	1.8×10^{-8}
$KClO_4$	1.1×10^{-2}	PdS	2.0×10^{-58}
$K_2[PtCl_6]$	7.5×10^{-6}	$Pd(SCN)_2$	4.4×10^{-23}
Li_2CO_3	8.2×10^{-4}	PtS	2.0×10^{-58}
$MgCO_3$	6.8×10^{-6}	$Sn(OH)_2$	5.5×10^{-27}
MgF_2	7.4×10^{-11}	$Sn(OH)_4$	1.0×10^{-56}
$Mg(OH)_2$	5.6×10^{-12}	SnS	3.3×10^{-28}
$Pb(SCN)_2$	2.1×10^{-5}	$SrCO_3$	5.6×10^{-10}
$MnCO_3$	2.24×10^{-11}	SrF_2	4.3×10^{-9}
$Mn(IO_3)_2$	4.4×10^{-7}	$Sr(IO_3)_2$	1.1×10^{-7}
$Mn(OH)_2$	2.1×10^{-13}	$Sr(IO_3)_2 \cdot H_2O$	3.6×10^{-7}
MnS	4.7×10^{-14}	$Sr(IO_3)_2 \cdot 6H_2O$	4.6×10^{-7}
$NiCO_3$	1.4×10^{-7}	$SrSO_4$	3.4×10^{-7}
$Ni(IO_3)_2$	4.7×10^{-5}	$ZnCO_3$	1.2×10^{-10}
$Ni(OH)_2$	5.5×10^{-16}	$ZnCO_3 \cdot H_2O$	5.4×10^{-10}
NiS	1.1×10^{-21}	$ZnC_2O_4 \cdot 2H_2O$	1.4×10^{-9}
$Ni_3(PO_4)_2$	4.7×10^{-32}	ZnF_2	3.0×10^{-2}
$PbBr_2$	2.4×10^{-6}	$Zn(IO_3)_2$	4.3×10^{-6}
$PbCO_3$	1.5×10^{-13}	$\gamma-Zn(OH)_2$	6.9×10^{-17}
$PbCrO_4$	2.8×10^{-13}	$\beta-Zn(OH)_2$	7.7×10^{-17}
PbC_2O_4	8.5×10^{-10}	$\alpha-ZnS$	1.6×10^{-24}
$PbCl_2$	1.2×10^{-5}	$\beta-ZnS$	2.5×10^{-22}
$PbBr_2$	6.6×10^{-6}	$Zn_3(AsO_4)_2$	3.1×10^{-28}

附录七 配离子稳定常数(298.15 K)

配离子	$K_{稳}^{\ominus}$	$\lg K_{稳}^{\ominus}$	配离子	$K_{稳}^{\ominus}$	$\lg K_{稳}^{\ominus}$
$[AgCl_2]^-$	1.74×10^5	5.24	$[Hg(SCN)_4]^{2-}$	7.75×10^{21}	21.89
$[AgBr_2]^-$	2.14×10^7	7.33	$[Ni(CN)_4]^{2-}$	1.0×10^{22}	22.00
$[Ag(NH_3)_2]^+$	1.6×10^7	7.20	$[Ni(NH_3)_6]^{2+}$	5.5×10^8	8.74
$[Ag(S_2O_3)_2]^{3-}$	2.88×10^{13}	13.46	$[Ni(en)_2]^{2+}$	6.31×10^{13}	13.80
$[Ag(CN)_2]^-$	1.26×10^{21}	21.10	$[Ni(en)_3]^{2+}$	1.15×10^{18}	18.06
$[Ag(SCN)_2]$	3.72×10^7	7.57	$[SnCl_4]^{2-}$	30.2	1.48
$[AgI_2]^-$	5.5×10^{11}	11.70	$[SnCl_6]^{2-}$	6.6	0.82
$[AlF_6]^{3-}$	6.9×10^{19}	19.84	$[Zn(CN)_4]^{2-}$	5.0×10^{16}	16.70
$[Al(C_2O_4)_3]^{3-}$	2.0×10^{16}	16.30	$[Zn(NH_3)_4]^{2+}$	2.88×10^8	9.46
$[Au(CN_2)]^-$	2.0×10^{38}	38.30	$[Zn(OH)_4]^{2-}$	1.4×10^{15}	15.15
$[CdCl_4]^{2-}$	3.47×10^2	2.54	$[Zn(SCN)_4]^{2-}$	20	1.30
$[Cd(CN)_4]^{2-}$	1.1×10^{16}	16.04	$[Zn(C_2O_4)_3]^{4-}$	1.4×10^8	8.15
$[Cd(NH_3)_4]^{2+}$	1.3×10^7	7.11	$[Zn(en)_2]^{2+}$	6.76×10^{10}	10.83
$[Cd(NH_3)_6]^{2+}$	1.4×10^5	5.15	$[Zn(en)_3]^{2+}$	1.29×10^{14}	14.11
$[CdI_4]^{2-}$	1.26×10^6	6.10	$[AgY]^{3-}$	2.09×10^7	7.32
$[Co(SCN)_4]^{2-}$	1.0×10^3	3.00	$[AiY]^-$	2.0×10^{16}	16.30
$[Co(NH_3)_6]^{2+}$	1.29×10^5	5.11	$[BaY]^{2-}$	7.24×10^7	7.86
$[Co(NH_3)_6]^{3+}$	1.58×10^{35}	35.20	$[BiY]^-$	8.71×10^{27}	27.94
$[CuCl_2]^-$	3.6×10^5	5.56	$[CaY]^{2+}$	4.90×10^{10}	10.69
$[CuCl_4]^{2-}$	4.17×10^5	5.62	$[CoY]^{2-}$	2.04×10^{16}	16.31
$[CuI_2]^-$	5.7×10^8	8.76	$[CoY]^-$	1.0×10^{36}	36.00
$[Cu(CN)_2]^-$	1.0×10^{24}	24.00	$[CdY]^{2-}$	2.88×10^{16}	16.46
$[Cu(CN)_4]^{2-}$	2.0×10^{27}	27.30	$[CrY]^-$	2.5×10^{23}	23.40
$[Cu(NH_3)_2]^+$	7.4×10^{10}	10.87	$[CuY]^{2-}$	6.31×10^{18}	18.80
$[Cu(NH_3)_4]^{2+}$	2.08×10^{13}	13.32	$[FeY]^{2-}$	2.09×10^{14}	14.32
$[Cu(en)_2]^+$	1.0×10^{18}	18.00	$[FeY]^-$	1.26×10^{25}	25.10
$[Cu(en)_3]^{2+}$	1.0×10^{21}	21.00	$[HgY]^-$	5.01×10^{21}	21.70
$[Fe(CN)_6]^{4-}$	1.0×10^{35}	35.00	$[MgY]^{2-}$	5.0×10^8	8.70
$[Fe(CN)_6]^{3-}$	1.0×10^{42}	42.00	$[MnY]^{2-}$	7.41×10^{13}	13.87
$[FeF_6]^{3-}$	1.0×10^{16}	16.00	$[NiY]^{2-}$	4.17×10^{18}	18.62
$[Fe(C_2O_4)_3]^{4-}$	1.66×10^5	5.22	$[PbY]^{2-}$	1.1×10^{18}	18.04
$[Fe(C_2O_4)_3]^{3-}$	1.59×10^{20}	20.20	$[PdY]^{2-}$	3.16×10^{18}	18.50
$[Fe(SCN)_6]^{3-}$	1.5×10^3	3.18	$[ScY]^{2-}$	1.26×10^{23}	23.10
$[HgCl_4]^{2-}$	1.2×10^{15}	15.08	$[SrY]^{2-}$	5.37×10^8	8.73
$[HgI_4]^{2-}$	6.8×10^{20}	20.83	$[SnY]^{2-}$	1.29×10^{22}	22.11
$[Hg(CN)_4]^{2-}$	3.3×10^{41}	41.52	$[ZnY]^{2-}$	3.16×10^{16}	16.50

数据摘自 Petrucci, R. H., Harwood, W. S., Herring, F. G. general Chemistry: Principles and Modern Applications. 8ed, 2002.

ox：草酸根离子(oxalate ion)；en：乙二胺(ethylenediamine)；

EDTA：乙二胺四乙酸根离子(ethylenediaminetetraacetato ion)，EDTA^{4-}

参 考 文 献

[1]孙成．无机化学[M].2版．北京：中国环境出版社，2016.

[2]高职高专化学教材编写组．无机化学[M].5版．北京：高等教育出版社，2019.

[3]高职高专化学教材编写组．无机化学实验[M].5版．北京：高等教育出版社，2020.

[4]吴秀玲，李勇．无机化学[M]．北京：化学工业出版社，2011.

[5]高琳．基础化学[M].2版．北京：高等教育出版社，2012.

[6]陈建华，马春玉．无机化学[M]．北京：科学出版社，2009.

[7]石慧，郭红彦．无机化学[M]．北京：高等教育出版社，2020.

[8]丁敬敏．化学实验技术（上、下册）[M]．北京：化学工业出版社，2007.

[9]高职高专化学教材编写组．有机化学[M].5版．北京：高等教育出版社，2019.

[10]高职高专化学教材编写组．有机化学实验[M].5版．北京：高等教育出版社，2020.

[11]索陇宁，卢永周．有机化学[M]．北京：化学工业出版社，2011.

[12]曾昭琼．有机化学实验[M].3版．北京：高等教育出版社，2000.

[13]王俊儒，马柏林，李炳奇．有机化学实验[M]．北京：高等教育出版社，2007.

[14]孙世清，王铁成．有机化学实验[M].2版．北京：化学工业出版社，2015.

[15]孔祥文．有机化学[M].2版．北京：化学工业出版社，2018.

[16]陈长水．有机化学[M].2版．北京：科学出版社，2009.